स्वातंत्र्योत्तर भारत में मानवाधिकार

स्वातंत्र्योत्तर भारत में मानवाधिकार

डॉ० कृष्ण मोहन माथुर

GYAN

ज्ञान पब्लिशिंग हाउस

नई दिल्ली 110002

स्वातंत्र्योत्तर भारत में मानवाधिकार

(पुलिस)

ISBN: 81-212-0675-6

ज्ञान पब्लिशिंग हाउस
5 अंसारी रोड, दरिया गंज
नई दिल्ली 110002 द्वारा प्रकाशित
तथा मेहरा ऑफसेट द्वारा मुद्रित

केन्द्रीय सशस्त्र बल के शहीदों,
उनके पीड़ित परिवारों तथा भारत के
मानवाधिकारों की रक्षा व राष्ट्र
की एकता व अखण्डता बनाये
रखने वालों को समर्पित।

विषय सूची

आमुख

लगभग पिछले दो दशकों से मुझे मानवाधिकारों पर पुस्तक लिखने का विचार कभी–कभी आता था परन्तु विभिन्न कारणों से इस कार्य के लिये समय का अभाव रहा। जुलाई 1998 के ह्यूमन राइट्स न्यूज लैटर में जब हिन्दी में एक सृजनात्मक लेख को लिखने की पुरस्कार योजना देखी तो इस कार्य हेतु मेरा मन पूरी तरह बन गया। समय की कमी के कारण बहुत अधिक खोज सम्भव नहीं थी; फिर भी रात–दिन के अथक परिश्रम से जो कुछ भी लिख सका हूँ उसे एक पुस्तक के रूप मे प्रस्तुत कर रहा हूँ। अंग्रेजी भाषा में तो मैंने मानवाधिकार पर कई लेख व पुस्तकों के लिये अध्याय पिछले दो दशकों में लिखे थे परन्तु हिन्दी में लिखने का प्रयास बहुत अधिक नहीं किया। आज "मानवाधिकारों" का विषय बहुत महत्वपूर्ण और सामयिक बन गया है। इकंसवीं शताब्दी के प्रथम चरण में मानवाधिकार पर एक विचारात्मक पुस्तक की हिन्दी भाषा में अति आवश्यकता है, क्योंकि शायद अभी तक इस विषय पर हिन्दी में सृजनात्मक लेखन बहुत कम हुआ है। यह पुस्तक इसी अभाव को पूरा करने का एक तुच्छ प्रयास है।

"स्वातंत्र्योत्तर भारत में मानवाधिकार" नामक यह पुस्तक मूलतः भारतीय नागरिकों को मानवाधिकारों की अवधारणा से परिचय कराने तथा उस के विभिन्न स्वरूपों की वस्तुस्थिति की समीक्षा के उद्देश्य से लिखी गई है। इस पुस्तक को सात अध्यायों में विभाजित किया गया है। पहला अध्याय मानवाधिकार का परिचय व भूमिका से सम्बन्धित है जिसमें मानवाधिकारों को भारतीय संविधान के विभिन्न अनुच्छेदों की सहायता से प्रस्तुत किया गया है। दूसरे अध्याय में मानवाधिकारों की अवधारणा स्पष्ट की गई है एवं इसकी ऐतिहासिक समीक्षा की गई है। तीसरे अध्याय में मानवाधिकार के विविध पहलुओं व आयामों पर प्रकाश डाला गया है। चौथे अध्याय में मानवाधिकार व महिलाओं के विषय पर समीक्षात्मक लेखन किया गया

है। पाँचवें अध्याय में मानवाधिकार और बालक–बालिकाओं पर एक विश्लेषणात्मक लेख प्रस्तुत किया गया है छठे अध्याय में मानवाधिकार, पुलिस तथा सशस्त्र बलों का आलोचनात्मक विश्लेषण किया गया है। पुलिस तथा सशस्त्र बलों की समस्याओं, सीमाओं तथा कार्यकलापों की विवेचना मानवाधिकार के सन्दर्भ में की गई है। सातवें अध्याय में निष्कर्षात्मक पर्यवेक्षण तथा अनुशंसायें प्रस्तुत की गई हैं। सभी अध्यायों को लिखते समय स्वातंत्र्योत्तर भारत की पृष्ठभूमि को ध्यान में रखा गया है। तथ्यों और आकड़ों को वर्तमान समय तक देने का पूरा प्रयास किया गया है तथा यथा सम्भव उनका विश्लेषण किया गया है। अधिकांशः अध्याय मेरी अनुभाविक अध्ययनों द्वारा एकत्रित किये गये तथ्यों पर आधारित हैं।

मैं महासचिव, राष्ट्रीय मानवाधिकार आयोग का आभारी हूँ कि उन्होंने मानवाधिकारों पर हिन्दी में सृजनात्मक लेखन पुरस्कार नियमावली तथा अन्य सामग्री बहुत ही शीघ्र हमारे अनुरोध पर हमें उपलब्ध कराई। इस पुस्तक के लिखने में मुझे मेरी धर्म पत्नी श्रीमती प्रभा माथुर से बहुत अधिक प्रेरणा सहायता मिली तथा हिन्दी भाषा की शुद्धता का लाभ हुआ। मैं उन के प्रति ह्रदय से आभारी हूँ।

इस पुस्तक में जो भी विचार प्रस्तुत किये गये हैं वे सभी तटस्थ, निष्पक्ष तथा सामाजिक विचारक से वस्तुस्थिति प्रकट करने का एक प्रयास मात्र है। विषय को पर्याप्त सरल, ह्रदयग्राह्य तथा प्रमाणिक बनाने की पूरी चेष्टा की गई है। पुस्तक के लिखने में जिन सन्दर्भ ग्रन्थों का प्रयोग किया गया है उनका सन्दर्भ यथास्थान दिया गया है। राष्ट्रीय मानवाधिकार आयोग की वार्षिक रिपोर्टों का इस पुस्तक की रचना में बहुत ज्यादा लाभ लिया गया है जिसके लिये मैं राष्ट्रीय मानवाधिकार आयोग का विशेष आभार प्रकट करता हूँ। पुस्तक को प्रमाणिकता देने के लिये मानवाधिकार आयोग की वार्षिक रिपोर्टों को आधार बनाया गया है; यद्यपि अन्य स्त्रोतों से भी आकड़े इकट्ठा किये गये हैं। पुस्तक लिखते समय मुझे उन शहीदों व उनके स्वजनों का ध्यान सदैव आता रहा जिन्होंने मानवाधिकार की रक्षा व राष्ट्र की एकता व अखण्डता बनाये रखने के लिये अपने बहुमूल्य जीवन की आहुति दी।

इस कृति की रचना में जिन विद्वानों, शुभचिन्तकों, लेखको तथा पारिवारिक स्वजनों का योगदान रहा है, मैं उन सबके प्रति हार्दिक आभार प्रकट करता हूँ। इस पुस्तक के लिखने में अनेक लेखकों व विद्वानों के चिन्तन और अनुसन्धान का मैंने

लाभ उठाया है; परन्तु मेरे लिये उन विचारकों का व्यक्तिगत रूप से आभार प्रकट करना सम्भव नहीं है। उन सब रचनाओं की गुणवत्ता इस रचना की प्रेरणा है। इस पुस्तक के लिखने में मुझे मेरे गुरु परम् पुज्य स्वामी ईश्वरानन्द गिरि जी महाराज संचित साधनायन माउन्ट आबू से आध्यात्मिक प्ररेणा प्राप्त हुई है, अतः मैं अपने गुरु जी को भी नतमस्तक प्रणाम व अभिवादन करता हूँ। इस पुस्तक के टाइपिंग में श्री जय गोयल का योगदान भी अतिप्रशंसनीय है। यथार्थ में इस पुस्तक को समयबद्ध कार्यक्रम के अनुसार पूरा करने की सामर्थ्य व सतत् प्रेरणा के लिये मैं जगत माता–पिता पार्वती व शिव जी को श्रेय देता हूँ जिनके प्रति आत्मीय कृतज्ञता एवं विनम्र आभार प्रकट करने में मैं स्वयं को असमर्थ पाता हूँ। मैं उस सर्वशक्तिमान् ईश्वर के सामने नतमस्तक हूँ जिसने मुझे "स्वातंत्रयोत्तर भारत में मानवाधिकार" पर विश्लेषणात्मक सृजन कार्य करने के लिये सैद्धान्तिक अन्तर्दृष्टि, समय व शक्ति प्रदान की।

कृष्ण मोहन माथुर

1
परिचय एवं भूमिका

भारत वर्ष ने 15 अगस्त, 1947 को स्वतंत्रता प्राप्त की और 1997 में देश ने अपनी स्वतंत्रता की स्वर्ण जयंती मनाई। स्वतंत्रता के पाँच दशक बीत जाने के बाद भारतीय नागरिकों की मानवाधिकारों के विषय में वस्तुस्थिति क्या है, यह जानना अति आवश्यक है। स्वतंत्रता की अर्द्धशताब्दी के पश्चात् हमारे राष्ट्र ने अपने देशवासियों को कितनी सीमा तक मानवाधिकार प्रदान करने में सफलता अथवा असफलता प्राप्त की है, इस का मूल्यांकन करना अति कठिन कार्य है। स्वातंत्रयोत्तर भारत में मानवाधिकारों की वस्तुस्थिति का चित्रण व उल्लेख करने का संक्षिप्त प्रयास इस पुस्तक में किया गया है। 10 दिसम्बर 1948 को संयुक्त राष्ट्र महासभा द्वारा मानवाधिकारों की ऐतिहासिक सार्वभौमिक घोषणा की गई थी जिसे सामान्यतः "मानवता का महाधिकार पत्र" माना जाता है। भारत के संविधान निर्माताओं ने इस अतंर्राष्ट्रीय सार्वभौम घोषणा का सुन्दर निरूपण संविधान की प्रस्तावना में इन शब्दों में किया है: "हम, भारत के लोग, भारत को एक सम्पूर्ण प्रभुत्व–सम्पन्न समाजवादी पंथनिरपेक्ष लोकतंत्रात्मक गणराज्य [1] बनाने के लिए, तथा उसके समस्त नागरिकों को:

सामाजिक, आर्थिक और राजनैतिक न्याय, विचार, अभिव्यक्ति, विश्वास, धर्म और उपासना की स्वतंत्रता, प्रतिष्ठा और अवसर की समता प्राप्त कराने के लिए तथा उन सब में व्यक्ति की गरिमा और राष्ट्र की एकता और अखंडता [2] सुनिश्चित करने वाली बंधुता बढ़ाने के लिए, दृढ़संकल्प होकर अपनी इस संविधान सभा में आज तारीख 26 नवम्बर, 1949 ई॰ को एतद्र द्वारा इस संविधान को अंगीकृत, अधिनियमित और आत्मार्पित करते हैं। "भारत के संविधान में मानवाधिकारों के प्रति

एक वचनबद्धता है। भारत के राष्ट्रीय मानवाधिकार आयोग की वार्षिक रिपोर्ट 1997–98 ने भी निम्नलिखित प्रश्न उठाये हैं: "स्वाधीनता के 50 वर्ष बीत जाने के बाद क्या हमने, स्वदेशवासियों को मानवाधिकारों के सम्बन्ध में दिये गये वचन का पालन किया है? भारत के संविधान में दी गई गारन्टी एवं विधान में निहित वादों के अनुसार क्या हमने भारतवासियों के जीवन, स्वतंत्रता, समानता तथा वैयक्तिक गरिमा के अधिकार विषय दिए गए वचन का यदि "समग्र रूप" में नहीं तो क्या "काफी हद" तक पालन किया है[3]। भारत एक विशाल देश है ज़िसका जनसंख्या की दृष्टि से विश्व में चीन के बाद दूसरा स्थान है। भारत की जनसंख्या 1951 में 36.14 करोड़ थी। 1951 से 1981 के बीच भारत की आबादी में 32.26 करोड़ की विस्फोटक वृद्धि हो गई, जिससे भारत का स्थान विश्व में दूसरा बन गया। ऐसा अनुमान लगाया जा रहा है कि भारत की जनसंख्या सन् 2001 में एक अरब तक पहुंच जाएगी। इतनी बड़ी जनसंख्या को मानवाधिकार प्रदान करना एक बहुत ही कठिन कार्य है। यह अत्यधिक खेद का विषय है कि स्वतंत्रता प्राप्ति के पाँच दशक बीत जाने के बाद भी भारत की सामान्य जनता अपने मानवाधिकारों की जानकारी नहीं प्राप्त कर सकी है। आम व्यक्ति की तो बात ही क्या है, पढ़े–लिखे शिक्षित व्यक्ति भी मानवाधिकार के विषय में पूर्ण जानकारी नहीं रखते हैं। वर्तमान अध्ययन का उद्देश्य एक ऐसी सरल हिन्दी में पुस्तक तैयार करने का सृजनात्मक प्रयास है जिसे पढ़कर सामान्य नागरिकों को मानवाधिकारों के विषय में आवश्यक ज्ञान प्राप्त हो सके। लेखक अपने उद्देश्य में कितना सफल होगा यह तो भविष्य हीं बतायेगा।

वर्तमान अध्ययन का उद्देश्य:

1. मानवाधिकारों की भारतीय संदर्भ में व्याख्या करना तथा मानवाधिकारों की साक्षरता तथा जागरूकता को प्रोत्साहित करना।
2. भारतीय संस्कृति व प्राचीन साहित्य में मानवाधिकार की अवधारणाओं की खोज करना।
3. भारतीय संविधान में उल्लेखित विभिन्न अनुच्छेदों का अध्ययन जो मानवाधिकारों से सम्बन्धित हैं। भारतीय संविधान में दिये मूल अधिकारों, राज्य के नीति–निर्देशक–तत्वों तथा मूल कर्तव्यों का अध्ययन करना।

4. भारतीय संविधान में उल्लेखित अनुच्छेदों का सार्वभौम घोषणा तथा अन्तर्राष्ट्रीय संविदाओं से तुलनात्मक अध्ययन करना तथा मानवाधिकारों पर हिन्दी में सृजनात्मक लेखन का प्रयास है।
5. मानवाधिकारों की ऐतिहासिक दृष्टि से अन्तर्राष्ट्रीय परिवेश में सिहांवलोकन करना।
6. मानवाधिकारों के सन्दर्भ में पुलिस तथा सुरक्षाबलों की भूमिका की समीक्षा करना।
7. स्वातंत्रयोत्तर भारत में महिलाओं के मानवाधिकारों की समीक्षा करना।
8. स्वातंत्रयोत्तर भारत में बालक व बालिकाओं के मानवाधिकारों की समीक्षा करना।
9. मानवाधिकारों के विभिन्न स्वरूपों का भारतीय सन्दर्भ में अध्ययन करना।
10. राष्ट्रीय मानवाधिकार आयोग द्वारा दी गई अनुशंसाओं का अध्ययन करना।
11. मूलतः इस पुस्तक का उद्देश्य मानवाधिकार साक्षरता तथा जागरूकता को प्रोत्साहन व बढ़ावा देना है, इस दिशा में यह एक सृजनात्मक प्रयास है।

भारतीय संस्कृति व साहित्य में मानवाधिकार

सभी भारतीय नागरिकों के लिये यह राष्ट्रीय गर्व की बात है कि हमारे प्राचीन धर्मग्रन्थों और धार्मिक पुस्तकों में मानवाधिकारों के विचारों को सर्वोच्च महत्त्व दिया गया है। ऋग्वेद में नागरिक की तीन स्वतंत्रताओं "शरीर, रहने के लिए घर तथा जीवन का स्पष्ट रूप से उल्लेख" किया गया है तथा सारी मानवता से दूसरों की नागरिक स्वतंत्रता को बनाए रखने की अपील की गई है। महाभारत के "शान्ति पर्व" में भीष्म पितामह ने राजा के कर्तव्यों को स्पष्ट रूप से प्रतिपादित किया है, सर्वोत्तम राजा वह है, जिसके विचारों में स्वतंत्रता और प्रसन्नता ऐसे ही निवास करती है जैसे वे अपने पिता के घर में करते हैं। उन्होंने आगे इस बात पर भी जोर दिया है कि राजा का यह परम कर्तव्य है कि वह प्रजा के विचारों और खुशी की रक्षा करे। कौटिल्य के अर्थशास्त्र में यह विस्तार से अभिपुष्ट किया गयो हैं कि मनु द्वारा मूल रूप से सूत्रबद्ध किए गए केवल नागरिक और कानूनी अधिकार ही नहीं है, बल्कि बहुत सारे आर्थिक अधिकारों को भी व्यक्त किया गया है। हमारी प्राचीन सभ्यता के प्रारम्भिक काल में भी मानवाधिकारों को अत्यंत महत्त्व दिया गया है। प्राचीन भारत

में प्रशासन की आपराधिक न्याय पर आधारित हिन्दू की विधिक पद्धति वैदिक रहस्योद्घाटन के सामाजिक, धार्मिक वृति के प्रकट होने पर आधारित थी। ये श्रुति व स्मृतियां दूसरे पुराणों और धर्मग्रन्थों में निर्धारित की गई है तथा प्राचीन मनीषियों द्वारा मानवाधिकारों के बारे में व्यक्त की गई है एवं इनको बहुत से स्थलों से प्रारंभिक अवस्था में खोजा जा सकता है। प्राचीन ग्रन्थों में दोषी का परामर्श लेने का अधिकार और दोषी को निर्दोष मानना अच्छी तरह मान्य होना पाया गया है। इसलिए प्राचीन हिन्दू विधिक पद्धति, और विश्व व्यापक परिवार (वसुधैव कुटुम्बकम्) की विस्तृत धारणा को व्यक्तियों के मानवाधिकारों के बारे में मान्यता मिली। सारे विश्व की बन्धुता को संस्कृत के निम्नलिखित श्लोकों में उपयुक्त ढंग से मूर्तरूप दिया गया है:

न त्वह कामये राज्यं
न स्वर्ग न पुनर्भवम्।
कामये दुःख तप्ताना
प्राणिनांड आत नाशम्।।

(मैं न तो राज्य, न ही स्वर्ग के आनन्द, न ही निजी मोक्ष की खोज में हूँ बल्कि मानवता को इसके विविध दुःखों से मुक्ति दिलाना ही मानव जाति का मुख्य उद्देश्य मानता हूँ।)

अथर्ववेद में यह उच्चारित किया गया है कि मानव समाज के लिए विशिष्ट अहरणीय अधिकारों को अधिकृत करने के लिए "जीवित रहता है, कार्य करता है और मरता है।" मानवाधिकार स्मरणतीत कालों से हमारे प्राचीन मनीषियों, भारतीय दार्शनिकों और महाकाव्यों में चिन्ता का विषय रहे हैं। मानवाधिकारों की धारणा का अथर्ववेद (3.3) में वैदिक ऋषियों द्वारा इस प्रकार शाब्दिक अभिव्यक्ति की गई है:

सा वरिदायाम् सामान्या अर्वादेशम्
करिपोभी वाह
मा भारा भ्रातमम् हिषना मा
स्वसुतस्वाशा
संचाय स्वरता भता वाचम्
वदत भाद्रया

समम प्रभा सब वोनां भाग्यः
समापी यविक्तरे साह वो
यूनिगुई।।

(मैं तुम्हें दिल में बसाऊंगा और बैर–भाव से मुक्त करूंगा। भाई को भाई से, बहन को बहन से आपस में घृणा नहीं करनी चाहिए। किसी उद्‌देश्य कीं प्राप्तिं संभीं को मिलकर करनी है। यह मैं आपको मित्रभाव से बताता हूं। आपका भोजन और आनन्द समान होना चाहिए। मैं आप सभी को एक आम स्वीकार्य बन्धन में बाँधता हूँ।) भारतीय श्रुति सभी प्राणियों को मजबूती से एकत्व का पाठ पढ़ाती है और "वह जो सभी मानवीय जीवों को अपने जैसा समझता है, वह अपने आप को धोखा नहीं देता है ईशोपनिषद मानवाधिकारों का दूसरा मूलभूत सिद्धांत लड़ाकुओं और गैर–लड़ाकुओं के बीच में सुनिश्चित अन्तर स्पष्ट करना है जिसे प्राचीन मनुस्मृति में गंभीरता से व्यक्त किया गया है। मनु के मानव धर्म–शास्त्र में स्पष्ट रूप से जो बिना हथियार के है या सो रहा है या नंगा है, बिना तैयारी के है या देखने वाला है (गैर–लड़ाकू) को मारने की मनाही व्यक्त की गई है।

न च हुन्यात्स्थ नारूढ़ न कली ब न कृताजलिम्।
न मुक्त केशनां सीनं न तबास्मीति वादिनम्।।
91.7 मानव धर्मशास्त्रै
न सुप्तं न विसन्नाहं नग्नं न निरायुधाम।
ना युध्यमान पश्यन्तं न परेण समागतम्।।

यह निषेध पूरी तरह से था, बिना इस बात का विचार किए कि क्या युद्ध लड़ना ठीक था या नहीं (धर्म युद्ध या नहीं,) महाभारत और बाल्मीकि रामायण जैसे प्राचीन धर्म ग्रन्थों में जो नागरिक लड़ाई में शामिल नहीं हैं। उनके मानवाधिकारों की रक्षा के संदर्भ उपलब्ध हैं। महाभारत में अर्जुन युद्ध के नियमों में पशु पति शास्त्र का प्रयोग करने की मनाही करता है जो एक अति विध्वंसकारी हथियार है क्योंकि जब लड़ाई साधारण परम्परागत हथियारों तक सीमित कर दी जाती है तो गैर–परम्परागत प्रकार के हथियारों का प्रयोग नैतिक रूप से ठीक नहीं था। जो कि युद्ध में अकेला मानवाधिकारों की अनुरूपता के लिए मान्य था :

यत्तदंधोर पाशुपतिः प्रादादस्त्र महन्मम।
कैराते द्वन्द्वयुद्धे तु तदिदं भमिवर्त ते।।
12:19 उपयोग महाभारत।।

रामायण में भगवान राम ने लक्ष्मण को युद्ध में ऐसा शस्त्र प्रयोग नहीं करने की सलाह दी थी जिससे सम्पूर्ण मानवता नष्ट होती हो। इसमें वे लोग भी सम्मिलित थे, जो हथियार नहीं धारण किए हुए थे क्योंकि ऐसे सामूहिक विनाश की युद्ध के प्राचीन कानूनों में मनाही थी:

तमुवाय ततो रामो लक्ष्मण शुभलक्ष्मण।
नैक्सरु हैं तो रक्षाति पृत्थिांहन्य महर्षि।।
37:80 युद्धकाण्ड बाल्मीकी

एक वैदिक श्लोक में मानवाधिकारों के सिद्धांत निम्न प्रकार व्यक्त किये गये हैं:

सर्वे भवन्तु सुखिन :
सर्वे सन्तु निरामया :
सर्वे भद्राणि पश्यन्तु।
मां कश्चिद्र दुःख भाग्भवेत्।।

मार्कण्डेय पुराण में यह कहा गया है कि मैं सभी प्राणियों के लिए शुभकामना व्यक्त करता हूं। सभी भय से मुक्त हों, सभी भाईचारे, ममता, स्नेह और आनन्द से परिपूर्ण हों, चाहे वे अपने हों या गैर हों। जो मुझे अब स्नेह करता है वह मानव जीवन में धन्यता का सहभागी हो और वह मुझसे यहाँ घृणा का चुनाव करता है, वह भी भलाई का मार्ग प्राप्त करें।

गौतम बुद्ध के अहिंसा के धर्म–सिद्धांत में कर्म और मानवता का सिद्धांत ईसा पूर्व तीसरी शताब्दी पहले भी इसके समकक्ष मान्य था।

भारतीय संविधान और मानवाधिकार

मानवाधिकार संरक्षण अधिनियम (प्रोटेक्शन ऑफ ह्यूमन ब्राईट एक्ट) 1993, (1994 की संख्याः 10) की धारा 2(घ) में मानवाधिकारों को निम्न प्रकार से परिभाषित किया गया है : मानवाधिकार से अभिप्राय "संविधान द्वारा प्रत्याभूत तथा अंतर्राष्ट्रीय प्रसंविदाओं में सम्मिलित एवं भारत के न्यायालयों द्वारा प्रवर्तनीय व्यक्तियों के जीवन, स्वतंत्रता, समानता एवं गरिमा से है।" अंतर्राष्ट्रीय प्रसंविदा से अभिप्राय मानवाधिकार

संरक्षण अधिनियम 1993, 1994 का अधिनियम संख्या 10) की धारा 2(च) के अनुसार "नागरिक एवं राजनीतिक अधिकारों पर अन्तर्राष्ट्रीय प्रसंविदा एवं 6 दिसम्बर, 1996 को संयुक्त राष्ट्र की साधारण सभा द्वारा अंगीकृत आर्थिक, सामाजिक एवं सांस्कृतिक अधिकारों पर अन्तर्राष्ट्रीय प्रंसविदा से है।"

भारत के संविधान में जो मूल अधिकार गारन्टी किये गये हैं उन का पूरा विवरण संविधान के भाग 3 में दिया गया है जिन्हें मूल रूप से आगे उद्धृत किया गया है। भारत के संविधान में कुछ राज्य के नीति निर्देशक तत्वों को भाग 4 में अनुच्छेद 36 से 51 तक दिया गया है जिनका विवरण भी यहां आवश्यक समझा जाता है। भारत के मानवाधिकार भारत के वे मूल अधिकार हैं जिन्हें कार्यानवित करने की गारन्टी भारतीय संविधान में दी गई है। भारतीय संविधान के संदर्भ में व्यक्ति के जीवन सम्बन्धी अधिकार संविधान के अनुच्छेद 21 में उल्लेखित हैं। स्वतंत्रता का अधिकार संविधान के अनुच्छेद 19, 20, 22, 25, 26, 27, 28 तथा 29 में उल्लेखित हैं। समानता का अधिकार संविधान के अनुच्छेद 14, 15, 16, 17 तथा 18 में उल्लेखित हैं। व्यक्ति के प्रतिष्ठा सम्बन्धी अधिकार संविधान में अनुच्छेद 17, 23, 24 में उल्लेखित हैं। संविधान में मूल अधिकारों की गारन्टी प्रदान करने के उद्देश्य से संविधान में संविधानिक उपचारों का अधिकार अनुच्छेद 32 तथा 35 द्वारा प्रतिपादित किया गया है। भारतीय संस्कृति में अधिकारों से ज्यादा कर्तव्यों पर सदैव बल दिया गया है तथा इसी कारण जब हम मौलिक और मानवाधिकारों की बात करते हैं तो संविधान में दिये गये मूल कर्तव्यों पर भी जरुर ध्यान दिया जाना आवश्यक है।

भारतीय संविधान में दिये गये मानवाधिकारों से सम्बन्धित भाग संविधान के मानवाधिकारों से सम्बन्धित मूल भाग के नीचे दिया जाता है :

मूल अधिकार (साधारण)

12. परिभाषा:– इस भाग में, जब तक कि संदर्भ से अन्यथा अपेक्षित न हो, "राज्य" के अंतर्गत भारत की सरकार और संसद तथा राज्यों से प्रत्येक राज्य की सरकार और विधान मंडल तथा भारत के राज्यक्षेत्र के भीतर या भारत सरकार के नियंत्रण के अधीन सभी स्थानीय और अन्य प्राधिकारी हैं।

मूल अधिकारों से असंगत या उनका अल्पीकरण करने वाली विधियां

1. इस संविधान के प्रारंभ से ठीक पहले भारत के राज्यक्षेत्र में प्रवृत्त सभी विधियां उस मात्रा तक शून्य होंगी जहाँ तक वे इस भाग के उपबंधों से असंगत हैं।

2. राज्य ऐसी कोई विधि नहीं बनाएगा जो इस भाग द्वारा प्रदत्त अधिकारों को छीनती हैं या न्यून करती है और इस खंड के उल्लंघन में बनाई गई प्रत्येक विधि उल्लंघन की मात्रा तक शुन्य होगी।

3. इस अनुच्छेद में जब तक कि संदर्भ से अन्यथा अपेक्षित न हो,

(क) "विधि" के अंतर्गत भारत के राज्य क्षेत्र में विधि का बल रखने वाला कोई अध्यादेश आदेश, उपविधि, नियम, विनियम, अधिसूचना, रूढ़ि या प्रथा है;

(ख) "प्रवृत्त विधि" के अंतर्गत भारत के राज्य क्षेत्र में किसी विधानमंडल या अन्य सक्षम प्राधिकारी द्वारा इस संविधान के प्रांरभ से पहले पारित या बनाई गई विधि है जो पहले ही निरस्त नहीं कर दी गई है, चाहे ऐसी कोई विधि या उसका कोई भाग उस समय पूर्णतया या विशिष्ट क्षेत्रों में प्रवर्तन में नहीं है।

4. इस अनुच्छेद की कोई बात अनुच्छेद 368 के अधीन किए गए इस संविधान के किसी संशोधन को लागू नहीं होगी।[4]

समता का अधिकार

14. विधि के समक्ष समता–राज्य, भारत के राज्यक्षेत्र में किसी व्यक्ति को विधि के समक्ष समता से या विधियों के समान संरक्षण से वंचित नहीं करेगा।

15. धर्म, मूलवंश, जाति, लिंग या जन्म स्थान के आधार पर विभेद का प्रतिषेध :

1. राज्य, किसी नागरिक के विरुद्ध केवल धर्म, मूलवंश, जाति, लिंग, जन्म स्थान या इनमें से किसी के आधार पर कोई विभेद नहीं करेगा।

2. कोई नागरिक केवल धर्म, मूलवंश, जाति, लिंग, जन्म स्थान या इनमें से किसी के आधार पर :

(क) दुकानों, सार्वजनिक भोजनालयों, होटलों और सार्वजनिक मनोरंजन के स्थानों में प्रवेश, या

(ख) पूर्णतः या भागतः राज्य–निधि से पोषित या साधारण जनता के प्रयोग के लिए समर्पित कुओं, तालाबों, स्नानघरों, सड़कों और सार्वजनिक समागम के स्थानों के उपयोग, के संबंध में किसी भी निर्योगिता, दायित्व, निर्बंधन या शर्त के अधीन नहीं होगा।

3. इस अनुच्छेद की कोई बात राज्य को स्त्रियों और बालकों के लिए कोई विशेष उपबंध करने से निवारित नहीं करेगी।

4. इस अनुच्छेद की या अनुच्छेद 29 के खंड (2) की कोई बात राज्य की सामाजिक और शैक्षिक दृष्टि से पिछड़े हुए नागरिकों के किसी वर्गों की उन्नति के लिए या अनुसूचित जातियों और अनुसूचित जनजातियों के लिए कोई विशेष उपबंध करने से निवारित नहीं करेगी।[5]

16. लोक नियोजन के विषय के अवसर की समता

1. राज्य के अधीन किसी पद पर नियोजन या नियुक्ति से संबंधित विषयों में सभी नागरिकों के लिए अवसर की समता होगी।

2. राज्य के अधीन किसी नियोजन या पद के सबध में केवल धर्म, मूलवंश, जाति, लिंग, उद्‌भव, जन्मस्थान, निवास या इनमें से किसी के आधार पर न तो कोई नागरिक अपात्र होगा और न उससे विभेद किया जाएगा।

3. इस अनुच्छेद की कोई बात संसद को कोई ऐसी विधि बनाने से निवारित नहीं करेगी जो किसी राज्य या संघ राज्यक्षेत्र की सरकार के या उसमें के किसी स्थानीय या अन्य प्राधिकारी के अधीन वाले किसी वर्ग या वर्गों के पद पर नियोजन या नियुक्ति के संबंध में ऐसे नियोजन या नियुक्ति से पहले उस राज्य या संघ राज्यक्षेत्र के भीतर निवास विषयक कोई अपेक्षा विहित करती है। [6]

4. इस अनुच्छेद की कोई बात राज्य के पिछड़े हुए नागरिकों के किसी वर्ग के पक्ष में, जिनका प्रतिनिधित्व राज्य की राय में राज्य के अधीन सेवाओं में पर्याप्त नहीं है, नियुक्तियों या पदों के आरक्षण के लिए उपबंध करने से निवारित नहीं करेगी।

5. इस अनुच्छेद की कोई बात किसी ऐसी विधि के प्रवर्तन पर प्रभाव नहीं डालेगी जो यह उपबंध करती है कि किसी धार्मिक या सांप्रदायिक संस्था के कार्यकलाप से संबंधित कोई पदाधिकारी या उसके शासी निकाय का कोई सदस्य किसी विशिष्ट धर्म का मानने वाला या विशिष्ट संप्रदाय का ही हो।

17. अस्पृश्यता का अंत–"अस्पृश्यता" का अंत किया जाता है और उसका किसी भी रूप में आचरण निषिद् किया जाता है। "अस्पृश्यता" से उपजी किसी निर्योग्यता को लागू करना अपराध होगा जो विधि के अनुसार दंडनीय होगा।

18. उपाधियों का अंत:–(1) राज्य, सेना या विद्या संबंधी सम्मान के सिवाय और कोई उपाधि प्रदान नहीं करेगा।

(2) भारत का कोई नागरिक किसी विदेशी राज्य से कोई उपाधि स्वीकार नहीं करेगा।

(3) कोई व्यक्ति, जो भारत का नागरिक नहीं है, राज्य के अधीन लाभ या विश्वास के किसी पद को धारण करते हुए किसी विदेशी राज्य से कोई उपाधि राष्ट्रपति की सहमति के बिना स्वीकार नहीं करेगा।

(4) राज्य के अधीन लाभ या विश्वास का पद धारण करने वाल' कोई व्यक्ति किसी विदेशी राज्य से या उसके अधीन किसी रूप में कोई भेंट, उपलब्धि या पद राष्ट्रपति की सहमति के बिना स्वीकार नहीं करेगा।

स्वातंत्र्य अधिकार

19. वाक्–स्वातंत्र्य आदि विषयक कुछ अधिकारों का संरक्षण सभी नागरिकों को,

(क) वाक्–स्वातंत्र्य और अभिव्यक्ति–स्वातंत्र्य का,

(ख) शांतिपूर्वक और निरायुध सम्मेलन का,

(ग) संगम या संघ बनाने का,

(घ) भारत के राज्य क्षेत्र में सर्वत्र अबाध संरचण का,

(ङ) भारत के राज्यक्षेत्र के किसी भाग में निवास करने और बस जाने का [7] और [8]

(छ) कोई वृत्ति, उपजीविका, व्यापार या कारोबार करने का अधिकार होगा।
(2) खंड (1) के उपखंड (क) की कोई बात उक्त उपखंड द्वारा दिए गए अधिकार के प्रयोग पर भारत की प्रभुत्ता और अखंडता, राज्य की सुरक्षा, विदेशी राज्यों के साथ मैत्रीपूर्ण संबंधी लोक, व्यवस्था, शिष्टाचार या सदाचार के हितों में अथवा न्यायालय–अवमान, मानहानि या अपराध–उद्दीपन के संबंध में युक्तियुक्त निर्बंधन जहां तक कोई विद्यमान विधि अधिरोपित करती है वहां तक उसके प्रवर्तन

पर प्रभाव नहीं डालेगी या वैसे निर्बंधन अधिरोपित करने वाली कोई विधि बनाने से राज्य को निवारित नहीं करेगी।[9]

(3) उक्त खंड के उपखंड (ख) की कोई बात उक्त उपखंड द्वारा दिए गए अधिकारों पर प्रयोग (भारत की प्रभुत्ता और अखंडता या) लोक व्यवस्था के हितों से युक्तियुक्त निर्बधंन जहां तक कोई विद्यमान विधि अधिरोपित करती है वहां तक उसके प्रवर्तन पर प्रभाव नहीं डालेगी या वैसे निर्बंधन अधिरोपित करने वाली कोई विधि बनाने से राज्य को निवरित नहीं करेगी।[10]

(4) उक्त खंड के उपखंड (ग) की कोई बात उक्त उपखंड द्वारा दिए गए अधिकार के प्रयोग पर [11] (भारत की प्रभुत्ता और अखंडता या) लोक व्यवस्था या सदाचार के हितों में युक्तियुक्त निर्बंधन जहां तक कोई विद्यमान विधि अधिरोपित करती है वहां तक उसके प्रर्वतन पर प्रभाव नहीं डालेगी या वैसे निर्बंधन अधिरोपित करने वाली कोई विधि बनाने से राज्य को निवारित नहीं करेगी।

(5) उक्त खंड के[12] उपखंड (घ) और उपखंड (ङ) की कोई बात उक्त उपखंडों द्वारा दिए गए अधिकारों के प्रयोग पर साधारण जनता के हितों में या किसी अनुसूचित जनजग़ति के हितों के संरक्षण के लिए युक्तियुक्त निर्बंधन जहां तक कोई विद्यमान विधि अधिरोपित करती है वहां तक उसके प्रर्वतन पर प्रभाव नहीं डालेगी या वैसे निर्बंधन अधिरोपित करने वाली कोई विधि बनाने से राज्य को निवारित नहीं करेगी।

(6) उक्त खंड के उपखंड (छ) की कोई बात उक्त उपखंड द्वारा दिए गए अधिकार के प्रयोग पर साधारण जनता के हितों में युक्तियुक्त निर्बंधन जहां तक कोई विद्यमान विधि अधिरोपित करती है वहां तक उसके प्रर्वतन पर प्रभाव नहीं डालेगी या वैसे निर्बंधन अधिरोपित करने वाली कोई विधि बनाने से राज्य को निवारित नहीं करेगी और विशिष्टतया [13] उक्त उपखंड की कोई बात :

(1) कोई वृत्ति, उपजीविका, व्यापार या कारोबार करने के लिए आवश्यक वृत्तिक या तकनीकी अर्हताओं से, या

(2) राज्य द्वारा या राज्य के स्वामित्व या नियंत्रण में किसी निगम द्वारा कोई व्यापार, कारोबार, उद्योग या सेवा, नागरिकों का पूर्णतः या भागतः अपवर्जन करके या अन्यथा, चलाए जाने से, जहां तक कोई विद्यमान विधि संबंध रखती है वहां तक

उसके प्रर्वतन पर प्रभाव नहीं डालेगी या इस प्रकार संबंध रखने वाली कोई विधि बनाने से राज्य को निवारित नहीं करेगी।

20. अपराधों के लिए दोषसिद्धि के संबंध में संरक्षण

(1) कोई व्यक्ति किसी अपराध के लिए तब तक सिद्धदोष नहीं ठहराया जाएगा जब तक कि उसने ऐसा कोई कार्य करने के समय, जो अपराध के रूप में आरोपित है, किसी प्रवृत्त विधि का अतिक्रमण नहीं किया है या उससे अधिक शास्ति का भागी नहीं होगा जो उस अपराध के किए जाने के समय प्रवृत्त विधि के अधीन अधिरोपित की जा सकती थी।

(2) किसी व्यक्ति को एक ही अपराध के लिए एक बार से अधिक अभियोजित और दंडित नहीं किया जाएगा।

(3) किसी अपराध के लिए अभियुक्त किसी व्यक्ति को स्वयं अपने विरुद्ध साक्षी होने के लिए बाध्य नहीं किया जाएगा।

21. प्राण और दैहिक स्वतंत्रता का संरक्षण : किसी व्यक्ति को, उसके प्राण या दैहिक स्वतंत्रता से विधि द्वारा स्थापित प्रक्रिया के अनुसार ही वंचित किया जाएगा, अन्यथा नहीं।

22. कुछ दशाओं में गिरफ्तारी और निरोध से संरक्षण : (1) किसी व्यक्ति को जो गिरफ्तारी के कारणों से यथाशीघ्र अवगत कराए बिना अभिरक्षा में निरुद्ध नहीं रखा जाएगा या अपनी रूचि के विधि व्यवसायी से परामर्श करने और प्रतिरक्षा कराने का अधिकार से वंचित नहीं रखा जाएगा।

(2) प्रत्येक व्यक्ति को, जो गिरफ्तार किया गया है और अभिरक्षा में निरुद्ध रखा गया है, गिरफ्तारी के स्थान से मजिस्ट्रेट के न्यायालय तक यात्रा के लिए आवश्यक समय को छोड़कर ऐसी गिरफ्तारी से चौबीस घंटे की अवधि में निकटतम मजिस्ट्रेट के समक्ष पेश किया जाएगा और ऐसे किसी व्यक्ति को मजिस्ट्रेट के प्राधिकार के बिना उक्त अवधि से अधिक अवधि के लिए अभिरक्षा में निरुद्ध नहीं रखा जाएगा।

(3) खंड (क) और खंड (ख) की कोई बात किसी ऐसे व्यक्ति को लागू नहीं होती जो (क) तत्समय शत्रु अन्यदेशीय है, या

(ख) निवारक निरोध का उपबंध करने वाली किसी विधि के अधीन गिरफ्तार या निरूद्ध किया गया है।

(4) निवारक निरोध का उपबंध करने वाली कोई विधि किसी व्यक्ति का तीन मास से अधिक अवधि के लिए तब तक निरुद्ध किया जाना प्राधिकृत नहीं करेगा जब तक कि

(क) ऐसे व्यक्तियों से, जो उच्च न्यायालय के न्यायाधीश रहे हैं या न्यायाधीश नियुक्त होने के लिए अर्हित हैं, मिलकर बने सलाहकार बोर्ड ने तीन मास की उक्त अवधि की समाप्ति से पहले यह प्रतिवेदन नहीं दिया है कि उसकी राय में ऐसे निरोध के लिये पर्याप्त कारण हैं
परन्तु उपखंड की कोई बात किसी व्यक्ति का उस अधिकतम अवधि से अधिक अवधि के लिए निरुद्ध किया जाना प्राधिकृत नहीं करेगी जो खंड (7) के उपखंड (ख) के अधीन संसद् द्वारा बनाई गई विधि द्वारा विहित की गई है; या

(ख) ऐसे व्यक्ति को खंड (7) के उपखंड (क) और उपखंड (ख) के अधीन संसद् द्वारा बनाई गई विधि के उपबंधों के अनुसार निरुद्ध नहीं किया जाता है।

(5) निवारक निरोध का उपबंध करने वाली किसी विधि के अधीन किए गए आदेश के अनुसरण में जब किसी व्यक्ति को निरुद्ध किया जाता है तब आदेश करने वाला प्राधिकारी यथाशीघ्र उस व्यक्ति को यह सूचित करेगा कि वे आदेश किन आधारों पर किया गया है और उस आदेश के विरुद्ध अभ्यावेदन करने के लिए उसे शीघ्रतिशीघ्र अवसर देगा।

(6) खंड (5) की किसी बात से ऐसा आदेश, जो उस खंड में निर्दिष्ट है, करने वाले प्राधिकारी के लिए ऐसे तथ्यों को प्रकट करना आवश्यक नहीं होगा जिन्हें प्रकट करना ऐसा प्राधिकारी लोकहित के विरुद्ध समझता है।

(7) संसद् विधि द्वारा विहीत कर सकेगी कि :

(क) किन परिस्थितियों के अधीन और किस वर्ग या वर्गों के मामलों में किसी व्यक्ति को निवारक निरोध का उपबंध करने वाली किसी विधि के अधीन तीन मास से अधिक अवधि के लिए खंड (4) के उपखंड (क) के उपबंधों के अनुसार सलाहकार बोर्ड की राय प्राप्त किए बिना निरुद्ध किया जा सकेगा;

(ख) किसी वर्ग या वर्गों के मामलों में कितनी अधिकतम अवधि के लिए किसी व्यक्ति को निवारक निरोध का उपबंध करने वाली किसी विधि के अधीन निरुद्ध किया जा सकेगा; और

(ग) खंड (4) के उपखंड (क) के अधीन की जाने वाली जांच में सलाहकार बोर्ड द्वारा अनुसरण की जाने वाली प्रक्रिया क्या होगी।

शोषण के विरुद्ध अधिकार :

23. मानव के दुर्व्यापार और बलात्श्रम का प्रतिवेध – (1) मानव का दुर्व्यापार और बेगार तथा इसी प्रकार का अन्य बलात्श्रम प्रतिष्द्धि किया जाता है और इस उपबंध का कोई भी उल्लंघन अपराध होगा जो विधि के अनुसार दंडनीय होगा।
(2) इस अनुच्छेद की कोई बात राज्य को सार्वजनिक प्रयोजनों के लिए अनिवार्य सेवा अधिरोपित करने से निवारित नहीं करेगी। ऐसी सेवा अधिरोपित करने से राज्य केवल धर्म, मूलवंश, जाति या वर्ग इनमें से किसी के आधार पर कोई विभेद नहीं करेगा।

24. कारखानों आदि में बालकों के नियोजन का प्रतिषेध – चौदह वर्ष से कम आयु के किसी बालक को किसी कारखाने या खान में काम करने के लिए नियोजित नहीं किया जाएगा या किसी अन्य परिसंकटमय नियोजन में नहीं लगाया जाएगा।

धर्म की स्वतंत्रता का अधिकार :

25. अंतःकरण की और धर्म के अबाध रूप से मानने, आचरण और प्रचार करने की स्वतंत्रता–
(1) लोक व्यवस्था, सदाचार और स्वास्थ्य तथा इस भाग के अन्य उपबंधों के अधीन रहते हुए, सभी व्यक्तियों को अंतःकरण की स्वतंत्रता का और धर्म के अबाध रूप से मानने, आचरण करने और प्रचार करने का समान हक होगा।
(2) इस अनुच्छेद की कोई बात किसी ऐसी विद्यमान विधि के प्रर्वतन पर प्रभाव नहीं डालेगी या राज्य की कोई ऐसी विधि बनाने से निवारित नहीं करेगी जो–
(क) धार्मिक आचरण से संबद्ध किसी आर्थिक, वित्तीय, राजनैतिक या अन्य लौकिक क्रियाकलाप का विनियमन या निर्बाधन करती है;
(ख) सामाजिक कल्याण और सुधार के लिए या सार्वजनिक प्रकार की हिन्दुओं की धार्मिक संस्थाओं को हिंदुओं के सभी वर्गों और अनुभागों के लिए खोलने का उपबंध करती है।
स्पष्टीकरणः–1. कृपाण धारण करना और लेकर चलना सिक्ख धर्म का अंग समझा जाएगा।

स्पष्टीकरणः–2. खंड (2) के उपखंड (ख) में हिन्दुओं के प्रति निदेश का यह अर्थ लगाया जाएगा कि उसके अन्तगर्त सिक्ख, जैन या बौद्ध धर्म के मानने वाले व्यक्तियों के प्रति निर्देश है और हिन्दुओं की धार्मिक संस्थाओं के प्रति निर्देश का अर्थ तदनुसार लगाया जाएगा।

26. धार्मिक कार्यों के प्रबंध की स्वतंत्रता – लोक व्यवस्था, सदाचार और स्वास्थ्य अधीन रहते हुये, प्रत्येक धार्मिक संप्रदाय या उसके किसी अनुभाग को–
(क) धार्मिक और पूर्व प्रयोजन के लिए संस्थाओं की स्थापना और पोषण का,
(ख) अपने धर्म विषयक कार्यों का प्रबंध करने का,
(ग) ऐसी संपत्ति का विधि के अनुसार प्रशासन करने का अधिकार होगा।

27. किसी विशिष्ट धर्म की अभिवृद्धि के लिए करों के संदाय के बारे में स्वतंत्रताः

किसी भी व्यक्ति को ऐसे करों का संदाय करने के लिए बाध्य नहीं किया जाएगा जिनके आगम किसी विशिष्ट धर्म या धार्मिक संप्रदाय की अभिवृद्धि या पोषण में व्यय करने के लिए विनिर्दष्ट रूप से विनियोजित किए जाते हैं।

28. कुछ शिक्षा संस्थाओं में धार्मिक शिक्षा या धार्मिक उपासना में उपस्थित होने के बारे में स्वतंत्रताः

(1) राज्य–निधि से पूर्णतः पोषित किसी शिक्षा संस्था में कोई धार्मिक शिक्षा नहीं दी जाएगी।

(2) खंड (1) की कोई बात ऐसी शिक्षा संस्था को लागू नहीं होगी जिसका प्रशासन राज्य करता है किंतु जो किसी ऐसे विन्यास या न्याय के अधीन स्थापित हुई है जिसके अनुसार उस संस्था में धार्मिक शिक्षा देना आवश्यक है।

(3) राज्य से मान्यताप्राप्त या राज्य–निधि से सहायता पाने वाली शिक्षा संस्थाओं में उपस्थित होने वाले किसी व्यक्ति को ऐसी संस्था में दी जाने वाली धार्मिक शिक्षा में भाग लेने के लिए या ऐसी संस्था में या उससे संलग्न स्थान में की जाने वाली धार्मिक उपासना में उपस्थित होने के लिए तब तक बाध्य नहीं किया जाएगा जब तक कि उस व्यक्ति ने, या यदि वह अवयस्क है तो उसके संरक्षक ने, इसके लिए अपनी सहमति नहीं दी है।

संस्कृति और शिक्षण संबंधी अधिकार :

29. अल्पसंख्यक-वर्गों के हितों का संरक्षण–(1) भारत के राज्यक्षेत्र या उसके किसी भाग के निवासी नागरिकों के किसी अनुभाग को जिसकी अपनी विशेष भाषा, लिपि या संस्कृति है, उसे बनाए रखने का अधिकार होगा।

(2) राज्य द्वारा पोषित या राज्य–निधि से सहायता पाने वाली किसी शिक्षा संस्था में प्रवेश से किसी भी नागरिक को केवल धर्म, मूलवंश, जाति, भाषा या इनमें से किसी के आधार पर वंचित नहीं किया जाएगा।

30. शिक्षा संस्थाओं की स्थापना और प्रशासन करने का अल्पसंख्यक-वर्गों का अधिकार: (1) धर्म या भाषा पर आधारित सभी अल्पसंख्यक–वर्गों को उनकी रुचि की शिक्षा संस्थाओं की स्थापना और प्रशासन का अधिकार होगा [14]

(क) खंड (1) में निर्विष्ट किसी अल्पसंख्यक–वर्ग द्वारा स्थापित और प्रशासित शिक्षा संस्था की संपत्ति के अनिवार्य अर्जन के लिए उपबंध करने वाली विधि बनाते समय, राज्य यह सुनिश्चित करेगा कि ऐसी संपत्ति के अर्जन के लिए ऐसी विधि द्वारा निपेत या उसके अधीन अवारित रकम इतनी हो कि उस खंड के अधीन प्रत्याभूत अधिकार निर्धारित या निराकृत न हो जाए।

(2) शिक्षा संस्थाओं को सहायता देने में राज्य किसी शिक्षा संस्था के विरुद्ध इस आधार पर विभेद नहीं करेगा कि वह धर्म या भाषा पर आधारित किसी अल्पसंख्यक–वर्ग के प्रबंध में है।

31. (संपत्ति का अनिवार्य अर्जन) संविधान (चवालीसवां संशोधन) अधिनियम, 1978 की धारा 6 द्वारा (20–6–1979 से) निरासित। (कुछ विधियों की व्यावृति)[15]।

17. (3) क. संपदाओं आदि के अर्जन के लिए उपबंध करने वाली विधियों की व्यावृति।

18. (1) अनुच्छेद 13 में अंतर्विष्ट किसी बात के होते हुए भी–

(क) किसी संपदा के या उसमें किन्हीं अधिकारों के राज्य द्वारा अर्जन के लिए या किन्हीं ऐसे अधिकारों के निर्वाचन या उनमें परिवर्तन के लिए, या

(ख) किसी संपत्ति का प्रबंध लोकहित में या उस संपत्ति का उचित प्रबंध सुनिश्चित करने के उद्देश्य से परिसीमित अवधि के लिए राज्य द्वारा ले लिए जाने के लिए, या

(ग) दो या अधिक निगमों को लोकहित में या उन निगमों में से किसी का उचित प्रबंध सुनिश्चित करने के उद्देश्य से समामेलित करने के लिए, या

(घ) निगमों के प्रबंध अभिकर्ताओं, सचिवों और कोषाध्यक्षों, प्रबंध निदेशकों के, निदेशकों या प्रबंधकों के किन्हीं अधिकारों या उनके शेयरधारकों के मत देने के किन्हीं अधिकारों के निर्वाचन या उनमें परिवर्तन के लिए, या

(ङ) किसी खनिज या खनिज तेल की खोज करने या उसे प्राप्त करने के प्रयोजन के लिए किसी करार, पट्टे या अनुज्ञप्ति के आधार पर प्रोद्भूत होने वाले किन्हीं अधिकारों के निर्वाचन या उनमें परिवर्तन के लिए यह किसी ऐसे करार, पट्टे या अनुज्ञप्ति को समय से पहले समाप्त करने या रद्द करने के लिए, उपबंध करने वाली विधि इस आधार पर शून्य नहीं समझी जाएगी कि वह[16] अनुच्छेद 14 या अनुच्छेद 19 द्वारा प्रदत्त अधिकारों में से किसी से असंगत है या उसे छीनती है या न्यून करती है:

परन्तु जहां ऐसी विधि किसी राज्य के विधान–मंडल द्वारा बनाई गई विधि है वहां इस अनुच्छेद के उपबंध उस विधि को तब तक लागू नहीं होंगे जब तक ऐसी विधि को, जो राष्ट्रपति के विचार के लिए आरक्षित रखी गई है, उसकी अनुमति प्राप्त नहीं हो गई है:

20. परंतु यह और कि जहां किसी विधि में किसी संपदा के राज्य द्वारा अर्जन के लिए कोई उपबंध किया गया है और जहां उसमें समाविष्ट कोई भूमि किसी व्यक्ति की अपनी जोत में है वहां राज्य के लिए ऐसी भूमि के ऐसे भाग को, जो किसी तत्समय प्रवृत्त विधि के अधीन उसको लागू अधिकतम सीमा के भीतर है, या उस पर निर्मित या उससे अनुलग्न किसी भवन या संरचना को अर्जित करना उस दशा के सिवाय विधिपूर्ण नहीं होगा जिस दिशा में ऐसी भूमि, भवन या संरचना के अर्जन से संबंधित विधि उस दर से प्रतिकर के संदाय के लिए उपबंध करती है जो उसके बार–मूल्य से कम नहीं होगी।

(1) इस अनुच्छेद में–,

(2) (क) "संपदा" पद का किसी स्थानीय क्षेत्र के संबंध में वही अर्थ है जो उस पद का या उसके समतुल्य स्थानीय पद का उस क्षेत्र में प्रवृत्त भू–धृतियों से संबंधित विद्यमान विधि में है और इसके अंतर्गत–

(1) कोई जागीर, इनाम या मुआफी अथवा वैसा ही अन्य अनुदान और (तमिलनाडु) और केरल राज्यों में कोई जन्म अधिकार भी होगा;

(2) रैयतवाड़ी बंदोबस्त के अधीन धृत कोई भूमि भी होगी;

(3) कृषि के प्रयोजनों के लिए या उसके सहायक प्रयोजनों के लिए धृत या पट्टे पर दी गई भूमि भी होगी, जिसके अंतर्गत बंजर भूमि, वन भूमि, चारागाह भूमि के कृषकों, कृषि श्रमिकों और ग्रामीण कारीगरों के अधिभोग में भवनों और अन्य संरचनाओं के स्थल है;

(ख) "अधिकार" पद के अंतर्गत, किसी संपदा के संबंध में, किसी स्वतवधारी, उप–स्वतवधारी, अवर–स्वत्वाधारी, भू–धृतिधारक, 23 (रैयत, अवर रैयत) या अन्य मध्यवर्ती में निहित कोई अधिकार और भू–राजस्व के संबंध में कोई अधिकार या विशेषाधिकार होंगे।

24. (31) ख. कुछ अधिनियमों और विनियमों का विधिमान्यकरण–अनुच्छेद 31 क. में अंतर्विष्ट उपबंधों की व्यापकता पर प्रतिकूल प्रभाव डाले बिना, नवीं अनुसूचित में विनिर्दिष्ट अधिनियमों और विनियमों में से और उनके उपबंधों में से कोई इस आधार पर शून्य या कभी शून्य हुआ नहीं समझा जाएगा कि वह अधिनियम, विनियम या उपबंध इस भाग के किन्हीं उपबंधों द्वारा प्रदुत्त अधिकारों में से किसी से असंगत है या उसे छीनता है या न्यून करता है और किसी न्यायालय या अधिकरण के किसी प्रतिकूल निर्णय, डिक्री या आदेश के होते हुए भी, उक्त अधिनियमों और विनियमों में से प्रत्येक, उसे निरक्षित या संशोधित करने की किसी सक्षम विधान–मंडल की शक्ति के अधीन रहते हुए, प्रवृत्त बना रहेगा।

25. (31) ग. कुछ निर्देशक तत्वों को प्रभावी करने वाली विधियों की व्यावृत्ति अनुच्छेद 13 में किसी बात के होते हुए भी, कोई विधि, जो 26 भाग 4 में अधिकाधिक सभी या किन्हीं तत्वों को सुनिश्चित करने के लिए राज्य की नीति को प्रभावी करने वाली है, इस आधार पर शून्य नहीं समझी जाएगी कि वह 27 अनुच्छेद (19) द्वारा प्रदत्त अधिकारों में से किसी से असंगत है या उसे छीनती है या न्यून करती है 28 (और कोई विधि, जिसमें यह) घोषणा है कि वह ऐसी नीति को प्रभावी नहीं करती है:

परन्तु जहां ऐसी विधि किसी राज्य के विधानमंडल द्वारा बनाई जाती है वहां इस अनुच्छेद के उपबंध उस विधि को तब तक लागू नहीं होने देंगे जब तक ऐसी विधि को जो राष्ट्रपति के विचार के लिए आरक्षित रखी गई है, उसकी अनुमति प्राप्त नहीं हो गई हैं।

29 (31) घ. (राष्ट्र विरोधी क्रियाकलाप के संबंध में विधियों की व्यावृत्ति) संविधान (तैंतालीसवां संशोधन) अधिनियम, 1977 की धारा 2 द्वारा (13–4–1978 से) निरसित।

सांविधानिक उपचारों का अधिकार

32. इस भाग द्वारा प्रदत्त अधिकारों को प्रवर्तित कराने के लिए उपचार–

(1) इस भाग द्वारा प्रदत्त अधिकारों को प्रवर्तित करने के लिए समुचित कार्यवाहियों द्वारा उच्चतम न्यायालय में समावेदन करने का अधिकार प्रत्याभूत किया जाता है।

(2) इस भाग द्वारा प्रदत्त अधिकारों में से प्रवर्तित कराने के लिए उच्चतम न्यायालय को ऐसे निदेश या आदेश या रिट, जिनके अंतर्गत बंदी प्रत्यक्षीकरण, परमादेश, प्रतिबध, अविष्कार–पृच्छा और उत्प्रेषण रिट है, जो भी समुचित हो, निकालने की शक्ति होगी।

(3) उच्चतम न्यायालय को खंड (1) और खंड (2) द्वारा प्रदत्त शक्तियों पर प्रतिकूल प्रभाव डाले बिना, संसद, उच्चतम न्यायालय द्वारा खंड (2) के अधीन प्रयोक्तव्य किन्हीं या सभी शक्तियों का किसी अन्य न्यायालय को अपनी अधिकारिता की स्थानीय सीमाओं के भीतर प्रयोग करने के लिए विधि द्वारा सशक्त कर सकेगी।

(4) इस संविधान द्वारा अन्यथा उपबंधित के सिवाय, इस अनुच्छेद द्वारा प्रत्याभूत अधिकार निलंबित नहीं किया जाएगा।

30. (32 के) (राज्य विधियों की संविधानिक वैधता पर अनुच्छेद 32 के अधीन कार्यवाहियों में विचार न किया जाना) विधान (तैंतालीसवां संशोधन) अधिनियम, 1977 की धारा 3 द्वारा (13.4.1978 से) निरसित।

31 (33) इस भाग द्वारा प्रदत्त अधिकारों का, बलों आदि को लागू होने में, उपांतरण करने की संसद की शक्ति – संसद विधि द्वारा, अवधारण कर लेगी कि इस भाग द्वारा प्रदत्त अधिकारों में से कोई–

(क) सशस्त्र बलों के सदस्यों को, या

(ख) लोक व्यवस्था बनाए रखने का भारसाधन करने वाले बलों के सदस्यों को, या

(ग) आसूचना या प्रति आसूचना के प्रयोजनों के लिए राज्य द्वारा स्थापित किसी ब्यूरो या अन्य संगठन में नियोजित व्यक्तियों का, या

(घ) खंड (क) से खंड (ग) में निर्दिष्ट किसी बल, ब्यूरो या संगठन के प्रयोजनों के लिए स्थापित दूरसंचार प्रणाली में या उसके संबंध में नियोजित व्यक्तियों को, लागू होने में, किस विस्तार तक निर्वाधित या निराकृत किया जाए जिससे उनके कर्त्तव्यों का उचित पालन और उनमें अनुशासन बना रहना सुनिश्चित रहे।

34. जब किसी क्षेत्र में सेना विधि प्रवृत्त है तब इस भाग द्वारा प्रदत्त अधिकारों पर निर्बधन– इस भाग के पूर्वगामी उपबंधों में किसी बात के होते हुए भी संसद् विधि द्वारा संघ या किसी राज्य की सेवा में किसी व्यक्ति की या किसी अन्य व्यक्ति की किसी ऐसे कार्य के संबंध में क्षतिपूर्ति कर सकेगी जो उसने भारत के राज्यक्षेत्र के भीतर किसी ऐसे क्षेत्र में, जहां सेना विधि प्रवृत्त थी, व्यवस्था के बनाए रखने या पुनः स्थापन के संबंध में किया है या ऐसे क्षेत्र में सेना विधि के अधीन पारित दंडादेश, दिए गए दंड, आविष्ट समपहरण या किए गए अन्य कार्य को विधिमान्य कर सकेगी।

35. इस भाग के उपबंधों को प्रभावी करने के लिए विधान–इस संविधान में किसी बात के होते हुए भी–

(क) संसद को शक्ति होगी और किसी राज्य के विधान–मंडल को शक्ति नहीं होगी की वह–

(1) जिन विषयों के लिए अनुच्छेद 16 के खंड (3), अनुच्छेद 32 के खंड (3), अनुच्छेद 34 के अधीन संसद् विधि द्वारा उपबंध कर सकेगी उनमें से किसी के लिए, और

(2) ऐसे कार्यों के लिए, जो इस भाग के अधीन अपराध घोषित किए गए हैं, दंड विहित करने के लिए, विधि बनाए और संसद इस संविधान के प्रारंभ के पश्चात् यथाशीघ्र ऐसे कार्यों के लिए, जो उपखंड (2) में निर्दिष्ट है, दंड विहित करने के लिए विधि बनाएगी:

(ख) खंड (क) के उपखंड (1) में निविष्ट विषयों में से किसी से संबंधित या उस खंड के उपखंड (2) में निर्दिष्ट किसी कार्य के लिए दंड का उपबंध करने वाली कोई प्रवृत्त विधि, जो भारत के राज्यक्षेत्र में इस संविधान के प्रारंभ से ठीक पहले प्रवृत्त थी, उसके निबंधनों के और अनुच्छेद 372 के अधीन उसमें किए गए किन्हीं अनुकूलनों और उपांतरणों के अधीन रहते हुए तब तक प्रवृत्त रहेगी जब तक उसकी संसद द्वारा परिवर्तन या निरसन या संशोधन नहीं कर दिया जाता है।

स्पष्टीकरण – इस अनुच्छेद में, "प्रवृत्त विधि" पद का वही अर्थ है जो अनुच्छेद 372 में है।

भाग 4
राज्य के नीति निर्देशक तत्व

36. परिभाषा – इस भाग में, जब तक कि संदर्भ से अन्यथा अपेक्षित न हो, "राज्य" का वही अर्थ है जो भाग 3 में है।

37. इस भाग में अंतर्विष्ट तत्वों का लागू होना – इस भाग में अंतर्विष्ट उपबंध किसी न्यायालय द्वारा रवर्तनीय नहीं होंगे किन्तु फिर भी इनमें अधिकाधिक तत्व देश के शासन में मूलभूत हैं और विधि बनाने में इन तत्वों को लागू करना राज्य का कर्त्तव्य होगा।

38. (2) राज्य, विशिष्टतया, आय की असमानताओं को कम करने का प्रयास करेगा और न केवल व्यक्तियों के बीच बल्कि विभिन्न क्षेत्रों में रहने वाले और विभिन्न व्यवसायों में लगे हुए लोगों के समूहों के बीच भी प्रतिष्ठा, सुविधाओं और अवसरों की असमानता समाप्त करने का प्रयास करेगा।

39. राज्य द्वारा अनुसरणीय कुछ नीति तत्व – राज्य नीति का, विशिष्टतया, इस प्रकार संचालन करेगा कि सुनिश्चित रूप से –

(क) पुरुष और स्त्री सभी नागरिकों को समान रूप से जीविका के पर्याप्त साधन प्राप्त करने का अधिकार हो;

(ख) समुदाय के भौतिक संसाधनों का स्वामित्व और नियंत्रण इस प्रकार बंटा हो जिससे सामूहिक हित का सर्वोत्तम रूप से साधन हो;

(ग) आर्थिक व्यवस्था इस प्रकार चले जिससे धन और उत्पादन–साधनों का सर्वसाधारण के लिए अहितकारी संकेंद्रण न हो;

(घ) पुरुषों और स्त्रियों दोनों का समान कार्य के लिए समान वेतन हो;

(ड़) पुरुष और स्त्री कर्मकारों के स्वास्थ्य और शक्ति का तथा बालकों की सुकुमार अवस्था का दुरुपयोग न हो और आर्थिक आवश्यकता से विवश होकर नागरिकों को ऐसे रोजगारों में न जाना पड़े जो उनकी आयु या शक्ति के अनुकूल न हो;

34 (च) बालकों को स्वतंत्र और गरिमामय वातावरण में स्वस्थ विकास के अवसर और सुविधाएं दी जाएं और बालकों और अल्पवय व्यक्तियों के शोषण से तथा नैतिक और आर्थिक परित्याग से रक्षा की जाए।

35. (39 क. सामान्य न्याय और निःशुल्क विधिक सहायता – राज्य यह सुनिश्चित करेगा कि विधिक तंत्र इस प्रकार काम करे कि समान अवसर के आधार पर न्याय सुलभ हो और वह, विशिष्टतया, यह सुनिश्चित करने के लिए कि आर्थिक या किसी अन्य नियोग्यता के कारण कोई नागरिक न्याय प्राप्त करने के अवसर से वंचित न रह जाए, उपयुक्त विधान या स्कीम द्वारा या किसी अन्य रीति से निःशुल्क विधिक सहायता की व्यवस्था करेगा)

40. ग्राम पंचायतों का संगठन–राज्य ग्राम पंचायतों का संगठन करने के लिए कदम उठाएगा और उनको ऐसी शक्तियां और प्राधिकार प्रदान करेगा जो उन्हें स्वायन्तंशासन की ईकाइयों के रूप में कार्य करने योग्य बनाने के लिए आवश्यक है।

41. कुछ दशाओं में काम, शिक्षा और लोक सहायता पाने का अधिकार–राज्य अपनी आर्थिक सामर्थ्य और विकास की सीमाओं के भीतर, काम पाने के, शिक्षण पाने के और बेकारी, बुढ़ापा, बीमारी और निःशक्तता तथा अन्य अनर्ह अभाव की दशाओं में लोक सहायता पाने के अधिकार को प्राप्त कराने का प्रभावी उपबंध करेगा।

42. काम की न्यायसंगत और मानवोचित दशाओं का तथा प्रसूति सहायता का उपबंध राज्य काम की न्यायसंगत और मानवोचित दशाओं को सुनिश्चित करने के लिए और प्रसूति सहायता के लिए उपबंध करेगा।

43. कर्मकारों के लिए निर्वाह मजदूरी आदि – राज्य, उपयुक्त विधान या आर्थिक संगठन द्वारा या किसी अन्य रीति से कृषि के, उद्योग के या अन्य प्रकार के सभी कर्मकारों को काम, निर्वाह, मजदूरी, शिष्ट जीवन स्तर और अवकाश का

संपूर्ण उपभोग सुनिश्चित करने वाले काम की दशाएं तथा सामाजिक और सांस्कृतिक अवसर प्राप्त कराने का प्रयास करेगा और विशिष्टतया ग्रामों में कुटीर उद्योगों को वैयक्तिक या सहकारी आधार पर बढ़ाने का प्रयास करेगा।

36. 43 क. उद्योगों के प्रबंध में कर्मकारों का भाग लेना – राज्य किसी उद्योग में लगे हुए उपक्रमों, स्थापनों या अन्य संगठनों के प्रबंध में कर्मकारों का भाग लेना सुनिश्चित करने के लिए उपयुक्त विधान द्वारा या किसी अन्य रीति से कदम उठाएगा।

44. नागरिकों के लिए एक समान सिविल संहिता–राज्य, भारत के समस्त राज्यक्षेत्र में नागरिकों के लिए एक समान सिविल संहिता प्राप्त कराने का प्रयास करेगा।

45. बालकों के लिए निःशुल्क और अनिवार्य शिक्षा का उपबंध–राज्य, इस संविधान के प्रारंभ में दस वर्ष की अवधि के भीतर सभी बालकों के चौदह वर्ष की आयु पूरी करने तक निःशुल्क और अनिवार्य शिक्षा देने के लिए उपबंध करने का प्रयास करेगा।

37. (48 के पर्यावरण का संरक्षण तथा संवर्धन और वन तथा वन्य जीवों की रक्षा–राज्य, देश के पर्यावरण के संरक्षण तथा संवर्धन का और वन तथा वन्य जीवों की रक्षा करने का प्रयास करेगा।)

49. राष्ट्रीय महत्व के संस्मारकों, स्थानों और वस्तुओं का संरक्षण–ससद द्वारा बनाई गई विधि द्वारा या उसके अधीन (राष्ट्रीय महत्व वाले 38) घोषित किए गए (कलात्मक या ऐतिहासिक अभिरुचि वाले प्रत्येक संस्मारक या स्थान या वस्तु का, यथास्थिति, लुंठन विरुपण, विनाश, अपसारण, व्ययन या निर्यात से संरक्षण करना राज्य की बाध्यता होगी।)

50. कार्यपालिका से न्यायपालिका का पृथक्करण – राज्य की लोक सेवाओं में, न्यायपालिका को कार्यपालिका से पृथक् करने के लिए राज्य कदम उठाएगा।

51. अंतर्राष्ट्रीय शांति और सुरक्षा की अभिवृद्धि – राज्य–

(क) अंतर्राष्ट्रीय शांति और सुरक्षा की अभिवृद्धि का,

(ख) राष्ट्रों के बीच न्यायसंगत और सम्मानपूर्ण संबंधों को बनाए रखने का,

(ग) संगठित लोगों के एक दूसरे से व्यवहारों में अंतर्राष्ट्रीय विधि और संधि बाध्यताओं के प्रति आदर बढ़ाने का, और

(घ) अंतर्राष्ट्रीय विवादों के माध्यस्थम् द्वारा निपटारे के लिए प्रोत्साहन देने का, प्रयास करेगा।

(39) भाग 4 कः मूल कर्त्तव्य :

51 क मूल कर्त्तव्य–भारत के प्रत्येक नागरिक का यह कर्त्तव्य होगा कि वह–
(क) संविधान का पालन करे और उसके आदर्शों, संस्थाओं, राष्ट्रध्वज और राष्ट्रगान का आदर करें;
(ख) स्वतंत्रता के लिए हमारे राष्ट्रीय आन्दोलन को प्रेरित करने वाले उच्च आदर्शों को हृदय में संजोए रखे और उनका पालन करे;
(ग) भारत की प्रभुत्ता, एकता और अखंडता की रक्षा करे और उसे आक्षुण रखे;
(घ) देश की रक्षा करे और आव्हान किए जाने पर राष्ट्र की सेवा करे; (ङ) भारत के सभी लोगों में समरसता और समान भ्रातृत्व की भावना का निर्माण करे जो धर्म, भाषा और प्रदेश या वर्ग पर आधारित सभी भेदभाव से परे हो, ऐसी प्रथाओं का त्याग करे जो स्त्रियों के सम्मान के विरुद्ध है;
(च) हमारी सामाजिक संस्कृति की गौरवशाली परंपरा का महत्व समझे और उसका परिरक्षण करे;
(छ) प्राकृतिक पर्यावरण की, जिसके अंतर्गत वन, झील, नदी और वन्य जीव हैं, रक्षा करे और उसका संवर्द्धन करे तथा प्राणि मात्र के प्रति दयाभाव रखे;
(ज) वैज्ञानिक दृष्टिकोण, मानववाद और ज्ञानार्जन तथा सुधार की भावना का विकास करे;
(झ) सार्वजनिक संपत्ति को सुरक्षित रखे और हिंसा से दूर रहे;
(ञ) व्यक्तिगत और सामूहिक गतिविधियों के सभी क्षेत्रों में उत्कर्ष की ओर बढ़ने का सतत प्रयास करे जिससे राष्ट्र निरंतर बढ़ते हुए प्रयत्न और उपलब्धि की नई उंचाइयों को छू ले।

अन्तर्राष्ट्रीय प्रसंविदा और भारत में मानवाधिकार :

मानवाधिकारों का अभिप्राय अन्तर्राष्ट्रीय प्रसंविदा में सम्मिलित व्यक्तियों के जीवन, स्वतंत्रता, समानता एवं गरिमा से है जिन्हें भारत में न्यायालयों द्वारा प्रवर्तनीय माना गया है तथा जिन्हें भारतीय संविधान में प्रतिभूत किया गया हो। सिविल एवं

राजनीतिक अधिकारों पर अन्तर्राष्ट्रीय प्रसंविदा में कुल 53 अनुच्छेद हैं तथा इसे संयुक्त राष्ट्र की साधारण सभा में 16 दिसम्बर 1966 को स्वीकृति प्रदान हुई थी। आर्थिक, सामाजिक एवं सांस्कृतिक अधिकारों पर अन्तर्राष्ट्रीय प्रसंविदा में कुल 31 अनुच्छेद हैं और इसे दिसम्बर 1966 में संयुक्त राष्ट्र की साधारण सभा द्वारा अंगीकृत किया गया था। भारत के राष्ट्रपति ने 10 अप्रैल 1979 को कुछ शर्तों तथा परिवर्तनों के साथ इस के विषय में अपना घोषणा पत्र जारी किया था तथा उसे संयुक्त राष्ट्र संघ को जमा कराया था। ऊपर लिखे हुये दोनों अन्तर्राष्ट्रीय प्रसंविदा में उल्लेखित "आत्म निर्णय के अधिकार" को जो अनुच्छेद 1 में वर्णित है को मान्यता प्रदान नहीं की क्योंकि यह अनुच्छेद केवल उन लोगों के लिये है जो विदेशियों के द्वारा शासित हैं तथा यह एक प्रभुत्व सम्पन्न स्वतंत्र राष्ट्र के लिये अथवा उस में रहने वाले कुछ लोगों के लिये लागू नहीं होता है। उसी तरह सिविल तथा राजनैतिक अधिकारों को भी भारतीय न्याय व्यवस्था तथा संविधान के अनुच्छेद 22(3) से (7) तक के अन्तर्गत ही लागू किया जायेगा। सिविल तथा राजनैतिक अधिकार संविदा के अनुच्छेद 13 को विदेशियों पर लागू करने का अधिकार भी भारत सरकार आरक्षित करता है। अन्तर्राष्ट्रीय संविदा जो आर्थिक, सामाजिक तथा सांस्कृतिक अधिकारों के अनुच्छेद 4 तथा 8 तथा सिविल तथा राजनैतिक अधिकार संविदा के अनुच्छेद 12, 19(3), 21 तथा 22 को इस प्रकार भारत में लागू किया जायेगा कि वह भारतीय संविधान के अनुच्छेद 19 से मेल खाये तथा विपरीत न हो। इसी प्रकार आर्थिक, सामाजिक तथा सांस्कृतिक संविदा के अनुच्छेद 7 (सी) को इस प्रकार लागू किया जायेगा कि वह भारतीय संविधान के अनुच्छेद 16(4) के अनुरूप रहे। सिविल तथा राजनैतिक अधिकारों का संविदा तथा आर्थिक, सामाजिक तथा सांस्कृतिक अधिकारों का संविदा का हिन्दी रुपान्तर परिशिष्ट 'क' तथा 'ख' में क्रमशः उद्‌धृत किया गया है। यदि तुलनात्मक दृष्टि से देखा जाये तो सिविल तथा राजनैतिक अधिकारों की अन्तर्राष्ट्रीय संविदा के अनुच्छेदों की भारतीय संविधान तथा मानवाधिकारों के सार्वभौम घोषणा के अनुच्छेदों में एक से ही विचार अभिव्यक्त हैं जैसा तालिका 1 में आगे दिया गया है। इसी प्रकार आर्थिक, सामाजिक तथा सांस्कृतिक अधिकारों में दिये गये अनुच्छेदों के विचारों की भारतीय संविधान तथा मानवाधिकारों के सार्वभौम अधिकारों से बहुत एकरुपता है जैसा तालिका 2 में आगे दिया गया है।

तालिका 1- सिविल तथा राजनैतिक अधिकारों की भारतीय संविधान व मानवाधिकारों की सार्वभौम घोषणा के साथ तुलनात्मक स्थिति

क्र. स.	भारतीय संवैधानिक कानून	मानवाधिकारों की सार्वभौम घोषणा	सिविल तथा राजनैतिक अधिकारों की अन्तर्राष्ट्रीय संविदा
1.	अनुच्छेद 14	अनुच्छेद 7	अनुच्छेद 14
2	अनुच्छेद 15	अनुच्छेद 2	अनुच्छेद 26
3.	अनुच्छेद 16 (1)	अनुच्छेद 21 (2)	अनुच्छेद 25 (सी)
4.	अनुच्छेद 19 (1) (क)	अनुच्छेद 19	अनुच्छेद 19 (1) (2)
5.	अनुच्छेद 19 (1) (ख)	अनुच्छेद 20 (1)	अनुच्छेद 21
6.	अनुच्छेद 19(1) (ग)	अनुच्छेद 23 (4)	अनुच्छेद 21 (1)
7.	अनुच्छेद 19 (1) (घ)	अनुच्छेद 13 (1)	अनुच्छेद 12 (1)
8.	अनुच्छेद 19 (1) (ङ)	अनुच्छेद 13	अनुच्छेद 12
9.	अनुच्छेद 19 (1) (घ)	अनुच्छेद 23 (1)	
10.	अनुच्छेद 20 (1)	अनुच्छेद 11 (2)	अनुच्छेद 15 (1)
11.	अनुच्छेद 20 (2)	–	अनुच्छेद 14 (7)
12.	अनुच्छेद 20 (3)	–	अनुच्छेद 14 (3) (जी)
13.	अनुच्छेद 21	अनुच्छेद 3	अनुच्छेद 6 (1) एवं 9 (1)
14.	अनुच्छेद 22	अनुच्छेद 9	अनुच्छेद 9 (2),(3) (4)
15.	अनुच्छेद 23 व 24	अनुच्छेद 4	अनुच्छेद 8
16.	अनुच्छेद 25 से 28	अनुच्छेद 18	अनुच्छेद 18 (1)
17.	अनुच्छेद 29 (1)	अनुच्छेद 27 (1) (2)	अनुच्छेद 27
18.	अनुच्छेद 32	अनुच्छेद 10	अनुच्छेद 14 (1)

तालिका 2- आर्थिक, सामाजिक तथा सांस्कृतिक अधिकारों की संविदा की तुलनात्मक स्थिति।

क्र. स.	भारतीय संवैधानिक कानून तथा राज्य के नीति निर्देशक तत्व	मानवाधिकारों की सार्वभौम घोषणा	आर्थिक, सामाजिक और सांस्कृतिक अधिकारों की अन्तर्राष्ट्रीय संविदा
1.	अनुच्छेद 39 (घ)	अनुच्छेद 23 (2) व (3)	अनुच्छेद 7 (ए) तथा 1
2	अनुच्छेद 39 (च)	अनुच्छेद 25 (2)	अनुच्छेद 10 (2) और (3)
3.	अनुच्छेद 41	अनुच्छेद 23 (1)	अनुच्छेद 6 (1)
4.	अनुच्छेद 41 व 47	अनुच्छेद 25 (1)	अनुच्छेद 12 (2) (डी)
5.	अनुच्छेद 41	अनुच्छेद 25 (1)	अनुच्छेद 9
6.	अनुच्छेद 42	अनुच्छेद 23 (1)	अनुच्छेद 7 (बी)
7.	अनुच्छेद 42	–	अनुच्छेद 10 (2)
8	अनुच्छेद 43	अनुच्छेद 25 (1)	अनुच्छेद 7 (ए) (2)
9.	अनुच्छेद 43	अनुच्छेद 24	अनुच्छेद 7 (डी)
10.	अनुच्छेद 45	अनुच्छेद 26 (1)	अनुच्छेद 13 (2) (2)
11.	अनुच्छेद 47	अनुच्छेद 25 (1)	अनुच्छेद 11(1)और11(2) ए
12	अनुच्छेद 300(क)	अनुच्छेद (7) तथा (2)	

स्वतंत्रोत्तर भारत में मानवाधिकार के साहित्य की विहंगम समीक्षा-

25 जून 1945 को संयुक्त राष्ट्र के द्वारा प्रतिपादित चार्टर जो सैन फान्सिसको में अपनाया गया था में "मानवाधिकार शब्द का प्रयोग पहली बार मिलता है। एच लौटर पैचट ने "इन्टरनेशनल ला एंण्ड ह्यूमन राइट्स" (1950) में मानवाधिकारों की एक अन्तर्राष्ट्रीय स्तर पर विवेचना की है। ए. एच रोवर्टसन (सम्पादक) ने ह्यूमन राइट्स इन नेशनल एण्ड इन्टरनेशनल ला (1968) में मानवाधिकारों का राष्ट्रीय तथा अन्तर्राष्ट्रीय स्तर पर संरक्षण होता है का अध्ययन किया है। इआन प्राउनली की "बेसिक डाकूमेन्ट्स ओर ह्यूमन राइट्स" (1981) में अन्तर्राष्ट्रीय दस्तावेजों का संकलन किया है। एम गन्जी द्वारा लिखित "इन्टरनेशनल प्रोटेकशन ऑफ ह्यूमन राइट्स" (1962) में मानवाधिकारों के विकास की ऐतिहासिक समीक्षा है। बी.जी. रामचरन (सम्पादक) ने ह्यूमन राइट्सः चर्टी इयर्स आफ्टर डि यूनीवर्स डिक्लेरेशन (1979) में मानवाधिकारों की 30 साल की अवधि की समीक्षा

विभिन्न निबन्धों द्वारा की है। एच. ओ. अग्रवाल ने इम्लीमेन्टेशन ऑफ ह्यूमन राइट्स कवनैक्ट्स (1983) में मानवाधिकारों के मापदण्डों तथा व्यवहार की समीक्षा भारतीय सन्दर्भ में की है। कारेल वासक (सम्पादन) ने "दि इन्टरनेशनल डाइमेन्डन आफ ह्यूमन राइट्स" (1982) में विकासशील देशों के सन्दर्भ में मानव अधिकारों की विवेचना की है। न्यायमूर्ति वी.आर. कृष्ण अय्यूर ने अपनी पुस्तक "ह्यूमन राइट्स एण्ड दि ला" (1984) में पहली बार मानवाधिकारों के प्रति एवं प्रचारक व समाज सुधारक के रूप में विषय का अध्ययन किया है। आर. सी. हिगोरानी ने "ह्यूमन राइट्स इन इन्डिया" (1985) में अन्तर्राष्ट्रीय मानवाधिकारों को भारतीय परिवेश में अध्ययन किया है। फ्रीड काजूमी ने अपनी पुस्तक "ह्यूमन राइट्स–मिथ एण्ड रियलिटी" (1987) में भारतीय संविधान में वर्णित मूल अधिकारों के आधार पर मानवाधिकारों की विवेचना वर्तमान सामाजिक परिवेश में की है। सुभाष सी कश्यप ने ह्यूमन राइट्स एण्ड पार्लियामेन्ट (1978) में संसद द्वारा मानवाधिकारों के संरक्षण की भूमिका पर प्रकाश डाला है। टी. एस. बतरा ने अपनी पुस्तक "ह्यूमन राइट्स–ए क्रिटिक" (1979) में मानवाधिकारों के अतिक्रमण पर चिन्ता प्रकट की है। न्यायमूर्ति इ. एस. वेन्कटरामय्या (सम्पादक) ने ह्यूमन राइट्स इन डि चेन्जिंग वर्ल्ड (1988) में मानवाधिकार पर लिखे कुछ अच्छे लेखों का संकलन किया है उपेन्द्री बक्सी (सम्पादक) ने "दि राइट टू बी ह्यूमन "(1987) में अनेक लेखों का संग्रह किया है जिनमें नये अधिकार की भी चर्चा है। नगेन्द्र सिंह ने अपनी पुस्तकइनफोर्समेन्ट ऑफ ह्यूमन राइट्स "(1986) में युद्ध तथा शक्ति में मानवाधिकारों के संरक्षण की चर्चा की है। जगदीश स्वरूप ने "ह्यूमन राइट्स और फन्डामैन्टल फ्रीडम्स" (1975) में व्यक्ति के अधिकारों की सुरक्षा की चर्चा की है। अन्तरचन्द ने "पौलिटिक्स ऑफ ह्यूमन राइट्स एण्ड सिविल लिवरटीज" (1985) में विश्व के विभिन्न राजनैतिक व्यवस्थाओं में मानवाधिकारों की चर्चा की है। ए. आर. देसाई (सम्पादक) ने तीन ग्रन्थों में "वायलेशन ऑफ डेमोक्रेटिक राइट्स इन इन्डिया" (1986) में अति विस्तार से मानवाधिकारों की संविधान में गारन्टी की बात की है तथा फिर विभिन्न राज्यों में विभिन्न गैरसरकारी मानवाधिकार सम्बन्धी संगठनों द्वारा मानवाधिकारों के हनन की घटनाओं की हृदय विदारक चर्चा की है। डा. जी. एस. बाजवा ने "ह्यूमन राइट्स इन इन्डिया – इम्पलीमेन्टेशन एण्ड वायलेशन" (1995) में प्रकाशित की है जो एक

प्रशंसनीय प्रयास है। शशी एम. मिश्रा ने "फन्डामेन्टल राइट्स एण्ड दि सुपरीम कोर्ट" (1985) में न्याय प्रणाली के महत्वपूर्ण भूमिका पर प्रकाश डाला है। एम. एन. शर्मा की "पर्सनल लिबर्टी अन्डर इन्डियन कान्स्टीट्यूशन" (1990) में एक आलोचनात्मक तथा विश्लेषणात्मक दृष्टि से अधिकारों की समीक्षा की है। बी. के. बन्सल ने "राइट ऑफ लाइफ एण्ड पर्सनल लिबर्टी इन इण्डिया" (1987) में व्यक्तिगत स्वतंत्रता के कुछ पहलुओं का अध्ययन किया है। भूषण लाल बोहरा ने "मानवाधिकार और पुलिस बल" (1995) में पुलिसकर्मियों के लिये मानवाधिकार के विभिन्न पहलुओं की सरल भाषा में विवेचन किया है। के. एम. माथुर ने "क्राइम, ह्यूमन राइट्स एण्ड नेशनल सीक्योरिटी" (1996) में मानवाधिकारों की भारतीय परिवेश में विवेचना की है तथा राष्ट्रीय सुरक्षा की दृष्टि से मानवाधिकारों के हनन की प्रक्रिया का अध्ययन किया है। (डॉ. एस. सुब्रामनियमन ने "ह्यूमन राइट्स इन्टरनेशनल चैलेन्जैसं "(1997) नामक पुस्तक को दो भागों में लिखा है तथा राष्ट्रीय व अन्तर्राष्ट्रीय परिवेश में मानवाधिकारों की चर्चा की है। राष्ट्रीय मानवाधिकार आयोग ने अभी तक चार वार्षिक रिपोर्टों द्वारा भारत में मानवाधिकारों की यथास्थिति की विवेचना की है। प्रतिवर्ष एमनेस्टी इन्टरनेशनल भी मानवाधिकारों के अतिक्रमण की पूरी रिपोर्ट प्रत्येक राष्ट्र के बारे में प्रकाशित करता है। राष्ट्रीय मानवाधिकार आयोग प्रतिमाह मासिक समाचार पत्र हिन्दी तथा अंग्रेजी भाषाओं में प्रकाशित किया जाता है। शिक्षा विभाग राष्ट्रीय शैक्षिक अनुसंधान और प्रशिक्षण परिषद (एन. सी. ई. आर. टी.) के द्वारा अध्यापिकों के लिए मानवाधिकार पर एक स्रोत पुस्तक तैयार की गई है। अभी अंग्रेजी भाषा में मानवाधिकारों पर अनेक पुस्तकें हैं परन्तु हिन्दी भाषा में मानवाधिकार पर पुस्तकों का अभाव है। लेखक ने इसी अभाव की पूर्ति हेतु यह तुच्छ प्रयास किया है। आन्तरिक सुरक्षा अकादमी माउन्टआबू द्वारा डॉ. कृष्ण मोहन माथुर द्वारा लिखित ट्रेनिंग मोनोग्राफ 1/97 प्रकाशित किया गया है जिसका विषय "ओबलीगेशन्स ऑफ दि पुलिस/सीक्यिोरिटी फोर्स लीडरशिप इन दि प्रोटेक्शन ऑफ ह्यूमन राइट्स" है। डॉ. कृष्ण मोहन माथुर द्वारा "ह्यूमन राइट्स इन इन्डिया–थोयरी एण्ड प्रैकटिस" नामक ट्रेनिंग मोनोग्राफ नम्बर 7/97 आन्तरिक सुरक्षा अकादमी माउन्टआबू द्वारा प्रकाशित किया गया है। श्री शंकर सेन द्वारा "ह्यूमन राइट्स इन डेवीलपी कन्ट्रीज" नामक पुस्तक में मानवाधिकारों की विकासशील देशों के सन्दर्भ में विवेचना की गई है।

अध्यायों का क्रम व विषय विश्लेषण-

वर्तमान अध्ययन को सात अध्यायों में विभाजित किया गया है। पहला अध्याय विषय का परिचय व भूमिका प्रदान करता है। विषय साहित्य की समीक्षा से यह स्पष्ट होता है कि हिन्दी भाषा में "स्वातंत्रयोत्तर भारत में मानवाधिकार" पर शायद अभी तक कोई पुस्तक इसी कमी को पूरी करने का एक छोटा सा प्रयास है। दूसरे अध्याय में मानवाधिकारों की अवधारणाऐं एवं विषय में एतिहासिक समीक्षा से यह स्पष्ट होता है कि हिन्दी भाषा में "स्वतंत्रयोत्तर भारत में मानवाधिकार" पर शायद अभी तक कोई पुस्तक उपलब्ध नहीं है। यह पुस्तक इसी कमी को पूरा करने का एक छोटा सा प्रयास है। तीसरे अध्याय में मानवाधिकार के विभिन्न स्वरूपों की समीक्षा करने का प्रयास किया गया है। चौथा अध्याय मानवाधिकार एवं महिलाओं पर है तथा इसमें महिलाओं को किस प्रकार अधिकारों के अतिक्रमण का शिकार होना पड़ रहा है, पर प्रकाश डाला गया है। पांचवा अध्याय बालक–बालिकाओं के मानवाधिकार तथा उन पर अतिक्रमण का विषय है। छटे अध्याय में पुलिस तथा सुरक्षा बलों द्वारा मानवाधिकारों के संरक्षण व अतिक्रमण का विस्तार में विश्लेषण है तथा समय–समय पर उच्चतम न्यायालय द्वारा दिये गये निर्देशों का भी विवरण दिया गया है। सांतवा अध्याय निष्कर्षात्मक पर्यवेक्षण करता है तथा राष्ट्रीय मानवाधिकार आयोग द्वारा सुझाई गई अनुशंसाओं का अध्ययन करता है। पुस्तक में सन्दर्भ ग्रन्थ सूची भी दी गई है। जिसमें कुछ अच्छी अंग्रेजी पुस्तकों के सन्दर्भ भी दिये गये हैं।

स्वातंत्रयोत्तर भारत में मानवाधिकार का अध्ययन एक जटिल कार्य है। क्योंकि भारत जैसे विशाल देश में प्रतिदिन मानवाधिकारों पर अतिक्रमण कहीं न कहीं अवश्य होता है। स्वतंत्रता के तरेपन वर्ष बाद भी हमारी मानसिकता में अभी आवश्यक परिवर्तन नहीं आया है। मानवाधिकार संरक्षण अधिनियम 1993 के अन्तर्गत राष्ट्रीय मानवाधिकार आयोग को एक महत्वपूर्ण दायित्व प्रदान किया गया है। स्वातंत्रयोत्तर भारत के तरेपन वर्ष के इतिहास ने यह कई बार सिद्ध कर दिया है कि भारतवासियों का अपने नागरिक तथा राजनैतिक तथा अधिकारों का उपयोग करने के लिये विस्मयकारी लगाव है तथा इन अधिकारों के कम करने का अथवा उन पर अतिक्रमण करने का जब कोई प्रयास किया जाता है तो वे अधीर हो उठते

हैं। उदाहरण के लिये 1975 में एकाएक आपात्कालीन स्थिति की घोषणा किया जाना है। भारत में तरेपन वर्ष की स्वतंत्रता के बाद अब वयस्क मताधिकार की प्रेरणा से राष्ट्र असाधारण तथा गम्भीर रूप से सामाजिक और राजनीतिक रूपान्तर के लिये इतना अधिक तत्पर है जितना वह पहले कभी नहीं रहा। परिणामतः भारत में ऐसे सामाजिक, राजनैतिक एवं आर्थिक समूहों का सरलीकरण हो रहा हो जिन की शक्ति के क्रियान्वयन अथवा उसके परिणामों के समुचित उपयोग के लिये काफी समय पर नकारा गया था। मानवाधिकारों की दृष्टि से विगत अर्द्धशताब्दी में भी भारतवासियों ने अपने तथा अपने संविधान की ऐसी असाधारण क्षमता दर्शाई है जहां विश्व के सम्भवतः सर्वाधिक बहुलवादी देशों में विद्यमान विभिन्नता को निबाहा है। सभी प्रकार के अन्तर साम्प्रदायिक तथा अन्तर जातीय छुटपुट हिंसा, उग्रवाद, आतंकवाद तथा पृथकवाद से भी इसे मुकाबला करना पड़ा। देश ने विभिन्न विचारधारा वाले लोगों की विविध भावनाओं को लचीले संविधान के अन्तर्गत सहन किया (40) यद्यपि पिछले 53 वर्षों में भारत ने मानवाधिकारों के क्षेत्र में काफी अच्छा कार्य किया है परन्तु अभी मंजिल बहुत दूर है। "राज्य का यह दायित्व है कि वह आतंकवाद का पूर्ण रूप से उन्मूलन करे तथा पुलिस तथा सशस्त्र बलों का यह कर्तव्य है कि वे कानून के प्रावधानों के अन्तर्गत आतंकवाद से लड़े और उस पर विजय प्राप्त करें। महिलाओं को, बालक–बालिकाओं को मानवाधिकार प्रदान करने के लिये सभी नागरिकों को एक जूट होकर कड़ा संघर्ष करना पड़ेगा। मानवाधिकारों के सार्वभौम घोषणा पत्र को अंगीकार करने की 50वीं वर्षगांठ 1998 में सम्पन्न होनी है और राष्ट्रव्यापी रुचि, सहयोग व सक्रियता से दीर्घकालीन नीतियों के आधार पर हमें उसमें दिये गये अधिकारों को प्रत्येक भारतवासी को उपलब्ध कराने के भागीरथी प्रयास में पूरा समर्थन देना चाहिये।"

संदर्भ ग्रन्थ सूची :

1. संविधान (बयालीसवां संशोधन) अधिनियम, 1976 की धारा 2 द्वारा (3.1.1977 से) 'प्रभुत्व–संपन्न लोकतंत्रात्मक गणराज्य' के स्थान पर प्रतिस्थापित।
2. संविधान (बयालीसवां संशोधन) अधिनियम, 1976 की धारा 2 द्वारा (3.1.1977 से) 'राष्ट्र की एकता' के स्थान पर प्रतिस्थापित।
3. वार्षिक रिपोर्ट 1996–97 राष्ट्रीय मानवाधिकार आयोग, सरदार पटेल भवन,

संसद मार्ग, नई दिल्ली 110001, पृष्ठ 2.

4. संविधान (चौबीसवां संशोधन) अधिनियम, 1971 की धारा 2 द्वारा अतःस्थापित।
5. संविधान (पहला संशोधन) अधिनियम, 1951 की धारा 2 द्वारा जोड़ा गया।
6. संविधान (सातवां संशोधन) अधिनियम, 1956 की धारा 29 और अनुसूची द्वारा "पहली अनुसूची में विनिर्दिष्ट किसी राज्य के या उसके क्षेत्र में किसी स्थानीय या अन्य प्राधिकारी के अधीन उस राज्य के भीतरी निवास विधेयक कोई अपेक्षा विहित करती हो" के स्थान पर प्रतिस्थापित।
7. संविधान (चवालीसवां संशोधन) अधिनियम, 1978 की धारा 2 द्वारा (20.6.1979 से) अंतःस्थापित।
8. संविधान (चवालीसवां संशोधन) अधिनियम, 1978 की धारा 2 द्वारा (20.6.79 से) उपखंड (च) का लोप किया गया।
9. संविधान (पहला संशोधन) अधिनियम, 1951 की धारा 3 द्वारा (भूतलक्षी प्रभाव से) खंड (2) के स्थान पर प्रतिस्थापित।
10. संविधान (सोलहवां संशोधन) अधिनियम, 1963 की धारा 2 द्वारा अंतःस्थापित।
11. संविधान (सोलहवां संशोधन) अधिनियम, 1963 की धारा 2 द्वारा अंतःस्थापित।
12. संविधान (चवालीसवां संशोधन) अधिनियम, 1978 की धारा 2 द्वारा (20.6.1979 से) उपखंड (घ), उपखंड (ङ) और उपखंड (च) के स्थान पर प्रतिस्थापित।
13. संविधान (पहला संशोधन) अधिनियम, 1951 की धारा 3 द्वारा कुछ शब्दों के स्थान पर प्रतिस्थापित।
14. संविधान (चवालीसवां संशोधन) अधिनियम, 1978 की धारा 4 द्वारा (20.6.1978) अन्तःस्थापित।
15. संविधान (बयालीसवां संशोधन) अधिनियम, 1976 की धारा 3 द्वारा (3.1.1977) अंतःस्थापित।
16. संविधान (चवालीसवां संशोधन) अधिनियम, 1978 की धारा 7 द्वारा (20.6.1979 से) "अनुच्छेद 14, अनुच्छेद 19 या अनुच्छेद 31" के स्थान पर प्रतिस्थापित।

2

मानवाधिकारों की अवधारणायें एंव ऐतिहासिक समीक्षा

मानवाधिकार एक बहुत व्यापक धारणा है और इसके समस्त पहलुओं को एक पुस्तक में प्रस्तुत करना एक कठिन कार्य है। मानवाधिकार संरक्षण एक वृहत विषय है और आधुनिक जगत में इस का महत्व दिन प्रतिदिन बढ़ता जा रहा है। मानव समाज अपने उद्भव के आरम्भ से ही शान्ति, प्रतिष्ठा व सम्मान के साथ जीवनयापन के लिये प्रयत्नशील रहा है। मानव जीवन की जटिलताओं के बढ़ने के साथ–साथ जीवन संघर्ष का उदय हुआ। मानव जीवन में पारस्परिक सहयोग, सद्भावना, भ्रातृत्वभाव नैतिकता पर आधारित मानव आधार संहिता का विस्तार व न्याय सम्बन्धी विभिन्न मान्यताओं का जन्म हुआ। मानव समाज के आदि ग्रन्थों में भी मानवाधिकारों से सम्बन्धित विचार पाये जाते हैं। भारतीय संस्कृति के इतिहास में मानवाधिकार की कल्पना एवं सांकेतिक व्याख्या वेद वाक्यों में उपलब्ध है। ऋग्वेद में कहा गया है कि "कोई किसी से श्रेष्ठ अथवा निम्न नहीं है सभी बराबर भाई–भाई हैं जिन्हें सामाजिक प्रयास करने चाहिये।"

(ऋग्वेद मण्डल 5 सूकित 50 मन्त्र 51) अर्थववेद में ही कहा गया है कि "मानव एक व्यक्ति मात्र नहीं अपितु एक सामाजिक प्रणाली का अंग है परमात्मा उसी से प्रेम करता है जो कि अन्य मनुष्यों, पशुओं तथा प्राणियों की सेवा करता है अथवा जीवन देता है। वाल्मीकि रामायण में मानवाधिकारों की प्रतिष्ठा पर महत्व डालते हुये कहा गया है "हे राघव! मिथ्या अवरोधी के कारण दण्डित लोगों के आँखों से गिरने वाले आंसू अपने भोग–विलास के लिये शासन करने वाले राजा के पुत्रों और बहुओं का नाश कर डालते हैं।" महाभारत में शान्ति पर्व में मानवाधिकार की

व्याख्या की गई है" प्रिय–अप्रिय का त्याग कर सभी प्राणियों में समभाव रखकर, क्रोध, लोभ व अहंकार का दूर से त्याग कर नीतिशास्त्र का पालन करें।" सभी धर्मों के ग्रन्थों में मानवता के प्रति सद्भाव, दया, सौहाद्र तथा सम्मान के सिद्धांतों का प्रतिपादन किया गया है।

"मानवाधिकार" शब्द एक शक्तिमान संकल्पना है। मानवाधिकार कभी–कभी मूल अधिकार और जन्मजात अधिकारों के रूप में भी जाने जाते हैं। सभी भारतवासियों के लिए यह एक गर्व की बात है कि मानवाधिकारों का वर्णन हमारे धार्मिक ग्रन्थों/पुस्तकों में भी मिलता है।

प्राचीन भारत में भी मानवाधिकारों की मान्यता थी। उदाहरण के लिये 1367 ई. में बहमनी और विजय नगर राज्य के बीच कैदियों के साथ मानवीय व्यवहार करना और युद्ध कें दौरान हथियार रहित शत्रुओं की जान बक्शने का समझौता हुआ था।

भारत के मानवाधिकार संरक्षण अधिनियम, 1993 (प्रोटेक्शन ऑफ ह्यूमन राईट एक्ट–1993) नं0 10 ऑफ 1994 में मानवाधिकारों को भारत में निम्न प्रकार परिभाषित किया गया है:

2 (1) (डी) मानवाधिकारों का अभिप्राय व्यक्तियों के जीवन, स्वतंत्रता, समानता और प्रतिष्ठा संबंधित अधिकारों से अंगीकृत है जिसे संविधान द्वारा संरक्षित है या अन्तर्राष्ट्रीय प्रसंविदा में अंगीकृत किया गया है तथा जिन्हें भारत के न्यायालयों द्वारा लागू करवाया जा सकता है। मूल अधिकारों की व्याख्या करते हुये न्यायमूर्ति श्री बी. एन. भगवती ने मेनका गांधी व भारत संघ (ए. आई. आर 1978 एस. सी. 597 पृष्ठ 619) में यह कहा था ये मूल अधिकार उन मूल मानव मूल्यों को समाहित करते हैं जिन्हें हमारे देशवासियों ने वैदिक काल से ही प्रिय समझा है तथा इनका उद्देश्य व्यक्ति की गरिमा की सुरक्षा करना है एवं उन परिस्थितियों को उन्नत करना है जिस में एक मानव अपने व्यक्तित्व को चर्मोत्कर्ष तक उन्नति कर सके। इनके द्वारा मानवाधिकारों की गारन्टी प्रदान करना है। और साथ ही राज्य के ऊपर एक नकारात्मक दायित्व आरोपित करना है ताकि इन विभिन्न आयामों वाले अधिकारों का उल्लंघन न किया जा सके।

मानवाधिकारों में वे अधिकार शामिल हैं जिन से व्यक्ति प्रतिष्ठा व सम्मानपूर्वक जीवन व्यतीत कर सके। मानवाधिकारों की विश्वव्यापी घोषणा के अनुसार निम्नलिखित अधिकार आते हैं।

1. जीवन की स्वतंत्रता व सुरक्षा।
2. कानून के समक्ष समानता।
3. एक न्यायपूर्ण एवं सार्वजनिक जाँच व मुकदमा तथा दोषी न होने की सम्भावना।
4. आवागमन की स्वतंत्रता।
5. विचार, सद्विवेक, धर्म की स्वतंत्रता।
6. मत प्रकट करने तथा लिखकर विचारों की अभिव्यक्ति की स्वतंत्रता।
7. सभा करने तथा संगठन बनाने की स्वतंत्रता।
8. दास (अधिन व्यक्ति) न होने की स्वतंत्रता।
9. परिताड़न, अमानुषिक व्यवहार व क्रूरतापूर्ण व्यवहार से स्वतंत्रता।
10. स्वेच्छाचारी गिरफ्तारी, अवरोध अथवा देश निकाला के विरुद्ध स्वतंत्रता।

आधुनिक युग में पाश्चात्य सभ्यता में मानवाधिकार की चर्चा 1215 के मैडनाकार्य घोषणा पत्र से हुई मानी जाती है। 1776 की अमरीकी स्वतंत्रता उद्घोषणा में सर्वप्रथम मानवाधिकार शब्द की उद्घोषणा हुई। इसमें पारित बिल ऑफ राइट्स में सर्वसम्मति से स्वीकार किया गया था कि सभी मानवों ने एक समान ही जन्म लिया है।

मानव अधिकारों की धारणा अति प्राचीन है। भारत के प्राचीन ग्रन्थों में भी मानवाधिकारों के कुछ प्रसंग मिलते हैं।

> मनुष्य एकान्तवासी नहीं है। वह सामाजिक प्राणी है। ईश्वर उसी को प्रेम करते हैं, जो मनुष्य, पशु और अन्य जीवों की सेवा करते हैं, उसका गौरव बड़े परिवार का सदस्य बनने पर है। एक ओर तो मनुष्य अपने माता–पिता, पत्नी और बच्चों से खून के रिश्ते से बंधा हुआ है, दूसरी ओर वह उससे नजदीक अथवा दूर रहने वाले समाज के प्रत्येक व्यक्ति से जुड़ा है। मनुष्य अपने वंश निर्माताओं से जुडा है। उसे अपनी संतति के बारे में भी सोचना

है। इस तरह से कुछ अहस्तान्तरणीय अधिकारों का भोग करते हुए मनुष्य समाज के लिए मनुष्य से यह आशा की जाती है कि वह अपनी कारीगरी, विज्ञान और तकनीकों का विकास करके समाज को निर्धनता से खुशहाली की ओर अग्रसर करे। (अथर्ववेद से)

इस कार्य में राजनीतिक विचारधारा के क्रमबद्ध समूह और राजतन्त्र सरकार और युद्ध की सुरक्षा के विस्तृत सिद्धान्त को सम्मिलित किया गया है। प्राचीन युग में यह नियम स्थापित किया कि गोधूलि के समय से युद्ध आरम्भ होता था और सूर्यास्त के बाद युद्ध विराम हो जाता था। याज्ञवल्क्य स्मृति और नारद स्मृति दोनों हिन्दु कानूनों की प्रामाणिक पुस्तकें हैं। इनमें अन्य बातों के साथ–साथ प्रारुप बनाने, वकालत करने, न्यायिक क्रिया–विधि और व्यवहार के नियम दिए गए हैं। मानव कानूनों के दोनों प्रामाणिक स्रोतों में मानवाधिकारों की सुरक्षा से संबंधित अलग–अलग नियम दिए गए हैं। धर्म का विचार हिन्दु नीतियों में खत्म न होने वाले बसन्त की तरह रहा है। यह सब जगह विद्यमान रहा है। इसने मानव जाति के व्यवहार को शासित और नियमित किया है। महान सन्त पंतज्जलि ने समाज में सन्तुलन और स्वअनुशासन रखने के लिए पांच यम–अहिंसा, सच्चाई, चोरी न करना, संयम रखना व अंहकार न करना तथा पांच नियम–शुद्धता, संतोष, तप, वेदों का अध्ययन और ईश्वर के समक्ष समर्पणता, प्रस्तुत किए। आदर्श मानव, अनन्तकाल–सबूत की उत्पत्ति करने का उद्देश्य समतावादी, दुरुपयोग न करने वाली और मानवोचित सामाजिक व्यवस्था स्थापित करना है।

दर्शनशास्त्र पर तमिल की प्रसिद्ध पुस्तक तिरुककुरल के अध्याय 39 से 108 में समस्त सिविल, राजनीतिक, आर्थिक, सामाजिक और सांस्कृतिक अधिकारों के बारे में बताया गया है। तिरुवल्लूर द्वारा दो हजार वर्ष पूर्व रचित इस पुस्तक में आलोचना की भरमार से निबटने के लिए देश के कर्त्तव्य और समाज के समाजवादी ढांचों से संबंधित विचार पाए जाते हैं। संबंधित वाल्मीकि रामायण में कुछ मानवाधिकारों का वर्णन है।

भगवान राम ने रामायण में लक्ष्मण को सलाह दी कि वे ऐसा कोई हथियार न उठाए जिससे समस्त मानवता के साथ–साथ निशस्त्रों का विनाश होता हो क्योंकि प्राचीन युद्ध के नियमों में सामूहिक विनाश की मनाही की गई है। महाभारत में अर्जुन

ने युद्ध नियमों का पालन करते हुए अत्यधिक विनाशक अस्त्र पशुपत अस्त्र का प्रयोग नहीं किया क्योंकि नागरिक अधिकारों को ध्यान में रखना था।

मानव संबंधी कानूनों और मानवाधिकारों की विचारधारा का अन्तर्राष्ट्रीय और विभिन्न राष्ट्रीय अनुबन्धों अथवा संधियों द्वारा विकास होने का क्रमवार अध्ययन।

मानवाधिकारों के इतिहास में सन् 1688 का वर्ष ब्रिटिश बिल ऑफ राइट्स स्वीकार होने के लिए विशेष रूप से जाना जाता है। सन् 1776 में अमरीका द्वारा स्वतन्त्रता की घोषणा और 26 अगस्त 1789 में फ्रांस की राष्ट्रीय असेम्बली द्वारा अपनाई गई घोषणा अन्य महत्वपूर्ण घटनाएं हैं। इंगलैण्ड में सन् 1989 में बिल ऑफ राइट्स में कुछ लिखित बैसिक अधिकार रखे गए। इससे जूरी द्वारा जांच के अधिकार रखे गए। इससे जूरी द्वारा जांच के अधिकार सिविल और असाधारण सजा, जुर्माने और जमानत राशि की अधिकता सें मुक्ती की गांरटी मिली। सन् 1690 में जॉन लॉक ने मनुष्य के जन्म जात अधिकारों का समर्थन किया। सन् 1776 की अमरीकी स्वतन्त्रता और अपने पसन्द के कार्य करने जैसे कुछ अहस्तान्तरणकरणीय अधिकारों को सम्मिलित किया गया। सन् 1789 में महाराज लुई चौदहवें को अपदस्थ करने के बाद फ्रांस की क्रांति के फलस्वरूप मानवाधिकारों पर फ्रांस की घोषणा में स्वतन्त्रता, सम्पत्ति, सुरक्षा और अत्याचार के प्रतिरोध के अहस्तान्तरकरणीय अधिकारों की पुष्टि की गई। मानवाधिकारों पर कुछ संधियों और घोषणाओं का संक्षिप्त विवरण निम्न प्रकार है:–

वर्ष	संघ/घोषणा
1868	सन्त पीटस वर्ग की घोषणा।
1899	थल युद्ध पर हेग सम्मेलन–2।
1899	श्वास रोकने वाली गैसों पर हेग घोषणा।
1899	हेग घोषणा (बढ़ती गोला–बारी पर)।
1906	जिनेवा सम्मेलन (घायलों और बीमारों पर)।
1907	हेग सम्मेलन–3 (युद्ध पर चर्चा)।
1907	हेग सम्मेलन–6 (शत्रु व्यापारी जहाज)।
1907	हेग सम्मेलन–7 (खान संविदा)।
1907	हेग सम्मेलन–4 (गुब्बारों से प्रक्षेपक)।

1922 वाशिंटन नौसेना सन्धि।

1923 हवाई युद्ध के संबंध में हेजनियम (असमर्थित)

1925 जिनेवा गैस प्रलेख।

1926 25 सितम्बर–दासता के विरुद्ध सम्मेलन (कन्वेशन)

1928 संधि अंश (कोलॉग ब्रिएण्ड पैक्ट)

1929 युद्ध बंदियों पर जिनेवा सम्मेलन मानव विधियों पर जिनेवा सम्मेलन की सूची।

(1) फील्ड में सशस्त्र बलों के घायल और बीमार की दशा सुधारने के लिए 12 अगस्त 1949 का जिनेवा सम्मेलन।

(2) समुद्र में सशस्त्र बलों के घायल, बीमार और पोतभंग सदस्यों की दशा सुधारने के लिए 12 अगस्त 1949 का जिनेवा सम्मेलन।

(3) युद्ध बंदियों के इलाज से संबंधित 12 अगस्त 1949 का जिनेवा सम्मेलन।

(4) युद्ध के समय नागरिकों की सुरक्षा से संबंधित 12 अगस्त 1949 का जिनेवा सम्मेलन। अन्तर्राष्ट्रीय मानवीय विधि की पुनः अभिपुष्टि और विकास पर राजनायिक सम्मेलन द्वारा अंगीकार किया गया; 18 जून 1977 को सशस्त्र युद्धों में लागू।

(5) 12 अगस्त 1949 के जिनेवा सम्मेलन और अन्तर्राष्ट्रीय सशस्त्र युद्धों (10 जून 1977 का प्रलेख) से ग्रस्त व्यक्तियों की सुरक्षा के अतिरिक्त प्रलेख।

(6) 12 अगस्त 1949 के जिनेवा सम्मेलन और अन्तर्राष्ट्रीय सशस्त्र युद्धों (10 जून 1977 का प्रलेख) 3 से ग्रस्त व्यक्तियों की सुरक्षा के अतिरिक्त प्रलेख।

(7) 1949 के जिनेवा सम्मेलन से संबंधित 1977 के प्रलेख 1 और 2।

(8) क्रूर, निर्दय और अन्धाधुन्ध औपचारिक अस्त्रों के प्रयोग को निषेध करने वाला सम्मेलन–1981

1930 28 जून–जबर्दस्ती श्रम संयुक्त राष्ट्रसंघ चार्टर।

1948 9 जुलाई–अधिकारों के लिए सम्मेलन आयोजित करने में सभा और

संरक्षण की स्वतंत्रता।

–9 दिसम्बर–जातिसंहार के अपराध को रोकने और सजा देने पर सम्मेलन। –10 दिसम्बर–मानवाधिकारों की सार्वभौमिक घोषणा।

1949 –1 जुलाई–संघटन करने और सामूहिक संविदा सम्मेलन करने का अधिकार।

–2 दिसम्बर–मनुष्य की खरीद फरोख्त और वेश्यावृत्ति कराने के उन्मूलन के लिए सम्मेलन।

1950 –14 दिसम्बर–शरणार्थियों के लिए संयुक्त राष्ट्रसंघ उच्चायोग कार्यालय कर संविधि।

1951 –12 जनवरी–जातिसंहार के अपराध को रोकने और सजा पर सम्मेलन

1951 –29 जून–बराबर परिलब्धियां सम्मेलन।

1951 –25 जुलाई–मनुष्य की खरीद–फरोख्त और वेश्यावृत्ति कराने के उन्मूलन के लिए सम्मेलन।

–28 जुलाई–शरणार्थियों की स्थिति पर सम्मेलन।

1952 –16 दिसम्बर–सुधार के अन्तर्राष्ट्रीय अधिकारों पर सम्मेलन।

–20 दिसम्बर–महिलाओं के राजनीतिक अधिकारों पर सम्मेलन।

1953 –7 जुलाई–1953 में संशोधन 1926 का दास सम्मेलन।

1953 –23 अक्टूबर–25 सितम्बर 1926 को जिनेवा में दास सम्मेलन संशोधन प्रलेख हस्ताक्षरित।

1953 –7 दिसम्बर–दास सम्मेलन को संशोधन करने वाले प्रलेख।

1954 –22 अप्रैल–शरणार्थियों की स्थिति से संबंधित सम्मेलन।

1954 –26 अप्रैल–राज्य विहीन व्यक्तियों की स्थिति से संबंधित सम्मेलन।

1954 –7 जुलाई–महिलाओं के राजनीतिक अधिकारों पर सम्मेलन।

1954 –9 दिसम्बर–विवाह के लिए सहमति, कम से कम आयु और पंजीकरण पर सम्मेलन–विवाहित महिलाओं की राष्ट्रीयता पर सम्मेलन।

1955 –30 अगस्त–कैदियों के इलाज के लिए मानक न्यूनतक नियम।

1956 –7 सितम्बर–दासता, दास व्यापार और संस्थाएं तथा दासता के समान व्यवसायों पर पूरक सम्मेलन।

1957 –29 जनवरी–विवाहित महिलाओं की राष्ट्रीयता पर सम्मेलन।

1957 –30 अप्रैल–दासता, दास व्यापार और संस्थाएं तथा दासता के समाव्यवसायों पर पूरक सम्मेलन।

–25 जून–अनिवार्य श्रम सम्मेलन का उन्मूलन।

1958 –25 जून–भेदभाव (नियोजन और व्यवसाय) सम्मेलन।

1959 –20 नवम्बर–बाल अधिकारों की घोषणा।

1960 –6 जून–राज्य विहीन व्यक्तियों की स्थिति से संबंधित सम्मेलन।

1960 –14 दिसम्बर–औचानिवेशिक देशों और लोगों को स्वतन्त्रता देने पर घोषणा।

1960 –14–शिक्षा में भेदभाव के विरुद्ध सम्मेलन।

1961 –30 अगस्त–नागरिकता हीनता में कमी करने के लिए सम्मेलन।

1962 –7 नवम्बर–विवाह के लिए सहमति, कम से कम आयु और पंजीकरण पर सम्मेलन।

1962 –10 दिसम्बर–शिक्षा में भेदभाव के विरुद्ध राज्य दलों और सम्मेलन के मध्य उठने वाले झगड़ों का निपटान करने के लिए उत्तरदायी मेल–मिलाप और गुड आफिस कमीशन की नियुक्ति प्रलेख।

1962 –14 दिसम्बर–1962 को महासभा संकल्प 1803 (1) "प्राकृतिक संसाधनों पर स्थायी प्रभुत्व।"

1963 20 नवम्बर–सभी तरह का जातीय भेद–भाव मिटाने पर संयुक्त राष्ट्र संघ की घोषणा।

1964 9 जुलाई–नियोजन नीति सम्मेलन

1965 1 नवम्बर–विवाह की सहमति, कम से कम आयु और पंजीकरण पर सिफारिश।

7 दिसम्बर–युवाओं के मध्य शांति के आदर्श, आपसी आदर और लोगों के मध्य मेल–जोल बढ़ाने पर घोषणा।

21 दिसम्बर–सभी प्रकार के जातीय भेद–भाव को हटाने पर अन्तर्राष्ट्रीय सम्मेलन।

1966 –4 नवम्बर–अन्तर्राष्ट्रीय सांस्कृतिक सहयोग के सिद्धान्तों की घोषणा।

–11 दिसम्बर–सामाजिक प्रगति एवं विकास की घोषणा।

–16 दिसम्बर–नागरिक और राजनीतिक अधिकारों पर अन्तर्राष्ट्रीय प्रतिज्ञापत्र समझौता।

–16 दिसम्बर–शरणार्थियों की स्थिति से संबंधित प्रलेख।

1967 –4 अक्टूबर–शरणार्थियों की स्थिति से संबंधित प्रलेख।

–17 दिसम्बर–महिलाओं के साथ भेद–भाव उन्मूलन संबंधित घोषणा।

–14 दिसम्बर–प्रादेशिक शरण पर घोषणा।

1968 –13 मई–तेहरान की घोषणा।

–26 नवम्बर–मानवता के साथ अपराध और युद्ध अपराध पर कानूनी सीमाएं लागू न होने के संबंध में सम्मेलन।

1969 –4 जनवरी–जातीय मतभेद के सभी रूपों का उन्मूलन करने पर अन्तर्राष्ट्रीय सम्मेलन।

1969 –11 दिसम्बर–सामाजिक प्रगति और विकास पर घोषणा।

1970 –11 नवम्बर–मानवता के विरुद्ध युद्ध अपराध पर कानूनी सीमाएं लागू न होने के संबंध में सम्मेलन।

1971 –23 जून–श्रमिक प्रतिनिधियों का सम्मेलन।

–20 दिसम्बर– बौद्धिक सहयोग व सम्बन्ध की उद्घोषणा तथा कैदियों के साथ व्यवहार मानक नियम 1971।

1973 –30 नवम्बर–नस्ल के आधार पर भेद–भाव के अपराध को दबाने और सजा पर अन्तर्राष्ट्रीय सम्मेलन।

–3 दिसम्बर–युद्ध अपराधों और मानवता के साथ अपराधों के लिए दोषी व्यक्तियों का पता लगाने, गिरफ्तार करने, वापस करने और सजा में अन्तर्राष्ट्रीय सहयोग के सिद्धान्त।

1974 –16 नवम्बर–भूख और कुपोषण का उन्मूलन करने पर विश्वव्यापी घोषणा।

12 दिसम्बर–1974–राज्यों के आर्थिक सिद्धान्त एवं दायित्वों के प्रति घोषणा।

14 दिसम्बर–आपातकाल और सशस्त्र युद्ध में महिला तथा बच्चों की सुरक्षा की घोषणा।

10 नवम्बर–शांति के हित और मानवता के लाभ के लिए वैज्ञानिक और तकनीकी प्रगति के प्रयोग पर घोषणा।

9 दिसम्बर–सभी व्यक्तियों को अत्याचार और अन्य क्रुर, अमानवीय अथवा

अप्रतिष्ठित व्यवहार अथवा सजा से सुरक्षा पर घोषणा।

9 दिसम्बर–अपंग व्यक्तियों के अधिकारों पर घोषणा।

13 दिसम्बर–राष्ट्रीयताहीनता को कम करने पर सम्मेलन।

1976 3 जनवरी–आर्थिक, सामाजिक और सांस्कृतिक अधिकारों पर अन्तर्राष्ट्रीय समझौता।

23 मार्च–सिविल और राजनीतिक अधिकारों पर अन्तर्राष्ट्रीय समझौता।

2 मार्च–मृत्यु दण्ड हटाने के उद्देश्य के लिए सिविल और राजनीतिक अधिकारों पर अन्तर्राष्ट्रीय समझौते के दूसरे ऐच्छिक मूल दस्तावेज

23 मार्च–सिविल और राजनीतिक अधिकारों पर अन्तर्राष्ट्रीय समझौते के ऐच्छिक मूल दस्तावेज।

18 जुलाई–नस्लवाद के अपराध को दबाने और दण्ड पर अन्तर्राष्ट्रीय सम्मेलन।

1981 3 सितम्बर–महिलाओं के प्रति सभी भेद–भावों को समाप्त करने पर सम्मेलन।

25 नवम्बर–धर्म और विश्वास पर आधारित सभी तरह कीं असहिष्णुता और भेद–भाव हटाने पर घोषणा।

1984 12 नवम्बर–शांति के लिए जनता के अधिकारों पर घोषणा।

1985 29 नवम्बर–बाल न्याय प्रशासन के लिए संयुक्त राष्ट्र संघ के स्टैंडर्ड मिनिमम रूल्स (द बेजिंग रूल्स)

1985 29 नवम्बर–शक्तियों के दुरूपयोग और अपराध से पीड़ितों के लिए न्याय के मूलभूत सिद्धान्तों की घोषणा।

1986 3 दिसम्बर–बाल कल्याण की सुरक्षा से संबंधित सामाजिक और कानूनी सिद्धान्तों पर घोषणा।

4 दिसम्बर–विकास के अधिकार पर घोषणा।

1987 –26 जून–उत्पीड़न, क्रूरता, अमानवीय अथवा निम्न कोटि के व्यवहार पर सजा के बारे में सम्मेलन।

1988 –3 अप्रैल–खेल–कूदों में नस्लवाद के विरूद्ध अन्तर्राष्ट्रीय सम्मेलन।

1989 –20 नवम्बर–1989 संयुक्त राष्ट्रसंघ की महासभा के 44वें अधिवेशन ने बाल अधिकारों पर सम्मेलन को सर्वसम्मति से स्वीकार किया।

1990 –10–15 दिसम्बर–नई दिल्ली में मानवाधिकारों पर विश्व सम्मेलन की अंतिम रिपोर्ट।

1991 – महिलाओं (सी.ई.डी.ए. उब्लू) के साथ सभी भेद–भाव हटाने के लिए सम्मेलन अस्तित्व में आया।

1991 –31 जनवरी–1991 संयुक्त राष्ट्रसंघ मुख्यालय में सुरक्षा परिषद् ने अब तक की अपनी पहली बैठक में उस घोषणा को स्वीकार किया जिसमें सुरक्षा परिषद् के सदस्यों ने मानवाधिकारों के प्रति आदर के अपने संकल्प को पुनः पुष्टि की घोषणा की थी।

1993 जून–वियना में मानवाधिकारों पर विश्व सम्मेलन।

जून 1993 में वियना में जो मानवाधिकारों पर विश्व सम्मेलन आयोजित हुआ, इसके बाद 23–12–1994 में सर्वसम्मति से एक प्रस्ताव पास करके जनवरी 1995 से एक दशक तक मानवाधिकार शिक्षा देने का संकल्प विभिन्न देशों ने स्वीकृत किया तथा मानवाधिकार संरक्षण सम्बन्धी प्रशिक्षण सूचना, तथा प्रसार हेतु अन्तर्राष्ट्रीय वातावरण बनाने के लिये एक योजना बनाई गई। विश्व में अनेक सरकारी व गैर सरकारी संस्थायें मानवाधिकार संरक्षण की दिशा में सक्रिय हैं।

संयुक्त राष्ट्र संघ का योगदानः

संयुक्त राष्ट्र संघ द्वारा निम्न मानवाधिकार भी प्रमुखता से उजागर किये गये हैं :

1. जीवन स्वतंत्रता तथा सुरक्षा के प्रति
2. दासता पर प्रतिबन्ध
3. यातना पर क्रूरता या अमानवीय व्यवहार पर प्रतिबन्ध
4. कानून के समक्ष व्यक्ति के रूप में मान्यता समान कानून एवं कानून के समक्ष समानता/स्वतंत्र न्याय।
5. मूल अधिकारों के हनन के प्रति तत्काल न्यायिक राहत।
6. अवैधानिक हिरासत, गिरफ्तारी या देश निकाले पर प्रतिबन्ध।
7. अभियुक्त को दोषी साबित न होने तक निर्दोष माना जाना।
8. प्रत्येक की व्यक्तिगत जिन्दगी के प्रति स्वतंत्रता–वैवाहिक/सामाजिक/आर्थिक/धार्मिक/शैक्षाणिक/सांस्कृतिक स्वतंत्रतायें।
9. लोगों का मत ही शासन या सरकार का आधार होगा तथा उसमें सभी को प्रतिनिधित्व का अवसर।
10. कार्य एवं कार्य वातावरण तथा आराम के प्रति अधिकार।
11. सम्मानजनक सामाजिक स्तर की प्राप्ति तथा बीमारी, विक्षिप्तता, बेरोजगारी, बुढ़ापे में या अनियंत्रित अवस्थाओं में जीवन यापन के प्रति अधिकार।

उपरोक्त, अधिकारों पर उतना ही न्यूनतम प्रतिबन्ध लगाया जा सकता है जो कि नैतिकता, जन व्यवस्था तथा सामान्य जन कल्याण के लिए कानून में निर्धारित किया गया हो।

कालांतर में कई अन्य प्रस्ताव भी पारित किये एवं अपनाये गये जिनका उल्लेख पूर्व खंड में किया गया है। विभिन्न संगठन भी इसके क्रियान्वयन एवं अनुश्रवण हेतु समय–समय पर स्थापित किये गये।

1. कमेटी आन दी एलिमिनेशन ऑफ रेशियल डिस्क्रिमिनेशन (नस्लीय प्रभेद के उन्मूलन हेतु 1970 में गठित समिति):

   यह पाँच वर्षीय 18 सदस्यों की समिति है जो सदस्य राष्ट्रों द्वारा गोपनीय मत से चयनित की जाती है।

2. कमेटी आन इकानामिक सोशल एण्ड कल्चरल राइट्स (आर्थिक, सामाजिक

तथा सांस्कृतिक अधिकारों हेतु 1985 में गठित समिति):
यह चार वर्षीय 18 सदस्यों की समिति है जो सदस्य राष्ट्रों द्वारा गोपनीय मत से चयनित की जाती है।

3. ह्यूमन राइट कमेटी (मानवाधिकार समिति वर्ष 1977 से गठित है):
यह चार वर्षीय 18 सदस्यों की समिति है जो सदस्य राष्ट्रों द्वारा गोपनीय मत से चयनित की जाती है।

4. कमेटी आन एलीमिनेशन ऑफ डिसक्रिमिनेशन अगेन्स्ट वोमैन (महिलाओं के प्रति उभेद उन्मूलन हेतु 1982 में गठित समिति).
यह 4 वर्षीय 23 सदस्यों की समिति है जो सदस्य राष्ट्रों द्वारा गोपनीय मत से चयनित की जाती है।

5. कमेटी अगेन्स्ट टार्चर (यातना के विरूद्ध समिति जो 1987 में गठित की गयी):
यह चार वर्षीय 10 सदस्यों की समिति है जो सदस्य राष्ट्रों द्वारा गोपनीय मत से चयनित की जाती है।

6. ग्रुप ऑफ थ्रो एस्टेब्लिशड अंडर द इंटरनेशनल कन्वेशन आन द सेपरेशन एण्ड पनिशमेण्ट ऑफ द क्राइम ऑफ अपारथीड (रंगभेद अपराधों के दमन एवं दण्ड विषय त्रिसदस्यीय गुण):
यह चार वर्षीय 18 सदस्यों की समिति है जो राष्ट्रों द्वारा गोपनीय मत से चयनित की जाती है। संयुक्त संघ सचिवालय में मानवाधिकार केन्द्र की स्थापना की गयी जिसका कार्यालय जेनेवा एवं न्यूयार्क में है। इस केन्द्र द्वारा मानवाधिकारों के प्रति क्रियान्वयन, नियंत्रण एवं अनुश्रवण संबंधी समस्त कार्य पारित, प्रस्ताव के आलोक से सुनिश्चित कराया जाता है। मानवाधिकार पर एक वर्षीय प्रकाशन भी कराया जाता है।

अर्द्धशासकीय संगठन एवं मानवाधिकार:

संयुक्त राष्ट्र संघ के अपने अन्य संगठनों/संस्थाओं द्वारा भी मानवाधिकारों के प्रति अपने–अपने क्षेत्र में विशेष ध्यान रखा जाता है और कहीं से भी इसके लिए पृथक अनुभाग भी कार्यरत है। इसमें प्रमुख हैं :

1. विस्थापितों हेतु उच्चायुक्त (हाई कमीशन फार रिफ्यूजीज)
2. अंतर्राष्ट्रीय मजदूर संगठन (इण्टरनेशनल लेबर आर्गेनाइजेशन)

3. संयुक्त राष्ट्र शैक्षणिक, सामाजिक एवं सांस्कृतिक संगठन (यूनेस्को)
4. विश्व स्वास्थ्य संगठन (डब्लू.एच.ओ.)
5. खाद्य एवं कृषि संगठन (एफ.एच.ओ.)।

संयुक्त राष्ट्र व्यवस्था के अंतर्गत मानवाधिकारों की रक्षा के प्रयासों में गैर सरकारी संगठनों की भी भूमिका बढ़ती रहती है। यह संस्थायें विभिन्न क्षेत्रों मसलन, धार्मिक, सामाजिक, सांस्कृतिक, शिक्षा इत्यादि अथवा विभिन्न वर्गों जैसे युवा महिला विक्षिप्त एवं विस्थापित के समेकित हितों की दिशा में कार्यरत है। इन्हें सामान्यतः एन.जी.ओ. (नानगवर्नमेण्ट आर्गेनाईजेशन) के नाम से जाना जाता है। समय–समय पर संयुक्त राष्ट्र ने एन.जी.ओ. के साथ अपने संबंधों को परिभाषित किया है एवं दीर्घ अवधि से उनके साथ गहन सम्पर्क में है। संयुक्त राष्ट्र की आर्थिक एवं सामाजिक परिषद के चार्टर (अधिकार–पत्र) में एन.जी.ओ. के साथ परामर्श एवं विमर्श का प्रावधान है। मानवाधिकार के इस चयन में इनकी सहभागिता बढ़ती जा रही है। स्थानीय, क्षेत्रीय, राष्ट्रीय तथा अंतर्राष्ट्रीय स्तर पर अनेक गैरसरकारी संगठन कार्यरत हैं। मानवाधिकार के सम्बन्ध में अल्बर्ट काइन्सटन ने कहा था। "आज मानवाधिकारों की बात करते हुये मुख्यतः हम व्यक्ति की स्वतंत्रता, एक राज्य या कुछ पक्षपात पूर्ण व्यक्तियों द्वारा न बाधित होने देना, कार्य करने और कमाने की स्वतंत्रता, बोलने और अध्यापन की स्वतंत्रता, अपनी सरकार बनाने में व्यक्ति का मुक्त योगदान की बातों पर जोर देते हैं। सिद्धान्ततः वर्तमान में इन्हें ही मानवाधिकार का रूप जाना जाता है।"

मानवाधिकार और मानवाधिकारों से संबंधित अन्तर्राष्ट्रीय दस्तावेज

दिनांक 31 दिसम्बर 1993 तक की मानवाधिकारों से संबंधित अन्तर्राष्ट्रीय दस्तावेजों की स्थिति निम्नलिखित सारणी में दी जा रही है:

अन्तर्राष्ट्रीय दस्तावेज (लागू होने की तारीख)	राज्योंकी कुल सं	एशिया से कुल राज्यों की सं	एशिया देशों द्वारा क्रमानुसार सहमति, अधिसूचना, इत्यादि।
(1)	(2)	(3)	(4)
1. आर्थिक, सामाजिक और सांस्कृतिक अधिकारों पर अन्तर्राष्ट्रीय समझौता	122	18	अफगानिस्तान, लोकतान्त्रिक (उत्तरी) कोरिया, लोकतान्त्रिक यमन, भारत, ईरान, इराक, जापान, जोर्डन, लेबनान,

	(3 जनवरी, 1976)			मंगोलिया, नेपाल, श्री लंका, फिलीपिंस, सीरिया, वियतनाम, कम्बोडिया, इज–राइल, कोरिया गणराज्य।
2.	सिविल और राजनीतिक अधिकारों पर अन्तर्राष्ट्रीय समझौता (23 मार्च 1976)	122	18	अफगानिस्तान, कम्बोडिया, लोकतान्त्रिक (उत्तरी) कोरिया, लोकतान्त्रिक यमन, भारत, ईरान, जापान, जोर्डन, लेबनान, मंगोलिया, फिलीस्तीन, कोरिया गणराज्य, श्री लंका, सीरिया, वियतनाम, इजराइल, नेपाल।
3.	सिविल और राजनीतिक अधिकारों पर अन्तर्राष्ट्रीय समझौते का ऐच्छिक प्रलेख (23 मार्च 1976)	74	4	कोरिया गणराज्य, मंगोलिया, नेपाल, फिलिपिंस।

निम्नलिखित 39 राज्य पक्षों ने समझौते के अनुच्छेद 41 के अन्तगर्त मानवाधिकार समिति की सक्षमता को मान्यता देने की घोषणा कीः अल्जीरिया, अर्जेन्टीना, अस्ट्रेलिया, वेलारूस, बेलिजयम, कनाडा, चीले, कान्गो, डेन्मार्क, ईक्वाडोर, फिनलैण्ड, गाम्बिआ, जर्मनी, गुबाना, हंगरी, आसलैण्ड, आयरलैण्ड, इटली, लक्समवर्ग, माल्टा, हालैण्ड, न्यूजीलैण्ड, नार्वे, पेरू, फिलिपिंस, पौलैण्ड, कोरिया गणराज्य, सवेनगल, स्लोवेनिया, स्पेन, श्रीलंका, स्वीडन, स्वीटजरलैण्ड, तुनिसिया, यूक्रेन, अमरीका, ब्रिटेन और जातबिया।

4.	मृत्युदण्ड हटाने के लिए सिविल और राजनीतिक अधिकार पर अन्तर्राष्ट्रीय समझौते की दूसरी ऐच्छिक प्रलेख (2 मार्च 1976)	19	शून्य	
5.	जाति–संहार, अपराध रोकने और सजा पर समझौता (12 जनवरी 1951)		27	अफगानिस्तान, चीन, कम्बोडिया, लोक–तान्त्रिक यमन, फिजी, भारत, ईरान, ईराक, इजराइल, जोर्डन, लाओस, लेब–नान, मालद्वीप, मंगोलिया, म्यनमार, नेपाल, पाकिस्तान, पावा, न्यू गायना, कोरिया गणराज्य, दक्षिण वियतनाम, फिलीपिंस, सउदी अर्बिया, श्री लंका,

				सीरिया, वियतनाम, कोरिय लोकतान्त्रिक गणराज्य।
6.	युद्ध अपराध और मानवता के साथ अपराधों की कानूनी सीमाओं के लागू न होने के बारे में समझौता (11 नवम्बर, 1970)	38	8	अफगानिस्तान, लोकतान्त्रिक यमन, भारत, लाओज, मंगोलिया, फिलिपिंस, वियतनाम, कोरिया लोकतान्त्रिक गणराज्य।
7.	सभी प्रकार के जातीय भेद–भाव को समाप्त करने के लिए अन्तर्राष्ट्रीय सम्मेलन (4 जनवरी,1969)	137	27	अफगानिस्तान, बंग्लादेश, चीन, कम्बो–डिया, लोकतान्त्रिक यमन, फिजी, भारत, ईरान, ईराक, इजराइल, जोर्डन, कुवैत, लाओन, लेबनान, मालद्वीप, मंगोलिया, नेपाल, पाकिस्तान, पपुआ, न्यू गुईन, द फिलिपिंस, कतार, कोरिया गणराज्य, श्री लंका, सीरिया, यूनाइटेड अरब अमीरात, वियतनाम।

समझौते के अनुच्छेद 14 के अन्तगर्त जातीय भेद–भाव मिटाने के लिए समिति की सक्षमता को मान्यता देने के लिए अब तक निम्नलिखित 18 राज्य पक्षों ने घोषनाएं की हैं :

अल्जीरिया, आस्ट्रेलिया, बुल्गारिया, कोस्तारिका, डेनमार्क, इकवाडोर, फ्रान्स, हंगरी, आइसलेण्ड, इटली, नीदरलैण्डं, नार्वे, पेरू, रसियन फेडरेशन सेनिगल, स्वीडन, कूकेन और उरूग्वे।

8.	शरणार्थियों की स्थिति के विषय में समझौता। (22 अप्रैल 1954)	117	11	चीन, कम्बोडिया, फिजी, ईरान, इजराइल, इजराइल, जापान, फिलिपिंस, यमन, पावा, न्यूगुइना, रिपब्लिक ऑफ कोरिया।
9.	शरणार्थियों की स्थिति के बारे में प्रोटॅकाल (4 अक्टूबर 1987)	118	11	चीन, कम्बोडिया फिजी, ईरान, इजराइल, जापान, पटवा, न्यूगुइना, द फिलिपाइन्स, यमन, रिपब्लिक ऑफ कोरिया।
10.	जो लोग राज्य विहीन हैं उनकी स्थिति के बारे में समझौता (6 जून 1960)	37	3	फिजी, इजराइल (दक्षिण) कोरिया गणराज्य।

11.	राज्य विहिनता को कम करने के लिए समझौता। (13 दिसम्बर 1975)	17	शून्य	शून्य
12.	महिलाओं के राजनीतिक अधिकारों पर समझौता (7 जुलाई 1954)	103	18	अफगानिस्तान, लोकतान्त्रिक-यमन, इन्डोनेशिया, इजराइल, जापान, जोर्डन, लाओस, लेबनान, मंगोलिया, फिजी, नेपाल, पाकिस्तान, भारत, द. फिलीपिंस, पटवा, न्यूगुइना, कोरिया गणराज्य, थाईलैण्ड।
13.	विवाहित महिलाओं की राष्ट्रीयता के बारे में समझौता (11 अगस्त 1958)	60	6	फिजी, इजराइल, मलेशिया, सिंगापुर, श्रीलंका, जोर्डन।
14.	विवाह के लिए सह–मति, विवाह के लिए कम से कम आयु और विवाह के पंजीकरण पर समझौता (9 दिसम्बर 1954)	40	4	लोकतान्त्रिक यमन, फिजी, द. फिलि–पिंस, जोर्डन।
15	सन् 1926 का दासता समझौता	73	11	अफगानिस्तान, बंगलादेश, फिजी, भारत, ईरान, ईराक, इजराइल,लेबनान, म्यन–मार, नेपाल, सीरिया, यमन।
16.	दासता समझौते को संशोधित करने वाला प्रलेख (7 दिसम्बर 1953)	55	8	अफगानिस्तान, बंग्लादेश, फिजी, भारत, ईराक, इजराइल, म्यनमार, बंग्लादेश, फिजी, भारत, ईराक, इजराइल।
17.	सन् 7 जुलाई 1955 1926 का दासता समझौता।	88	18	जोर्डन, कुवेत, मंगोलिया, म्यनमार, द फिलीपिंस, पटवा, न्यूगुइना, पाकि–स्तान, सउदी अर्बिया, श्रीलंका, सीरिया, यमन।
18.	दासता, दास व्यापार और दासता की तरह की प्रथाओं और	106	20	अफगानिस्तान, बंग्लादेश, कम्बोडिया, फिजी, भारत, ईरान, ईराक, इजराइल, जोर्डन, कुवेत, लाओस, मलेशिया, नेपाल,

	व्यवहारों को हटाने पर पूरक, समझौता।			पाकिस्तान, द. फिलीपिंस, सउदी अर्बिया, सिंगापुर, श्री लंका, सीरिया।
19.	मानव व्यापार को दबाने और दूसरों से वेश्याकर्म करवाकर, अनुचित लाभ उठाने के सबंध में समझौता (25 जुलाई 1951)	65	16	अफगानिस्तान, बंग्लादेश, भारत, ईराक, इजराइल, जापान, जोर्डन, कुवैत, लाओज, पाकिस्तान, कोरिया, गणराज्य, द. फिलिपिंस, सिंगापुर, श्री लंका, यमन।
20.	जातीय भेद–भाव के अपराध को दबाने और सजा पर अन्त–र्राष्ट्रीय समझौता (18 जुलाई 1976)	98	21	अफगानिस्तान, बंग्लादेश, कम्बोडिया, चीन, भारत, ईरान, ईराक, कुवैत, लाओज, यू.ए.ई, मालद्वीप, मंगोलिया, पाकिस्तान, नेपाल, द. फिलिपिंस, श्री–लंका, सीरिया, वियतनाम, जोर्डन, यमन।
21.	महिलाओं के प्रति सभी तरह के भेद–भाव समाप्त करने पर समझौता (3 सितम्बर, 1981)	125	20	बंग्लादेश, भूटान, चीन, कम्बोडिया, लोकतान्त्रिक, यमन, इन्डोनेशिया, ईराक, जापान, जोर्डन, भारत, इजराइल इजराइल, लाओज, मालद्वीप, मंगोलिया, द. फिलिपिंस, दक्षिण कोरिया गणराज्य, श्रीलंका, थाईलैण्ड, वियतनाम, नेपाल।
22.	उत्पीड़न, क्रूरता, अमानवीय अथवा अपमानजनक व्यवहार अथवा सजा के (26 जून 1987)	76	8	अफगानिस्तान, कम्बोडिया, चीन, इजराइल, जोर्डन, नेपाल, यमन, द. फिलिपिंस।
23.	खेल–कूद में जातीय भेदभाव के विरूद्ध अन्तर्राष्ट्रीय समझौता (3 अप्रैल 1988)	56	10	भारत, ईरान, ईराक, इजराईल, जोर्डन, नेपाल, मंगोलिया, द. फिलिपिंस, सीरिया।

समझौते के अनुच्छेद 21 और 22 के अन्तर्गत उत्पीड़न के विरूद्ध समिति की सक्षमता को मान्यता देने के लिए अब तक निम्नलिखित 36 राज्य पक्षों ने घोषणा की है:

अल्जीरिया, अर्जेन्टीना, आस्ट्रेलिया, बुल्गारिया, कनाडा, काटिया, साइप्रस, डेन्मार्क, ईक्वाडोर, फिनलैण्ड, फ्रांस, जर्मनी, ग्रीस, हंगरी, इटली, लिचटेंस्टिन,

लक्सम्वर्ग, माल्टा, मोरक्को, नीदरलैण्ड, नार्वे, पुर्तगाल, पोलैण्ड, रसियन फेडरेशन, स्पेन, स्वीडन, स्वीटजरलैण्ड, स्लोवर्विया, टागो, टुनीसिया, टर्की, यू.के., और यूगोस्लाविया।

24.	बाल अधिकारों पर समझौता (2 सितम्बर, 1990)	149	26	बंग्लादेश, भूटान, कम्बोडिया, चीन, फिजी, भारत, इजराइल, जोर्डन, कुवैत, लेबनान, म्यनमार, लाओज, रिपब्लिक ऑफ कोरिया, इण्डोनेशिया, मालद्वीप, मंगोलिया, नेपाल, पाकिस्तान, पाप्वा, न्यू गुनिया, द. फिलिपाइन, वियतनाम, श्री लंका, सीरिया, थाईलैण्ड, यमन।

भारत ने अब तक निम्नलिखित अन्तर्राष्ट्रीय दस्तावेज का अनुसमर्थन किया है–

(1) आर्थिक, सामाजिक और सांस्कृतिक अधिकारों पर अन्तर्राष्ट्रीय समझौता।

(2) सिविल और राजनीतिक अधिकारों पर अन्तर्राष्ट्रीय समझौता।

(3) सभी तरह के जातीय भेद–भाव को हटाने के लिए अन्तर्राष्ट्रीय समझौता।

(4) प्रजातिवाद के अपराध को दबाने और राज्य पर अन्तर्राष्ट्रीय समझौता।

(5) खेल–कूदों में नस्लवादी के विरूद्ध अन्तर्राष्ट्रीय समझौता।

(6) जाति संहार के अपराध को रोकने और सजा पर समझौता।

(7) युद्ध अपराधों और मानव के विरूद्ध अपराधों पर सांविधिक सीमाओं के लागू न होने के बारे में समझौता।

(8) बालकों के अधिकारों पर समझौता।

(9) महिलाओं के साथ सभी तरह के भेद–भाव को समाप्त करने पर समझौता।

(10) महिलाओं के राजनीतिक अधिकारों पर समझौता।

(11) सन् 1926 का दासता समझौता।

(12) सन् 1926 के समझौते को संशोधित करने वाला 1953 का प्रोटोकॉल।

(13) यथा संशोधित 1926 का दासता समझौता।

(14) दासता, दास–व्यापार और संस्थाएं तथा दासता की भांति प्रथाओं के उन्मूलन पर पूरक समझौता।

(15) मानव व्यापार और दूसरों की वेश्यावृत्ति को समाप्त करने के लिए समझौता।

भारत के संविधान और अन्य कानूनों में मानवाधिकारों से संबंधित विभिन्न उपबन्ध सम्मिलित किए गए हैं। मानवाधिकारों को विश्वव्यापी घोषणा मानवाधिकारों का मैग्नाकार्टा है। यद्यपि घोषणा संधि नहीं थी और महासभा द्वारा कानूनी बल के बिना प्रस्ताव के रूप में अपनाई गई है। इस घोषणा को मानवाधिकारों की आम सहानुभूति सभी लोगों के उपलब्धि के सामान्य स्तर के उद्देश्य से अंगीकार किया गया। मानवाधिकारों के बारे में भारत के कानूनी उपबन्ध नीचे दी गई सारणी में दिए जाते हैं:

अन्तर्राष्ट्रीय मानवाधिकारों की उद्घोषणा

10 दिसम्बर 1948 को पेरिस में संयुक्त राष्ट्र संघ द्वारा की गई मानवाधिकारों की विश्वव्यापी/सार्वभौम घोषणा का मूल अंश निम्नलिखित है:

प्रस्तावना:

चूँकि मानव परिवार के सभी सदस्यों के जन्मजात गौरव और सम्मान तथा अहस्तान्तरणी अधिकार की स्वीकृति ही विश्व में शान्ति, न्याय और स्वतंत्रता की बुनियाद है।

चूँकि मानवाधिकारों की उपेक्षा और घृणा के परिणामस्वरूप ही मानव जाति ने कई घृणित/क्रूर कार्य किए हैं। जिनसे मनुष्य की आत्मा पर अत्याचार किया गया, संसार में प्रारम्भ से ही मनुष्य ने बोलने की आजादी व विश्वास/आस्था को पाया है जिसमें डर व कमी के लिए कोई स्थान नहीं है। जनसाधारण की सबसे बड़ी आकांक्षा स्वतंत्र रूप से बोलना और अपने विश्वास का स्वेच्छा से पालन करना है।

चूँकि यह अत्यन्त जरूरी है कि मानव अधिकारों की रक्षा कानून के द्वारा की जानी चाहिए अन्यथा मनुष्य को जुल्म और अत्याचार के खिलाफ बगावत का सहारा लेना पड़ेगा।

चूँकि राष्ट्रों के बीच में मैत्री संबंध स्थापित करना और उनको बढ़ाना सबसे महत्वपूर्ण है।

चूँकि संयुक्त राष्ट्र के सदस्य देशों ने मानव के मूल अधिकार स्त्री और पुरुष की समानता के अधिकार, सामाजिक प्रगति और उच्च जीवन स्तर को लाने तथा इन्हें बढ़ाने का निश्चय किया है। जो कि संयुक्त राष्ट्र के चार्टर में अपना विश्वास व्यक्त करते हैं।

चूँकि सदस्य देशों ने यह प्रतिज्ञा की है कि वे संयुक्त राष्ट्र के साथ मिलकर मानवाधिकारों और मूलभूत आजादियों के प्रति संसार भर में सम्मान करने में वृद्धि करें।

चूँकि इस प्रतिज्ञा को साकार करने के लिए इन अधिकारों और आजादियों को ठीक से समझना सबसे जरूरी है। इसलिए अब महासभा घोषित करती है कि:

सभी देशों के लोगों के मानवाधिकारों का समान स्तर प्राप्त करने के लिए विश्वव्यापी घोषणा की गई। प्रत्येक सामाजिक इकाई अधिकारों और स्वतत्रता को ध्यान में रखकर शिक्षा के प्रसार द्वारा इसकी प्रगति के उपाय करे जिससे कि प्रभावशाली तरीकों से इनका राष्ट्रीय स्तर पर प्रचार हो सके। ताकि इनके बारे में लोगों को अपने ही देश में जानकारी मिले और इन अधिकारों को विश्वव्यापी मान्यता मिल सके।

अनुच्छेद-1

सभी मनुष्यों को गौरव और अधिकारों की दृष्टि से जन्मजात स्वंतत्रता और समानता प्राप्त है। वे बुद्धि और विवेक सम्पन्न होते हैं इसलिए उन्हें मिलकर भाईचारे की भावना को बढ़ाने के लिए कार्य करना चाहिए।

अनुच्छेद-2

सभी की इस घोषणा पत्र में दिए गए अधिकारों व स्वतंत्रता के लिए जैसे:- जाति, रंग, लिंग, भाषा, धर्म, राजनीति या किसी अन्य मत, राष्ट्रीय और सामाजिक मूल, सम्पत्ति, जन्म या अन्य स्तर में बिना किसी भेद-भाव के समान हक है। इसके अलावा, किसी भी व्यक्ति के साथ राजनीति, क्षेत्राधिकार, राष्ट्रीय या अन्तर्राष्ट्रीय आधार पर कोई भेद-भाव नहीं किया जाएगा, चाहे वह स्वतंत्र है, संस्था है, या कोई स्वतः शांती सरकार है या उसकी प्रभुसत्ता किसी के अधीन है।

अनुच्छेद-3

प्रत्येक व्यक्ति को जीवन, स्वतंत्रता और वैयक्तिक सुरक्षा का अधिकार है।

अनुच्छेद-4

गुलामी और गुलामों का व्यापार दोनों ही किसी भी रूप में निषिद होंगे तथा किसी भी व्यक्ति को गुलाम या दास बनाकर नहीं रखा जाएगा।

अनुच्छेद-5

किसी को भी शारीरिक यातना न दी जाएगी और न किसी के प्रति क्रूर या अमानवीय व्यवहार होगा।

अनुच्छेद-6

हर किसी को हर जगह कानून के समक्ष वैयक्तिक रूप से उपस्थित होने का अधिकार है।

अनुच्छेद-7

कानून के समक्ष सभी बराबर हैं तथा बिना किसी भेद-भाव के सभी को कानून से एक समान सुरक्षा प्राप्त करने का अधिकार है। सभी को घोषणा पत्र में दिए गए अधिकारों के उल्लंघन के खिलाफ या भेदभाव को किसी प्रकार से उकसाया जाए, तो उसके विरूद्ध सुरक्षा का अधिकार सभी को प्राप्त है।

अनुच्छेद-8

संवैधानिक व कानून प्राप्त मौलिक अधिकारों के उल्लंघन की दशा में किसी भी सक्षम राष्ट्रीय न्यायालय से प्रत्येक को न्याय मांगने का अधिकार होगा जो कि उन्हें कानूनी तौर पर प्राप्त है।

अनुच्छेद-9

किसी को भी मनमाने ढंग से गिरफ्तार, नजरबन्द या देश निकाला की सजा नहीं दी जाएगी।

अनुच्छेद-10

सभी को पूर्णतया समान हक है कि उनके अधिकारों और कर्त्तव्यों को निश्चय करने के मामलों में उन पर लगाए गए अपराधिक मामले में उनकी सुनवाई न्यायोचित और सार्वजनिक रूप से स्वतंत्र व निष्पक्ष अदालत द्वारा हो।

अनुच्छेद-11(एक)

प्रत्येक व्यक्ति जिस पर दण्ड संहिता में वर्णित अपराध का आरोप है, को निर्दोष माना जाएगा जब तक उसका अपराध कानूनी ढंग से लोक अदालत में साबित नहीं हो जाता, जहाँ कि उसे अपने बचाव की पूर्ण गारंटी है।

अनुच्छेद-11 (दो)

उस समय किए गए अपराध के लिए कोई भी व्यक्ति उन दण्डों का भागी नहीं होगा जो किसी भी राष्ट्रीय और अन्तर्राष्ट्रीय दण्ड संहिता में वर्णित नहीं है। और न ही उस पर किसी तरह का भारी जुर्माना लगाया जाएगा जो कि उस समय दिया जाता जिस समय दण्डनीय अपराध किया गया था।

अनुच्छेद-12

किसी व्यक्ति के घर, परिवार, पत्राचार अथवा निजी मामलों में कोई मनमाना हस्तक्षेप नहीं किया जाएगा और ना ही कोई उसकी मान मर्यादा को ठेस पहुँचाएगा। प्रत्येक को इसके विरूद्ध कानूनन बचाव करने का अधिकार है।

अनुच्छेद-13 (एक)

प्रत्येक व्यक्ति को अपने देश में स्वतंत्र रूप से आने–जाने और बसने का अधिकार है।

अनुच्छेद-13 (दो)

प्रत्येक व्यक्ति को अपने या किसी अन्य देश को छोड़ने और अपने देश में वापिस आने का अधिकार है।

अनुच्छेद-14 (एक)

प्रत्येक व्यक्ति को अत्याचार से बचने के लिए दूसरे देशों में शरण लेने और रहने का अधिकार है।

अनुच्छेद-14 (दो)

परन्तु गैर राजनीतिक अपराधी या संयुक्त राष्ट्र संघ के उद्देश्यों व सिद्धान्तों के अधिनियमों के प्रतिकूल होने की दशा में यह अधिकार लागू नहीं होगा।

अनुच्छेद-15 (एक)

प्रत्येक व्यक्ति की किसी एक देश की राष्ट्रीयता का अधिकार है।

अनुच्छेद-15 (दो)

किसी भी व्यक्ति को मनमाने ढंग से अपने देश की राष्ट्रीयता से वंचित नहीं किया जाएगा तथा उसे अपनी राष्ट्रीयता को बदलने का अधिकार होगा।

अनुच्छेद-16 (एक)

प्रत्येक वयस्क स्त्री और पुरुष को धर्म, जाति तथा राष्ट्रीयता का भेदभाव किए बिना शादी करके अपना परिवार बसाने का पूरा अधिकार है। उन्हें भी विवाहित जीवन के दौरान तथा सम्बन्ध विच्छेद (तलाक) होने पर उनकी शादी के समान अधिकार प्राप्त होंगे।

अनुच्छेद-16 (2)

इच्छुक स्त्री पुरुष की पूर्ण और स्वतन्त्र सहमति पर ही विवाह किया जायेगा।

अनुच्छेद-16 (3)

परिवार समाज की स्वाभाविक और मौलिक सामूहिक इकाई है और उसे देश और समाज से सुरक्षा प्राप्त करने का अधिकार है।

अनुच्छेद-17 (1)

प्रत्येक को अपनी अकेले व अन्य संस्था के साथ मिलकर सम्पत्ति रखने का अधिकार है।

अनुच्छेद-17 (2)

किसी को भी मनमाने ढंग से अपनी सम्पत्ति से वंचित नहीं किया जायेगा।

अनुच्छेद-18

प्रत्येक व्यक्ति को अपने धर्म, विवेक और विचार के बारे में स्वतन्त्र अधिकार है। तथा वह अपने धर्म या विश्वास को व्यक्तिगत या सामूहिक, सार्वजनिक या निजी तौर पर बदलने के लिए स्वतन्त्र है। इसमें अपने धर्म या विश्वास का प्रचार करना, पालन व पूजा करने का अधिकार भी शामिल है।

अनुच्छेद-19

प्रत्येक व्यक्ति को अपने मत व्यक्त करने का स्वतन्त्र अधिकार है जिसमें बिना किसी हस्तक्षेप से मत (राय) जानना, प्राप्त करना या किसी भी साधन के जरिये सीमा पार सूचना देने का उपाय करना शामिल है।

अनुच्छेद-20(1)

प्रत्येक व्यक्ति को शांतिपूर्वक सभा करने और संस्था/समिति बनाने का स्वतन्त्र अधिकार है।

अनुच्छेद-20(2)

किसी व्यक्ति को समिति/सभा में शामिल होने के लिए बाध्य नहीं किया जा सकता।

अनुच्छेद-21(1)

प्रत्येक या अपने चुने हुए प्रतिनिधियों के माध्यम से प्रत्येक व्यक्ति को अपने देश के शासन में भाग लेने का पूरा अधिकार है।

अनुच्छेद-21(2)

प्रत्येक व्यक्ति को अपने देश में सरकारी नौकरी पाने के लिए समान अधिकार प्राप्त है।

अनुच्छेद-21(3)

जनता की सहमति सरकार के प्राधिकार का आधार होगी जिससे वह सब जगह समय–समय पर आम चुनावों द्वारा व्यक्त करेंगे जो कि गोपनीय वोट या इसके समक्ष स्वतन्त्र चुनाव प्रक्रिया के द्वारा होगा।

अनुच्छेद-22

प्रत्येक सदस्य को सामाजिक सुरक्षा का अधिकार है, जिससे वह प्रत्येक देश में उपलब्ध संसाधनों के अनुसार राष्ट्रीय या अन्तर्राष्ट्रीय सहयोग से प्राप्त करने का हकदार है, जो कि उसके आर्थिक, सामाजिक और सांस्कृतिक सम्मान तथा व्यक्तित्व के स्वतन्त्र विकास के लिए निहायत जरूरी है।

अनुच्छेद-23(1)

प्रत्येक व्यक्ति को काम, स्वतन्त्र रूप से रोजगार चुनने और काम के अनुकूल सुविधाएं तथा बेरोजगारी से बचाव करने का अधिकार है।

अनुच्छेद-23(2)

प्रत्येक व्यक्ति को भेद–भाव किये बिना समान काम के समान वेतन पाने का अधिकार हैं।

अनुच्छेद-23 (3)

प्रत्येक कामगार को अपने और अपने परिवार के लिए उचित और अनुकूल मेहनताना (पारिश्रमिक) लेने का अधिकार है जिससे कि वह अपने सामाजिक सम्मान को बनाये रखे। यदि आवश्यक हो तो सामाजिक सुरक्षा को अन्य साधनों से भी पूरा किया जा सकता है।

अनुच्छेद-23 (4)

प्रत्येक व्यक्ति को अपने हितों की रक्षा के लिए श्रमिक संघ (ट्रेड यूनियन) बनाने और उनमें शामिल होने का अधिकार है।

अनुच्छेद-24

प्रत्येक व्यक्ति को कार्य करने की निर्धारित अवधि के दौरान विश्राम और अवकाश, तथा समय–समय पर वेतन के साथ अवकाश लेने का अधिकार है।

अनुच्छेद-25 (1)

प्रत्येक व्यक्ति को ऐसे जीवन स्तर को प्राप्त करने का अधिकार है जो उसे और उसके परिवार के स्वास्थ्य एवं कल्याण के लिए पर्याप्त हो। जिसमें भोजन, वस्त्र, आवास व अन्य जरूरी जन सुविधाएं शामिल हैं। बेरोजगारी, बीमारी, विकलांगता, विधवापन, बुढ़ापा अन्य किसी ऐसी स्थिति में आजीविका का साधन न होने पर जो उसके नियन्त्रण से बाहर हो सुरक्षा का अधिकार प्राप्त है।

अनुच्छेद-25 (2)

जच्चा और बच्चा को विशेष देखभाल और सुविधा का हक है। सभी बच्चे चाहे वे विवाहिता या अविवाहिता से पैदा हुए हों, समान सामाजिक सुरक्षा के हकदार होंगे।

अनुच्छेद-26 (1)

प्रत्येक को शिक्षा पाने का अधिकार है। प्राथमिक एवं आधारभूत स्तर पर शिक्षा निःशुल्क होगी। प्राथमिक शिक्षा अनिवार्य होगी। तकनीकी और व्यावसायिक शिक्षा सामान्यतया उपलब्ध कराई जाएगी और उच्च मेरिट के आधार पर समान रूप से सुलभ कराई जाएगी।

अनुच्छेद-26(2)

शिक्षा का उद्देश्य मानवीय व्यक्तित्व का सम्पूर्ण विकास और मानवाधिकारों व मौलिक स्वतंत्रता को सम्मान देना तथा उसे मजबूती प्रदान करना होगा। यह सभी राष्ट्रों के बीच समझने, सहनशीलता और मित्रता की भावना का विकास करेगी, जाति या धार्मिक गुणों और संयुक्त राष्ट्र की शान्ति बनाए रखने वाले कार्यकलाओं को प्रोत्साहन देगी।

अनुच्छेद-26(3)

माता–पिता को अपने बच्चों के लिए शिक्षा की किस्म चुनने का पहला अधिकार होगा।

अनुच्छेद-27(1)

प्रत्येक व्यक्ति को अपनी वैज्ञानिक, साहित्यिक और कलात्मक रचनाओं के नैतिक और आर्थिक हितों की सुरक्षा करने का अधिकार है। जिसका लेखक वह स्वयं हो।

अनुच्छेद-28

प्रत्येक व्यक्ति को इस घोषणा पत्र में दिए गए सामाजिक और अन्तर्राष्ट्रीय अधिकारों को साकार करने का स्वतंत्र अधिकार है।

अनुच्छेद-29(1)

प्रत्येक व्यक्ति का यह कर्त्तव्य है कि अपने व्यक्तित्व के साथ–साथ स्वतंत्र रूप से अपने समुदाय का भी विकास करे।

अनुच्छेद-29(2)

प्रत्येक व्यक्ति को अपने अधिकार व स्वतंत्रता का प्रयोग करते समय इस बात का ध्यान रखना होगा कि वह दूसरों के अधिकार और आजादी का सम्मान करे जो कानून द्वारा लोकतांत्रिक समाज के उच्च–आचरण, न्याय व कल्याण की जरूरत को पूरा करने के लिए बनाए गए हैं।

अनुच्छेद-29(3)

इन अधिकारों और स्वतंत्रता को किसी भी दशा में संयुक्त राष्ट्र संघ के उद्देश्यों और सिद्धांतों के विपरीत प्रयोग नहीं किया जाएगा।

अनुच्छेद-30

इस घोषणा में ऐसा कुछ भी नहीं है जिससे यह समझा जाए कि वह किसी देश, समुदाय अथवा व्यक्ति को किसी ऐसे कार्य में संलग्न होने या ऐसा कार्य करने का अधिकार है, जिसका उद्देश्य इसमें, बताए गए अधिकारों और स्वतंत्रताओं में से किसी का भी विनाश करना है।

संयुक्त राष्ट्र संघ 1948 के मानवाधिकार घोषणा-पत्र और भारतीय संविधान में दिए गए मौलिक अधिकारः-

भारतीय संविधान में दिए गए मौलिक अधिकार और संयुक्त राष्ट्र संघ–1948 के मानवाधिकार घोषणा–पत्र में काफी समानता है। अनुच्छेदों की तुलनात्मक तालिका निम्न प्रकार है।:–

(1) अनु. 14–देश में सभी को समान कानूनी सुरक्षा प्रदान की जाएगी।	(1) अनु. 7–कानून के समक्ष सभी बराबर हैं और प्रत्येक को बिना किसी भेदभाव के समान सुरक्षा का अधिकार है।
(2) अनु. 15(1)–देश ने किसी भी नागरिक के साथ जाति, धर्म, समुदाय, लिंग, जन्म स्थान या किसी अन्य आधार पर कोई भेद–भाव नहीं किया जाएगा।	(2) अनु. 7–सभी नागरिक इस घोषणा–पत्र में दिए गए अधिकारों के उल्लघंन तथा किसी भी भेद–भाव के भड़काने/उकसाने के खिलाफ समान सुरक्षा के हकदार हैं।
(2) अनु. 15 (1)–देश ने किसी भी नागरिक के साथ जाति, धर्म, समुदाय, लिंग, जन्म–स्थान या किसी अन्य आधार पर कोई भेद–भाव नहीं किया जाएगा।	
(3) अनु. 16 (1)–प्रत्येक नागरिक को समा–नता के आधार पर रोजगार के अवसर प्रदान कराए जाएंगे।	(3) अनु. 21(2)–प्रत्येक नागरिक को अपने देश में सरकारी नौकरी प्राप्त करने का समान अधिकार है।
(4) अनु. 19 (1)–प्रत्येक नागरिक को बोलने तथा अपने विचार व्यक्त करने का स्वतंत्र अधिकार होगा।	(4) अनु. 19–प्रत्येक को अपने विचार व्यक्त करने की स्वतंत्रता का अधिकार है।
(5) अनु. 19 (1) (बी)–बिना हथियार के शान्ति–पूर्वक एकत्रित होने का अधिकार है।	(5) अनु. 20 (1)–प्रत्येक को शान्तिपूर्वक सभा करने और समिति बनाने का अधिकार है।
(6) अनु. 19 (1) (सी)–संगठन और समिति बनाने का अधिकार है।	(6) अनु. 20 (1) और अनु. 23 (4)–प्रत्येक को अपने हितों की सुरक्षा के लिए मजदूर

	संघ (ट्रेड यूनियन) बनाने और उसमें शामिल होने का अधिकार है।
(7) अनु. 19 (1) (डी)–भारत में कहीं भी रहने और बसने (आवास–निवास) करने का अधिकार।	(7) अनु. (13) (1)–प्रत्येक को आने–जाने और बसने का अधिकार है।
(8) अनु. 19 (1)–सम्पत्ति प्राप्त करना, रखना और बेचने का अधिकार है।	(8) अनु. 17 (1)–प्रत्येक को अपनी अकेले और सामूहिक रूप से सम्पत्ति रखने का अधिकार है।
(9) अनु. 29 (1)–किसी भी व्यक्ति को कानून में दिए गए अपराधों के अलावा दोषी नहीं ठहराया जा सकता है जो उस समय कानून में दिए गए अपराधों या कानून का उल्लंघन है।	(9) अनु. 11 (2)–कोई भी ऐसे कृताकृत के कारण दण्डनीय अपराध के लिए दोषी नहीं होगा जो राष्ट्रीय या अन्तर्राष्ट्रीय कानून के तहत दण्डनीय अपराध में वर्णित नहीं हैं।
(10) अनु. 21–किसी भी व्यक्ति को मनमानी कार्रवाई से उसकी व्यक्तिगत स्वतंत्रता और जिन्दगी से बेदखल नहीं किया जाएगा।	(10) अनु. 9–किसी भी व्यक्ति को मनमाने ढंग से गिरफ्तार, कैद या देश निकाला की सजा नहीं दी जाएगी। अनु. 3–प्रत्येक को अपने जीवन, सुरक्षा और स्वतंत्रता का अधिकार है।
(11) अनु. 23–मनुष्यों का व्यापार करना और उनसे भिक्षावृति करवाना अथवा इसी तरह के अन्य कार्य में जबर्दस्ती करना निषिद्ध है।	(11) अनु. 4–किसी व्यक्ति को भी दास/गुलाम बना कर नहीं रखा जाएगा और ना ही किसी को दासता का व्यापार करने का अधिकार है।
(12) अनु. 25 (1)–प्रत्येक व्यक्ति को अपने स्वतंत्र विवेक से धर्म का प्रचार और पालन करने का समान अधिकार है।	(12) अनु. 18–प्रत्येक को अपने विचार विवेक और धर्म के लिए स्वतंत्र अधिकार है।
(13) अनु. 29 (1)–देश में प्रत्येक नागरिक को अपनी भाषा और सांस्कृति की सुरक्षा का अधिकार है।	(13) अनु. 22–प्रत्येक को अपनी आर्थिक, सामाजिक और सांस्कृतिक सुरक्षा को सम्मान पूर्वक साकार करने तथा अपने व्यक्तित्व का सम्पूर्ण विकास करने का पूरा अधिकार है जो उसकी मान–मर्यादा के लिए निहायत जरूरी है।
(14) अनु. 30 (1)–सभी अल्पसंख्यक समुदायों को अपनी भाषा और धर्म के आधार पर	(14) अनु. 26 (3)–माता–पिता को अपने बच्चों को किसी–भी प्रकार की शिक्षा दिलाने

अपनी इच्छा के अनुसार शिक्षण संस्थाऐं खोलने का अधिकार होगा।

के लिए चयन करने का पहला अधिकार है।

(15) अनु. 31 (1)–किसी भी व्यक्ति को उसकी ऐसी सम्पत्ति से बेदखल नहीं किया जायेगा जिसे कानूनी संरक्षण प्राप्त है।

(15) अनु. 17 (2)–किसी भी व्यक्ति को मनमाने ढंग से उसकी सम्पत्ति से बेदखल नहीं किया जायेगा।

(16) अनु. 32–संविधान में दी गई गारंन्टी के अनुसार अपने अधिकारों को प्राप्त करने के लिए उचित कारवाई के द्वारा उच्चतम न्यायालय में जाने का अधिकार है।

(16) अनु. 8–संवैधानिक या कानून प्राप्त मौलिक अधिकारों के उल्लंघन होने की दशा में प्रत्येक को सक्षम राष्ट्रीय न्यायालय में जाने का अधिकार है।

भारतीय दण्ड प्रक्रिया संहिता में मानवाधिकार

भारतीय दण्ड प्रक्रिया संहिता में दिए गए मानवाधिकार निम्नलिखित हैं:

1. गैर कानूनी या मनमाने ढंग से हिरासत में लेने के खिलाफ संरक्षण संविधान के अनुच्छेद 22 और दण्ड प्रक्रिया संहिता (सी.आर.पी.सी.) की धारा 41, 55 और 15
2. गैर कानूनी या मनमाने ढंग से तलाशी के विरूद्ध संरक्षण (दण्ड प्रक्रिया संहिता की धारा 93, 94, 97, 100, (4) से 8 और 165)।
3. दोहरी संकट/शक के विरूद्ध संरक्षण (संविधान का अनु.–20 (2) और दण्ड प्रक्रिया संहिता की धारा 300।
4. कार्योत्तर कानून के तहत दोषी ठहराने या सजा बढ़ाने के खिलाफ संरक्षण (संविधान का अनु. 20 (1)।
5. मनमाने या गैर कानूनी ढंग से हिरासत में रखने के खिलाफ संरक्षण (संविधान के अनु. 22 और दण्ड प्रक्रिया संहिता की धारा–56, 57, 58 और 76)।
6. गिरफ्तार होने के बाद कारण जानने का अधिकार (संविधान–के अनु. 22 (1) और दण्ड प्रक्रिया संहिता की धारा–50, 55, 75)।
7. गिरफ्तार किये गये व्यक्ति के ऊपर अनावश्यक प्रतिबन्ध न लगाने का अधिकार (दण्ड प्रक्रिया की धारा–49)।
8. अपनी पसंद के वकील से सलाह मशविरा करने का अधिकार (संविधान के अनु. 22 (1) और दण्ड प्रक्रिया की धारा–303)।
9. अपने गिरफ्तार होने के 24 घण्टे के अन्दर न्यायधीश के सामने पेश होने का

अधिकार (संविधान के अनु. 22 (1) और दण्ड प्रक्रिया संहिता की धारा–57, 76)

10. गिरफ्तार होने पर जमानत पर छूटने का अधिकार (दण्ड प्रक्रिया संहिता की धारा 436, 437, 439, 50 (2) और 167)।
11. स्वयं के खिलाफ गवाही देने के लिए मजबूर न करने का अधिकार (संविधान के अनु. 20 (3)।)
12. जब्त की गई सम्पत्ति की रसीद प्राप्त करने का अधिकार (दण्ड प्रक्रिया संहिता की धारा–100 (6) और 100 (7))
13. गवाह के बयान और उन दस्तावेजों की प्रतिलिपि (कॉपी) लेने का अधिकार जिस पर मुकदमा/अभियोग आधारित है। (दण्ड) प्रक्रिया संहिता की धारा–173 (7), 207, 208 और 238।)
14. जब तक शक के बिना दोष सिद्ध नहीं हो जाता है तब तक अपने आप को निर्दोष मानने का अधिकार है (सक्षम अधिनियम की धारा–101–104 तक)
15. कुछ विशेष परिस्थितियों को छोड़कर गवाही/साक्ष्यों को अपने सामने रिकार्ड करवाने का अधिकार (दण्ड प्रक्रिया संहिता की धारा–273 और 317)
16. समय पर आरोप पत्र पाने का अधिकार (दण्ड प्रक्रिया संहिता की धारा–218, 228 (2), 240 (2) और 246 (2))।
17. गवाही को प्रतिपरीक्षण करने का अधिकार (साक्ष्यों अधिनियम की धारा–313)
18. अभियोग की जांच के दौरान गवाही में विशेष परिस्थितियों को बयान करने का अवसर पाने का अधिकार (दण्ड प्रक्रिया संहिता की धारा–313)
19. अपने आप को निर्दोष साबित करने के लिए डाक्टरी परीक्षण कराने का अधिकार या किसी अपराध को साबित करने के लिए किसी व्यक्ति की डाक्टरी जांच कराने का अधिकार (दण्ड प्रक्रिया संहिता की धारा–54)
20. अपनी ओर से स्वयं को गवाह के तौर पर परीक्षण करने का अधिकार (दण्ड प्रक्रिया संहिता की धारा–315)
21. जाँच पड़ताल के दौरान तंग करना, यातना और दुर्व्यवहार के खिलाफ अधिकार (भारतीय दण्ड संहिता की धारा–330 और 331)
22. अनावश्यक लम्बी पूछताछ करने के खिलाफ अधिकार।
23. बचाव पक्ष (डिफैन्स विटनेश) प्रस्तुत करने का अधिकार (दण्ड प्रक्रिया संहिता की धारा–243)

24. स्वतन्त्र, निष्पक्ष और सक्षम न्यायाधीश के द्वारा न्यायिक जाँच कराने का अधिकार (दण्ड प्रक्रिया संहिता की धारा–191, 327, और 479)
25. जांच निष्कर्ष के समय मौखिक के अलावा लिखित रूप में तर्क प्रस्तुत करने का अधिकार (दण्ड प्रक्रिया संहिता की धारा–314)
26. कुछ मामलों में देश के खर्चे पर वैधानिक सहायता प्राप्त करने का अधिकार (दण्ड प्रक्रिया संहिता की धारा–304)
27. दोष सिद्ध होने पर दण्ड के बारे में सुनवाई का अधिकार (दण्ड प्रक्रिया संहिता की धारा 235 (2) और 248 (2))
28. शीघ्र और निष्पक्ष जाँच पड़ताल के अधिकार (दण्ड प्रक्रिया संहिता धारा–309)
29. दोष सिद्ध होने पर अपील करने का अधिकार (दण्ड प्रक्रिया संहिता की धारा–351, 374, 379, और 380 तथा संविधान के अनुच्छेद–132, (1) 134 (1) और 136 (1))
30. कुछ परिस्थितियों में दोष सिद्ध होने पर कैदी न बनने का अधिकार (दण्ड प्रक्रिया संहिता की धारा 360 और परीवीक्षा अपराधी अधिनियम की धारा–6)
31. अपने एकान्त स्थान (प्राइवेसी) में घुसपैठ करने पर पुलिस को रोकने का अधिकार (संविधान की अनुच्छेद–13)
32. गुप्त सम्प्रेषण का अधिकार।
33. अपराधी व्यक्ति की अपील पैंडिंग होने के कारण जमानत पर छूटने का अधिकार (दण्ड संहिता की धारा–363)
34. मृत्यु या कैद की सजा होने पर फैसले की प्रति लेने का अधिकार (दण्ड प्रक्रिया संहिता की धारा–363)

मानवाधिकारों के लिए संयुक्त राष्ट्रसंघ के दस्तावेजों, भारतीय संविधान और कानूनों में किए गए उपबन्धों की सारणी।

क्रं.	संयुक्त राष्ट्रसंघ के दस्तावेजों में किए गए उपबन्ध।	भारतीय संविधान और/अथवा केन्द्रीय अधिनियम में यदि कोई उपबन्ध किए गए हैं तो उनका ब्योरा।
(1)	(2)	(3)
1.	सभी मानव प्रतिष्ठा और अधिकारों के समक्ष स्वतन्त्र और समान है और इन्हें भाई–	प्रस्तावना और अनुच्छेद 51 ए (ई)

	चारे की भावना से कार्य करना चाहिए (अनुच्छेद–1, मानव अधिकारों की सार्वभौमिक घोषणा)	
2	जाति, रंग, लिंग, भाषा, धर्म के आधार पर भेद–भाव की मनाही राजनीतिक अथवा सामाजिक उद्गम सम्पत्ति, जन्म अथवा ऐसे संरक्षण की अपेक्षा कर रहे कुछ सामाजिक अथवा तकनीकी समूह की उन्नति प्राप्त करने के उद्देश्य से उठाए गए विशेष कदमों को सामाजिक भेद–भाव नहीं माना जाएगा (मानवाधिकारों की सार्वभौमिक घोषणा, अनुच्छेद–2, बच्चों के अधिकारों की घोषणा 1959, सिद्धान्त। सभी प्रकार के जातीय भेद–भाव को मिटाने के लिए अन्तर्राष्ट्रीय समझौता, 1966 अनुच्छेद। (4) 2 और 5: सिविल और राजनीतिक अधिकारों पर अन्तर्राष्ट्रीय समझौता 1966 अनुच्छेद 24 और 26: और आर्थिक, सामाजिक और सांस्कृतिक अधिकारों पर अन्तर्राष्ट्रीय समझौता, 1966 अनुच्छेद 2 (2)	अनुच्छेद 15, 16 और 17: सिविल अधिकार, संरक्षण अधिनियम, 1955 अस्पृश्यता (अपराध) अधिनियम, 1955
3.	जीवन, स्वतंत्रता और सुरक्षा का अधिकार, स्वतन्त्रता का हनन उसी दशा और क्रिया विधि के अनुसार होना चाहिए जो कि कानून द्वारा मान्य हो,	अनुच्छेद, 21, भारतीय दण्ड प्रक्रिया संहिता, 1860, द्वारा 54 दंड प्रक्रिया संहिता, 1973, धारा 416, 432–424।

	मृत्यु क्षमादान, अथवा मृत्यु को कैद में बदलना, 18 साल से कम आयु के व्यक्ति और गर्भवती महिलाओं को उनके अपराध के लिए मृत्यु दण्ड नहीं दिया जाना चाहिए। (मानव अधिकारों, सार्वभौमिक घोषणा, अनुच्छेद 3, सिविल और राज–नीतिक अधिकारों पर अन्त–र्राष्ट्रीय समझौता, अनुच्छेद 9।	
4.	दासता, पराधीनता, क्रूरता, अमानवीय अथवा तिरस्कारपूर्ण व्यवहार, दास, व्यापार, महिलाओं और बच्चों की खरीद–फरोख्त, बलपूर्वक अथवा अनिवार्य श्रम से स्वतन्त्रता (मानव अधिकारों की सार्वभौमिक घोषणाः अनुच्छेद 4 और 59, बच्चों के अधिकारों की घोषणाः सिद्धान्त 9, सिविल और राजनीतिक अधिकारों पर अन्तर्राष्ट्रीय समझौता अनुच्छेद 7 और 8 महिलाओं के साथ भेदभाव समाप्त करने पर घोषणा, 1967 अनुच्छेद 8, दासता, दास व्यापार और दासता की भाँति प्रथाओं और व्यवसायों की समाप्ति पर पूरक समझौताः 1956, अनिवार्य श्रम समाप्त करने के बारे में समझौता 1957।	अनुच्छेद 17. 23, और 51 ए(ई) भारतीय दण्ड संहिता, धारा 370. अस्पृश्यता (अपराध) अधिनियम, 1955, महिलाओं और लड़कियों के अनैतिक व्यापार को हटाने संबंधी अधिनियम, 1956, बंधु मजदूर योजना (समाप्ति) अधिनियम, 1976।
5.	कानून के समक्ष समानता, कानून द्वारा बराबर का संरक्षण, जनता द्वारा इस्तेमाल किए जाने वाले सार्वजनिक वाहनों, होटलों, भोजनालयों, कॉफी हाउस, रंगमंचों और बगीचों में जाने अथवा सेवा के लिए कानून के समक्ष बराबर का अधिकार और नियोजन तथा काम–धन्धों में बराबर का अवसर और	अनुच्छेद 14, 15, 16 और 39 ए सिविल अधिकार अधिनियम का संरक्षण, 1955।

	बरताव (मानवाधिकारों की सार्वभौमिक घोषणा, अनुच्छेद 6 और 7, भेद–भाव) नियोजन और काम–धन्धा (समझौता, 1958, अनुच्छेद 2, सभी तरह के जातीय भेदभाव समाप्त करने पर अन्तर्राष्ट्रीय समझौता अनुच्छेद 5, सिविल और राजनीतिक अधिकारों पर अन्तर्राष्ट्रीय समझौता अनुच्छेद 26)।	
6.	संविधान अथवा कानून द्वारा स्वीकृत मौलिक अधिकार के संरक्षण के लिए प्रभावी उपाय (मानवाधिकारों की सार्वभौमिक घोषणा, अनुच्छेद 8, सिविल और राजनीतिक अधिकारों पर अन्तर्राष्ट्रीय समझौताः अनुच्छेद 2 (3)	अनुच्छेद 31 डी, 21, 39 ए, 226 और
7.	मनमाने ढंग से गिरफ्तार, बन्द अथवा देश निकाले जाने के विरूद्ध संरक्षण सार्वभौमिक मानवाधिकारों की घोषणा, अनुच्छेद 9, और सिविल और राजनीतिक अधिकारों पर अन्तर्राष्ट्रीय समझौता, अनुच्छेद 6 (1) और (9)	अनुच्छेद 22, अपराधिक दण्ड संहिता 1973 की धारा 49, 50, 56, 57,
8.	किसी व्यक्ति के अधिकार और दायित्वों और अपराधिक आरोप पर विचार करने के लिए सक्षम, स्वतन्त्र और निष्पक्ष न्यायाधिकरण द्वारा निष्पक्ष और जन सुनवाई का अधिकार (सार्वभौमिक मानवाधिकारों की घोषणा, अनुच्छेद 10, सभी तरह के जातीय भेदभाव समाप्त करने पर अन्तर्राष्ट्रीय समझौता, अनुच्छेद–5 (ए) और सिविल और राजनीतिक अधिकारों पर अन्तर्राष्ट्रीय समझौता अनुच्छेद 14 (1)	अनुच्छेद 50, भाग–5 अध्याय–4, भाग–6 अध्याय–5 और 6, अपराधिक दण्ड प्रक्रिया संहिता 1973, 55, 303, 304, 310, 327, 461, 479, इत्यादि।
9.	दोषी सिद्ध होने तक बेगुनाह माने जाने दण्ड संबंधी कानूनों को पूर्व–प्रभावी और	अनुच्छेद 20 और 22 अपराधिक दण्ड प्रक्रिया संहिता, धारा 300,

	दोहरे जोखिम से रोकने का अधिकार (मानव अधिकारों की सार्वभौमिक घोषणाः अनुच्छेद।। और सिविल और राजनीतिक अधिकारों पर अन्तर्राष्ट्रीय समझौता अनुच्छेद 14 (1) और (2) तथा 15 (1))	
10.	किसी व्यक्ति के विरूद्ध आपराधिक आरोप का निर्धारण करने के लिए कुछ न्यूनतम अधिकारों की गारंटी, किशोर व्यक्तियों के संबंध में क्रिया विधि ऐसी होनी चाहिए कि उनकी आयु और पुनर्वास का ध्यान रखा जाए। दोषी ठहराने और सजा का अधिकार उच्च अदालत द्वारा समीक्षा करने का अधिकार सिविल और।	अपराधिक दण्ड प्रक्रिया अफेण्डरस एक्ट, 1958।
11.	एकान्तता, परिवार, घर अथवा पत्र–व्यवहारों में स्वैच्छिक बाधा तथा इज्जत और प्रतिष्ठा पर गैर–कानूनी हमले से संरक्षण (मानवाधिकारों की सार्वभौमिक घोषणा, अनुच्छेद 12, सिविल और राजनीतिक अधिकारों पर अन्तर्राष्ट्रीय समझौता अनुच्छेद–17)	अनुच्छेद 21 जैसे खड़क सिंह मुकदमा ए आई आर 1963 एस. सी. 1295 में व्याख्या की गई भारतीय दण्ड संहिता 1860, धारा 441, 447, 449–503,
12.	राज्य के अन्दर जाने–आने, निवास करने, अपने देश सहित किसी भी देश में रहने और अपने देश में वापिस आने की स्वतंत्रता का अधिकार (मानवाधिकार पर सार्वभौमिक घोषणा, अनुच्छेद 13, सिविल और राजनीतिक अधिकारों पर अन्तर्राष्ट्रीय समझौता, अनुच्छेद 12)	अनुच्छेद 19 (1) (डी) और (ई) तथा अनुच्छेद 21 जैसा कि पासपोर्ट साइज मुकदमा (सतवन्त सिंह बनाग क्षेत्रीय पासपोर्ट अधिकारी, नई दिल्ली ए.आई.आर 1967 सुप्रीम को 1836) में व्याख्या की गई
13.	राष्ट्रीयता का अधिकार, राष्ट्रीयता को निरंकुशता से वंचित करने से प्रतिबंध और राष्ट्रीयता को बदलने का अधिकार	नागरिकता अधिनियम 1955,

	बच्चे का जन्म से नाम और राष्ट्रीयता का अधिकार, महिलाओं को पुरुषों के समान राष्ट्रीयता प्राप्त करने, परिवर्तन करने और परिवर्तन न करने के समान अधिकार, विदेशी से विवाह स्वतः पत्नी की राष्ट्रीयता पर प्रभाव नहीं डालेगा मानवाधिकारों की सार्वभौमिक घोषणा, अनुच्छेद 15, बाल अधिकारों की घोषणा, सिद्धान्तः 3, महिलाओं के प्रति भेदभाव हटाने की घोषणाः अनुच्छेद–5)	
14.	विवाह करने और परिवार स्थापित करने का अधिकार, पति–पत्नी की स्वेच्छा और सहमति से विवाह समाज और राज्य द्वारा परिवार की सुरक्षा, विवाह के दौरान और भंग होने पर पति–पत्नी, के समान अधिकार और दायित्व, बाल–विवाह और यौवन से पहले मंगनी पर प्रतिबन्ध, विवाह के लिए न्यूनतम आयु का निर्धारण, विवाह का अनिवार्य पंजीकरण मानवाधिकारों की सार्वभौमिक घोषणा अनुच्छेद 16, महिलाओं के प्रति भेदभाव समाप्त करने की घोषणा, अनुच्छेद 6 (2) और (3) सभी प्रकार के जातीय भेदभाव समाप्त करने पर अन्तर्राष्ट्रीय समझौता अनुच्छेद 5, आर्थिक, सामाजिक और सांस्कृतिक अधिकारों पर अन्तर्राष्ट्रीय समझौता, अनुच्छेद (10) (1))	विधवा हिन्दू पुनः विवाह अधिनियम, 1856, भारतीय ईसाई विवाह अधिनियम, 1872, आनन्द विवाह अधिनियम, 1909, पारसी विवाह और विवाह–विच्छेद अधिनियम, 1936, मुस्लिम विवाह, विच्छेद अधिनियम, 1939, आर्य विवाह मान्य अधिनियम, 1937, स्पैशल विवाह अधिनियम, 1954, हिन्दू विवाह अधि–नियम,1955, दहेज प्रतिबन्धित अधि–नियम, 1961 विदेश विवाह अधिनियम 1969, बाल विवाह प्रतिबन्धित, अधि–नियम 1929, भारतीय दण्ड संहिता 366, 493–498।
15.	सम्पत्ति के स्वामित्व और स्वैच्छिक रूप से वंचित करने से सुरक्षा का अधिकार सिविल कानून और विशेष–	अनुच्छेद 19 (1) एफ और 31 (1) अचल सम्पत्ति मांग और अधिग्रहण अधिनियम, 1952, विवाहित महिलाओं

	कर सम्पत्ति अर्जित करने, देने उप–भोग करने, निबटान करने और उत्तराधिकार पाने में महिलाओं को पुरुषों के समान अधिकार सुनिश्चित करने (मानवाधिकारों की सार्व–भौमिक घोषणा, अनुच्छेद 17 और महिलाओं के प्रति भेदभाव हटाने की घोषणा अनुच्छेद 6 (1) (ए)	का सम्पत्ति अधिनियम, 1874, विवाहित महिलाओं का सम्पत्ति (विस्तारित) अधिनियम, 1959, और हिन्दू उत्तरा–धिकारी अधिनियम, 1956।
16.	धर्म प्रचार, व्यवहार, उपासना और अनुपालन की स्वतन्त्रता के साथ–साथ विचार, विवेक और धर्म की स्वतन्त्रता, जातीय, धार्मिक अथवा भाषायी अल्पसंख्य समुदायों को अपने धर्म को प्रकट करने और व्यवहार करने का अधिकार (मानवा–धिकारों की सार्वभौमिक घोषणा, अनुच्छेद 18 और सिविल और राजनीतिक अधिकारों पर अन्तर्राष्ट्रीय समझौता, अनुच्छेद 18 और 27)	अनुच्छेद 19, 25, 26, 29 और 30, भारतीय दण्ड संहिता, धारा 295–298
17.	विचार तथा अभिव्यक्ति की स्वतन्त्रता का अधिकार, शांतिपूर्वक सभा करने और संस्था बनाने का अधिकार, किसी संस्था की अनिवार्य सदस्यता की मनाही (मानवाधिकारों की सार्वभौमिक घोषणा, अनुच्छेद 19 और 20 तथा सिविल और राजनीतिक अधिकारों पर अन्तर्राष्ट्रीय समझौता अनुच्छेद 19 और 21 (1)	अनुच्छेद 19 (1) (ए), (बी) और (सी) मजदूर संघ अधिनियम, 1926
18.	अपने देश की सरकार में भाग लेने का अधिकार लोक सेवाओं के लिए बराबर का अधिकार, सरकार का गठन सेवा जनता की इच्छा से समय–समय पर स्वतन्त्र सार्वभौमिक और बराबर मताधिकार, द्वारा किया जाना चाहिए, महिलाओं को पुरुषों	प्रस्तावना, अनुच्छेद 16, 55, 56,58, 62, 66, 67, 83, 172, 173, 325, लोक सेवा प्रतिनिधित्व अधिनियम, 1950, लोक प्रतिनिधित्व अधिनियम, 1951, लोक प्रतिनिधित्व (विविध उपबन्ध) अधिनियम, 1956, राष्ट्रपति और उपराष्ट्रपति चुनाव अधिनियम 1952, संघ राज्यलोक सभा

	के समान मत डालने, चुनाव में खड़े होने, सार्वजनिक पद पर आसीन होने और लोक कार्यों को निष्पादन करने का अधिकार (मानवाधिकारों की सार्व–जनिक घोषणा, अनुच्छेद 21) महिलाओं के राजनीतिक अधिकारों पर समझौता, 1953, अनुच्छेद I, II, और III महिलाओं के प्रति भेद–भाव समाप्त करने पर घोषणा, अनुच्छेद–4, सिविल और राजनीतिक अधिकारों पर अन्तर्राष्ट्रीय समझौता, अनुच्छेद 1 और 25, आर्थिक, सामाजिक और सांस्कृतिक अधिकारों पर अन्त–र्राष्ट्रीय समझौता अनुच्छेद (1)	के लिए सीधा चुनाव (अधिनियम 1965, संसद) अयोग्यता निवारण अधिनियम, 1959,
19.	व्यक्तित्व की प्रतिष्ठा और विकास के लिए अनिवार्य आर्थिक, सामाजिक और सांस्कृतिक अधिकारों को साकार करने हेतु सामाजिक सुरक्षा का अधि–कार (मानवाधिकारों की सार्वभौमिक घोषणा अनुच्छेद 22 और आर्थिक, सामाजिक और सांस्कृतिक अधिकारों पर अन्तर्राष्ट्रीय समझौता अनुच्छेद–1)	प्रस्तावना।
20.	अपनी पसन्द के कार्य की उचित और अनुकूल परिस्थितियां और बेरोजगारी से संरक्षण का अधिकार, एक ही काम के लिए पुरुषों और महिलाओं को बराबर के लाभ का अधिकार उचित और अनुकूल परिलब्धियों का अधिकार अपने हितों की सुरक्षा के लिए मजदूर संघ बनाने और सम्मिलित होने का अधिकार (मानवाधिकारों की सार्वभौमिक घोषणा, अनुच्छेद 2, सिविल और राज–नीतिक अधिकारों पर अन्तर्राष्ट्रीय	अनुच्छेद 16, 19, 39, 41, 42, 43, और 43 ए, कामगारों का रियायत अधिनियम, 1923, मजदूर संघ अधिनियम, 1926, औद्योगिक रोजगार स्थायी आदेश अधिनियम 1946, माइका, खान श्रमिक कल्याण निधि अधिनियम, 1947 औद्योनिधि अधिनियम, 1947 औद्योगिक विवाद अधिनियम, 1947, फैक्ट्री अधिनियम 1948, गोदी कामगार (रोजगार विनियम) अधिनियम 1948, कर्मचारी बीमा अधि–

	समझौता अनुच्छेद 22 (1) और (2), आर्थिक समाज और सांस्कृतिक अधिकारों पर अन्तर्राष्ट्रीय समझौता अनुच्छेद 7 और 8 (1) (ए)।	नियम, न्यूनतम वेतन अधिनियम 1948 खान अधिनियम 1952, कर्मचारी भविष्य निधि और विविध उपबन्ध अधिनियम, 1952, प्रशिक्ष अधिनियम 1961, मोटर परिवहन कामगार अधि–नियम, 1961 लौह अयस्क खान श्रमिक कल्याण कर अधिनियम 1961, समान परिलिब्धियां अधिनियम, 1976, मजदूरी भुगतान अधिनियम, 1936)
21.	आराम और अवकाश के अधिकार के साथ सीमित काम के घन्टे और समय--समय पर वेतन के साथ छुट्टी का अधिकार (मानवाधिकारों की सार्व–भौमिक घोषणा, अनुच्छेद 24 आर्थिक सामाजिक, और सांस्कृतिक अधिकारों पर अन्तर्राष्ट्रीय समझौता, अनुच्छेद 7)	अनुच्छेद 43, साप्ताहिक अवकाश अधिनियम, 1942, कोयला खान श्रमिक कल्याण अधिनियम, 1947, औद्योगिक रोजगार (स्थायी अधिनियम, 1966
22.	रहन–सहन के उचित स्तर का अधिकार और बेरोजगारी, बीमारी, अपंगता, विधवा, वृद्ध अथवा आजीविका में अन्य कमी के समय सुरक्षा का अधिकार, प्रसव और बालकल्याण विवाह अथवा प्रसव और आवश्यक सामाजिक सेवा के कारण से महिलाओं की पदच्युति रोकना, शिशुओं और युवाओं की आर्थिक और सामाजिक शोषण रोकना, बालकों को उनके शारीरिक, मपानसिक और नैतिक विकास में बाधक किसी काम–धन्धे अथवा नौकरी में निर्धारित न्यूनतम आयु के पहले न तो लगाया जाएगा और न ही अनुमति दी जाएगी। बिना परिवार पर्याप्त सहारे के बच्चों को विशेष ध्यान देने पर समाज और लोक प्राधिकारियों के कर्त्तव्य शारीरिक, मानसिक अथवा	अनुच्छेद 24, 39, 41, 42, और 47 शिशु (श्रम–प्रतिक्षा) अधिनियम, 1933, बाल नियोजन अधिनियम, 1938, प्रसव लाभ अधिनियम, 1941, कर्मचारी राज्य बीमा अधिनियम, 1948, बागान श्रम अधिनियम, 1951, अनाथालय और अन्य धर्मार्थ गृह (पर्यवेक्षण और नियन्त्रण) अधिनियम, 1960, बाल अधिनियम, 1960 प्रसव लाभ अधिनियम, 1961 व्यक्ति–गत क्षति (बीमा मुआवजा) अधिनियम 1963, फैक्ट्री अधिनियम, 1948, कामगार मुआवजा अधिनियम, 1923, माइका खान श्रमिक कल्याण निधि अधिनियम, 1947 कोयला खान भविष्य निधि और वविध उपबन्ध अधिनियम, 1948, बाल नियोजन अधिनियम, 1938, खान अधिनियम, 1952, प्रशिक्ष अधिनियम,

	सामाजिक तौर पर अपंग बच्चों को विशेष व्यवहार शिक्षा और ध्यान दिया जाना चाहिए) (मानवाधिकारों की सार्वभौमिक घोषणा, अनुच्छेद 25, शिशुओं के अधिकारों की घोषणा, नियम 5, 6, और 9, महिलाओं के प्रति भेदभाव हटाने पर घोषणा, अनुच्छेद 10, आर्थिक, सामाजिक और सांस्कृतिक अधिकारों पर अन्तर्राष्ट्रीय समझौता, अनुच्छेद 10 और 11 (1)	1961, गोदी कर्मचारी (नियोजन विनियमन) अधिनियम, 1948, स्थानीय प्राधिकारी पेंशन और ग्रेच्युटि उपादान अधिनियम, 1919) नियोजनकर्त्ता दायित्व अधिनियम 1938.
23.	शिक्षा का अधिकार–प्राथमिक शिक्षा मुफ्त और अनिवार्य होनी चाहिए, तकनीकी व्यावसायिक और उच्च शिक्षा योग्यता के आधार पर उपलब्ध होनी चाहिए, मानव व्यक्तित्व के पूर्ण विकास के लिए शिक्षा, मानवाधिकारों के लिए आदर बढ़ाना और शांति बनाए रखने के लिए संयुक्त राष्ट्रसंघ की गतिविधियों को आगे बढ़ाना, अपने बच्चों के लिए अपनी पंसद की शिक्षा चुनने के लिए माता–पिता का प्राथमिक अधिकार, कुछ शर्तों के आधार पर व्यक्तियों और समुदायों को शैक्षणिक संस्थाएं स्थापित और निर्देशित करने की स्वतन्त्रता शिक्षा के लिए लड़कियों और महिलाओं को पुरुषों के साथ बराबर के अधिकार सुनिश्चित करना (मानव अधिकारों की सार्वभौमिक घोषणा, अनुच्छेद 26, बाल अधिकारों की घोषणा नियम 7, महिलाओं के प्रति भेदभाव हटाने पर घोषणा, अनुच्छेद 9, आर्थिक, सामाजिक और सांस्कृतिक अधिकारों पर अन्तर्राष्ट्रीय समझौता अनुच्छेद 13 और 14.	अनुच्छेद 15, 28, 30, 45, 66 और 51, दिल्ली प्राथमिक शिक्षा अधिनियम,1960.
24.	समुदाय के सांस्कृतिक जीवन में	अनुच्छेद 29 और 39, डिजाइन अधि–

	स्वतन्त्र रूप से भाग लेने, कला का आनन्द लेने और वैज्ञानिक प्रगति में अशंद्रान करने और लाभ उठाने का अधिकार, लेखक को उसकी वैज्ञानिक, साहित्यिक अथवा कला कृति के नैतिक और भौतिक संरक्षण का अधिकार, जातीय, धर्म अथवा भाषायी अल्पसंख्यकों को अपनी संस्कृति और भाषा के प्रयोग का अधिकार (मानवाधिकारों की सार्वभौमिक घोषणा, अनुच्छेद–27, सिविल और राजनैतिक अधिकारों पर अन्तर्राष्ट्रीय समझौता अनु. 2 (1) और 27)	नियम, 1911 प्रकाशनाधिकार अधिनियम, 1957, एकस्व अधिनियम, 1970
25.	अन्य लोगों के अधिकारों और स्वतन्त्रता तथा नैतिकता, लोक व्यवस्था और आम कल्याण को वांछित स्वीकृति और सम्मान देने के लिए अधिकार और स्वतन्त्रता प्रयोग की सीमाएं (मानवाधिकारों की सार्वभौमिक घोषणा, अनुच्छेद 29, सिविल और राज–नीतिक अधिकारों पर अन्तर्राष्ट्रीय समझौता अनुच्छेद 12, 18, 19, 21 और 22)	अनुच्छेद 19 (2) से (6) 23 (2), 25 (1), 26 (1), 31 (2), 31–सी, 31 डी और 33.

मानवाधिकारों से सम्बन्धित राष्ट्रीय एवं अन्तर्राष्ट्रीय प्रावधानों के द्वारा मानवाधिकारों की रक्षा के लिये जागृत जनमत, स्वस्थ एवं प्रगतिशील जनसंचार माध्यम एवं जागरूक समाज की आवश्यकता है। विश्व में मानवाधिकारों के संरक्षण हेतु अनेक गैर सरकारी संस्थायें प्रशंसनीय कार्य कर रही हैं। समय–समय पर गोष्ठी, सम्मेलन आदि द्वारा मानवाधिकार संरक्षण हेतु एक उपयुक्त वातावरण निर्मित होना चाहिए। शोषण, साम्राज्यवाद, जातीय भेदभाव, हिंसा, उत्पीड़न तथा मानवाधिकारों के हनन के विरूद्ध मानव सदा संघर्ष करता रहा है तथा विजयी हुआ है। मानवाधिकार मनुष्य का जन्म सिद्ध अधिकार है। संयुक्त राष्ट्रसंघ के घोषणा पत्र में मानवाधिकारों के संरक्षण तथा संवर्द्धन का दायित्व राष्ट्रीय सरकार और राष्ट्रों के साथ प्रत्येक मनुष्य का भी माना गया है। आज किसी भी देश के भीतर मानवाधिकारों के हनन

का विषय केवल राष्ट्र का निजी विषय न रहकर अन्तर्राष्ट्रीय विषय बन गया है। मानव का विकास मानवाधिकारों के संरक्षण में ही सम्भव है। राष्ट्रीय मानवाधिकार के पूर्व अध्यक्ष न्यायमूर्ति श्री रंगनाथ मिश्र ने कहा है कि "मानवाधिकार कुछ मानवोपयोगी कर्त्तव्यों को भी करने के लिये बाध्य करते हैं।" अधिकारों को हम तभी सुरक्षित रख सकते हैं जब समस्त मानव समाज अपने आवश्यक कर्त्तव्यों को भी पूरी इमानदारी से निभाये। भारतीय संविधान में मौलिक कर्त्तव्यों का भी उल्लेख किया गया है। 18 दिसम्बर 1976 के 42वें संविधान संशोधन द्वारा एक नया भाग अनुच्छेद 51ए जोड़ा गया है जिस में दस मौलिक कर्त्तव्यों का वर्णन है। भारतीय संविधान में दिये गये कुछ मौलिक कर्त्तव्य नीचे दिये जाते हैं–

1. संविधान का पालन करना और इसके आदर्शों, इस की संस्थाओं, राष्ट्रीय ध्वज और राष्ट्रीय गान का सम्मान करना।
2. "राष्ट्रीय स्वतंत्रता के लिये किये गये राष्ट्रीय संघर्ष को उत्साहित तथा प्रेरित करने वाले महान आदर्शों को हृदय में संजोए रखना तथा पालन करना"।

भारत मौलिक कर्त्तव्यों का पालन मानवाधिकारों के संरक्षण हेतु आवश्यक है। भारत के सभी नागरिकों में सामंजस्य एवं समन्वय, मातृत्व की भावना जागृत एवं विकसित करना आवश्यक है ताकि वह धार्मिक, भाषायी, क्षेत्रीय अथवा वर्गीय भिन्नताओं से ऊपर उठ सके तथा सभी के मानवाधिकारों का सम्मान किया जा सके। प्रत्येक भारतीय नागरिक का यह मौलिक कर्त्तव्य है कि वह वैज्ञानिक स्वभाव व दृष्टिकोण, मानववाद तथा निरीक्षण करने एवं सुधार करने की भावना विकसित करे। (1) मानव अधिकारों की रक्षा तथा सम्वर्द्धन का दायित्व समाज के सभी वर्गों तथा नागरिकों का है। आज भारतीय समाज में वैचारिक परिवर्तन तथा मानवाधिकारों के प्रति आस्था तथा संरक्षण के लिये कटिबद्धता की आवश्यकता है। न्यायमूर्ति कृष्ण अरूयर का विचार है कि "सभ्यता के विकास के क्रम में आज मानवाधिकारों को बहुत ऊंचे स्तर की मान्यता मिली हुई है परन्तु वह भी सत्य है कि ऐसे मनुष्यों की संख्या भी तेजी से बढ़ रही है जो अधिकारों से वंचित है।"[2]

सन्दर्भ ग्रन्थ :

1. न्यायमूर्ति वी.आर.कृष्णा अय्यर ह्यूमन राइट्स एण्ड इन ह्यूमन राइट्स–

3

मानवाधिकारों के विविध स्वरूप और उनका हनन

मानवाधिकारों का पूरा ज्ञान प्राप्त करने के लिये हमें मानवाधिकार की परिभाषा देखना चाहिये जो कि इस प्रकार दी गई है:– "मानवाधिकार संविधान द्वारा प्रत्याभूत तथा अन्तर्राष्ट्रीय प्रसंविदाओं में सम्मिलित एवं भारत में न्यायालयों द्वारा प्रर्वतनीय व्यक्तियों के जीवन, स्वतंत्रता, समानता एवं गरिमा से है। "अन्तर्राष्ट्रीय प्रसंविदा से अभिप्राय सिविल एवं राजनैतिक अधिकारों पर अन्तर्राष्ट्रीय प्रसंविदा एवं 5 दिसम्बर 1966 को संयुक्त राष्ट्र की साधारण सभा द्वारा अंगीकृत आर्थिक, सामाजिक एवं सांस्कृतिक अधिकारों पर अन्तर्राष्ट्रीय प्रसंविदा से है। भारत ने इन अन्तर्राष्ट्रीय प्रसंविदाओं को भारत के राष्ट्रपति ने कुछ अपवादों तथा विपत्तियों के साथ 10 अप्रैल 1979 को स्वीकार किया तथा इस विषय का घोषणा पत्र संयुक्त राष्ट्र को जमा किया। भारत ने आत्मनिर्णय के अधिकार को पूर्ण रूप से अस्वीकार कर दिया तथा दोनों अन्तर्राष्ट्रीय प्रसंविदाओं के अनुच्छेद1 को अस्वीकार कर दिया तथा बाकी सभी अनुच्छेदों को भारतीय संविधान के अनुरूपा ही स्वीकार किया है। कई मानवाधिकारों पर उच्चतम न्यायालयों ने अपने आदेशों में स्पष्टीकरण दिया है। मानवाधिकारों को कानून का रूप देने के लिये भारत सरकार ने कई नये अधिनियमों का निर्माण किया है। भारत में मानवाधिकारों को कार्यान्वित कराने के लिये संविधान में अनुच्छेद 32 का प्रावधान है। अनुच्छेद 226 नागरिकों को उच्च न्यायालय से रिट याचिका की मदद से सहायता प्राप्त कर सकते हैं।

अन्तर्राष्ट्रीय प्रसंविदा में दिये गये मानवाधिकारों

सिविल तथा राजनैतिक अधिकारों के अन्तर्राष्ट्रीय प्रसंविदा में निम्नलिखित 20 अधिकारों का वर्णन है तथा सम्बन्धित अनुच्छेद भी दिये जा रहे हैं।

1. आत्मनिर्णय का अधिकार–भारत ने इसे एक प्रभुता सम्पन्न लोकतान्त्रिक राज्य के रूप में स्वीकार नहीं किया है। (अनुच्छेद 1)
2. जीवन का अधिकार–(अनुच्छेद 6)
3. अमानवीय व्यवहार व ताड़ना (टोरचर) की निषेधि–(अनुच्छेद 7)
4. दास प्रथा तथा दास व्यापार का निषेध–(अनुच्छेद 8)
5. स्वतंत्रता का अधिकार–(अनुच्छेद 9)
6. कैदियों को मानवीय व्यवहार का अधिकार–(अनुच्छेद 10)
7. एक समझौता दायित्व पूरा न करने पर कैद न होने का अधिकार–(अनुच्छेद 11)
8. किसी देश–विदेश में आने–जाने की स्वतंत्रता का अधिकार–(अनुच्छेद 12)
9. न्यायालयों के सामने समानता का अधिकार–(अनुच्छेद 14)
10. कानूनी मदद पाने का अधिकार–(अनुच्छेद 14 (3) (डी))
11. आपराधिक कानून पिछले कार्यों के लिये न बनाये जाने का अधिकार–(अनुच्छेद 15 पुनर्वर्ती कानून के विरूद्ध (अधिकार))
12. व्यक्तिगत एकान्तता व गुप्तता (प्राइवेसी) का अधिकार–(अनुच्छेद 17)
13. विचार, अन्तःकरण तथा धर्म की स्वतंत्रता का अधिकार–(अनुच्छेद 18)
14. वाक्–स्वतंत्रता व अभिव्यक्ति स्वतंत्रता का अधिकार–(अनुच्छेद 19)
15. शान्तिपूर्ण सम्मेलन की स्वतंत्रता का अधिकार–(अनुच्छेद 21)
16. संघ बनाने की स्वतंत्रता का अधिकार–(अनुच्छेद 22)
17. विवाह तथा पारिवारिक सुरक्षा का अधिकार–(अनुच्छेद 23)
18. बालक–बालिकाओं के अधिकार–(अनुच्छेद 24)
19. सार्वजनिक कार्यों में हिस्सा लेने का अधिकार–(अनुच्छेद 25)
20. कानून के सामने समानता तथा कानून के समान प्रतिरक्षा का अधिकार–(अनुच्छेद 26)

आर्थिक, सामाजिक तथा सांस्कृतिक अन्तर्राष्ट्रीय प्रसंविदा में निम्नलिखित मानवाधिकार दिये गये हैं या उनके सम्बन्धित अनुच्छेद भी साथ में दर्शाये गये है:

1. आत्म निर्णय का अधिकार यह मानवाधिकार भारत को मान्यन है क्योंकि एक प्रभुत्व सम्पन्न, प्रजातान्त्रिक लोक हितकारी समाजवादी राष्ट्र में आत्म निर्णय का प्रश्न ही नहीं उठाता। अनुच्छेद 1 को भारत की स्वीकृति नहीं मिली है।
2. काम करने का अधिकार–(अनुच्छेद 6)
3. काम करने का न्यायपूर्ण व अच्छी दशा–(अनुच्छेद 7)
4. श्रम संगठनों को बनाने तथा उसमें हिस्सा लेने का अधिकार–(अनुच्छेद 8)
5. सामाजिक सुरक्षा का अधिकार–(अनुच्छेद 9)
6. मातृत्व सम्बन्धी तथा बालक–बालिकाओं से सम्बन्धित अधिकार–(अनुच्छेद 10)
7. समुचित जीवन स्तर बनाने का अधिकार–(अनुच्छेद 11)
8. मानसिक व शारीरिक स्वास्थ का अधिकार–(अनुच्छेद 12)
9. शिक्षा का अधिकार–(अनुच्छेद 13)
10. विज्ञान तथा संस्कृति सम्बन्धी अधिकार–(अनुच्छेद 15)

भारत के सन्दर्भ में आत्म निर्णय के अधिकार के अलावा सभी अधिकारों को तो लगभग सभी राज्यों में पूरी तरह से लागू किये जाने का प्रयास किया जा रहा है। आर्थिक, सामाजिक व सांस्कृतिक अधिकार एक मानवीय प्रयास के लिये उच्च लक्ष्य है जिनकी प्राप्ति के लिए सत्त प्रयत्नों की आवश्यकता है। बिना आर्थिक, सामाजिक व सांस्कृतिक अधिकारों के सिविल व राजनैतिक अधिकारों का कोई महत्व ही नहीं रह जाता है।

भारत के संविधान में वर्णित मानवाधिकारों की व्याख्या:

मानवाधिकार की अवधारणा एक प्रगतिशील, व्यापक और विधि स्वरूप वाली है। मानवाधिकार की परिभाषा सभी देश अपने–अपने ढंग से करते हैं तथा संयुक्त राष्ट्र संघ ने भी इस का समय–समय पर नित्य–नूतन स्वरूप अपने विभिन्न संविदाओं में किया है। मुख्य रूप में इन अधिकारों को सिविल तथा राजनैतिक अधिकार के रूप में ही देखा जाता है परन्तु आर्थिक, सामाजिक और सांस्कृतिक अधिकार भी अपनी अलग पहचान रखते हैं। भारतीय दृष्टिकोण से मानवाधिकार संरक्षण अधिनियम, 1993 के अनुसार व्यक्ति के प्रमुख अधिकार जीवन, स्वतंत्रता,

समानता एवं गरिमा से सम्बन्धित है। उच्चतम न्यायालय ने इन अधिकारों की विस्तृत व्याख्या करते हुये इन अधिकारों में अनेक नये आयाम जोड़े हैं। जीवन के अधिकार जो अनुच्छेद 21 में भारतीय संविधान में दिये गये हैं की व्याख्या जो उच्चतम न्यायालय ने दी है में निम्नलिखित अधिकार शामिल हैं :

1. विदेश जाने का अधिकार सतवन्त सिंह स्वानेय बनाम डी रामाराथनम ए. पी.ओ (ए.आई.आर.1967 सुप्रीम कोर्ट 1836)।
2. निजी गुप्तता तथा व्यक्तिगत एकान्तता (प्राइवेसी) का अधिकार (गोविन्दा बनाम मध्यप्रदेश राज्य ए.आई.आर 1975 सुप्रीम कोर्ट 1378)।
3. एकाकी कैद के विरूद्ध अधिकार (सुनील बतरा बनाम दिल्ली प्रशासन ए. आई.आर. 1978 सुप्रीम कोर्ट 1675)।
4. बेड़ी (पैरों की श्रृंखला) के विरूद्ध अधिकार (चार्ल्स शोभराज बनाम सुपरिन्टेनडेन्ट सेन्ट्रल जेल ए.आर.आर. 1978 सुप्रीम कोर्ट 154)।
5. कानूनी सहायता का अधिकार–(एम.एच. होसकोट बनाम महाराष्ट्र राज्य ए. आई.आर. 1978 सुप्रीम कोर्ट 1548)।
6. मुकदमा शीघ्र होने का अधिकार (हुसेनारा खातून बनाम होम सेक्ट्री बिहार राज्य ए.आई.आर 1979 एस.सी. 1360)।
7. हथकड़ी के विरूद्ध अधिकार (प्रेम शंकर शुक्ला बनाम दिल्ली प्रशासन ए. आई.आर. 1980 सुप्रीम कोर्ट 1535)।
8. देश में फाँसी के विरूद्ध अधिकार–(टी.वी. वाथी स्वरन बनाम मद्रास राज्य ए.आई.आर. 1983 सुप्रीम कोर्ट 361)।
9. हिरासत में हिंसा के विरूद्ध अधिकार (शीला बार्स बनाम महाराष्ट्र राज्य ए. आई.आर 1983 सुप्रीम कोर्ट 378)।
10. सार्वजनिक फाँसी के विरूद्ध अधिकार (ए.जी.ऑफ इन्डिया बनाम लछमा देवी ए.आई.आर. 1986 सुप्रीम कोर्ट 467)।
11. डाक्टरी सहायता का अधिकार (प्रेमानन्द कटरा बनाम यूनियन ऑफ इन्डिया ए.आई.आर. 1989 सुप्रीम कोर्ट 2039)।
12. रक्षा स्थान तथा आश्रय का अधिकार शान्ती स्तर बिल्डर्स बनाम नके टोटा में ए.आई.आर. 1990 सुप्रीम कोर्ट 630)।

न्यायाधीश जे. मोहन ने यूउनीनकृष्णन बनाम स्टेट ऑफ आन्ध्र प्रदेश (1993–1–एस.सी.सी. 645, 1993, ए.आई.आर.एस.सी. डब्लू 863 में भारतीय संविधान के अनुच्छेद 21 में जीवन का अर्थ मानव प्रतिष्ठा के साथ जीने से है जिसमें मानव संस्कृति के कुछ मानवीय कृपा व जीवन के प्रति आदर का भाव भी है। व्यक्ति के स्वतंत्रता के अधिकार भारतीय संविधान में उल्लेखित अनुच्छेद 19, 20, 21, 22, 25, 26, 27, 28, में दिये गये अधिकार शामिल हैं। सभी नागरिकों को स्वतंत्रता सम्बन्धित मानव अधिकारों में मुख्यतः नीचे दिये अधिकार शामिल हैं :

1. वाक्–स्वातंत्रयण और अभिव्यक्ति स्वातंत्रय का,
2. शान्तिपूर्वक और निरायुद्ध सम्मेलन का,
3. संगम और संघ बनाने का,
4. भारत में सर्वत्र अबाध संचर्ण का,
5. किसी भी स्थान में निवास करने या बसने का,
6. कोई वृत्ति, उपजीविका, व्यापार या कारोबार करने का अधिकार,
7. अपराधों के लिये दोष सिद्ध के सम्बन्ध में संरक्षण,
8. दैहिक स्वतंत्रता का संरक्षण,
9. कुछ दशाओं में गिरफ्तारी और निरोध से संरक्षण,
10. धर्म की स्वतंत्रता का अधिकार।

समानता के अधिकार में भारतीय संविधान के अनुच्छेद 14, 15, 16, 18, तथा 29, तथा 18 में वर्णित अधिकार शामिल हैं। अल्पसंख्यक वर्गों के हित का संरक्षण भी समानता के अधिकार में शामिल है।

सम्मान तथा प्रतिष्ठा का अधिकार एक गतिशील अवधारणा है जिस में शोषण के विरूद्ध अधिकार जो संविधान में अनुच्छेद 23 तथा 24 में दिये गये हैं वह शामिल है। मानव के दुर्व्यापार तथा बालातश्रम का प्रतिषेध मानव प्रतिष्ठा व सम्मान के अधिकार का एक महत्वपूर्ण अंग है। चौदह साल से कम आयु के किसी बालक को किसी कारखाने या खान में काम करने के लिये नियोजन नहीं किया जायेगा या किसी परिसंकटमय नियोजन में नहीं लगाया जायगा क्योंकि इस से मानव की प्रतिष्ठा व सम्मान पर अतिक्रमण है। मानव अधिकार के अनेक ऐसे पहलू हैं जिन के विषय में गहन अध्ययन व राष्ट्रीय स्तर पर सर्वेक्षण की आवश्यकता है।

आतंकवाद, राजविद्रोह तथा विप्लव ग्रस्त क्षेत्रों में मानवाधिकारों का जितना अतिक्रमण होता है उसका विस्तृत ब्यौरा देना अतिआवश्यक है। भारतीय राष्ट्रीय मानवाधिकार आयोग की वार्षिक रिपोर्ट 1996–97 से मानवाधिकारों के संख्या व स्वरूप की काफी अच्छी जानकारी प्राप्त होती है। आयोग की प्राप्त शिकायतों में तेजी से हुई वृद्धि यह संकेत देती है कि मानवाधिकारों के प्रति जागरूकता फैल रही है तथा लोगों का विश्वास आयोग में बढ़ रहा है। गतवर्ष के मुकाबले 1 अप्रैल, 1996 से 31 मार्च 1997 तक आयोग में पंजीकृत शिकायतों में 100 प्रतिशत से अधिक वृद्धि हुई है। शिकायतों की संख्या जिसमें राज्य अभिकरणों द्वारा भेजी गई हिरासत में मौतें तथा बलात्कार संबंधी रिपोर्ट भी शामिल हैं। वर्ष 1995–96 में ऐसे 10, 195 मामले पंजीकृत किए गए जबकि इस वर्ष के दौरान 31 मार्च 1997 तक 20514 मामले पंजीकृत किए जा चुके हैं। जिसमें 319 ऐसे मामले शामिल हैं जो वर्ष के शुरू में आयोग के पास विचाराधीन थे। वर्ष 1996–97 के दौरान आयोग के पास कुल मिलाकर 20833 मामले थे जिन पर आयोग को विचार करना था। पहले की तरह सबसे ज्यादा नए मामलों (8497) की संख्या उत्तर प्रदेश की ही रही। दूसरे नम्बर पर बिहार (2320) के मामले रहे। आयोग को दर्ष 1996–97 के दौरान प्राप्त कुल नई शिकायतों में से 54 प्रतिशत शिकायतें उक्त दोनों राज्यों से प्राप्त हुईं। (पैरा 9.1) वर्ष 1996–1997 (1.4.96 से 31.3.1997) तक की अवधि में राष्ट्रीय मानवाधिकार आयोग द्वारा पंजीकृत विचारित तथा विचाराधीन मामलों की राज्यवार संख्या नीचे तालिका 1 में दी गई है। राष्ट्रीय मानव आयोग द्वारा निस्तारण के लिये स्वीकार्य मामलों का वर्गीकरण राज्यवार विवरण तालिका 2 में दिया गया है।

तालिका 1

वर्ष 1996–97 की अवधि में आयोग द्वारा पंजीकृत, विचारित एंव आयोग में प्रक्रियागत किन्तु विचाराधीन मामलों की सं.

क्रं.	राज्य/संघ राज्य का नाम	1.4.96 को विचाराधीन मामले	पंजीकृत शिकायतें	मामलों की हिरासत में बलात्कार	संख्या कूल मौतें (3+4+5)	विचारित मामलों की संख्या	प्रक्रिया किन्तु विचारा–धीन मामलों की संख्या
1	2	3	4	5	6	7	8
1.	आन्ध्र प्रदेश	–	384	97	481	408	73
2	अरुणाचल प्रदेश	–	14	2	16	13	3
3.	असम	–	94	25	119	106	13
4.	बिहार	12	2320	93	2425	1984	441
5.	गोवा	–	25	2	27	21	6
6.	गुजरात	–	177	50	227	213	14
7.	हरियाणा	–	516	9	525	394	91
8.	हिमाचल प्रदेश	–	80	1	81	67	14
9.	जम्मू तथा कश्मीर	15	313	4	332	241	91
10.	कर्नाटक	–	181	36	217	176	41
11.	केरल	–	368	15	383	294	89
12.	मध्य प्रदेश	4	917	15	936	797	139
13.	महाराष्ट्र	25	539	201	765	610	155
14.	मणिपुर	–	79	2	81	58	23
15.	मेघालय	–	8	10	18	17	1
16.	मिजोरम	–	4	–	4	1	3
17.	नागालैण्ड	1	64	3	68	65	3
18.	उड़ीसा	42	695	13	750	543	207
19.	पंजाब	–	366	18	384	327	57
20.	राजस्थान	–	950	31	981	698	283
21.	सिक्किम	1	2	–	3	–	3

22.	तमिलनाडु	–	1043	21	1064	705	359
23.	त्रिपुरा	–	19	–	19	13	6
24.	उत्तर प्रदेश	119	8497	171	8787	7366	1421
25.	पश्चिम बंगाल	34	603	48	685	578	107
26.	अण्डमान तथा निकोबार	–	5	–	5	3	2
27.	चण्डीगढ़	1	14	–	15	9	6
28.	दादर तथा नगर हवेली	–	2	–	2	2	–
29.	दमन एवं दीव	–	3	–	3	1	2
30.	दिल्ली	65	1316	24	·1405	1058	207
31.	लक्षद्वीप	–	4	–	4	3	1
32.	पाण्डिचेरी	–	21	–	21	12	9
	कुल	319	19623	891	20833	16823	4010

25.	पश्चिम बंगाल	6	42	–	1	2	1	18	1	11	–	17	–	127	227
26.	अण्डमान तथा निकोबार	–	–	–	–	–	–	–	–	–	–	–	–	1	1
27.	चण्डीगढ़	–	–	–	1	–	–	1	–	–	–	–	–	–	2
28.	दादर एवं नगर हवेली	–	–	–	–	–	–	–	–	–	–	–	–	1	1
29.	दमन एवं दीव	–	–	–	–	–	–	–	–	–	–	–	–	–	–
30.	दिल्ली	5	19	–	12	10	24	116	4	9	–	12	2	263	476
31.	लक्षद्वीप	–	–	–	–	–	–	–	–	–	–	–	–	–	–
32.	पाण्डिचेरी	–	–	–	–	–	–	–	2	–	–	–	–	5	5
	कुल	188	700	3	175	282	237	1643	201	317	57	272	77	2351	6503

9.	जम्मू तथा कश्मीर	4	—	—	10	3	2	11	1	—	40	3	—	117	191
10.	कर्नाटक	8	28	—	2	—	—	20	—	3	—	7	1	22	91
11.	केरल	6	9	—	—	2	2	45	1	1	—	4	1	40	111
12.	मध्य प्रदेश	8	7	—	4	4	5	61	3	14	—	19	11	80	216
13.	महाराष्ट्र	21	180	—	—	6	3	31	—	4	—	14	—	6	265
14.	मणिपुर	1	—	1	6	1	—	1	—	—	5	—	—	32	47
15.	मेघालय	—	10	—	—	—	—	1	—	—	—	1	—	—	12
16.	मिजोरम	—	—	—	—	—	—	—	—	—	—	—	—	—	—
17.	नागालैण्ड	2	1	—	—	3	—	2	—	—	3	—	—	51	62
18.	उड़ीसा	3	10	—	3	1	2	36	1	12	—	9	3	99	179
19.	पंजाब	5	12	1	7	1	6	39	—	1	2	2	—	78	154
20.	राजस्थान	5	25	1	5	6	12	67	—	12	—	25	4	150	312
21.	सिक्किम	—	—	—	—	—	—	—	—	—	—	—	—	5	—
22.	तमिलनाडू	3	18	—	8	40	2	51	4	6	—	2	4	10	148
23.	त्रिपुरा	—	—	—	—	—	—	2	—	—	—	—	—	3	5
24.	उत्तर प्रदेश	32	139	—	74	174	128	876	178	173	—	52	44	716	2626

तालिका 2. राष्ट्रीय मानवाधिकार आयोग
वर्ष 1996-97 में निस्तारण के लिए स्वीकार्य मामलों का वर्गीकृत राज्यवार विवरण

क्रं.	राज्य/संघ राज्य क्षेत्र का नाम	हिरासत में मृत्यु पु.हि. न्या.हि.	हिरासत में बलात्कार	लापता	गैर कानूनी नजरबन्द/गिरफ्तारी	झूठे मामलों में फंसाना	पुलिस की अन्य ज्यादतियां	कारवाई करने में विफलता		महिलाओं का अपमान	आंतकवादी नक्सलवादी हिंसा	जंलों की दुर्दशा		अ.जा./अन्य अ.ज.जा. पर अत्याचार	कुल
(1)	(2)	(3)	(4)	(5)	(6)	(7)	(8)	(9)	(10)	(11)	(12)	(13)	(14)	(15)	(16)
1.	आन्ध्र प्रदेश	27	70	–	2	13	2	16	1	5	3	5	2	63	219
2.	अरुणाचल प्रदेश	2	–	–	3	–	–	1	–	–	–	1	–	3	10
3.	असम	13	12	–	2	--	–	11	–	–	3	–	–	20	61
4.	बिहार	14	79	–	27	8	41	175	5	49	1	42	3	370	814
5.	गोवा	2	–	–	–	1	–	–	–	–	–	6	–	2	11
6.	गुजरात	18	32	–	1	1	–	18	–	3	–	4	–	29	98
7.	हरियाणा	2	7	–	7	4	6	34	2	12	–	7	2	60	143
8.	हिमाचल प्रदेश	1	–	–	–	1	1	8	–	2	–	–	–	3	16

कारेल वासक ने मानवाधिकारों को तीन श्रेणियों में वर्गीकृत किया है। प्रथम श्रेणी में वे अधिकार हैं जिन्हें सामान्यतः सिविल व राजनैतिक अधिकार माना जाता है तथा जो मूलतः अमेरिका व फ्रांस की क्रान्तियों से सम्बन्धित है। दूसरे श्रेणी में सामान्यतः आर्थिक, सामाजिक व सांस्कृतिक अधिकार हैं जिनका जन्म रूस की क्रान्ति से प्रेरणा पाकर हुआ है तथा जो लोक हितकारी राज्य की परिकल्पना करते हैं। तीसरी श्रेणी के अधिकार अन्तर्राष्ट्रीय पारस्परिक निर्भरता तथा विश्व के राष्ट्रों के बीच पारस्परिक सहयोग के कारण उत्पन्न हुये हैं। पर्यावरण सुरक्षा, विश्व शान्ति व मानव विकास के प्रोत्साहन व संवर्धन से सम्बन्धित है जिनका लाभ सामान्यतः व्यक्तियों व विशेष वर्गों को प्राप्त होगा। मानवाधिकारों का भी एक प्रकार से श्रेणीकरण किया जा सकता है। मानवाधिकार विभिन्न वर्गों तथा राष्ट्र के भी अधिकार का पूरा ध्यान रखता है तथा राष्ट्र की एकता, अखण्डता व अस्तित्व बनाये रखने के लिये कभी-कभी व्यक्तिगत मानवाधिकारों पर कुछ प्रतिबन्ध आवश्यक हैं।

आतंकवादी/नक्सलवादी वामपंथी/हिंसा द्वारा मानवाधिकारों का हनन

पश्चिम बंगाल के उत्तरी क्षेत्र में नक्सवादी एक स्थान है जहाँ से शुरू में कनू सान्याल के नेतृत्व में सम्पत्ति धारकों तथा सामाजिक लाभों के भागीदरों से संबंधित सामाजिक व्यवस्था के खिलाफ सशक्त विरोध प्रकट करने की अवधारणा उत्पन्न हुई। समय के अन्तराल में इसका विकास हुआ और इसे नक्सलवादी आन्दोलन कहा जाने लगा। कालान्तर में यह आन्दोलन बिहार, उड़ीसा, आंध्र-प्रदेश के भू-भागों तथा तमिलनाडु, मध्यप्रदेश एवं महाराष्ट्र की सीमावर्ती जिलों में फैल गया। नक्सलवादी कई समूहों में बंट गए-कभी ये अपने विश्वास के नाम से जाने जाते हैं। तो कभी अपने मुखियों के नाम से। आन्ध्र प्रदेश में यद्यपि शुरू में तो इन्हें नक्सलवादी ही कहा जाता था किन्तु 1980 तक इसका नामकरण "पीपुल्स वार ग्रुप" (पी डब्ल्यू जी) हो गया। आंध्र प्रदेश में पीपुल्स वार ग्रुप, जो विभिन्न समूहों में काम कर रहे हैं। उनकी यहाँ चर्चा करना आवश्यक नहीं है। स्थूल रूप से गतिविधियों तो एक समान ही हैं, किन्तु, उनका ढंग समूह से समूह में तथा अवसरानुकूल अलग-अलग होता है। शुरू में, जहाँ तक आंध्र-प्रदेश का संबंध है, नक्सलवादी गतिविधियों श्रीकाकुलम जिले तथा उड़ीसा के सीमावर्ती क्षेत्र तक सीमित थी और बाद में वे तेलांगाना के वारंगल, करीमनगर तथा नालगोंडा जैसे

जिलों में फैल गई। इनकी गतिविधियाँ ज्यादातर ग्रामीण क्षेत्रों तक सीमित रहा करती थी किन्तु बहुत सी चर्चित घटनाऐं शहरी क्षेत्रों में भी घेटती हुई। सैकड़ों निर्दोष ग्रामीण तथा काफी संख्या में पुलिस कर्मचारी पीपुल्स वार ग्रुप के लोगों द्वारा मार डाले गए। सरकारी सम्पति को लक्ष्य बनाया गया और अक्सर उसे आग लगा दी जाती है। जिससे केन्द्र तथा राज्य दोनों सरकारों को भारी हानि उठानी पड़ती है एवं ऐसी इमारतों के मालिकों को भी जिनमें सरकारी कार्यालय किराये पर होते हैं उन्हें भी इस वजह से नुकसान उठाना पड़ता है। शुरू में, शायद ऐसे हमले धनी समुदाय पर होते थे किन्तु बाद में गरीब लोग और उनकी सम्पत्ति भी हमले से बच नहीं सकी। ऐसी भी घटनाएँ घटित हुई जहाँ पुरुषों को तो मार डाला गया तथा महिलाओं का शारीरिक उत्पीड़न किया गया जिसमें बलात्कार भी शामिल था। एक ऐसे आदमी का मामला भी प्रकाश में आया जिसमें उसे मारकर उसका सिर, उसके धड़ से अलग कर दिया गया और उसे एक टोकरी में रखकर उसकी विधवा को लेकर गाँव का चक्कर लगाने के लिये विवश किया गया। ऐसी गतिविधियों द्वारा सामान्य जीवन और सामाजिक व्यवस्था बर्बाद/अस्त–व्यस्त कर दी गई। नक्सलवादी समूहों की कानून से हट कर किए जा रहे कार्यों पर कोई विवाद नहीं है। राज्य सरकार ने कानून बनाकर इस संगठन को गैर–कानूनी करार दे दिया है और इस कानून (आंध्रप्रदेश लोक सुरक्षा अधिनियम 1922) की धारा 3 के अन्तर्गत प्राप्त शक्ति का उपयोग करते हुए पीपुल्स वार ग्रुप को एक निश्चित अवधि के गैर कानूनी संगठन घोषित कर दिया गया है। एक छोटी सी अवधि में यह प्रतिबंध लागू नहीं था। किन्तु अब यह प्रतिबंध लागू है। 1969 से 1972 के बीच नक्सलवादी आंतकवादियों द्वारा 1, 711 व्यक्ति मारे गये। 698 मामले पैसा लूटने के और 8,857 मामले अन्य प्रकार की हिंसा के इन नक्सलवादियों द्वारा किये गये। 1969–72 के दौरान आंतकवादियों ने आन्ध्र प्रदेश में 102 हत्यायें की और 148 लूट के मामलों में लिप्त पाये गये। आन्ध्र प्रदेश में 1995 नक्सलवादियों द्वारा किये गये अपराधों के कुछ नवीनतम उपलब्ध आंकड़े यह हैं।

अपराध	घटनाऐं
1. आर्मस एक्ट–	639
2. विस्फोटक पदार्थ	716

अधिनियम

3. आतंकवादी कार्यविधियों को प्रतिबन्धित करने के अधिनियम के अन्तर्गत 16

आन्ध्र प्रदेश में विभिन्न सालों में जो हत्यायें की हैं उन के आकड़े इस प्रकार हैं–

तालिका 3 पीपुल्स वार ग्रुप द्वारा हत्यायें केवल आन्ध्र प्रदेश में

वर्ष	मरने वाले व्यक्तियों की संख्या
1990	196
1991	268
1992	234
1993	171
1994	127
1995	125
जुलाई 1996 तक	87

वामपंथी आतंकवादियों के द्वारा कुछ राज्यों में जो आतंकवादी घटनाऐं हुईं तथा उन से जो मृत्यु हुई उन का कुछ चित्रण नीचे तालिका में दिया गया है।

	राज्य	कुछ हिंसा घटनाएं				कुल मृत्यु संख्या			
		1989	1990	1991	1992	1989	1990	1991	1992
1.	आंध्र प्रदेश	497	979	1230	675	96	159	232	212
2	बिहार	314	485	445	400	127	226	166	224
3.	मध्य प्रदेश	39	62	89	121	3	12	36	36
4.	महाराष्ट्र	35	113	96	72	4	16	30	22
5.	अन्य राज्य	16	43	46	69	–	–	3	9
	कुल	901	1682	1876	1337	231	413	473	503

पंजाब तथा जम्मू व कश्मीर में भारतीय आतंकवादियों ने अनेक बार मानवाधिकार अतिक्रमण सम्बन्धित कार्य किये हैं। आतंकवादी और विध्वसंकारी क्रिया कलाप (निवारण) अधिनियम 1987 में उल्लेखित अनेक अपराध व मानवाधिकार अतिक्रमणकारी कार्य आतंकवादियों द्वारा क़िये गये हैं। 'आतंकवाद, राज विद्रोह, उग्रवाद, गुरिल्ला युद्ध, जैसे शब्द बहुतया एक दूसरे के स्थान पर प्रयोग हो सकते

हैं। तथा इन सब कार्यों में हिंसा सर्वमान्य है। आतंकवाद का सामान्यतः एक राजनैतिक अवैध और गैर–कानूनी उद्देश्य होता है। पंजाब में आतंकवादियों ने जो नरसंहार किया है और मानवाधिकारों की खुलेतौर से अवहेलना की है उस के लिये कुछ आंकड़े देना आवश्यक है। पंजाब राज्य में आतंकवादी गिरोहों के द्वारा जो रक्तपात व मानव जीवन का हनन हुआ है। उसे नीचे तालिका में दिया गया है–

तालिका-पंजाब में मारे गये व्यक्तियों तथा पुलिस/सुरक्षा वालों की हत्या की संख्या

वर्ष	कुल व्यक्तियों की संख्या जिनकी मृत्यु आतंकवादियों ने की	कुल पुलिस/सुरक्षाबल कर्मियों की संख्या जिन की मृत्यु आंतकवादियों द्वारा की गई
1988	1949	110
1989	1168	152
1990	2467	493
1991	2586	493
1992	1504	256
1993	47	25
कुल	9721	1529

इसी भांति जम्मू और कश्मीर में आतंकवादी कार्यवाहियों के कारण जो मृत्यु हुई उनकी तालिका नीचे दी जाती है–

तालिका 4–आतंकवादी हिंसा में मृत्यु जो जम्मू व कश्मीर में हुई

क्रं.	मृत्यु	1988	1989	1990	1991	1992	1993	कुल
1.	कुल मृत्यु	31	92	1177	1393	1909	2567	7169
2	सुरक्षा बल	1	13	132	185	177	216	724
3.	सरकारी कर्मचारी	1	3	62	57	36	34	193
4.	राजनीतिक/नेता	–	3	24	10	4	10	51
5.	न्यायपालिका	–	3	1	1	–	1	6
6.	प्रेस/मीडिया	–	–	2	1	1	1	5
7.	अन्य	29	70	956	1139	1691	2305	6190

भारत के जम्मू एवं कश्मीर राज्य में विदेशी शक्तियों के समर्थन से जो आतंकवादी कार्यवाइयां हो रही हैं उन का कुछ अनुमान नीचे दी गईं तालिका से हो सकता है–

तालिका-5 जम्मू एंव कश्मीर में आतंकवादी हिंसा की घटनाएं

वर्ष	सुरक्षा बलों पर आघात व हमला	दूसरों पर हमला	हमला व आगजनी	विस्फोट की घटनाएं	अन्य हिंसात्मक घटनाएं
1988	390	6	1	142	241
1989	2154	49	73	840	1192
1990	3905	1098	485	1810	512
1991	3122	1999	321	611	191
1992	4971	3413	507	744	307
1993	4457	2573	539	900	445
कुल	18999	9138	1926	5047	2888

23 जुलाई 1998 को एक लोकसभा प्रश्न के उत्तर में भारत सरकार ने यह सूचना दी कि मई तथा जून 1998 में ही कश्मीर में 477 आतंकवादी घटनाऐं हुई जिससे बम विस्फोट, आगजनी, रोकिट हमला और अन्य आपराधिक कार्यवाहियाँ शामिल हैं और जो सब मानवाधिकारों पर स्पष्ट अतिक्रमण है। 1994–95 के बाद ही विश्व समुदाय ने अन्तर्राष्ट्रीय स्तर पर आतंकवादियों के द्वारा किये गये मानवाधिकारों पर स्पष्ट अतिक्रमण हैं।1994–95 के बाद ही विश्व समुदाय ने अन्तर्राष्ट्रीय स्तर पर आतंकवादियों के द्वारा किये गये अधिकार पर स्पष्ट अति–क्रमण है। 1994–95 के बाद ही विश्व समुदाय ने अन्तर्राष्ट्रीय स्तर पर आतंकवादियों के द्वारा किये गये। मानवाधिकारों के हनन को स्वीकार किया। विश्व संगठन ने "मानवाधिकार और आतंकवाद" तथा "अन्तर्राष्ट्रीय आतंकवाद समाप्त करने के उपाय" पर एक स्पष्ट दृष्टिकोण अपनाया है। आज भारत के सम्मुख आतंकवाद पर नियंत्रण की जो प्रमुख समस्या है उसे सरकार तथा पुलिस व सशस्त्रबल द्वारा ही सुलझाया नहीं जा सकता है जब तक जनता का सक्रिय सहयोग और सहभागिता प्राप्त नहीं होती। जब तक आतंकवादियों के विरूद्ध में दृढ़ राजनैतिक इच्छा शक्ति और पुष्ट सहयोगी जन आधार पर निर्माण नहीं कर लिया जाता है तब तक जनतान्त्रिक पद्धति वाले राष्ट्र में कोई भी आरक्षीय दल या अर्द्धसैनिक दल आतंकवादी निर्मूनीकरण (समाप्तीकरण) अभियान में सफल नहीं हो सकता है। प्रभावपूर्ण ढंग से आतंकवादियों द्वारा निर्मित अनिष्ठ वातावरण को सामान्य करने के लिये उद्‌देश्य पूर्ण रणकौशल, आवासीय सुरक्षा, कार्यशाला सुरक्षा, व्यक्तिगत सुरक्षा,

संक्रमण क्षेत्र की सुरक्षात्मक व्यवस्था, पर्यावरणिक (आसपास) सहयोग (ट्रांजिट एरिया) आने–जाने वाला क्षेत्र में जननेताओं, सरकारी कर्मचारिगण तथा महत्वपूर्ण व्यक्तियों की सुरक्षा के प्रति जागरूक एवं अन्तर्राष्ट्रीय सहायता की आवश्यकता है।

विकलांग व्यक्ति के मानवाधिकार तथा संरक्षण राष्ट्रीय मानवाधिकार:

आयोग ने विकलांग (समान अवसर, अधिकारों का संरक्षण और पूर्ण सहभागिता) अधिनियम, 1995 को अंगीकार करने पर बल दिया था। तथापि वर्ष 1996, में चिन्ता बढ़ सी गई कि इस अधिनियम को व्यावहारिक प्रभाव देने के लिए जो नियम तथा विनियम अपेक्षित है प्रकट नहीं हैं और इसलिए एक निराशा तथा उपेक्षा का भाव उन विकलांग लोगों में है, जिनके अधिकारों को संरक्षण देने तथा उनकी परिस्थितियों को सवांरने के लिए उक्त अधिनियम पारित किया गया था। तदनुसार अध्यक्ष ने ये मामले एक जनसभा में उठाए, इसमें इन मामलों पर शीघ्र कार्रवाई करने का अनुरोध किया गया। कल्याण मंत्रालय ने 31 दिसम्बर, 1996 को एक अधिसूचना जारी करके अधिनियम के अर्न्तगत अपेक्षित नियमों को प्रख्यापित किया। आयोग ने यह सिफारिश की है कि अधिनियम के द्वारा अपेक्षित नियुक्ति और अन्य व्यावहारिक उपायों सहित सहवर्ती कदम केन्द्र तथा राज्य दोनों के द्वारा पूरी गति से उठाने होंगे। ऐसे लोग जो काजी हैं उन्हें यह आभास नहीं होने देना चाहिए कि वे किसी कम शक्तिशाली ईश्वर के पुत्र हैं तथा शासन के पहिए उनकी तरफ मुश्किल से घूमते हैं। आयोग को गैर–सरकारी संगठनों तथा अन्य ऐसे लोगों से जो विकलांग लोगों को सहायता देते हैं ऐसी शिकायतें मिलती रही हैं। जिन में उत्पीड़न, असहनशीलता, काम के स्थल पर तथा अन्यत्र भेदभाव, और मूल सुविधाओं का अभाव शामिल है। आयोग ने खासतौर से एक शिकायत की ओर गंभीरता से ध्यान दिया जो उसे श्रम विभाग कर्नाटक में कार्यरत एक व्यक्ति से प्राप्त हुई थी। इस शिकायत में श्रम अधिकारी के ऊपर प्रताडित करने के आरोप लगाए गए थे। आयोग ने विभिन्न राज्यों में विकंलाग लोगों को उपलब्ध सुविधाओं के बारे में सूचना एकत्र करने का निर्णय लिया। आयोग द्वारा भेजे गए पत्र के उत्तर में बताया गया कि अन्य बातों के साथ–साथ छात्रवृति, पेन्शन, नौकरियों में आरक्षण, वित्तीय सहायता, शैक्षिक संस्थाओं में प्रवेश के लिए आरक्षण, चिकित्सा सुविधाऐं, स्वरोजगार, ऋण आदि राज्यों/संघ राज्य क्षेत्रों द्वारा दिए जाते हैं। इस सूचना से आयोग को प्राप्त विशेष

शिकायत की जाँच करने के दौरान यह निर्धारित करने में मदद मिलेगी कि राज्य सरकारों द्वारा जो वचन दिया गया है वह क्या वास्तव में पूरा किया जा रहा है। 1971 में संयुक्त राष्ट्र संघ ने मानसिक तौर से विकलांग या विकृति व्यक्तियों के लिये विशेष अधिकार व संवेदना की जरूरत पर जोर दिया था। आर्थिक, सामाजिक तथा सांस्कृतिक अन्तर्राष्ट्रीय प्रसंविदा में भी सामाजिक सुरक्षा की बात अनुच्छेद 9 में की गई है।

जन्मजात मनोविकार ग्रस्त बच्चों की दशा तथा मानवाधिकारों की सुरक्षा–

एक प्रमुख चिकित्सा अधिकारी से प्राप्त पत्र के अनुसरण में राष्ट्रीय मानवाधिकार आयोग ने स्वास्थ्य की इस समस्या की ओर गंभीरता से ध्यान दिया है कि लौह तथा आयोडिन की कमी काफी अधिक क्षेत्र में व्याप्त है जिसकी वजह से हमारे देश में काफी संख्या में बच्चे जन्म से ही मनोविकारों से ग्रस्त पैदा होते हैं। पत्र में यह बात जोर देकर कही गई है कि लौह तथा आयोडिन की कमी से आसन्न प्रसवा महिलाओं को न केवल रक्त चापता होती है बल्कि अक्सर प्रजनन के दौरान उनकी मृत्यु हो जाती है अथवा जिस बच्चे का जन्म हुआ है वह मनोविकार से ग्रस्त होने का कष्ट भोगता है। आयोग की राय में इस स्थिति के प्रति उदासीन होने से इस देश के भारी संख्या में बच्चे, अपनी मानवीय आन्तरिक शक्ति को पूरा करने से वंचित रह सकते हैं। ऐसा होना गरिमापूर्ण जीवन तथा समुचित स्वास्थ्य के अधिकार के प्रति निर्दयता तथा अवमानना होगी। ऐसा कार्य, ऐसी स्थिति में होना, जब इसके रोकने के लिए कम खर्चीले निवारक उपाय उपलब्ध हैं जो इसका शमन कर सकते हैं। तदानुसार आयोग ने उन प्रयासों की समीक्षा करनी शुरू कर दी है जो केन्द्र तथा राज्य स्तर पर इस समस्या से निपटने के लिए किए जा रहे हैं। अपने प्रयासों के दौरान आयोग सम्बंधित मंत्रालयों तथा विभागों, यूनिसेफ और अन्य ऐसे विशेषज्ञों के साथ घनिष्ठ सम्बंध रखकर काम होगा जो परामर्श तथा सहायता देने की स्थिति में हैं। इस सम्बंध में समाज तथा माता–पिता का विशेष दायित्व है कि वे नवजात शिशुओं की शुरू से अच्छी तरह देखभाल करें। जन्मजात मनोविकार ग्रस्त बच्चों की रोकथाम के साथ–साथ उन के भरण–पोषण तथा उपयुक्त चिकित्सा की व्यवस्था आवश्यक है। जब यह मनोविकार ग्रस्त बच्चे बड़े होने लगते हैं तब

उन के पढ़ाई–लिखाई तथा किसी कार्य योग्य बनाने के लिये आवश्यक प्रशिक्षण की अति आवश्यकता है। राज्य सरकार की उपेक्षा के कारण बोलने, सुनने और देखने से लाचार बच्चों का पढ़ने के मौलिक अधिकार से भी वंचित होना पड़ रहा है। जयपुर स्थित आनंदीलाल पोद्दार मूक–बधिरोध उच्च प्राथमिक विद्यालय को राज्य सरकार ने हाल ही में माध्यमिक विद्यालय में उच्चीकृत करने का निर्णय किया था। इसके विपरित चालू शिक्षण सत्र में भी कक्षा नौ में प्रवेश और पढ़ाई की व्यवस्था नहीं की गई है। यदि सरकार ने बीते वर्ष ही अपने निर्णय की पालना की ओर ध्यान दिया होता तो इस विद्यालय के छात्रों का पहला बैच दसवीं कक्षा में अध्ययनरत होता। एक समाजसेवी द्वारा स्थापित इस इकलौते विद्यालय की समस्या सिर्फ यही नहीं है, बल्कि यहां बिना प्रशिक्षण प्राप्त कई शिक्षकों को तैनात किया जा रहा है। ये शिक्षक मूकबधिर छात्रों को पढ़ा तो पाते नहीं, बस, विद्यालय में समय बिताकर लौट जाते हैं। यह सिलसिला कई वर्षों से चल रहा है। इस विद्यालय में निर्धारित सरकारी मानकों के तहत छात्रों की संख्या के अनुरूप 21 शिक्षकों की जरूरत है, जबकि यहां सिर्फ 15 शिक्षक तैनात हैं। इनमें से भी सिर्फ पांच शिक्षकों ने मूकबधिर छात्रों को पढ़ाने का प्रशिक्षण प्राप्त किया है। गैर प्रशिक्षित शिक्षकों की तैनाती से छात्रों को कोई लाभ तो मिल नहीं रहा है, ऊपर से इने–गिने शिक्षकों से ही अध्यापन का कार्य कराया जा रहा है। सरकार की उदासीनता के कारण ही प्रौढ़ मूकबधिरों के व्यावसायिक प्रशिक्षण केन्द्र पर कुछ वर्षों से ताला पड़ा हुआ है। व्यावसायिक प्रशिक्षण के लिए यहां चार अनुदेशक के पद स्वीकृत हैं, जो कि पिछले कुछ वर्षों से रिक्त हैं। इस केन्द्र पर सिर्फ एक लिपिक तैनात है जो कि बिना कोई कार्य किये वेतन प्राप्त कर रहा है। इसके अलावा मूकबधिर छात्रों के आने–जाने की सुविधा के लिए मुहैया कराया गया वाहन भी विद्यालय के सामने व्यर्थ की शोभा बढ़ा रहा है। पिछले दो वर्षों से खडी इस मिनी बस के चालक को समय पर वेतन दिया जा रहा है, लेकिन बस को ठीक कराने की समुचित व्यवस्था नहीं की गई। बताया गया है कि दो वर्षों से खड़ी इस बस की मरम्मत के मद में तीस हजार रूपए से ज्यादा खर्च भी किए जा चुके हैं।

बाल वेश्यावृति व मानवाधिकार :

बाल वेश्यावृति उलझनों भरा संकट राष्ट्रीय मानवाधिकार आयोग कि चिन्ताओं का एक बड़ा हिस्सा है। इस तथ्य के होते हुए भी कुछ समुदायों में बाल वेश्यावृति का प्रचलन काफी समय से रहा है किन्तु यह प्रथा निरंतर बढ़कर संगठित अपराध से जुड़ गई है। वास्तव में ऐसे निश्चित "स्रोत स्थल" हैं जहाँ से बच्चे उठाकर बाल वेश्यावृति के धंधे में डाले जाते हैं और ऐसे रास्ते हैं जिनके द्वारा दक्षिण एशिया की सीमा के उस पार बच्चों को फँसा कर इस निर्दण पेशे में डाला जाता है। एड्स के इस जमाने में हमेशा कम उम्र की वेश्याऐं तलाशने तथा यौन व्यापार से समस्या और भी जटिल हो गई, जो प्रायः विदेश से संचलित होती है। आयोग द्वारा एक आभ्यांतरिक दल गठित किया गया है। जिसमें अन्य लोगों के साथ–साथ राष्ट्रीय महिला आयोग, महिला और बाल विकास विभाग, चुने हुए गैर सरकारी संगठन तथा युनिसेफ शामिल है जिन्होंने इस विषय पर बातचीत करना जारी रखा। उसने वर्तमान कानूनों और उनके प्रर्वतन में सुधार लाने के तरीकों की पुनरीक्षा की, वेश्यावृति से बच्चों को हटाकर उनके पुनर्वास की समस्या के निराकरण तथा सामने आने वाली कठिनाइयों के बारे में भी चर्चा की गई है। सीमा पार की गतिविधियों से निपटने के लिए कानूनों को मजबूत बनाने और सहयोग पूर्ण उपायों द्वारा युक्ति निकालने के लिए सार्क के स्तर पर अधिक प्रयास करने पर बल दिया गया। इसके द्वारा कार्यशाला चलाने और दल के प्रत्येक सदस्य द्वारा सुनवाई किए जाने को प्रोत्साहन दिया गया । राष्ट्रीय महिला से खासतौर से अनुरोध किया गया है जो इस कार्य के घनिष्ठ रूप से सम्बद्ध है। आयोग ने अपनी आभ्यान्तरिक दल की हाल में हुई बैठक में यह निर्णय लिया था कि आयोग के सदस्य जल्दी ही उन क्षेत्रों के जिला दण्डाधिकारियों, पुलिस अधीक्षकों तथा न्यायपालिका के सदस्यों के साथ कई बैठकें करेंगे जहां बच्चों को वेश्यावृति में डालने के "स्रोत" है। इस समस्या के सार्वभौम परिणामों को देखते हुए आयोग के दो सदस्यों न्यायमूर्ति कु. फातिमा बीवी तथा न्यायमूर्ति श्री वी. एस. मड़िमठ द्वारा बच्चों के वाणिज्यिक यौन शोषण के खिलाफ स्टाकहोम में 26 से 31 अगस्त, 1996 तक आयोजित प्रथम विश्व कांग्रेस में आयोग का प्रतिनिधित्व किया गया था। प्रकटतया दुःखद यह है कि बच्चों के अधिकारों की विनाशक यह कष्टप्रद सामाजिक समस्या आगामी वर्षों में आयोग का

प्रमुख कार्य बनने जा रही है। वृति को रोकने में समाज का उत्तरदायित्व बहुत अधिक है। तथा इस विषय में जनजागरण जन सहयोग से ही इस मानवाधिकार को बालिकाओं को प्रदान कराया जा सकता है। पुलिस की भी इस कार्य में सकारात्मक भूमिका हो सकती है।

हाथ से मैले की सफाई उठाने वाले कर्मचारियों की प्रतिष्ठा व मानवाधिकारों की रक्षा:

हाथ से मैले की सफाई को आयोग मानव गरिमा के प्रति घोर आपराधिक मानता है और स्वाधीनता के आज 53 वर्ष बीत जाने के बाद भी इस अपमानजनक प्रचलन को जिसमें हाथ से मैला साफ किया जाता है, हमारे देश में अभी तक जारी रखा गया है। मार्च 1992 में इस काम में लगे लोगों को मुक्त करके उन्हें दूसरे धंधों में लगाने की एक राष्ट्रव्यापी योजना शुरू की गई थी। किन्तु इसका कार्यान्वयन नही हो पाया। इसलिए इस मामले में हस्तक्षेप करने का आयोग ने विचार किया है। तदनुसार, राष्ट्रीय सफाई कर्मचारी आयोग और शहरी विकास तथा रोजगार मंत्रालय, मानव संसाधन विकास मंत्रालय, रेलवे तथा रक्षा मंत्रालय, को शामिल करके आयोग द्वारा कई बैठकें बुलाई गईं। इसके बाद 23 अक्टूबर, 1996 को आयोग के अध्यक्ष ने मुख्य रूप से सम्बद्ध मंत्रालयों को पत्र लिखकर उनसे अनुरोध किया कि वे शुष्क शौचालयों की जगह वर्तमान सफाई संयुक्त शौचालयों का निर्माण कराकर उदाहरण स्थापित करें। अपने पत्र में अध्यक्ष के हाथ से मैले की सफाई करने तथा शुष्क शौचालयों का निर्माण (निषेध) अधिनियम, 1993 कि व्यवस्थाओं और इस अपमानजनक प्रचलन को बनाए रखने में मानवाधिकार विषयक उसके आश्य की ओर उनका ध्यान आकर्षित किया। आयोग के अध्यक्ष द्वारा राज्यों संघराज्य क्षेत्रों के मुख्यमंत्रियों को भी पत्र भेजे गए थे उनमें से कई के उत्तर प्राप्त हो चुके हैं। यद्यपि यह अधिनियम, 1993 में पारित किया गया था, आयोग ने देखा है कि व्यवहारिक उद्देश्य के लिए यह प्रसुप्त पड़ा है। बहुत कम अनुवर्ती कारवाई की गई है। इस अधिनियम को कुछ सशक्त बनाने के उद्देश्य से आयोग द्वारा की गई पहल के अनुपालन में इस अधिनियम को 26 जनवरी, 1997 से संघराज्य क्षेत्रों तथा आंध्रप्रदेश, गोवा, कर्नाटक, महाराष्ट्र, त्रिपुरा तथा पश्चिम बंगाल में लागू किया गया है। इस आशय की एक अधिसूचना 24 जनवरी, 1997 को शहरी विकास तथा

रोजगार मंत्रालय द्वारा जारी की गई है। आयोग के अध्यक्ष अब राज्यों/संघराज्य क्षेत्रों से अनुरोध किया है कि वे और देर किए बिना इस अधिनियम के अन्तर्गत अपेक्षित नियमों का निर्माण करें। आयोग ही इस बात को अच्छी तरह जानता है कि जब यह मामला समाज के सबसे कमजोर वर्ग का होता है तो प्रवृति यह है कि इसमें दुबारा निष्क्रियता आ जाती है। अतः आयोग राष्ट्रीय सफाई कर्मचारी आयोग से उनके हाथ मजबूत और "समान" रखने हेतु सम्पर्क रख रहा है ताकि 1993 के अधिनियम को चुनिंदा जिलों में कार्यक्रम शुरू करके लागू किया जा सके।

भारत में बंधित श्रम :

गरीब जनता के आर्थिक और शारीरिक शोषण का निवारण करने के उद्देश्य से बन्धित श्रम पद्धति के उत्सादन का और उससे सम्बन्धित विषयों का उपबन्ध करने के लिए एक अधिनियम बनाया गया जिसे बन्धित श्रम पद्धति (उत्सादन) अधिनियम, 1976 (1976 का अधिनियम संख्याकं 19) कहते हैं। बन्धित श्रम अधिनियम की धारा 2 (घ) में बंधित ऋण को परिभाषित किया गया है। "बंधित ऋण" से ऐसा अग्रिम अभिप्रेत है जो बन्धित श्रम पद्धति के अधीन या उसके अनुसरण में बंधित श्रमिक द्वारा अभिप्राप्त किया जाता है या जिसके बारे में यह उपधारणा की जाती है कि वह ऐसे अभिप्राप्त किया गया है। तथा धारा 2 (ङ.) के अनुसार "बन्धित श्रम" से बन्धित श्रम पद्धति के अधीन किया गया कोई श्रम या की गयी कोई सेवा अभिप्रेत है। तथा धारा 2 (च) के अनुसार "बन्धित श्रमिक" से ऐसा श्रमिक अभिप्रेत है जो बन्धित ऋण उपगत है या जिसने वह उपगत किया है या जिसके बारे में यह उपाधारणा की जाती है कि उसने वह उपगत किया है। तथा धारा 2 (छ) के अनुसार "बन्धित श्रम पद्धति" से बलात्श्रम या भागतः बलात् श्रम की पद्धति अभिप्रेत है जिनके अधीन ऋणी लेनदार से इस आशय का करार करता है या जिसके बारे में यह उपधारणा की जाती है कि उसने ऐसा करार किया है–

1. उसके द्वारा या उसके पारम्परिक पूर्व पुरुषों या वंशजों में से किसी के द्वारा अभिप्राप्त उधार के प्रतिफल में (चाहे ऐसा अग्रिम किसी दस्तावेज द्वारा संक्षिप्त है या नहीं) और. ऐसे अग्रिम पर देय ब्याज के, यदि कोई हो, प्रतिफल में, अथवा।
2. किसी ऐसी बाध्यता के अनुसरण में, अथवा।

3. किसी ऐसी बाध्यता के अनुसरण में जो उत्तराधिकार द्वारा उसको न्यागत हुई है, अथवा।
4. उसके द्वारा या उसके पारम्परिक पूर्व पुरुषों या वंशजों में से किसी के द्वारा प्राप्त किसी आर्थिक प्रतिफल के लिए, अथवा।
5. किसी विशेष जाति या समुदाय में उसके जन्म लेने के कारण वह (अ) स्वयं या अपने कुटुम्ब के किसी सदस्य के माध्यम से या अपने पर आश्रित किसी व्यक्ति के माध्यम से लेनदार का या लेनदार के फायदे के लिए श्रम या सेवा, विनिर्दिष्ट अवधि के लिए या अविर्दिष्ट अवधि के लिए या तो मजदूरी के बिना या नाममात्र की मजदूरी पर करेगा, अथवा।

(ब) अपने नियोजन का अपनी जीविका के अन्य साधनों की स्वतंत्रता विनिर्दिष्ट अवधि के लिए या अविनिर्दिष्ट अवधि के लिए खो देगा, अथवा।

(स) भारत राज्य क्षेत्र में सर्वत्र अवाध संचरण का अपना अधिकार खो देगा, अथवा

(द) अपनी किसी सम्पत्ति या अपने श्रम को या अपने कुटुम्ब के किसी सदस्य या अपने पर आश्रित किसी व्यक्ति के श्रम के उत्पाद को विनियोजित करने या उसे बाजार मूल्य पर विक्रय करने का अपना अधिकार खो देगा, और इसके अन्तर्गत बलात्श्रम या भागतः बलात् श्रम की वह पद्धति भी है। जिसके अधीन ऋणी का प्रतिभू लेनदार के साथ इस आशय का करार करता है या जिसने ऐसा करार किया या जिसके बारे में यह उपधारणा की जाती है कि उसने ऐसा करार किया है कि ऋणी द्वारा ऋण को प्रतिसंदाय करने में असफल रहने की दशा में वह ऋणी की ओर से बंधित श्रम करेगा।

इस अधिनियम की धारा 4 के अन्तर्गत बंधित श्रम को निषिद्ध और समाप्त कर दिया गया है। अतएव कोई भी व्यक्ति किसी व्यक्ति को कोई बंधित श्रम या किसी अन्य प्रकार का बलात्श्रम करने के लिए विवश नहीं करेगा।

धारा 5 के अनुसार रूद्धि या करार या परम्परा या कोई संविदा या अन्य लिखित (चाहे वह अधिनियम के प्रारम्भ के पूर्व या उसके पश्चात् की गयी हो या निष्पादित की गयी हो) जिसके आधार पर किसी व्यक्ति से उसे व्यक्ति के कुटुम्ब के किसी सदस्य से या उस व्यक्ति के बंधित श्रमिक के रूप में कोई काम करने या सेवा करने की अपेक्षा की जाती है, शून्य और अप्रवर्तनशील होगी।

धारा 6 के अनुसार (बन्धित ऋण का प्रतिसंदाय करने के दायित्व की समाप्ति) इस अधिनियम के प्रारम्भ के ठीक पूर्व चुकता न किये गये किसी बन्धित ऋण के किसी भाग का प्रतिसंदाय करने के लिए बंधित श्रमिक का प्रत्येक दायित्व समाप्त हुआ समझा जायेगा तथा इस संबंध में कोई वाद संस्थित नहीं किया जा सकेगा।

धारा 7 के अनुसार बंधित श्रमिक की सम्पत्ति को बंधक आदि से मुक्त कर दिया गया है। धारा 8 के अनुसार मुक्त किये गये बंधित श्रमिक को उसके वासस्थान से बेदखल नहीं किया जायेगा। धारा 9 के अनुसार समाप्त ऋण के लिए लेनदार द्वारा संदाय स्वीकार करने पर प्रतिबंध लगा दिया गया है।

इस अधिनियम के अध्याय 6 की धारा 16 में बंधित श्रम के प्रर्वतन के लिए दण्ड की व्यवस्था की गयी है। इसके अन्तगर्त तीन वर्ष तक के कारावास एवं दो हजार रुपये तक जुर्माना हो सकता है। यही नहीं धारा 17 के अनुसार बन्धित ऋण देने वाले को भी उपरोक्त दण्ड से दंडित किया जा सकता है। तथा बंधित श्रम के अधीन बंधित श्रम कराने वाले को भी उपरोक्त दंड से दंडित किया जा सकता है। धारा 19 के अन्तर्गत यह व्यवस्था की गयी है कि यदि कोई व्यक्ति बंधित श्रमिकों की सम्पत्ति का कब्जा वापस करने में लोप करता है अथवा ऐसा कब्जा देने में असफल रहता है तो उसे एक हजार रुपये तक का जुर्माना और एक वर्ष तक के कारावास से दंडित किया जा सकेगा।

पुलिस तथा सुरक्षा बलों के मानवाधिकारों का संरक्षण :

देश की सुरक्षा, अखण्डता व एकता को बनाये रखने में पुलिस तथा सुरक्षा बलों का बहुत महत्वपूर्ण योगदान है। भारत में पिछले कुछ सालों में जिन पुलिस–कर्मियों ने अपने कर्त्तव्यों की बलिबेदी पर अपनी जान को न्यौछावर किया अथवा जख्मी हुये उन की वस्तुस्थिति नीचे तालिका में दी जा रही है :

तालिका-6 पुलिस कर्मी जो कार्यरत मारे गये अथवा घायल हुये:-

वर्ष	मृतकों की संख्या	घायलों व जख्मी पुलिस कर्मियों की संख्या
1991	874	5115
1992	808	6932
1993	617	4569
1994	585	3630
1995	516	3430

यह आंकड़े केवल राज्य पुलिस कर्मियों के हैं। सुरक्षा तथा राष्ट्रीय हितों को ध्यान में रखते हुये केन्द्रीय पुलिस बलों के आंकड़े उपलब्ध नहीं हैं। राजस्थान में पुलिस अधिकारियों के वर्टीकल इन्टरएक्शन कोर्सों में लेखक को लगभग एक साल विचार–विमर्श का अवसर मिलता है और सामान्यतः नीचे लिखे प्रश्नों की बोछार ऐसे प्रशिक्षण सत्रों से होती है:–

1. पुलिस अधिकारियों के कार्य के घन्टे कब से कब तक हैं?
2. आठ घन्टों के बाद हमे ओवर टाइम भत्ता क्यों नहीं मिलता।
3. यदि इन्डियन पुलिस सर्विस के अधिकारी अपनी यूनियन अथवा ऐसोसियेशन बना सकते हैं तो नीचे वालों पर प्रतिबंध क्यों हैं?
4. पुलिस अधिकारियों को अपराध नियंत्रण में जनता का सहयोग क्यों नहीं मिलता तथा जनता की आशायें पुलिस से इतनी ज्यादा क्यों है?
5. जब पुलिस कर्मियों की ड्यूटी के दौरान मृत्यु होती है तो भी जनता के प्रतिनिधि व समाज के लोग दुःख में शामिल क्यों नहीं होते?
6. पुलिस कर्मियों की कार्य की दशायें व रहने की व्यवस्था में संघनात्मक सुधार क्यों नहीं किये जाते?
7. मानवाधिकारों का हनन समाज में कौन सा वर्ग नहीं करता परन्तु पुलिस को इस का एक–मात्र अपराधी क्यों माना जाता है?
8. राष्ट्रीय पुलिस आयोग की आठ भागों में लिखी गई रिपोर्ट पर कोई सकारात्मक सुधार लाने का प्रयास पिछले 16 वर्षों में क्यों नहीं हुआ?
9. पुलिस को नित्यप्रति नये–नये दायित्व व कर्त्तव्यों के भार से क्यों इतना बोझिल किया जा रहा है कि पुलिस अपने दायित्वों को ठीक से न निभा सके?
10. पुलिस अधिकारियों, विशेषकर थाना स्तर को राजनैतिक, आर्थिक तथा विभागीय दबावों में इतना पीड़ित क्यों किया जाता है कि वह हमेशा व्यावसायिक तनाव से ग्रस्त रहे? भारतीय पुलिस की समस्यायें और कार्य कलाप, सफलताऐं व असफलताऐं, उपलब्धियाँ और कमियां एक सन्तुलित तथा सही रूप में जनता के सामने प्रस्तुत हो इस के लिये पुलिस और प्रेस का आपसी सम्बन्ध घनिष्ट और मधुर होना पड़ेगा तथा पुलिस में सुधारों को लाने के लिए सुदृढ़ राजनीतिक इच्छा शक्ति को बढ़ावा देने की आवश्यकता

है। पुलिस उप संस्कृति, जो अस्वस्थ परम्पराओं से परिपूर्ण है और जिस का क्रमिक विकास होता जा रहा है, को बदलने के लिये पुलिस प्रशिक्षण तथा पुलिस संगठन में ही आधारभूत परिवर्तन करना जरूरी है।

राष्ट्रीय मानवाधिकार आयोग की रिपोर्ट 1993-94 में दिये निर्देशों मामलों का संक्षिप्त विवरण :

वर्ष 1993–94 की पहली रिपोर्ट में दिये निर्देशों, मामलों का ब्यौरा इस प्रकार है:–

1. जम्मू और कश्मीर से बिज–बेहरा में सुरक्षा बलों द्वारा गोली चलाना। (1 नवम्बर 1993 में)
2. मेघालय में श्री शंसखेम रवार्सिआर की रियासत में हुई कथित मृत्यु के बाद पुलिस फाइरिंग में दो व्यक्तियों की मृत्यु (5 नवम्बर 1993)।
3. दिल्ली में श्री मदल लाल की पुलिस अभिरक्षा में कथित मृत्यु।
4. दिल्ली में श्री ओम प्रकाश की पुलिस अभिरक्षा में कथित मृत्यु।
5. तमिलनाडु के धर्मपुरी जिले में राजा की पुलिस अभिरक्षा में कथित मृत्यु।
6. पंजाब में श्री हरजीत सिंह का लापता होना।
7. पंजाब में श्री रामसिंह बिलिंग और श्री अवतार सिंह मंडेर, पत्रकारों का लापता होना।
8. गुरदास पुर जिला, पंजाब में श्री बलविन्दर सिंह उर्फ काला की पुलिस हिरासत में हुई कथित मृत्यु।
9. पंजाब पुलिस में एक अधिकारी पर बलात्कार का आरोप।
10. पांडिचेरी में श्री चन्द्रशेखरन की पुलिस अभिरक्षा में कथित मृत्यु।
11. पुलिस हिरासत में कुत्सित कर्मः बाड़मेर राजस्थान में पुलिस की हिरासत में पुलिस पर श्री जुगत राम का लिंगच्छेदन करने का आरोप।
12. महिलाओं के प्रति नृशसता–दौना गाँव इलाहाबाद जिला उत्तरप्रदेश की गलियों में एक हरिजन महिला को निर्वस्त्र घुमाया गया।
13. पुलिस हिरासत में 43 व्यक्तियों के "लापता" होने और पुलिस द्वारा उनकी हत्या किये जाने के आरोप से सम्बन्धित न्यायमूर्ति श्री टी. एल. एन. रेड्डी जांच आयोग की रिपोर्टों को प्रकाशित न करने से सम्बन्धित शिकायत।

14. हरिजन लड़की निर्मला को, सरिता विहार, नई दिल्ली में उसके मालिक द्वारा पीटा जाना।
15. जेल प्राधिकारियों पर नैनी सैन्ट्रल जेल इलाहाबाद में कैदियों की कथित रूप में यातना देने का आरोप।
16. श्री लुईस अधिवक्ता को पुलिस उप–निरीक्षक द्वारा पीटा जाना।
17. आल असम स्टुडेन्ट्स यूनियन (आसू) द्वारा तिन सुखिया जिला इकाई को सलाहकार और चार अन्य व्यक्तियों की सेना के कर्मचारियों द्वारा कथित हत्या के सम्बन्ध में आरोप लगाते हुये शिकायत।
18. उत्तर प्रदेश के देहरादून जिले में पुलिस के अत्याचार और श्री असद अली तथा श्री कमल कुमार अग्रवाल की मृत्यु सम्बन्धी आरोप।
19. सेन्ट्रल जेल, बरहमपुर, गंजम (उड़ीसा) में बंदी हरिहर वैहरा की हृदय–शल्य चिकित्सा के लिये शीघ्र व्यवस्था करने की अपील।
20. असम में दरंग जिले में विश्व मानवाधिकार दिवस मनाने के लिये एकत्र हुए मानवाधिकार ग्रुपों पर पुलिस द्वारा किए गए अत्याचार।
21. महाराष्ट्र में मानसिक रूप से विक्षिप्त महिलाओं के गर्भाशय निकालने के समाचार।
22. अमृतसर पुलिस कर्मियों द्वारा चार महिला अपराधियों के माथे पर "जेब कतरी" गोदवाने की रिपोर्ट तथा महिलाओं से क्रूर, अमानवीय व अपमानजनक पुलिस व्यवहार।
23. बड़ौद में एक समाचार पत्र के सम्पादक दिनेश पाठक की हत्या।

ऊपर दिये गये निर्दशी मामलों की विवेचना से स्पष्ट है कि ज्यादातर मामलों में मानवाधिकारों के अतिक्रमण पुलिस अधिकारियों द्वारा किया गया 23 घटनाओं में से 15 घटनाओं का दायित्व पुलिस अधिकारियों पर पाया गया।

राष्ट्रीय मानवाधिकार आयोग 1996-97 की वार्षिक रिपोर्ट में निर्देशी मामले:

1. आन्ध्र प्रदेश में पुलिस के साथ नकली मुठभेड़ों में कथित मौतें–1
2. पुलिस मुठभेड़ में हत्याओं के सम्बन्ध में डाल्टनगंज बिहार के श्री संजय सिंह उमेश की शिकायत–1

3. बिहार में गया पुलिस द्वारा अप्रैल 1994 में 11 व्यक्तियों की हत्या।
4. उत्तर प्रदेश में हिरासत में श्री बुंटू की मृत्यु।
5. उत्तर प्रदेश में बनारस हिन्दू विश्वविद्यालय के छात्र श्री अटल बिहारी मिश्र की हिरासत में मृत्यु।
6. केरल में श्री उदयन की पुलिस हिरासत में मृत्यु।
7. असम में श्री बाबू लाल धनीवाल उर्फ बाबुल रॉय की हिरासत में मृत्यु।
8. पंजाब में श्री तीरथ सिंह की हिरासत में मृत्यु।
9. पुलिस थाना बलिया, जिला बेगुसराय बिहार में पुलिस हिरासत में श्री मोहम्मद मंसूर की मृत्यु में श्री पी.सी. भाटिया की शिकायत।
10. उत्तर प्रदेश में जेल अधिकारी द्वारा बलात्कार का प्रयास।
11. राजस्थान में एक ग्रामीण श्री राम चरन मीना (अनुसूचित जनजाति) का पुलिस द्वारा उत्पीड़न।
12. तमिलनाडु में कड्डालौर बार एसोसियेशन के सदस्य श्री रामसिंह के साथ पुलिस द्वारा दुर्व्यवहार तथा उन का उत्पीड़न करने का आरोप।
13. आयोग के ध्यान में स्वतः आई शिकायत–मध्य प्रदेश में रेलवे की असावधानी से सुश्री सारिका होरा नामक एक युवती की मृत्यु।
14. पंजाब पुलिस द्वारा अज्ञात शवों का दाह संस्कार।
15. मध्यप्रदेश में केन्द्रीय जेल, इन्दौर के अधिकारियों द्वारा की गई उपेक्षा से जेल में हुई श्री हरजीत की मृत्यु के मामले में मुआवजा।
16. उत्तर प्रदेश में 14 वर्ष की आजीवन कारावास काटने के बाद मुक्त किये जाने के पहलुओं की वैधता।
17. जम्मू तथा कश्मीर से सुरक्षा बलों द्वारा श्री जलील अन्द्रेबी, एडवोकेट का कथित अपहरण और हत्या।
18. मिज़ोरम के चकमाओं के निष्कासन की वैधता।
19. उड़ीसा में भूख से मरने के आरोप अकेले काला हाँडी जिले में ही 180 व्यक्तियों की मौत अतिसार से हुई है।

मानवाधिकार अतिक्रमणों का विश्लेषण :

अभी तक मानवाधिकारों की भारत के सन्दर्भ में सॉंख्यिकी विवेचना जो राष्ट्रीय मानव आयोग द्वारा प्रतिवर्ष की जाती है उसको यहाँ संक्षेप में वर्णित करना आवश्यक है। भारत में राष्ट्रीय मानवाधिकार आयोग को जो शिकायतें 31.3.94 तक प्राप्त हुईं थी उस का विवरण इस प्रकार है।

तालिका-7 मानवाधिकार की 31.3.94 तक प्राप्त शिकायतें।

1. कुल शिकायतें प्राप्त जो स्वीकृत हुईं – 174
2. कुछ टिप्पणी के साथ निपटाई गईं – 48
3. आयोग द्वारा निरस्त की गईं – 274
4. कुल – 496

इन स्वीकृत की गई शिकायतों में हिरासत में मृत्यु की 34 घटनाऐं पाई गईं। हिरासत में बलात्कार की पुलिस द्वारा ज्यादती 61, बलात्कार 1, दहेज मृत्यु 2, महिलाओं के अपमान सम्बन्धी 3, सशस्त्र बलों की ज्यादती की 10 अन्य 56 घटनाएं थीं। राष्ट्रीय मानवायोग की द्वितीय रिपोर्ट 1994–95 की अवधि की है। इस अवधि में 2483 ऐसी शिकायतें थी जिन्हें प्रारम्भिक जाँच के बाद ही निकाल दिया गया। 1567 घटनाओं के कुछ निर्देशों के साथ उपयुक्त सम्बन्धित अधिकारियों के पास भेज दिया गया। 276 मामलों की जाँच की गई तथा जाँच पूरी हो गई तथा 1384 प्रकरण की जाँच रिपोर्ट जारी होने तक पूरी नहीं हो पाई थी। राष्ट्रीय मानवायोग की 1994–95 की रिपोर्ट में जो मानवाधिकारों के प्रकरण थे उन का ब्यौरा इस प्रकार है।

तालिका–8 1994–95 के मानवाधिकारों के प्रकरणों का वर्गीकरण।

	मानवाधिकार हनन प्रकरण	कुल संख्या
1.	पुलिस हिरासत में मृत्यु	111
2.	जुडीशिय हिरासत में मृत्यु	51
3.	अन्य हिरासत में मृत्यु	9
4.	हिरासत में बलात्कार	3
5.	लापता	55

6.	गैर–कानूनी रोकना	114
7.	फूटा फसना	7
8.	अन्य पुलिस ज्यादती	497
9.	महिलाओं का अपमान	69
10.	नक्लवादी/आतंकवादी हिंसा	65
11.	अन्य प्रकरण	665
12.	कुल	1665

आन्ध्र प्रदेश से 96 शिकायतें इस अवधि में मिली बिहार से 130 पंजाब से 276 तमिलनाडु से 246 तथा उत्तर प्रदेश से 223–शिकायतें मिली।

राष्ट्रीय मानवायोग की तीसरी रिपोर्ट 1995–96 की कुल 9751 शिकायतें प्राप्त हुईं जिसमें 444 हिरासत में मृत्यु तथा बलात्कार की थीं कुल 11153 प्रकरणों पर राष्ट्रीय आयोग ने विचार किया। विभिन्न विषय जिनसे सम्बन्धित शिकायतें थीं वे नीचे तालिका में दिखाई गई हैं।

तालिका–9–1.4.95 से 31.3.1996 तक राष्ट्रीय आयोग से प्राप्त शिकायतों का वर्गीकरण

क्रं. सं.	विषय	कुल शिकायतें
1.	पुलिस हिरासत में मृत्यु	136
2	न्यायिक हिरासत में मृत्यु	308
3.	लापता	39
4.	गैर कानूनी हिरासत	112
5.	झूठे प्रकरण में फसाना	64
6.	पुलिस की ज्यादतियाँ	1115
7.	महिलाओं का अपमान	93
8.	नक्सलवादी/आतंकवादी हिंसा	19
9.	जेल की दुर्दशा	153
10.	अनुसूचित जाति व अनुसूचित जनजाति पर अत्याचार	36
11.	अन्य प्रकरण	2007
12.	कुल प्रकरण	4081

तालिका-10 वर्ष 1996-97 के दौरान राष्ट्रीय मानवाधिकार आयोग द्वारा विचारित मामलों की संख्या।

संज्ञान में लिए गए मामले

क्र. सं.	राज्य/संघ राज्य क्षेत्र का नाम	शुरू में खारिज	निदेशों सहित निस्तारित	निर्णीत	विचाराधीन	कुल
1.	आन्ध्र प्रदेश	158	31	7	212	408
2	अरुणाचल प्रदेश	3	–	–	10	13
3.	असम	34	11	19	42	106
4.	बिहार	999	171	68	746	1984
5.	गोवाब्र	5	5	2	9	21
6.	गुजरात	98	17	4	94	213
7.	हरियाणा	176	75	27	116	394
8.	हिमाचल प्रदेश	42	9	2	14	67
9.	जम्मू तथा कश्मीर	44	6	6	185	241
10.	कर्नाटक	60	25	4	87	176
11.	केरल	123	60	10	101	294
12.	मध्य प्रदेश	442	139	–	216	797
13.	महाराष्ट्र	311	34	13	252	610
14.	मणिपुर	10	1	5	42	58
15.	मेघालय	5	–	7	5	17
16.	मिज़ोरम	1	–	–	–	1
17.	नागालैण्ड	3	–	–	62	65
18.	उड़ीसा	302	62	9	170	543
19.	पंजाब	146	27	16	138	327
20.	राजस्थान	323	63	37	275	698
21.	सिक्किम	–	–	–	–	–
22.	तमिलनाडु	496	88	15	133	705
23.	त्रिपुरा	8	–	–	5	13
24.	उत्तर प्रदेश	3445	1295	106	2520	7366
25.	पश्चिम बंगाल	294	57	56	171	578
26.	अण्डमान निकोबार	2	–	–	1	3
27.	चण्डीगढ़	6	1	2	–	9
28.	दादर एवं नगर हवेली	1	–	1	–	2

29.	दमन एवं दयु	1	–	–	–	1
30.	लक्ष द्वीप	3	–	–	–	3
31.	पाण्डिचेरी	6	1	3	2	12
	कुल	8048	2272	528	5975	16823

भारत में राष्ट्रीय मानवाधिकार को 1.4.96 से 1.3.97 तक जो मानवाधिकार अतिक्रमण की शिकायतें प्राप्त हुईं उन का वर्गीकरण निम्न प्रकार से किया गया।

तालिका-11 भारत में 1996-97 में राष्ट्रीय मानवाधिकार को प्राप्त शिकायतों का वर्गीकरण।

क्र. सं.	विवरण।	संख्या
1.	पुलिस हिरासत में मृत्यु	188
2	न्यायिक हिरासत में मृत्यु	700
3.	हिरासत में बलात्कार	3
4.	लापता	175
5.	गैर कानूनी गिरफ्तारी	282
6.	झूठे मामलों में फंसाना	237
7.	पुलिस की अन्य ज्यादतियाँ	1643
8.	पुलिस कार्रवाई करने में विफलता	201
9.	महिलाओं का अपमान	317
10.	आतंकवादी/नक्सलवादी हिंसा	57
11.	जेलों की दुर्दशा	272
12.	अनुसूचित जातियों व अनुसूचित जनजातियों पर अत्याचार	77
13.	अन्य प्रकरण	2351
14.	कुल	6503

यदि हम राज्यवार मानवाधिकारों की शिकायतों की संख्या को देखेंगे कि 1996–97 में राष्ट्रीय मानवाधिकार आयोग को स्वीकार्य मामलों का कुछ अंश इस प्रकार है।

तालिका-12 कुछ राज्यों के स्वीकार्य मानवाधिकार सम्बन्धी शिकायतों का विवरण (1996-97)

क्र. सं.	राज्य	कुल संख्या
1.	आन्ध्र प्रदेश	219
2	बिहार	814
3.	हरियाणा	143
4.	जम्मू व कश्मीर	191
5.	केरल	111
6.	मध्य प्रदेश	216
7.	महाराष्ट्र	265
8.	उड़ीसा	179
9.	पंजाब	154
10.	राजस्थान	312
11.	तमिलनाडु	148
12.	उत्तर प्रदेश	2626
13.	पश्चिम बंगाल	227
14.	दिल्ली	476
15.	समस्त भारत में कुल	6503

यथार्थ में इन शिकायतों से मानवाधिकार के हनन की यथार्थ वस्तुस्थिति का पता लगाना मुश्किल है क्योंकि बहुत से राज्यों में जागरूकता की कमी के कारण शायद शिकायतें आयोग तक नहीं पहुँचती हैं। अक्सर यह प्रश्न उठता है कि मानव ही दूसरे लोगों के मानवाधिकारों का हनन या अतिक्रमण क्यों करता है। लेखक ने इस विषय में अनेक व्यक्तियों तथा पीड़ित लोगों से साक्षात्कार किया तथा निम्नांकित कारणों को पाया:

1. व्यक्तियों की सामन्तवादी प्रवृत्तियाँ
2. अज्ञानता व साक्षरता का अभाव
3. व्यक्तिगत स्वार्थ परायणता
4. समाज की अंधविश्वासी विचारधारा
5. पुरुष प्रधान समाज में महिलाओं व बालिकाओं का शोषण व अपमान
6. गरीबी तथा निम्न जीवन स्तर

7. लोगों में विकृत मानसिकता
8. सामाजिक कारण तथा सामाजिक व्यूह रचना व रीति रिवाज
9. राजनैतिक कारण
10. सांस्कृतिक कारण
11. मनोवैज्ञानिक कारण
12. मानवाधिकारों के ज्ञान की कमी व शक्तिशालियों के द्वारा शक्ति का दुर्प्रयोग।
13. एतिहासिक कारण जैसे अनुसूचित जातियों का पिछड़ापन।
14. व्यक्तियों में आपराधिक प्रवृत्तियाँ।
15. मनुष्यों में दूषित मनोवैज्ञानिक प्रवृत्तियाँ तथा दूसरों को शोषण करने की प्रवृत्तियाँ।
16. समाज की रूढिवादिता तथा पिछड़ापन तथा जाति प्रथा जैसी बुराइयाँ
17. सामाजिक नियन्त्रण का अभाव तथा परिवारों में अन्तःकलह।
18. पुलिस व्यवस्था में अनेक कमियाँ व व्यवस्था में दोष।
19. न्यायपालिका न्याय देने में बहुत देर लगती है।
20. समाज में जागरूकता का अभाव। समाज का अधिकारों के हनन करने वालों के प्रति उदासीनता का भाव।
21. समाचार पत्र व मासिक/साप्ताहिक पत्र–पत्रिकाओं की उचित भूमिका का अभाव।
22. विकासशील समाज तथा बढ़ती जनसंख्या।
23. मानवाधिकारों के हनन करने वालों को शीघ्र उचित सजा न मिलना।
24. राष्ट्रव्यापी मानवाधिकार संस्कृति न बनाना तथा जागरूकता की कमी।

स्वातंत्र्योत्तर भारत में मानव अधिकारों के हनन की बढ़ती संख्या एक अतिशोचनीय विषय है। इस देश में तब तक मानवाधिकारों की स्थिति में पर्याप्त सुधार नहीं हो सकता जब तक लोगों के मानसिकता में बदलाव नहीं आवेगा तथा लोग अपने कर्त्तव्यों की प्रति अधिक जागरूक होंगे। मानवाधिकारों की जो शिकायतें आयोग को प्राप्त होती हैं उनमें से अधिकांश पुलिस के आचरण से सम्बन्धित होती हैं। इस स्थिति में पुलिस व्यवस्था की ईमानदारी, कर्त्तव्य निष्ठा व आचरण पर एक

प्रश्न चिह्न लग जाता है। पुलिस व्यवस्था में सुधार कैसे किया जाए इस विषय में एक अलग अध्याय में कुछ सुझाव व अनुशंसाओं का विवरण दिया गया है।

मानवाधिकार साक्षरता तथा जागरूकता को प्रोत्साहन में राष्ट्रीय मानवायोग का प्रंशसनीय कार्य :-

कानून की धारा 12 (च) के अन्तर्गत राष्ट्रीय मानवायोग से यह अपेक्षा करती है कि वह समाज के विविध वर्गों में मानवाधिकार साक्षरता का प्रसार करे तथा प्रकाशन, संचार माध्यम, सेमिनार और अन्य उपलब्ध साधनों द्वारा इन अधिकारों के संरक्षण हेतु प्राप्त सुरक्षा उपायों के प्रति जागरूकता को प्रोत्साहन दो। इस दायित्व को पूरा करने में हमारे देश में विकट समस्याऐं सामने आती हैं जहाँ 1991 की जनगणना के अनुसार करीब 328.9 मिलियन लोग अभी भी निरक्षर हैं तथा योजना आयोग के नवीनतम आँकड़ों के अनुसार करीब 61 मिलियन परिवारों अथवा 305 मिलियन लोगों को गरीबी की रेखा से नीचे रहना पड़ रहा है। दोनों की ही संख्याऐं अब काफी अधिक हैं। ऐसे लोगों के लिए संगोष्ठियाँ आयोजित करना उनकी परिस्थितियों का उपहास करना होगा। उनके अधिकारों को नेक और ईमानदार शासन के माध्यम से ही सबसे पहले और अच्छी तरह सुरक्षित रखा जा सकता है जो उनकी आवश्यकताओं के लिए जिम्मेदार हों। खाद्य सामग्री, आवास, वस्त्र और उचित स्तर तक स्वास्थ्य–इन्हीं से उनका जीवन गरिमापूर्ण ढंग से चलने लगेगा और अपने अधिकारों को ही अच्छी तरह समझने और मजबूत बनाने की क्षमता उनमें आएगी। वर्णक्रम के दूसरे सिरे पर जो अपेक्षतया सुविधा–भोगी हैं उनके लिए सेमिनार आयोजित करना भी काफी नहीं होगा। अपेक्षितया जो लोग शक्तिशाली हैं, उन्हें सबसे पहले यह सीखना है कि वे नियंत्रित रहकर अपनी शक्ति का उपयोग करें तथा जो लोग कमजोर हैं उनके अधिकारों का आदर करें। यह एक अति सुखद सत्य है कि राष्ट्रीय मानवाधिकार आयोग द्वारा इस अधिनियम के प्रावधानों के अन्तगर्त अपने दायित्वों को पूरा करने के लिए किए जा रहे प्रयासों में बहुआयामी नीति अपनायी है। उसके कुछ प्रयासों का विवरण नीचे दिया गया है।

(क) शिक्षा प्रणाली को गतिशील बनाना

देश में वर्तमान शिक्षा प्रणाली में कमियों के होते हुए भी उसमें सर्वाधिक कमी 14 वर्ष तक के बच्चों को मुफ्त तथा अनिवार्य शिक्षा न देना है, यह सबसे गंभीर

कमी है जिसे बहुत शीघ्र हटाना होगा, मानवाधिकार साक्षरता के लिए जो भी प्रयास किए जाएं वे आवश्यकतानुरूप हों तथा स्वतः शैक्षिक प्रणाली से ही शुरू किए जाएं। तदनुसार शिक्षा विभाग, मानव संसाधन विकास मंत्रालय, राष्ट्रीय शैक्षिक अनुसंधान और प्रशिक्षण परिषद (एन सी ई आरटी) एवं राष्ट्रीय अध्यापक शिक्षा परिषद (एन. सी.टी.ई.) के साथ घनिष्ठ सम्बन्ध रखकर आयोग काम कर रहा है कि विद्यालयी प्रणाली में मानवाधिकार विषय को किस ढंग से लागू किया जा सकता है।

इन प्रयासों के फलस्वरूप उनके विषय वस्तु के लिए पुस्तकों की पुनरीक्षा की गई तथा राष्ट्रीय शैक्षिक अनुसंधान तथा प्रशिक्षण परिषद द्वारा अध्यापकों के लिए एक स्रोत पुस्तक तैयार की गई। चालू वर्ष में इस स्रोत पुस्तक का अनुवाद हिन्दी में तथा 1997–98 तक उर्दू में कराया जा रहा है। इसके अलावा एन. सी. ई. आर. टी. ने भारत के स्कूली बच्चों के बीच मानवाधिकार जागरूकता के अध्ययन का कार्य 4 देशीय परियोजना के एक भाग के रूप में अपने हाथ में लिया है जिसका प्रयोजन अन्तर्राष्ट्रीय अन्तरसांस्कृतिक अध्ययन केन्द्र शिक्षा संस्थान, लंदन विश्वविद्यालय द्वारा कॉमनवेल्थ शिक्षा शास्त्री सम्मेलन की तैयारी हेतु किया गया था। जो जुलाई, 1997 में बोत्सवाना में होने वाला है इस अध्ययन में 8 स्कूलों को शामिल किया गया था, कर्नाटक, मध्य प्रदेश, उड़ीसा तथा राजस्थान के दो–दो स्कूल अध्ययन के लिए रखे गए थे। यह अध्ययन देश की परिस्थिति, भौगोलिक तथा सामाजिक–सांस्कृतिक भिन्नता दिखाने के साथ–साथ छात्र–छात्राओं, दोनों की जनसंख्या के विभिन्न सामाजिक–आर्थिक स्तर को ध्यान में रखकर किया गया। आगे आने वाले समय में अध्ययन के ये निष्कर्ष आयोग के लिए काफी महत्व के होंगे, क्योंकि ये–(1) पाठ्यक्रम; (2) कानून बोध तथा प्रशासन, न्याय और समान अवसर; (3) उपनिवेशवाद स्वतंत्रता, लोकतंत्र, नागरिक और सामाजिक अधिकार तथा दायित्व; (4) उपभोक्ताओं के अधिकार तथा हिंसा; (5) व्यक्तित्व बोध से संबंधित हैं। इसके अलावा, अध्ययन की अनुशंसाओं में पाठ्यक्रम, शिक्षण तथा पद्धतियाँ सीखना, प्रिन्ट के विकास में शिक्षा शास्त्रीय प्रचलन, श्रव्य और दृश्य सामग्री सेवाकाल से पूर्व के पाठय्क्रम से समेकित, सेवा काल में शिक्षकों के लिए प्रशिक्षण शामिल हैं। इससे मानवाधिकारों की शिक्षा में काफी मदद मिलेगी जो देश की शिक्षा प्रणाली में अधिकाधिक स्थान पाती जा रही है। इस सिलसिले में एन.सी.ई.आर.टी. भी राष्ट्रीय पाठ्यक्रम की रूप रेखा तैयार करने में व्यस्त है जिसके विस्तार से मानवाधिकार शिक्षा विषयक इसका

कार्य और भी मूल्यवान साबित हो सकता है। राष्ट्रीय अध्यापक शिक्षा परिषद जिसने अपनी ओर से शिक्षकों को प्रशिक्षण देने हेतु पाँच इकाई मापक (मॉड्युल) तैयार किया था उसका अब हिन्दी रूपान्तर भी बन गया है। इसके अतिरिक्त मापकों की दो वीडियो फिल्में भी बन गई हैं। दिसम्बर, 1996 में राष्ट्रीय अध्यापक शिक्षा परिषद ने मानवाधिकार कार्यशाला विषयक एक स्थिति निर्धारक कार्यशाला, प्रमुख संसाधन कर्मियों के लिए आयोजित की थी। जहाँ तक उच्चतर शिक्षा का सम्बंध है। आयोग के अनुरोध करने पर विश्वविद्यालय स्तर पर मानवाधिकार शिक्षा से संबंधित मामलों में सहयोग देने, निगरानी रखने तथा पर्यवेक्षण करने एवं इस क्षेत्र में अन्तर्राष्ट्रीय सहयोग के लिए सुसंगत प्रश्नों पर विचार करने हेतु मानव संसाधन विकास मंत्रालय ने एक कार्यकारी समूह का गठन किया है, इसके अलावा विश्वविद्यालय अनुदान आयोग (यू.जी.सी) ने भी विश्वविद्यालयों में स्नातकोत्तर पाठ्यक्रम शुरू करने, विश्वविद्यालय स्तर पर सेमिनार आयोजित करने से सम्बंधित मामलों पर विचार करने, कार्यशाला और परिसंवाद आयोजित करने के लिए मानवाधिकार विषयक स्थाई समिति का गठन किया है। इस स्थाई समिति ने 13 मार्च, 1997 को मानवाधिकारों संबंधी प्रमाणपत्र, डिप्लोमा, डिग्री पाठ्यक्रमों को शुरू करने संबंधी प्रस्तावों, इन्दिरा गांधी राष्ट्रीय मुक्त विश्वविद्यालय, नई दिल्ली, मुबंई विश्वविद्यालय, आंध्र विश्वविद्यालय, चाल्टेयर, मणिपुर विश्वविद्यालय जामिया मिलिया इस्लामिया, नई दिल्ली, सौराष्ट्र विश्वविद्यालय राजकोट जवाहर लाल नेहरू विश्वविद्यालय, नई दिल्ली तथा अलीगढ़ मुस्लिम विश्वविद्यालय के लिए मंजूरी प्रदान की है। देश की शैक्षिक प्रणाली में मानवाधिकारों के प्रति जागृति लाने के लिए वृद्धिकारी प्रयासों के एक भाग के रूप में केन्द्रीय शिक्षा बोर्ड, केन्द्रीय विद्यालय संगठन, तथा राष्ट्रीय मुक्त विद्यालय ने 10 दिसम्बर को प्रतिवर्ष मानवाधिकार दिवस मनाने का निश्चय किया है। राज्य के शिक्षा सचिवों से कहा गया है कि वे प्रतिवर्ष इस दिवस को मनाने के लिए प्रोत्साहन दें जबकि युवा मामलों और खेल सम्बन्धी विभाग ने निश्चय किया है कि नेहरू युवक केन्द्र भी ऐसा ही करेगा। मानवाधिकार शिक्षा का मामला एक ऐसा मामला है जिसके लिए दीर्घकालीन नीति अपनाने और इसमें रूचि रखने वाले संभावित भागीदरों में सरकारी तथा गैर सरकारी दोनों को शामिल करने की ज़रूरत है। संयुक्त राष्ट्र संघ ने 1995–2007 तक के समय को संयुक्त राष्ट्र मानवाधिकार

शिक्षा दशक नाम दिया है। इस दशक को मनाने के लिए जबकि आधारमूलक कार्य दो वर्ष पूर्व आयोग तथा उसके भागीदरों ने किया था, इसके विभिन्न घटकों तथा सम्भावनाओं को एक साथ जोड़ने की और भी जरूरत है। अतः आयोग प्रमुख संबंधित मंत्रालयों के सम्पर्क में है ताकि समग्र देश के लिए एक सम्मिलित कार्यक्रम तैयार किया जा सके और उसमें उन प्रतिभाशाली तथा उत्साही लोगों को आकर्षित किया जा सके जो इस विषय में रूचि रखते हैं। इसके अतिरिक्त सार्वभौम मानवाधिकार घोषणा पत्र को अंगीकार करने की 50वीं वर्षगाँठ 1998 में मनाई गई। यह एक ऐसा स्वर्णिम अवसर था जब इस महान कार्य को आगे बढ़ाने में राष्ट्रव्यापी रूचि और गतिविधि को उदीप्त किया गया था।

(ख) पुलिस कर्मिकों के लिए मानवाधिकार शिक्षा

पुलिस में सुधार के लिए सुनिश्चित कदम उठाने के साथ–साथ ही आयोग ने पुलिस कर्मिकों के प्रशिक्षण में भी अपना योगदान दिया ताकि उन्हें मानवाधिकारों संबंधी विचारों के प्रति अधिक जागरूक और सम्वेदनशील बनाया जा सके। जबकि हैदराबाद में सरदार पटेल राष्ट्रीय पुलिस अकादमी कुछ वर्षों से इस प्रकार के प्रशिक्षण की आवश्यकता के लिए पूरी तरह से सजग है, यह आयोग के लिए भी जरूरी है कि वह इस संदेश को और अच्छी तरह राज्य स्तरीय प्रशिक्षण संस्थानों और बलों के उन सदस्यों तक ले जाए जो अंशतः संकट का सीधे सामना कर रहे हैं। इस उद्देश्य के अनुसरण में अध्यक्ष तथा सदस्यों के प्रायः ऐसे पाठ्यक्रमों में जाने के अवसर मिलते हैं जो पुलिस कर्मिकों के लिए चलाए जाते हैं तथा महानिदेशक (अन्वेषण) और उनका स्टॉफ देश के विभिन्न भागों में स्थित पुलिस प्रशिक्षण संस्थानों में नियमित रूप से जाना जाता रहा है। जैसा कि आयोग की रिपोर्ट में कहा गया है कि आयोग ने भी पुलिस सेवा के विभिन्न पदों के लिए एक त्रिस्तरीय पाठ्यक्रम सिपाही से लेकर वरिष्ठ अधिकारियों तक के लिए तैयार किया है। इस पाठ्यक्रम (माड्यूल) को राज्य सरकारों के अपने संवर्गों में प्रशिक्षण के लिए इस्तेमाल करने हेतु सराहना की गई है। इस तथ्य को जानकर आयोग को प्रसन्नता हुई है कि राज्य स्तर पर पुलिस प्रशिक्षण में वैचारिक और प्रयत्नों संबंधी वृद्धि हो रही है तथा क्षेत्रीय भाषाओं में अधिकाधिक प्रशिक्षण सामग्री तैयार की जा रही है। यह आवश्यक है कि यदि मानवाधिकार के विचार और पुलिस का समुचित व्यवहार

पुलिस बल के स्तर को स्पर्श करता है जिसका इस देश के नागरिकों के साथ अत्याधिक सम्पर्क है। क्योंकि आयोग बहुत अच्छी तरह से पुलिस के कार्यव्यापार से अपने आपको अवगत रखना चाहता है इसलिए इसने अपने अन्वेषण प्रभाग के सदस्यों को देश तथा विदेश में चलाए जाने वाले पाठ्यक्रमों में भाग लेने के लिए प्रोत्साहित किया है। इसका विश्वास है कि इस प्रकार के अदान–प्रदान से आयोग की क्षमता बढ़ेगी तथा दूसरी परिस्थितियों के लिए भी एक विचार दिया जा सकेगा जिनमें आयोग राष्ट्र के प्रति कानून के अन्तर्गत अपनी जिम्मेदारी निभाने के लिए मेहनत कर रहा है।

(ग) अर्द्धसैनिक बलों तथा सशस्त्र बलों के कर्मिकों के लिए मानवाधिकार शिक्षा

जिस खुलेपन तथा सहयोगपूर्ण ढंग से देश के अर्द्धसैनिक बलों तथा सशस्त्र बलों के नेतृत्व ने आयोग द्वारा विभिन्न मामलों में की गई अनुशंसाओं पर अपनी प्रतिक्रिया व्यक्त की है, आयोग को उससे हर्ष है। इसमें उनके सभी स्तर के कर्मिकों को दिए जाने वाले प्रशिक्षण से सम्बंधित मामले भी शामिल हैं। आयोग के अध्यक्ष तथा सदस्यगण विभिन्न अकादमियों तथा मुख्यालयों में उनके कर्मिकों को सम्बोधित तथा उनके अनेक प्रश्नों को जो वे तार्किक ढंग से उठाते थे, समझाने के लिए जाते रहे हैं। आयोग ने अपने आपको उन सुधारों से भी अवगत रखा जो सुरक्षा बलों द्वारा अपने प्रशिक्षण कार्यक्रम में किए गए थे और उन्हें यह जानकर प्रसन्नता है कि ये बल लगातार प्रशिक्षण के मामलों में अपनी परिधि को बढ़ा रहे हैं जो उनके प्रशिक्षण के मामलों में परस्पर मिलकर काम करते हैं। इसने खासतौर से देखा है कि अन्तर्राष्ट्रीय रेडक्रॉस कमेटी, सीमा सुरक्षा बल द्वारा चलाए गए पाठ्यक्रमों में विशेष रूप से पूरी तरह शामिल रही है। इसके अलावा आयोग सशस्त्र बलों द्वारा मानवाधिकार सम्बंधी ऐसी चर्चाओं तथा सत्रों में अधिकाधिक भाग लेना भी अभिनन्दनीय मानता है। जिनका आयोजन आयोग के तत्वावधान में किया गया। 1996–97 के दौरान आयोग ने अर्द्धसैनिक बलों तथा पुलिस कर्मिकों के लिए वाद–विवाद तथा निबंध लेखन प्रतियोगिताएँ कराने की परम्परा कायम रखी। राजपत्रित अधिकारियों के लिए निबंध लेखन प्रतियोगिता का चुना हुआ विषय था। मानवाधिकारों के संरक्षण में पुलिस अधिकारियों का दायित्व तथा अराजपत्रित अधिकारियों के लिए विषय रखा

गया था–"हिरासत में हिंसा–कारण और निवारण"। लिखे गये निबंध उत्कृष्ट स्तर के थे तथा विजेताओं को पुरस्कार मानवाधिकार दिवस, 1996 के अवसर पर दिए गए थे। वार्षिक वाद–विवाद प्रतियोगिता 21 जनवरी, 1997 को सम्पन्न हुई थी जिसमें बी.एस.एफ., सी.आई. एस.एफ., सी.आर.पी.एफ., आइ.टी.बी.पी., एन.एस.जी. आर.पी.एफ. और असम राइफल्स ने भाग लिया था। वक्ताओं ने हिन्दी और अंग्रेजी दोनों भाषाओं में अपने विचार प्रकट किए, वाद–विवाद का विषय रखा गया था कि–"अर्द्धसैनिक बलों पर मानवाधिकारों का पालन करने की कोई जिम्मेदारी नहीं है"। एक बार पुनः यह कहना उपयुक्त होगा कि वाद–विवाद विचारपूर्ण और प्रेरणादायक दोनों गुणों से संयुक्त था और प्रशंसनीय ढंग से इसके द्वारा उद्देश्य की पूर्ति की गई। चल वैजयन्ती असम राइफल्स की टीम को प्रदान की गई।

(घ) राजनीतिक दल

मानवाधिकारों के प्रयोजन को आगे बढ़ाने अथवा विफल करने में राजनीतिक दलों की अत्यधिक महत्वपूर्ण भूमिका के प्रति आयोग लगातार जागरूक रहा। क्योंकि उनके समर्थन, समझ, ऊर्जा तथा वचनबद्धता के बिना इस देश में मानवाधिकारों की समुन्नति नहीं हो सकती। सबसे पहले लोकतंत्र, और अधिकार का संदेश भारत की जनता तक यही ले जाते हैं। यही वजह है कि आयोग ने राजनीतिक दलों के नेताओं के साथ केन्द्र तथा राज्यों दोनों में वैचारिक आदान–प्रदान के अवसरों का अत्यधिक स्वागत किया और उसी वजह से आम चुनावों के समय में उसने अपनी संविदा का और भी विस्तार इस अनुरोध के साथ दिया कि वे अपने दल के घोषणा पत्र में मानवाधिकारों के निमित्त सहानुभूतिपरक उपायों को भी शामिल करें यथा भारतीय बच्चों के लिए मुक्त एवं अनिवार्य प्रारंभिक शिक्षा का प्रावधान। संविधान द्वारा प्रत्याभूत मूल अधिकारों को समर्थन देने तथा बनाए रखने में राजनीतिक दलों की सबल सामर्थ्य होती है। स्वाधीनता के 53वें वर्ष में राष्ट्र के लिए इससे बड़ा शायद ही कोई उपहार हो सकता है कि वे अपनी शक्ति संविधान के भाग 3 और 4 में किए गए वादे को पूरा करने में लगाएँ।

(ङ) संगोष्ठियाँ और कार्यशलाएँ

इस वर्ष के दौरान आयोग द्वारा कई बड़ी संगोष्ठियों को समर्थन दिया गया ऐसी संगोष्ठियाँ गैर–सरकारी संगठनों, विश्वविद्यालयों, सशस्त्र बलों अथवा राज्य

मानवाधिकार आयोगों द्वारा अलग–अलग आयोजित की गई। आयोजित संगोष्ठियों में मानवाधिकार और आतंकवाद तथा मानवाधिकार शिक्षा विषयक एक संगोष्ठि अगस्त, 1996 में बंगलोर में अन्तर्राष्ट्रीय नागरिक और राजनीतिक अधिकार संविदा की 30वीं वर्षगांठ के अवसर पर आयोजित की गई थी। इस संगोष्ठी को भारत के प्रधानमंत्री ने सम्बोधित किया था तथा इसमें अन्य लोगों के अलावा आयोग के अध्यक्ष तथा सदस्यगण, मानवाधिकार विषयक संयुक्त राष्ट्र कमेटी के अध्यक्ष, उपाध्यक्ष तथा दो सदस्य, राज्य मानवाधिकार आयोग के अध्यक्ष, सुप्रसिद्ध, न्यायधीश राजनयिक, कार्यरत और कार्यमुक्त दोनों तरह के पुलिस अधिकारी, मानवाधिकार कार्यकर्ता तथा विद्वान शामिल हुए थे। उस महीने से शुरू में मद्रास में एक राष्ट्रीय कार्यशाला अनुसूचित जाति और अनुसूचित जनजाति के विशेष संदर्भ सहित मानवाधिकार और समाजगत परिवर्तन विषय पर आयोजित की गई थी। पीपुल्स यूनियन फॉर सिविल लिबर्टीज और इस आयोग के सहयोग से दलित मुक्ति शिक्षा न्यास द्वारा आयोजित कार्यशाला में दलित बुद्धिजीवियों और कार्यकर्ताओं, विद्वानों, गैर–सरकारी संगठनों में रुचि रखने वाले प्रतिनिधियों तथा केन्द्र और राज्यों के वरिष्ठ अधिकारियों को एक साथ समीप लाया गया। उद्घाटन सत्र को लोकसभा के अध्यक्ष ने सम्बोधित किया था। आयोग के द्वारा दलितों की विशेष समस्याओं की और अच्छी तरह समझा जा सके इसके लिए कार्यशाला ने दलितों की विशेष समस्याओं की और भी अच्छी तरह समझने के लिए प्रमुख प्रयास किया ताकि इन समस्याओं को कम करने के लिए आयोग समुचित तरीके अपनाने के बारे में दबाव डाल सके। कार्यशाला में यह देखा गया कि नागरिक अधिकार (संरक्षण) अधिनियम, 1976 के होते हुए भी दलितों के मानवाधिकार के उल्लंघन की घटनाएं बढ़ी हैं। अधिनियम की अपेक्षानुसार अधिकांश कार्यान्वयन रह गया है। दलितों के खिलाफ अत्याचार की जाँच अक्सर "अपर्याप्त अथवा पूर्वाग्रह से युक्त होती है। कार्यशाला में यह भी देखा गया है कि दलितों के खिलाफ अत्याचार करने वालों को दंडित किए जाने की दर काफी कम होती है। इसके लिए जहां जो कमियाँ हैं उनको हटाने की जरूरत है। आमतौर पर जमीन को लेकर चल रहे विवादों के कारण अक्सर किए जा रहे अत्याचारों का उल्लेख किया गया तथा भूमि सुधार को निष्ठा से लागू करने की जरूरत बताई गई। इन सबसे ऊपर कार्यशाला में सभी

सरकारी अभिकरणों न्यायपालिका, तथा खासतौर से कानून प्रर्वतन अभिकरण को सुग्राह्य बनाने की माँग की गई ताकि दलितों के अधिकारों के संरक्षण की विशेष समस्याओं का निराकरण किया जा सके। दो संगोष्ठियाँ खासतौर से सशस्त्र बलों की भूमिका तथा मानवाधिकार विषय को लेकर आयोजित की गई पहली संगोष्ठी नई दिल्ली में सेना मुख्यालाय में सम्पन्न हुई तथा इसमें गैर–सरकारी संगठनों और अन्य लोगों ने पूरी तरह बढ़–चढ़ कर भाग लिया। इसमें आयोग के अध्यक्ष और सदस्यों के साथ सेनाध्यक्ष तथा बल के अतिवरिष्ठ अधिकारियों ने विस्तृत विचार विमर्श किया दूसरी संगोष्ठी का आयोजन असम राज्य मानवाधिकार आयोग द्वारा किया गया था। इसमें अन्य मामलों के साथ–साथ विप्पलव ग्रस्त क्षेत्रों में मानवाधिकार समस्या पर गंभीर चर्चा हुई, जिसमें सेना के प्रतिनिधियों ने सक्रिय भाग लिया। आयोग के अध्यक्ष तथा सदस्यों ने बाल श्रम के विभिन्न पहलुओं विषयक कई संगोष्ठियों में भाग लिया, जिनमें कालीन उद्योग में काम कर रहे बच्चों की विशेष समस्याएं शामिल थीं। ऐसी एक से अधिक प्रत्येक संगोष्ठी में आयोजकों ने दक्षिण एशिया के अन्य देशों के लोगों को भी आमंत्रित किया था ताकि इस गंभीर समस्या से निपटने के लिए वे हमारे साथ सहयोग कर सकें जो इस समग्र क्षेत्र को पीड़ित किए हुए है। इन संगोष्ठियों/कार्यशालाओं को आयोग ने आंशिक रूप से वित्तीय सहायता दी। हाल ही के महीनों के दौरान गैर–सरकारी संगठनों को वित्तीय सहायता देने के सम्बंध में विस्तृत मार्गदर्शी सिद्धान्त तैयार किए गए जिनके अनुसार मानवाधिकार संबंधी मसलों पर चर्चा के लिए ऐसी सहायता माँगी जा सकती है।

(च) प्रकाशन और संचार माधयम

आयोग द्वारा समाचार पत्र का नियमित प्रतिमाह प्रकाशन अंग्रेजी तथा हिन्दी दोनों भाषाओं में किया जाता है। इसे आयोग के कार्यों तथा उसकी चिन्ताओं की सूचना का सतत् स्रोत माना जाता है। इस पत्र में आयोग को प्राप्त व्यक्तिगत शिकायतों पर उसके द्वारा लिए गए महत्वपूर्ण निर्णय का सारांश भी दिया जाता है। इसी वजह से इस समाचार पत्र की माँग देश तथा विदेश दोनों में काफी बढ़ी है और इसी वजह से इसका मासिक मुद्रणादेश आयोग को बढ़ाना पड़ा है। समाचार पत्र को व्यापक रूप से मानवाधिकार कार्यकर्ताओं, विद्यार्थियों तथा विद्वानों, विधिक बिरादरी के सदस्यों, प्रशासकों तथा गैर सरकारी संगठनों द्वारा पढ़ा जाता है, यह

इंटरनेट पर भी उपलब्ध है तथा आयोग के सदस्य जब देशव्यापी यात्राएँ करते हैं अथवा आगे किसी मौके का दौरा करते हैं तो काफी संख्या में पाठक उनसे अनुरोध करते हैं कि उनका नाम भी आयोग की डाकसूची में जोड़ दिया जाए। कुछ समय पूर्व ऐसा ही हुआ जब आयोग को यह जानकर प्रसन्नता हुई कि सुरक्षा बलों के सदस्यों तथा सरकार से जुड़े अन्य संबंधित लोगों ने समाचार पत्र के बारे में अधिकाधिक जानकारी प्राप्त करनी चाहिए। आयोग की कतरन सूचना सेवा भी अनुसंधानकर्त्ताओं, छात्रों तथा शिक्षा शास्त्रियों के लिए काफी रुचिपूर्ण है। राष्ट्र के अनेक समाचार पत्रों से नित्य प्रति कतरने एकत्र की जाती हैं और उन्हें कम्प्यूटर में भरा जाता है ताकि समाचार पत्रवार, तारीखवार और विषयवार उनकी पुनः तलाश की जा सके। आयोग ने सम्पादकों/वरिष्ठ पत्रकारों के साथ अपनी सर्वाधिक बैठकें करना भी जारी रखा। अभी हाल में ही नए अध्यक्ष के आने के दो महीने बाद एक बैठक जनवरी, 1997 में हुई थी। पत्रकारों को नियमित आधार पर प्रेस सूचनाओं का दिया जाना जारी रखा गया, इनमें से कई मानवाधिकार संबंधी मामलों में अपनी विशेषज्ञता बढ़ा रहे हैं। आयोग को दूरदर्शन तथा आकाशवाणी का पूरा–पूरा सहयोग प्राप्त हुआ। आयोग ने 12 "स्वॉटस" तैयार किए हैं जो नियमित रूप से आकाशवाणी द्वारा प्रसारित किए जाते हैं। इसके अलावा "ह्यूमन राइट्स वाच" आधे घण्टे का एक कार्यक्रम है जिसे हर महीने प्रसारित किया जाना है, आकाशवाणी द्वारा उसकी शुरूआत कर दी गई है। इसके अलावा आकाशवाणी द्वारा नियमित रूप से मानवाधिकारों के मसलों पर स्पाट लाइट तथा स्फुट विचार प्रसारित किए जाते हैं। आकाशवाणी द्वारा मानवाधिकार दिवस पर आयोजित "फोन इन प्रोग्राम" में भी आयोग के एक सदस्य ने भाग लिया था। आयोग ने यह सिफारिश की है कि दूरदर्शन और आकाशवाणी दोनों को ही मानवाधिकारों के प्रति जागरूकता लाने के लिए अपनी भागीदरों में वृद्धि करनी चाहिए। दूरदर्शन तथा सूचना और प्रसारण मंत्रालय से हुई चर्चा के दौरान आयोग ने सुझाव दिया था कि दो राष्ट्रीय समाचार बुलेटिनों के बीच 10 मिनट के स्लॉट में मानवाधिकारों संबंधी मुद्दों को प्रभावी ढंग से दर्शाया जा सकता है। इसी प्रकार दूरदर्शन, "ह्यूमन राइट्स वाच" के ढंग पर एक घटनाचक्र उपलब्ध कराने के लिए प्रतिमाह आधे घण्टे के कार्यक्रम के बारे में भी विचार कर सकता है। गैर–सरकारी दूरदर्शन केन्द्र भी साक्षात्कार तथा घटनाओं के लिए आयोग

से नियमित रूप से सम्पर्क रखते हैं। दूरदर्शन तथा आकाशवाणी की तरह उन्होंने भी जो रूचि दिखाई है उसके लिए आयोग उनको धन्यवाद देता है। यह देश वास्तव में भाग्यशाली है क्योंकि इसका संचार माध्यम स्वतंत्र और सशक्त है। इस आयोग से संबंधित विषय का यथावत् प्रसारण उस चर्चा के लिए अत्यधिक सहायक है जो इस देश में मानवाधिकारों के और अच्छी तरह प्रोत्साहन तथा संरक्षण के लिए होनी चाहिए। आयोग अपनी ओर से मीडिया की उन रिपोर्टों पर कार्रवाई करता रहा है जो प्रायः मानवाधिकारों के अतिमर्मस्पर्शी उल्लंघन से आयोग को सावधान करती है।

(छ) अनुसंधान

आयोग की अनुसंधान गतिविधियां अपेक्षानुसार ढंग से अभी आकार ले सकी हैं। योजना आयोग से सुदीर्घ वैचारिक आदान–प्रदान से आयोग ने यह निष्कर्ष निकाला है कि उसे स्वयं अपने तत्वधान में 6 विषयों में अनुसंधान करना चाहिए बालश्रम, उन्मूलन; मनोरोग चिकित्सालयों में सुधारात्मक दशाऐं तथा स्वस्थ हुए रोगियों को पुनर्वास; बच्ची भ्रूण हत्या; आदिवासी महिलाओं की दशा में सुधार; मानवाधिकार संस्कृति के निर्माण के उपाय निकालना तथा वृद्धों की समस्याऐं। इनके अलावा सिद्धान्ततः योजना आयोग के साथ यह समझौता किया गया है कि वह इस प्रकार के अनुसंधान करने के लिए मानवाधिकार आयोग को 23 लाख रुपये की धनराशि देगा। तथापि, मार्च, 1996 में योजना आयोग ने कहा है कि "अनुदान ग्राही संस्था" के रूप में आयोग अपने तत्वधान में अन्य संस्थाओं द्वारा कराए गए अनुसंधान हेतु अनुदान देने के लिए हकदार नहीं है। ऐसी परिस्थितियों में आयोग ने अनुसंधान के लिए अपने ही बजट प्रावधानों को उपयोगों में लाने का निश्चय किया है और इस उद्देश्य के लिए करीब 10 लाख रुपये सुनिश्चित किए हैं। रुपये 1.20 लाख का पहला अनुदान बंगलोर में राष्ट्रीय मानसिक स्वास्थ्य तथा तांत्रिका विज्ञान संस्था को "मानसिक स्वास्थ्य में गुणवत्ता आश्वासन" के अध्ययन हेतु दिया गया है। आयोग ने अपने तत्वधान में अनुसंधान परियोजना के लिए धनराशि उपलब्ध कराने हेतु निजी मार्गदर्शी सिद्धान्तों को भी मंजूरी दी है। अपने कार्य में भारी वृद्धि का सामना करते हुए तथा प्राप्त शिकायतों में भी हुई भारी वृद्धि की वजह से नहीं बल्कि स्वतः ही आयोग ने हाल के महीनों में अपनी चल रही योजनाओं तथा कार्यक्रम को युक्तियुक्त बनाने का प्रयास किया है तथा उनमें अधिकाधिक संगति

तथा सामंजस्य को सुनिश्चित किया जा सके एवं उनमें प्राथमिकता की भावना को स्थापित और समादृत किया जा सके ऐसा प्रयास किया है। अपने प्रयास के एक अंश के रूप में आयोग ने अपने अनुसंधान प्रभाग को पुनर्गठित करके इसे नीतिगत अनुसंधान, परियोजनाएें तथा कार्यक्रम प्रभाव (पी.आर.पी.पी.) के रूप में परिवर्तित किया है।

सारांश

भारत में मानवाधिकारों का हनन व अतिक्रमण रोकने के लिये अनेक प्रकार के उपाय करने पड़ेंगे। पुलिस तथा सुरक्षा बलों के स्वयं के मानवाधिकारों की रक्षा के लिये सभी व्यवहारिक व संस्थागत प्रभावी कार्यक्रम बनाने होंगे। मानवाधिकार के प्रति समाज में जागरूकता लानी पड़ेगी।

4

मानवाधिकार एवं महिलायें

भारतवर्ष ने हाल ही में अपनी आज़ादी की स्वर्ण जयंती मनाई है अब प्रश्न यह उठता है कि पाँचदशक व्यतीत हो जाने के बाद भी क्या भारतीय महिलाएं राजनैतिक, सामाजिक तथा नागरिक अधिकारों को सही अर्थों में प्राप्त करने में सफल हुई है। क्या पुरुष प्रधान समाज में महिलाओं के प्रति अपराधों में कोई कमी हुई है? क्या भारत में लिंगभेद से जुड़ी समस्यायें कम हुई हैं? आज के संदर्भ में क्या भारतीय महिलाओं के प्रति सभी प्रकार के भेदभावों का विलोपन विषय समझौते (सी.ई.डी.ए. डब्ल्यू). के अनुसार महिलाओं के प्रति बराबरी का व्यवहार और उनके अधिकारों का सम्मान हमारे देश में हो रहा है? इन प्रश्नों के उत्तर खोजने के लिए भारतीय समाज में महिलाओं की वस्तुस्थिति पर एक विहंगम दृष्टिपात करना पड़ेगा। लिंग अनुपात पर अगर हम नज़र डालें तो यह पाते हैं कि विश्व के अधिकांश देशों में लिंग अनुपात महिलाओं के पक्ष में हैं किन्तु भारत में वर्ष 1991 की जनगणना के अनुसार प्रति 1000 पुरुषों के विपरीत 927 महिलायें हैं। कुछ राज्यों के आंकड़े नीचे दिये जाते हैं–

तालिका में पुरुष महिला अनुपात राज्यों में (प्रति 1000 पुरुष पर महिलायें)

क्रमांक	राज्य	1951	1961	1971	1981	1991
1.	हरियाणा	871	868	867	870	865
2	हिमाचल प्रदेश	912	938	958	973	976
3.	जम्मू व कश्मीर	873	878	878	892	923
4.	मध्य प्रदेश	957	953	941	941	931
5.	पंजाब	844	854	865	879	882

6.	उत्तर प्रदेश	910	909	879	885	879
7.	गुजरात	952	940	934	942	934
8.	महाराष्ट्र	941	936	930	937	934
9.	राजस्थान	921	908	911	919	910
10.	आन्ध्र प्रदेश	986	981	977	975	972
11.	कर्नाटक	966	959	957	963	960
12.	केरल	1028	1022	1016	1032	1036
13.	तमिलनाडु	1007	992	978	977	974
14.	असम	858	869	896	901	923
15.	बिहार	990	994	954	946	911
16.	उड़ीसा	1022	1001	988	981	971
17.	पश्चिम बंगाल	855	878	891	911	917
18.	समस्त भारत	946	941	930	933	927

केवल केरल राज्य में महिलाओं का अनुपात 1000 पुरुषों पर 1036 है बाकी सभी राज्यों में महिलाओं की अनुपातिक संख्या कम हो रही है। भारत की जनसंख्या का हर दस वर्षों में पुरुष–स्त्री में क्या बदलाव आया वह नीचे तालिका में दिया गया है :

तालिका–2 जनसंख्या पुरुष व स्त्री की तथा हर दशक में लिंगानुपात में परिवर्तन

	जनसंख्या	(मिलियन में)		प्रति दशक		
वर्ष	जनसंख्या	पुरुष	स्त्री	जनसंख्या	स्त्री	लिंग अनुपात
1951	361.09	185.53	175.56	+13.31	+13.49	946
1961	439.23	226.29	212.94	+21.29	+21.29	941
1971	548.16	284.05	264.11	+24.89	+24.03	930
1981	683.33	353.37	329.95	+24.65	+24.93	934
1991	846.30	439.23	407.07	+23.85	+23.37	927

यद्यपि जैविक रूप से (बाइलोजिकली) मादा भ्रूण अधिक बलवान माना जाता है परन्तु अनेक कारणों से भारत में महिलाओं की अनुपातिक संख्या निरन्तर घटती जा रही है। यदि शिक्षा स्तर को लेकर पुरुष व स्त्रियों में तुलना की जाए तो निम्नलिखित तथ्य सामने आते हैं:

तालिका–3 भारत में शिक्षा अनुपात

वर्ष	पढ़ी हुई जनसंख्या का प्रतिशत			
		पुरुष	महिलायें	जनसंख्या
1951		27.16	8.86	18.33
1961		40.40	15.34	28.31
1971		45.95	21.97	34.45
1981		53.45	28.46	41.42
1981		56.37	29.75	43.56
1991	कुल	64.13	39.29	52.21
	ग्रामीण	57.87	30.62	44.69
	शहरी	81.09	64.05	73.08

भारतवर्षमें शिक्षा के क्षेत्र में जब पुरुषों में साक्षरता प्रतिशत 64.13 है तब महिलाओं में यह 39.29 ही है जो यह सिद्ध करता है कि बालिका को शिक्षा की सुविधाओं का लाभ प्राप्त नहीं है।

व्यक्तिगत विधान के अन्तर्गत प्रावधान

भारत के संविधान में निहित अनुच्छेद 44, जो राज्य का नीति निर्देशक तत्व कहा जाता है, में उल्लिखित है कि राज्य भारत के समस्त राज्य क्षेत्रों में नागरिकों के लिये एक समान सिविल संहिता प्राप्त कराने का प्रयास करेगा। यदि हम देश के प्रचलित प्रमुख धर्मों के व्यक्तिगत् विधानों का अध्ययन करें तो प्रावधान एवं व्यावहारिक रूप में काफी भिन्नतायें मिलती हैं। प्राचीन रीति–रिवाज, रूढ़िवादिता, संकीर्णता के कारण आज कोई भी पुरुष अपनी मानसिकता बदलने को तैयार नहीं। पुरुष प्रधान समाज के लिए व्यक्तिगत विधान का भी सहारा लिया जाता है, जिसको धार्मिक मोहरा बनाया जाता है।

अ. हिन्दू महिला

हिन्दू विवाह अधिनियम, 1955 को संशोधित कर विवाह संशोधन कानून 1976 में यह प्रावधान किया गया कि लड़की जब तक समझदार नहीं मानी जायेगी विवाह योग्य आयु से पहले किए गए विवाह के तलाक में इस धारा का प्रयोग किया जा सकता है। यदि हम 1956 के अधिनियम हिन्दू उत्तराधिकार अधिनियम का विवेचन

करें तो ज्ञात होता है कि उस समय पति की मृत्यु होने पर उसकी सम्पत्ति विधवा का कानूनी हक नहीं था। पुरुषों को एक से अधिक शादी की छूट थी उक्त अधिनियम के द्वारा पूर्व प्रचलित व्यवस्थाओं को समाप्त कर दिया तथा पत्नी को वैधानिक हक प्रदान किया गया। बहुविवाह करने पर हिन्दू पति धारा 44, के अन्तर्गत दण्डित किये जाने का प्रावधान है। "सरला मुद्गल बनाम भारत सरकार 1995–569" के निर्णय में उच्चतम न्यायालय में हिन्दू धर्म से इस्लाम धर्म स्वीकार करने वाले पुरुष जिन्होंने धर्म परिवर्तन के पूर्व तलाक नहीं दिया था तथा दूसरा विवाह भी कर लिया–ऐसा विवाह शून्य माना।

ब. मुस्लिम महिला

इस्लाम धर्म के सभी वर्गों में कुछ व्यवस्थाओं और प्रतिबन्धों के अधीन पुरुष 3शादियां कर सकता है। वास्तव में यह प्रावधान पुरुष की आर्थिक दशा, सर्मथेय पर लागू होगा। इस्लाम धर्म में प्राचीन काल से पुत्री को पिता की सम्पत्ति में तथा पत्नी को पति की सम्पत्ति में अधिकारों का उल्लेख किया गया है। इस्लाम धर्म में शिया वर्ग में तलाक को निकाह की भांति प्रावधानित किया गया है, शेष वर्गों में आज भी तीन तलाक (उच्चारण) की व्यवस्था लागू है। इस अवधि में (तलाक) गुजारा भत्ता देना मुस्लिम पर्सनल लॉ में आवश्यक नहीं है। वर्ष 1986 में उच्चतम न्यायालय का शाह बानो प्रकरण पर दी गयी व्यवस्था के बाद अनेक प्रकरण न्यायालयों में लम्बित हैं। इस सम्बन्ध में मुस्लिम महिलायें (तलाक पर संरक्षण का अधिकार) प्रस्ताव 1986 सरकार द्वारा पर्सनल लॉ की व्यवस्था को कतिपय प्रतिबंधों के साथ लागू किया गया।

स. ईसाई महिला

ईसाई धर्म के पति–पत्नी को कार्यभार के कारण तथा 2 वर्ष की न्यूनतम अवधि का परित्याग दिखाकर विवाह तोड़ सकता है। (भारतीय तलाक अधिनियम ईसाई–1869)। भारतीय विधि आयोग ने मेरी सुनिया जचरिया बनाम भारत सरकार–130 उच्चतम न्यायालय के निर्णय के आधार पर ईसाई महिला के तलाक सम्बन्धी सुझाव प्रस्तुत किया था परन्तु दुर्भाग्यवश (राजनीतिक कारणों) से आज तक पूर्व प्रचलित विधान का संशोधन सम्भव नहीं हो सका।

20वीं सदी की महिला की अपेक्षायें

सामाजिक प्रतिबंधों में शिथिलता, शिक्षा के प्रचार–प्रसार तथा महिला हित में अधिनियमित विधानों के कारण 19वीं सदी में महिलाओं में जागरूकता बढ़ी है घर की सलाखों को तोड़ कर महिलाओं ने पुरुषों के बराबर कन्धा मिलाकर चलने का प्रयास किया है। कथन का प्रमाण निम्नलिखित है

1. राष्ट्रसघं द्वारा महिला कल्याण और महिला दिवस मनाने का आह्वान।
2. वर्ष 1986 में शिलांग में सार्क सम्मेलन में महिलाओं के कल्याण हेतु विभिन्न घोषणायें।
3. वर्ष 1990 में ईस्लामाबाद (पाकिस्तान) में सम्पन्न सम्मेलन में महिला कल्याण सम्बन्धी विभिन्न घोषणायें।
4. वर्ष 1993 में काठमान्डू में सार्क सम्मेलन में विभिन्न घोषणायें।
5. 29–30 जुलाई 1995 को ढाका (बंग्लादेश) में सम्पन्न सार्क सम्मेलन में महिला कल्याण सम्बन्धी विभिन्न घोषणायें।
6. चतुर्थ महिला सम्मेलन–बीजिंग (चीन)–1995–4 से 15 सितम्बर तक सम्पन्न यह सम्मेलन महिलाओं की जागरूकता का स्पष्ट उदाहरण है। इसमें विश्व के सभी महत्वपूर्ण देशों के प्रतिनिधियों ने हिस्सा लिया था।
7. अन्तर्संसदीय सम्मेलन वर्ष 1997–नई दिल्ली–यह भारत का सौभाग्य है कि विश्व के सभी सांसदों (महिला) तथा अन्य प्रतिनिधियों का एक महासम्मेलन फरवरी 15 से नई दिल्ली में हो रहा है। इस सम्मेलन को विश्व राजनीति का एक स्मरणीय कदम माना जा रहा है। इस सम्मेलन में तत्कालीन लोकसभा अध्यक्ष श्री पी.ए. संगमा को अध्यक्ष तथा डा.नजमा हेपतुल्ला, उपसभापति राज्यसभा को उपाध्यक्ष चुना गया।

भारत में महिलाओं के मानवाधिकारों का हनन व महिलाओं के विरूद्ध अपराध नैतिकता का ह्रास, भौतिकवादिता, पैसा कमाने की अन्धी दौड़, फैशन, अश्लील व सैक्सी फिल्में, महिलाओं की दब्बू प्रवृत्ति आदि भी महिलाओं के प्रति होने वाले अपराधों के पीछे प्रमुख कारण हैं। कुछ दशक पूर्व स्त्रियों पर अधिरोपित विभिन्न प्रकार की निर्योग्यताएं भी उनकी हीन दशा का कारण बनी जैसे–पैतृक सम्पत्ति में उनका हक न होना, विधवा विवाह की बन्दिश व उनको हिकारत की नजर से देखा

जाना, कन्यादान की अवधारणा जिसमें विवाह के समय उनकी सम्पत्ति आदि न लिया जाना। राजनैतिक निर्योग्यताओं ने भी उन्हें सत्ता से दूर कर दिया। यह भी स्त्रियों के प्रति बढ़ते अपराधियों का एक बिन्दु बना। यद्यपि उपरोक्त वर्णित निर्योग्यताओं में से काफी निर्योग्यताओं को अब समाप्त किया जा चुका है तथा प्रयास जारी है वर्तमान समय में स्त्रियों की सामाजिक दशा में कुछ सुधार दृष्टिगोचर होता है जिसके पीछे महिला संगठनों का भागीरथ प्रयास, शिक्षा का प्रसार, सभ्य संस्कृत देशों से सम्पंर्क, संचार व प्रचार माध्यमों का विस्तार, औद्योगीकरण स्त्री रोजगार के बढ़ते हुए अवसर, नौकरियों में महिलाओं का प्रतिशत बढ़ाया जाना, सुधार आन्दोलन तथा स्त्रियों की रक्षार्थ कानूनों में किया गया संशोधन तथा नवीन कानूनों का निर्माण आदि बिन्दु महत्वपूर्ण हैं। महिलाओं के मानवाधिकारों के हनन करने वाले अपराधों को निम्न वर्गों में वर्गीकृत किया जा सकता है:

1. भारतीय दण्ड विधान के अन्तर्गत अपराध

क. बलात्कार (धारा–376)
ख. अपहरण एवं व्यपहरण (धारा–363 से 373)
ग. दहेज मृत्यु व उसका प्रयास (धारा – 302/304 बी)
घ. मानसिक और शारीरिक यातनायें (धारा – 498 ए)
ङ अपमान (धारा – 294 व 354)
च. यौन उत्पीड़न (धारा – 509 पूर्व में छेड़छाड़ से सम्बन्धित)
छ. विदेश से लड़कियों का आयात करना (धारा – 366 बी)

2. विशेष अधिनियमों के अन्तर्गत अपराध

क. सती प्रथा (निवारण अधिनियम 1987)
ख. दहेज निषेध अधिनियम 1961
ग. अनैतिक व्यापार (निवारण) अधिनियम 1956
घ. स्त्री अशिष्ट रूपण (प्रतिबन्ध) अधिनियम 1986
ङ बाल विवाह अवरोध अधिनियम 1929 (संशोधित 1976)
च. औषधियों द्वारा गर्भ गिराने से सम्बन्धित अधिनियम 1971
छ. चल चित्र अधिनियम 1952
ज. विशेष विवाह अधिनियम 1954
झ. हिन्दू उत्तराधिकार अधिनियम 1956

उपरोक्त अधिनियमों तथा भारतीय दण्ड विधान 1860 की प्रमुख धाराओं का संक्षिप्त विवरण निम्नवत् है। इस विवरण में दण्ड प्रक्रिया संहिता एवं भारतीय साक्ष्य अधिनियम में निहित प्रमुख प्रावधान भी शामिल हैं।

1. सती प्रथा (निवारण अधिनियम 1987)

समाज में आदिकाल से प्रचलित सामाजिक कुरीति, सती प्रथा को प्रभावी ढंग से समाप्त करने के लिए यह अधिनियम पारित किया गया। इस अधिनियम की धारा 3 के अन्तर्गत सती का प्रयास करने वाली महिला को एक वर्ष का कारावास या जुर्माना या दोनों प्रकार के दण्ड से दण्डित किए जाने का प्रावधान किया है। धारा–4 (1) के अन्तर्गत सती होने के लिए उत्प्रेरित करने वाले को मृत्युदण्ड अथवा आजीवन कारावास तथा जुर्माने की सजा दी जायेगी। धारा–4 (2) के अन्तर्गत सती के प्रयास को उत्प्रेरित करने के लिए आजीवन कारावास तथा जुर्माना दोनों से दण्डित किया जायेगा। धारा 5 के अन्तर्गत सती को गौरवान्वित करने वाले को एक वर्ष से सात वर्ष तक का कारावास तथा 500 से 30,000 तक का जुर्माना देना या दण्डित किया जायेगा।

इस अधिनियम की धारा 6, 7 व 8 के अन्तर्गत जिला मजिस्ट्रेट या कलेक्टर को अपने इलाके में सती होने की घटना को रोकने के लिए अनेक अधिकार दिये गये हैं। सती प्रथा सम्बंधित मामलों को शीघ्र निपटाने के लिए धारा 9 के अन्तर्गत विशेष न्यायालय गठित किए जाने का प्रावधान किया गया है। इस अधिनियम के अन्तर्गत दोषी व्यक्ति संसद अथवा विधानमण्डल का चुनाव पाँच वर्ष तक नहीं लड़ सकता। स्वयं अभियुक्त पर रखकर इस अधिनियम को और भी प्रभावी बनाया गया है।

2. दहेज निषेध अधिनियम, 1961 (संशोधित 1986)

यह अधिनियम सर्वप्रथम 1961 में पारित किया गया इसके प्रावधानों को कठोर बनाने और अपराध को संज्ञोय बनाने के लिए वर्ष 1984 में परिवर्तन किया गया इसके बाद इस अधिनियम में व्यापक संशोधन 1986 में किया गया जिसके अन्तर्गत दहेज लेने और देने के लिए दण्ड की न्यूनतम अवधि 5 वर्ष तथा जुर्माना रु. 15000 कर दिया गया। दहेज मृत्यु सम्बन्धी नए अपराध को सम्मलित किया गया

जिसे भारतीय दण्ड विधान के अन्तर्गत विवाह के सात वर्ष के अन्दर किसी स्त्री की मृत्यु जल जाने से अथवा शारीरिक क्षति से अथवा सामान्य परिस्थितियों से भिन्न हो जाते हैं और यह दर्शित किया जाता है कि मृत्यु के पूर्व पति या उसके रिश्तेदारों द्वारा दहेज की मांग को लेकर परेशान किया गया था तो दहेज मृत्यु पर 7 वर्ष से लेकर आजीवन कारावास की सजा का प्रावधान किया गया है। अपराध को गैर जमानती और संज्ञेय बना दिया गया है।

3. अनैतिक व्यापार (निवारण) अधिनियम, 1956 (संशोधित 1986)

इस अधिनियम में वर्ष 1978 में संशोधन किया गया जिसमें वेश्याओं और वेश्यालयों को विस्तृत रूप दिया गया तथा व्यवस्था की गई कि गवाह या साक्षी को उसी बस्ती का होना आवश्यक नहीं है। इस अधिनियम में वर्ष 1986 में विस्तृत परिवर्तन किया गया जिसमें वेश्याओं की पुनर्स्थापना, पुनर्वास तथा नौकरी आदि के प्रावधान किये गये। इसमें सभी स्थानों पर होने वाले स्त्रियों तथा पुरुषों के प्रति अनैतिक व्यापार पर रोक लगाई गई। संदिग्ध या अपराधी महिला से पूछताछ, तलाशी एवं गिरफ्तारी केवल महिला पुलिस या महिला सामाजिक कार्यकर्त्ता द्वारा की जायेगी। अभ्यस्त महिला के प्रति किए गए अपराधों के लिए दण्डावधि बढ़ा दी गई है।

4. बाल विवाह अवरोध अधिनियम, 1929 (संशोधित 1976)

इस अधिनियम में 1976 में संशोधन कर विवाह की आयु लड़के के लिए 21 वर्ष तथा लड़की के लिए 18 वर्ष की गई तथा अपराध को संज्ञेय बना दिया गया तथा अपराध की अवधि को बढ़ाकर कम से कम 3 माह कर दी गई।

5. औषधियों द्वारा गर्भ गिराने से सम्बन्धित अधिनियम, 1971

यह अधिनियम प्रारम्भिक रूप से महिलाओं के स्वास्थ्य की रक्षा करने वाला अधिनियम है महिलाएं विशेषज्ञ के माध्यम से गर्भ गिरा सकती हैं, सम्बन्धित कागजात गुप्त रखे जायेंगे।

6. स्त्री अशिष्ट रूपण (प्रतिबन्ध) अधिनियम, 1986

इस अधिनियम के अन्तर्गत किसी भी महिला को इस प्रकार चित्रित नहीं किया जायेगा जिससे उसका मान घटे या सार्वजनिक नैतिकता को आघात पहुँचे। समस्त विज्ञापन, प्रकाशन आदि में अश्लीलता पर प्रतिबन्ध लगाया गया है। इन

नियमों का उल्लंघन करने पर प्रथम अपराध में 2 वर्ष तक की कैद तथा दो हजार रुपये जुर्माने से दण्डित किया जायेगा। दूसरी बार अपराध करने पर दण्ड की अवधि बढ़ा दी गई है।

7. चलचित्र अधिनियम, 1952

इस अधिनियम में फिल्म सेंसर बोर्ड के गठन का प्रावधान किया गया है जो ऐसी फिल्मों पर रोक लगाएगा जिनमें महिलाओं की मर्यादा भंग होती हो तथा उन्हें अश्लील मुद्रा में प्रदर्शित किया गया हो।

8. विशेष विवाह अधिनियम, 1954

इसके अन्तर्गत कोई महिला अपना धर्म परिवर्तन किए बिना किसी भी धर्म वाले व्यक्ति से विवाह कर सकती है।

9. हिन्दू उत्तराधिकार अधिनियम, 1956

इसमें परिवर्तन करके महिलाओं को पैतृक सम्पत्ति में उत्तराधिकार प्रदान किया गया है। हिन्दू द्वारा गोद लेने तथा परवरिश अधिनियम, 1956 के अन्तर्गत हिन्दू स्त्री चाहे वह अविवाहित या विधवा हो या परित्यक्ता हो, बच्चा गोद ले सकती है तथा उसकी परवरिश कर सकती है। हिन्दू विवाह अधिनियम, 1956 स्त्रियों को भरण–पोषण और दम्पत्तिक प्रदान करता है।

महिलाओं के संरक्षण से सम्बन्धित भारतीय दण्ड संहिता में किए गए प्रावधान

धारा 294–अश्लील कार्य और गाने, जो कोई (क) किसी लोक स्थान में कोई अश्लील कार्य करेगा अथवा (ख) किसी लोक स्थान या उसके समीप कोई अश्लील गाने, पाँवड या शब्द गायेगा, सुनायेगा या उच्चारित करेगा जिससे दूसरे को क्षोभ होता हो, वह दोनों में से किसी भाँति के कारावास से जिसकी अवधि तीन मास तक हो सकेगी या जुर्माने से या दोनों से दण्डित किया जायेगा।

धारा 304 बी, दहेज मृत्यु

1. जहाँ विवाह के सात वर्ष के भीतर किसी स्त्री की मृत्यु जल जाने से अथवा शारीरिक क्षति से अथवा सामान्य परिस्थितियों से विभिन्न हो जाती है और यदि दर्शित किया जाता है कि मृत्यु के ठीक पहले उसे उसके पति द्वारा या पति के रिश्तेदारों द्वारा दहेज की मांग को लेकर परेशान किया गया था अथवा

उसके साथ किसी भी प्रकार का निर्दयतापूर्वक व्यवहार किया गया था तो इसे दहेज मृत्यु कहा जायेगा और उसकी मृत्यु का कारण उसके पति अथवा रिश्तेदार को माना जायेगा।

2. जो कोई दहेज मृत्यु कारित करेगा वह सात वर्ष से लेकर आजीवन कारावास तक की अवधि तक ले लिए दण्डित किया जा सकेगा।

धारा 312 से 316 तक: जो कोई स्त्री की सम्पत्ति के बिना गर्भपात कारित करने के आशय से किए गए कार्यों द्वारा मृत्यु कारित करने, शिशु का जीवित पैदा होना रोकने या जन्म के पश्चात् उसकी मृत्यु कारित करने का कार्य करेगा उसे 3 वर्ष से लेकर 10 वर्ष तक का कठोर दण्ड तथा जुर्माना दोनों से दण्डित किया जायेगा। शिशु की मृत्यु कारित होने पर यह सजा आजीवन कारावास तक हो सकती है।

धारा 354: स्त्री की लज्जा भंग करने के आशय से उस पर हमला या आपराधिक बल प्रयोग करने पर दो वर्ष की सजा या जुर्माना या दोनों से दण्डित किया जायेगा।

धारा 361 तथा 363

जो कोई अप्राप्तवय सोलह वर्ष से कम की आयु का नर तथा अठारह वर्ष से कम आयु की नारी का विधिपूर्ण संरक्षकता में से अपहरण करता है उसे सात वर्ष तक की कैद या जुर्माना या दोनों से दण्डित किया जायेगा।

भीख मांगने के प्रयोजनों के लिए अप्राप्तवय नर या नारी का अपहरण या विकलांग बनाने पर धारा 363 (क) के अन्तर्गत दस वर्ष तक की कैद या जुर्माना दोनों से दण्डित किया जायेगा।

धारा 364: हत्या करने के लिए अपहरण या व्यपहरण करने पर दस वर्ष तक की कैद या जुर्माना दोनों से दण्डित किया जायेगा।

धारा 366: विवाह आदि करने को विवश करने के लिए किसी स्त्री के अपहरण करने पर या धारा 366 (क) के अन्तर्गत अप्राप्तवय लड़की का अपहरण तथा उससे सम्भोग करने के लिए विवश करने पर या धारा 366 (ख) के अन्तर्गत विदेश से लड़की का आयात करने के विषय पर दस वर्ष तक की कैद तथा जुर्माना दोनों से दण्डित किया जायेगा।

धारा 372–373: वेश्यावृति आदि प्रयोजन के लिए अप्राप्तवय लड़की को बेचने या खरीदने पर दस वर्ष की कैद तथा जुर्माना दोनों से दण्डित किया जायेगा।

धारा 374: इसके अन्तर्गत विधि विरूद्ध श्रम के लिए विवश करने पर एक वर्ष तक की सजा या जुर्माना या दोनों से दण्डित किया जायेगा।

धारा 376: जो कोई किसी स्त्री के साथ बलात्कार करेगा वह सात वर्ष से लेकर आजीवन कारावास तक की कैद और जुर्माना दोनों से दण्डित किया जायेगा। धारा 376 ए के अन्तर्गत जो कोई पार्थक्य की अवधि में अपनी पत्नी से उसकी सम्मति के बिना सम्भोग करेगा उसे दो वर्ष की सजा तथा जुर्माना दोनों से दण्डित किया जायेगा।

धारा 376 बी: के अन्तर्गत सम्भोग करने पर लोक सेवक द्वारा अपने अभिरक्षण में रखी गयी स्त्री के साथ या धारा 376 सी के अन्तर्गत जेल प्रतिप्रेषण गृह तथा अन्य प्रकार अभिरक्षण में रखी गयी स्त्री के साथ या धारा 376 डी के अन्तर्गत किसी चिकित्सालय के प्रबंधतंत्र अथवा कर्मचारी वर्ग के किसी सदस्य द्वारा उस चिकित्सालय में किसी स्त्री के साथ सम्भोग करता है तो वह दण्ड का अधिकारी होगा।

भारत में महिलाओं के विरूद्ध अपराधों को तालिका के रूप में इस प्रकार दर्शाया जा सकता है।

तालिका– भारत में महिलाओं के मानवाधिकारों का हनन व अपराधों का विवरण (1991–95)

		वर्ष					प्रतिशत भिन्नता 1995 से	
क्र.सं.	अपराध	1991	1992	1993	1994	1995	1991	1994
1	2	3	4	5	6	7	8	9
1.	बलात्कार	9793	11112	11242	12351	13754	40.4	11.3
2	अपहरण	12300	12077	11837	12998	14063	14.3	8.2
3.	दहेज मृत्यु	5157	49827	5817	4935	5892	−1.3	3.2
4.	उत्पीड़न	15949	19750	22064	25946	31127	95.2	20.0
5.	पीड़ादायक छेड–छाड़	20611	20385	20985	24117	28475	38.1	18.1
6.	यौन क्रूरता	10283	10751	12009	10496	4756	−53.7	−54.7
7.	लड़कियों का आयोजन				167	191	14.4	

8.	सती निरोध एक्ट				2	27	1250	
9.	अबेतीक महिला व्यापार निरोध				7547	8447	11.9	
10.	महिलाओं का अनुचित प्रस्तुतीकरण				389	539	38.6	
	योग	74093	79037	83954	98.948	106471	43.7	7.6

न्यायशास्त्र सम्मत ऐसा कहा गया है कि भारत का संविधान राष्ट्रीय भवन की आधारशिला है जिसमें पुरुषों और महिलाओं को मानवाधिकारों की गारन्टी दी गई है। संविधान के अनुच्छेद 14, 15 और 16 में महिलाओं तथा पुरुषों को समान अधिकार दिए गए हैं फिर भी भारत में महिलाओं को विशेषाधिकार दिये गए हैं। किन्तु वास्तविकता यह है कि स्वतंत्रता पूर्व महिलाओं के साथ बहुत भेदभाव किया गया है। न्यायमूर्ति श्री वी.आर.कृष्णा अय्यर ने कहा "विधि शास्त्र भी महिलाओं पर दयाभाव रखने में विफर रहा है।" हमारे पुरुष प्रधान कानून का पुनरीक्षण करने और सुधार करने की जरूरत है। वियना में दिनांक 10 से 12 जून 1993 को महिलाओं के मानवाधिकार पर हुए विश्व सम्मेलन का मूल्यांकन बहुत महत्वपूर्ण और ध्यान देने योग्य है। विश्व सम्मेलन में यह मूल्यांकित करते हुए जोर दिया गया कि महिलाओं को पुरुषों के समान ही मानवाधिकारों का उपभोग करने दिया जाय और उन्हें विकास प्रक्रिया में नेतृत्व एवं लाभग्राही दोनों का अवसर दिया जाए। सम्मेलन में सबसे महत्वपूर्ण सिफारिश यह की गई कि आम एवं निजी जीवन में महिलाओं के प्रति विद्वेषभाव सभी प्रकार के यौन शोषण की मूल प्रवृत्ति, महिलाओं का अवैध व्यापार और पूर्वाग्रह के कारण उनके अधिकारों और रूढ़िगत परम्परा के बीच बाधक तत्व है। और सांस्कृतिक दुराग्रह एवं धार्मिक आतंकवाद के रूप में हानिकारक कारण है। उन्हें दूर करने हेतु काम करने पर जोर दिया गया है।

वर्ष 1975 अन्तर्राष्ट्रीय महिला वर्ष के रूप में मनाया गया जिसमें राष्ट्रीय मशीनरी ने महिलाओं के उत्थान एवं गरिमा वृद्धि की जरूरत पर जोर दिया। अक्टूबर 1985 के सम्मेलन में कामनवेल्थ मिनिस्टर को महिलाओं के मामले में जिम्मेदार ठहराया गया। इसमें सरकार ने उच्चतम स्तर पर जोरदार कार्रवाई करते हुए नीति निर्धारण स्तर पर लिंगभेद समस्याओं का ध्यान रखने का निर्णय लिया

था। भारतवर्ष में सन् 1990 में संसद द्वारा पारित अधिनियम के अन्तर्गत महिलाओं के लिए आयोग गठित किया गया। इसके लिए आयुक्त एंव अन्य पाँच सदस्य को केन्द्र सरकार द्वारा मनोनीत करना था। आयोग का मुख्य कार्य संविधान एवं अन्य नियमों के तहत महिलाओं के संरक्षण एवं अन्य हित उपलब्ध कराना था।

महिलाओं की समस्याएं एवं समस्या क्षेत्र

भारत में महिलाओं के आदर्श स्वरूप एवं उनके वास्तविक जीवन के बीच बहुत अन्तर है। पिछले 3 दशकों में विवाह की आयु में बढ़ोतरी, बढ़ते जीवन स्तर एवं परिवार नियोजन कार्यक्रम और वृहत्तर आर्थिक सुरक्षा में महिलाओं के जीवनशैली में भारी परिवर्तन किए हैं। यद्यपि सिद्धान्ततः कामकाजी महिलाओं को पुरुषों के समान दर्जा दिया गया है। लेकिन उनके दैनिक जीवन में उसे और अधिक समस्याओं का सामना घर में एवं काम में करना पड़ रहा है। भारत में महिला की भूमिका पत्नी, माता और घरेलू कामकाजी महिला के रूप में स्वीकार की गई है और उससे कई तरह की अपेक्षाएं की गई हैं एक सफल गृहिणी, ममतामयी मां और सावधानी बरतने वाली महिला की भूमिका निभाना एक बहुत बड़ी चुनौती है। तारा अली बेग ने उनके इण्डियाज़ वूमैन पावर 1976 में कहा है कि न केवल अब, वरन् जब भारत में महिलाओं के लिए किसी तरह का कोई आन्दोलन नहीं था तब से लेकर आज तक के विकसित कानून के बावजूद भी महिलाओं के बारे में संतोषपूर्ण कार्य नहीं हुए हैं और उनकी प्रगति में कोई विशेष अभिवृद्धि नहीं हुई है।

भारत में शुरू से ही महिलाओं का शोषण होता रहा है और समाज के विभिन्न वर्गों द्वारा उस पर हमले एवं करारी चोट पहुंचायी जाती रही है। स्वंतत्रता प्राप्ति के 53 वर्ष बाद भी भारतीय समाज में महिलाओं के प्रति बर्बरता, अमानवीयता, भेदभाव, घुटन और जेल के कैदी सा व्यवहार किया जाता है। महिलाओं के मानवाधिकारों को विस्तृत रूप से निम्न श्रेणियों में विभक्त किया जा सकता है।

1. अपराधिक अत्याचार–बलात्कार, अपहरण।
2. घरेलू अत्याचार–दहेज मृत्यु, पत्नी की पिटाई, यौन दुराचार, विधवाओं/वृद्धाओं के साथ दुर्व्यवहार।
3. सामाजिक अत्याचार–मादा भ्रूण हत्या, गर्भ की जांच, सम्पत्ति अधिकारों से वंचित रखना, सती के लिए बाध्य करना और दहेज प्रताड़ना एवं परेशान करना।

4. काम–धंधें एवं सामाजिक अन्याय क्रियाओं में भेदभाव और यहाँ तक कि शिक्षा क्षेत्र और घर में भी भेदभाव करना।
5. महिलाओं का शोषण एवं उनके मानवाधिकारों को नकारना।
6. शिक्षा अधिकारों से वंचित रखना।
7. पारिवारिक झगड़े और परिवार तथा समाज में उनके सम्मानपूर्ण स्थान की अनदेखी करना।
8. पारिवारिक सदस्यों द्वारा दुर्व्यवहार और विधवाओं के पुनर्विवाह के अधिकारों का विरोध करना।
9. संरक्षण, प्रताड़ना और पुलिस द्वारा बलात्कार।
10. महिलाओं के प्रति पूर्वाग्रह एवं पक्षापात और विवाह के समय दहेज समस्या।

कुछ मामलों का अधययन (केस स्टडी)

केस स्टडी-1 मानवाधिकार आयोग ने पंजाब पुलिस की खिचाई की:

18 अप्रैल, 1994 को मानवाधिकार आयोग ने पंजाब पुलिस की उस कारवाई पर बहुत गंभीर रूख अपनाया जब उसने एक महिला एवं उसकी बहन को आयोग के समक्ष उपस्थित होने से रोकते हुए गैर कानूनी तौर पर पटियाला में उन्हें रोका। महिला श्रीमती स्वर्ण कौर अपनी बहन के साथ सड़क पर जा रही थी तब पटियाला पुलिस ने उन्हें रास्ते में ही गिरफ्तार कर लिया और उन्हें पुलिस स्टेशन ले गए। महिला को तभी छोड़ा गया जब कांग्रेसी नेताओं ने इसके लिए बहुत शोर मचाया और आयोग के अध्यक्ष न्यायमूर्ति रंगनाथ मिश्र को उनकी गिरफ्तारी की सूचना दी। अध्यक्ष ने राज्य सरकार की खिचाई की और महिलाओं को तुरंत छोड़ने का आदेश दिया। बाद में महिला श्रीमती स्वर्ण कौर ने आयोग के समक्ष रोते हुए सारी कहानी बतलाई कि उसके साथ 1992 से पुलिस की यंत्रणा चल रही है और पुलिस उसे यातना दे रही है जिसमें उन्होंने उसके पति खड़क सिंह को मार दिया जो खालिस्तान लिबरेशन फ्रन्ट का सक्रिय सदस्य था। श्रीमती कौर ने बताया कि तब से पुलिस उसे सता रही है और उसके परिवार के सदस्यों को गिरफ्तार करके बार–बार यातना दे रही है। उसने आरोप लगाया कि उसके 7 रिश्तेदारों और 2 वर्ष के अबोद बच्चे को भी पुलिस की कैद में रखा गया है। उसने आयोग से अर्ज की है कि इसमें हस्तक्षेप करते हुए उन्हें मुक्त कराया जाए।

केस स्टडी–2

लड़की का गेंग बलात्कार–फोटो लेना। इसकी शिकार दिल्ली पॉलिटेकनिक कॉलेज की एक 22 वर्षीय लड़की हुई। हालांकि यह घृणित घटना दिल्ली गुड़गाँव हाई–वे पर खुले रूप में 29 मार्च 1994 को घटी किन्तु पुलिस के नोटिस में यह घटना 31 मार्च 1994 को दर्ज की गई। इस घटना का विचित्र पहलु यह था कि अपराधी मानसिक स्तर पर इतने गिरे हुए थे कि उन्होंने इस घटना के फोटो तक ले लिए। इस दौरान प्रतिशोधकर्ता बदलते रहे और वे कैमरा एक दूसरे का नाम लेकर पुकारते हुए एक दूसरे की तरफ उछालते रहे जिसे शिकारग्रस्त लड़की ने सुना और अपनी शिकायत में उनके नाम लिखे। संदेहयुक्त 3 अभियुक्तों को पुलिस ने पकड़ा और उन्होंने अपना अपराध स्वीकार किया। तीसरा अपराधी केमरा और नेगेटिव लेकर उसी कार में भाग गया जिसका उपयोग उन्होंने इस घटना के समय किया था। पुलिस ने ये मामला, बलात्कार, डराना–धमकाना और अश्लील फोटो खींचने के जुर्म में दर्ज किया हैं और पकड़े गये 2 अभियुक्तों को ड्यूटी मजिस्ट्रेट न्यू कोर्ट गुड़गाँव के समक्ष दिनांक 3 अप्रैल, 1994 को प्रस्तुत किया।

भारतवर्ष में मूलभूत महिला समस्याएं

नर–मादा बच्चों की चाहत में सामाजिक भेदभाव के परिणाम स्वरूप देश में प्रतिवर्ष 3 करोड़ मौतें हो जाती हैं और महिलाओं को राजनैतिक अधिकारों से वंचित रखने के कारण मानवाधिकारों की पवित्र भावना को गहरी चोट पहुंची है। एशियन वूमेन रिसर्च एण्ड एक्शन नेटवर्क ने निम्न विचारणीय समस्याएँ रखीं और कारवाई करने की अपेक्षा की है:

1. महिलाओं पर जनसंख्या नियंत्रण नीति लागू करना।
2. महिलाओं के विरूद्ध अत्याचार।
3. औद्योगिक स्वास्थ्य खतरा एवं महिलाएं।
4. पर्यटन एवं वेश्यावृति।
5. महिलाओं को यौनसुख प्रतीक से ऊपर उठाना।
6. महिला और ग्रामीण तकनीक व व्यावसायिक प्रशिक्षण।
7. प्रवासी घरेलू सहायक एवं प्रवासी महिला कामगार।
8. अल्पसंख्यक महिलाओं की समस्याएं–शाहबानो फैसला।

9. महिलाओं में निरक्षरता।
10. महिलाओं की उपेक्षा एवं उनमें अंधविश्वास।

भारत में महिलाओं से संबंधित मानवाधिकारों का उल्लंघन

महिलाओं का सामाजिक, आर्थिक और यौन शोषण एवं उन्हें सताना, पत्नी को मारना–पीटना, विधवाओं का शोषण, अनैतिक उद्देश्यों के लिए लड़कियों और महिलाओं का अवैध व्यापार, बसों एवं कॉलेजों में लड़कियों को छेड़ना आदि–आदि रोज के समाचार पत्रों में अर्थहीन समाचार रह गए हैं। आज 80 प्रतिशत रोगी स्त्री रोग विशेषज्ञों से केवल यह जानने के लिए जांच कराते हैं कि मादा बच्चा पैदा न होने पाए। ऐसे घर में पैदा होने वाली लड़की का भविष्य क्या होगा जहां आरंभ से ही उसे नकारा जाता हो। हमारे समाज का सबसे बड़ा अभियोग तो यह है कि यहाँ पर महिला अपनी उपेक्षा, असुरक्षा और अपमान सहने के बजाय मर जाना बेहतर समझती है। भारत में 89 प्रतिशत व्यक्ति गैर–सरकारी सगठनों में एवं अनौपचारिक सेक्टरों में काम करते हैं जिसमें से महिलाएं 60 प्रतिशत होती हैं। महिलाएं कृषक मजदूरी करती हैं और कहीं–कहीं मजदूरिनों के प्रधान के रूप में भी काम करती हैं। गाड़ीवाहक, घरेलू कामगार, निर्माण संबंधी मजदूरी एवं अन्य कई तरह के काम करती हैं जहां उन्हें उचित दर से मजदूरी भी नहीं मिलती। भारत में मौजूदा स्थिति पुनरीक्षण करने से यह ज्ञात होता है कि किस हद तक महिलाओं के प्रति भेदभाव एवं मानवाधिकारों का उल्लंघन हो रहा है।

1. वर्ष 1981–91 के दशक में नर व मादा के दर में प्रति हजार 934 से 929 की गिरावट आई है।
2. लगभग 25 प्रतिशत महिलाएं अशिक्षित हैं और 75 प्रतिशत लगातार अशिक्षित होती जा रही हैं तथा उपेक्षा एवं अशिक्षा के कारण कमजोर होती जा रही हैं।
3. लगभग 90 प्रतिशत महिलाएं (जनगणना 1981) गैर संगठनों व निकायों में काम करती हैं जो उन्हें नियमित नहीं करते और उचित दर से मजदूरी भी नहीं देते। काम के कारण होने वाले स्वास्थ्य के नुकसान के लिए भी जिम्मेदारी नहीं लेते और उन्हें संरक्षण प्रदान करने का कोई विधिक उपबंध नही हैं।

4. महिलाएं 10 से 14 घंटे तक कठिन परिश्रम करती हैं जिसमें ईंधन व घास एकत्रित करना, पानी भरना, खेत में काम करना और पशुओं की देखभाल आदि का कार्य करती हैं किन्तु उनके कार्य का कोई महत्व नहीं समझता और योजना स्तर पर भी इसका मूल्यांकन नहीं होता जिससे उन्हें कुछ भी हासिल नहीं होता।
5. अनियंत्रित, अनपेक्षित और बारम्बार व जबरदस्ती प्रसव के कारण महिलाओं के स्वास्थ्य में निरंतर गिरावट आती जा रही है जिसके परिणामस्वरूप भारत मे प्रति 6 मिनट में एक मां की मृत्यु हो जाती है।
6. आधुनिक चिकित्सा तकनीकी से मादा भ्रूण का गर्भपात कराना, महिलाओं के प्रति क्रूरता व अत्याचार का एक नया स्वरूप सामने आया है।
7. भारतीय मुस्लिम महिलाओं को तलाक के बाद मिलने वाले उचित भरण पोषण भत्ते में विलंब एवं अपराध प्रक्रिया संहिता 125 के तहत कोर्ट के निर्णय में विलंब होना।
8. गरीब, तलाकशुदा और विधवा महिलाओं की दयनीय स्थिति तथा रिश्तेदारों द्वारा उनके साथ दुर्व्यवहार।
9. दहेज के लिए दुल्हनों को जलाना और नव–वधुओं के साथ दुर्व्यवहार व परेशान करना। नई विवाहित लड़कियों को उसके सास–ससुर व पति द्वारा परेशान करना।
10. सामाजिक प्रवृति एवं पूर्वाग्रह के कारण लड़कियों और महिलाओं को कामकाज एवं रोजगार देने में भेदभावपूर्ण व्यवहार।
11. आजकल महिलाओं के विरूद्ध होने वाले अपराधों की संख्या में वृद्धि होती जा रही है।
12. अधिकांशतः 50 प्रतिशत गर्भधारी महिलाओं में खून की कमी हो जाती है और उन्हें बराबर की चिकित्सा सहायता नहीं मिलती।
13. ट्रेड यूनियनों में महिलाओं का केवल 7.5 प्रतिशत प्रतिनिधित्व है।
14. स्कूल में भरती प्रति 100 में से केवल 65 लड़कियां ही पढ़ पाती हैं। इसमें से भी 80 प्रतिशत लड़कियों को प्राथमिक स्तर के बाद स्कूल से निकाल लिया जाता है और हाई स्कूल स्तर तक तो 75 प्रतिशत लड़कियों को निकाल कर पढ़ाई बंद करवा दी जाती है।

15. सामाजिक व्यवस्थाओं में महिलाओं और लड़कियों पर भावात्मक दबाव एवं निरंतर परेशानी दी जाती है।

16. दूराचार, दुष्टता एवं बलात्कार ने महिलाओं को डांवाडोल स्थिति में खड़ा कर दिया है।

17. घरेलु काम के लिए नौकरानी के रूप में महिलाओं को रखने के पूर्वाग्रह ने उन्हें अप्रतिष्ठित कार्य करने के लिए बांध रखा है।

18. द्विपत्नीक प्रथा एवं सिने कलाकारों द्वारा सुन्दर लड़कियों के साथ खिलवाड़ करना।

19. सभी बड़े शहरों व नगरों में चलने वाले कालगर्ल का धंधा एवं वेश्यावृति के चकले।

20. प्यार के नाम पर कई लड़कियों और महिलाओं के साथ विश्वासघात होता है और अविवाहित माता को समाज में असहनीय लांछन सहना पड़ता है जो केवल पुरुष के छल–कपट के परिणामस्वरूप ही होता है।

21. बड़े शहरों एवं नगरों में महिलाओं के साथ दुर्व्यवहार, अभद्र शब्दों के फिकरे कसना, बसों, आम बाजार, कैम्पस एवं पार्कों में उनके साथ खिलवाड़ व परेशान करने की घटनाएं निरंतर घटती जा रही हैं। ऐसे अवांछित कृत्य के कुछ नये रूप इसी प्रकार हैं:

अ. आहें भरना, इशारे करना, सीटी बजाना, आँख मारना और अनुचित फिकरे कसना।

ब. तेजी से चलते हुए धक्का मारना।

स. आँखें लड़ाना एवं घूरना।

द. महिलाओं के साथ टेलीफोन पर ऊंची आवाज में बात कर परेशान करना।

च. अश्लील शब्दों में गुमनाम प्रेम–पत्र लिखना।

छ. महिलाओं के अधोअंग पर चिकोटी काटना एवं अन्य अश्लील हरकतें करना।

22. शरीर का अश्लील प्रदर्शन, महिलाओं का शोषण, लैंगिकता का व्यापार, महिलाओं का अवैध व्यापार एवं वेश्यावृति महिलाओं की अंतिम निकृष्टतम स्थिति है।

23. भारत में 1997 में महिलाओं के प्रति 112, 785 आपराधिक घटनाएं हुईं।

भारतीय शहरों में महिलायें कितनी सुरक्षित हैं?

टाइम्स ऑफ इण्डिया, सण्डे रिव्यू, 21 मई 1989 में शीर्षक हमारे शहर कितने सुरक्षित? में अपराधों का विवरण दिया गया है। इसके अनुसार (बम्बई) यौन संबंधी परेशानी, चेन खीचना और दहेज मृत्यु के मामले वर्ष में अधिक बढ़े हैं। बम्बई पुलिस ने वर्ष 1987 में महिला दुर्व्यवहार के 650 मामले व चेन खींचने के 210 मामले दर्ज किए थे। महिलाएं दिल्ली से अपने आपको असुरक्षित महसूस करती हैं और छेड़छाड़ कूल्हों पर चिकोटी काटना और यात्रा करते समय धक्का मारने की घटनाएं, परेशानी दिन के समय में भी रहती है। अहमदाबाद में वर्ष 1987 में महिला छेड़छाड़ के 22 मामले, 1988 में 26 मामले और 1989 में बलात्कार के 13 मामले व 1988 में 2 मामले दर्ज हुए थे।

महिलाओं के संरक्षण एवं भद्रपूर्ण व्यवहार की जरूरत

वर्ष 1952 में यू. एन. जनरल असेम्बली में पहली बार केवल महिलाओं के लिए अधिकार के नाम से महिलाओं के राजनैतिक अधिकारों का वैधानिक अस्त्र बना वर्ष 1975 को अन्तर्राष्ट्रीय स्तर पर "महिला वर्ष" के रूप में मनाया गया और इसी के साथ–साथ 1976–95 के दशक को महिलाओं के लिए यूनाइटेड नेशन डिकेड घोषित किया गया। भारतीय परिपेक्ष्य में महत्वपूर्ण यह होगा कि अधिक से अधिक लोग महिलाओं की समस्याओं को समझें और प्रशासनिक मशीनरी उसकी जरूरत को पहचाने एवं महिलाओं की समस्या निवारण हेतु अर्ज करे। योजना रिपोर्ट का उपयोगी पहलू यह है कि इसमें दहेज, बलात्कार, सती आदि से पीड़ित महिलाओं के पुनर्वास हेतु महत्वपूर्ण सुझाव दिए गए हैं। समाज शास्त्रियों के लिए यह विश्लेषण करने का बहुत बड़ा विषय है कि क्यों महिलाओं के विरूद्ध इतने अपराध होते हैं? क्यों महिलाओं को इतनी यातना दी जाती है जिससे अधिक से अधिक घर टूट रहे हैं? क्यों महिलाओं द्वारा ही महिलाओं को यंत्रणा दी जाती है और महिलाओं द्वारा ही प्रेरित करने पर महिलाओं द्वारा ही प्रेरित करने पर महिलाओं के विरूद्ध अन्याय व अत्याचार किया जाता है? शादी के समय क्यों अधिक दहेज की मांग करती है? इस तरह के अनेक कारण हैं जिससे महिलाओं के विरूद्ध अपराध में वृद्धि हो रही है। महिलाओं द्वारा महिलाओं के विरूद्ध अन्याय समाज में सभी स्तरों पर बढ़ते जा रहे हैं। महिलाएं उन पर हो रहे अत्याचार का सामना और विरोध क्यों नहीं करती?

क्यों अन्याय के विरूद्ध खड़ी नहीं होती? इसके लिए हमारा परंपरागत पुरुष प्रधान समाज बहुत हद तक जिम्मेदार है। वास्तव में हमारे परंपरागत भारतीय समाज में महिला के सम्मानीय दर्जे को नकारा गया है, उसकी उपेक्षा की गई है, उसकी प्रतिष्ठा एवं व्यक्तित्व को कम आंका गया है और उसे महत्वहीन समझा गया है। अपराधी महिलाओं की उदारता और मिलनसार स्वभाव व प्रेमभाव का गलत फायदा उठाते हैं। लोगों के मन में एक–सी धारणा की कमी है और अपराधियों को सजा का डर कम है। समाज में फैली दहेज मृत्यु की घृणित बीमारी और दुल्हनों को जलाने के कृत्यों ने समाज में बदबू फैला दी है। दुराग्रह के कारण महिलाओं के साथ सामाजिक भेदभाव किया जाता है। प्रेस एवं जन–समूह का रवैया भी सकारात्मक नहीं है। इसलिए स्वस्थ व उचित निरपराध वातावरण बनाने की जरूरत है जिसमें लड़कियाँ अपने व्यक्तित्व का उचित विकास कर सकें। महिलाओं के कल्याण हेतु कानून बनाने के लिए समाज में गति लाने की जरूरत है। स्वैच्छिक संस्थान को अपनी भूमिका निभाते हुए विधि को प्रकाश में लाना चाहिए और कानून लागू करने वाली मशीनरी को महिलाओं के विरूद्ध होने वाले अपराधों को रोकना चाहिए। पुलिस अनुसंधान एवं विकास ब्यूरो द्वारा किये गये सर्वेक्षण के अनुसार अपराध की शिकार महिलाओं के प्रति पुलिस की आम धारणा ही अलग है। इसमें परिवर्तन लाने की जरूरत है। इसके लिए ऐसे स्थल बनाने की जरूरत है। जहां महिलाओं को सेवा सुविधाएं मुहैया कराई जा सकें। जहां अपराध की शिकारग्रस्त महिलाएं जाकर मदद मांग सकें और दिन हो या रात, हर समय संरक्षण प्राप्त कर सकें। इस तरह की सुविधाओं को विज्ञापित किया जाए एवं विस्तृत तौर पर प्रकाशन किया जाए कि किस प्रकार ऐसे स्थलों/संस्थानों से मदद ली जा सकती है।

इस बात से कोई इन्कार नहीं करता कि संविधान में मौलिक अधिकार दिए गए हैं। इसमें मानवाधिकारों का समावेश तीसरी दुनिया में सर्वोत्तम है। यह भी कटु सत्य है कि न केवल सामाजिक व आर्थिक कारणों से अपितु सामाजिक न्याय का बहुत बड़ा हिस्सा भी इसे नकारता है। न्याय भी आधा–अधूरा ही है क्योंकि न्याय प्रक्रिया अत्यन्त धीमी, रुग्ण, खर्चीली और अपर्याप्त है तथा भ्रष्टाचार से पूर्णतया मुक्त भी नहीं है। न्यायमूर्ति भगवती ने कहा है : "यहां लोकहित के माध्यम से मुकदमा होता है कि गरीबों की समस्याएं अब सामने आ रही हैं और विधि का

कार्यक्षेत्र भी बदल रहा है इसमें भविष्य के लिए बहुत संभावनाएं हैं। जनतांत्रिक अधिकारों हेतु लोकतंत्र बनाम भारत संघ मुकदमें में उच्चतम न्यायालय द्वारा दिया गया न्यायिक फैसला स्वर्णयुगान्तकारी न्यायिक घोषणा है जो कि श्रम कानून से संबंधित है और विशेषकर ठेका मजदूर (नियमन और समापन) अधिनियम, 1970, अन्तर्राष्ट्रीय प्रवासी श्रमिक (रोजगार नियमावली और सेवा शर्तें) अधिनियम, 1977, समान पारिश्रमिक अधिनियम 1976 और कम से कम मजदूरी अधिनियम, 1948 के तहत फैसला दिया गया है।

महिलाओं द्वारा आत्महत्याएं

आत्महत्या व्यक्तिगत विघटन का अत्यन्त घृणित रूप है। आत्महत्या मनोवैज्ञानिक, आर्थिक और सामाजिक परिस्थितियों का परिणाम होता है। पाश्चात्य देशों में पुरुषों में आत्महत्या की दर स्त्रियों की तुलना में पाँच गुना अधिक है। मगर भारत में पुरुषों की अपेक्षा स्त्रियाँ आत्महत्या अधिक करती हैं। इसका मुख्य कारण पुरुष प्रधान भारतीय संस्कृति है। जिसमें स्त्रियों के साथ दुर्व्यवहार, संयुक्त परिवार की समस्याएं, विधवा विवाह निषेध, गरीबी और दहेज प्रथा है। स्त्रियों द्वारा आत्महत्या किये जाने के अन्य कारणों में चरित्र स्खलन, चरित्र पर सन्देह तथा अहम का टकराव आदि है। मगर प्रमुख कारण दहेज प्रथा ही है। लड़कियाँ अपने माँ–बाप या अभिभावकों के सम्बन्ध में ऐसा अनुभव करने लगती है कि वह उन पर असह्य बोझ है, तब आत्महत्या के लिए प्रेरित होती हैं। मार्च 1989 में चण्डीगढ़ के सेक्टर 27 में तीन सगी बहनों अनिता (18 वर्ष), सुनीता (17 वर्ष) तथा नामिका (14 वर्ष) ने माँ–बाप पर बढ़ते दहेज के बोझ के कारण गले में फंदा डालकर छत के पँखे से लटकर आत्महत्या कर ली। इन लड़कियों के पिता पंजाब स्टेट ट्यूब वैल कॉर्पोरेशन में एकाउन्ट्स अफसर हैं। इस घटना के लगभग साल भर पहले कानपुर में भी तीन बहिनों ने अपने माँ–बाप को दहेज के बोझ से बचाने के लिए इसी तरह आत्महत्या कर ली थी। विवाहित महिलाओं को जिन्हें विवाह में पर्याप्त दहेज नहीं मिल पाता उन्हें ससुराल में यातनाएँ सहनी पड़ती हैं और वे अन्ततः आत्महत्या करने को मजबूर हो जाती हैं। फरवरी 1988 में वृन्दावन की अहीरपाड़ा की रहने वाली नव विवाहिता श्रीमती स्वदेश यादव को कम दहेज के कारण ही फाँसी लगाकर आत्महत्या करनी पड़ी। गुजरात में विवाहित स्त्रियों में आत्महत्याओं की संख्या सर्वाधिक है।

दहेज प्रतिवर्ष और पुलिस की भूमिका

अध्ययन से पाया गया है कि दहेज के कारण नववधुओं द्वारा आत्महत्या किये जाने के मामलों को पुलिस प्रायः घरेलु कलह के रूप में दर्ज करती है। पुलिस की सहानुभूति पीड़ित पक्ष के प्रति होनी चाहिए, अपराधियों के प्रति हरगिज नहीं। यदि पीहर पक्षवालों को अपनी लड़की की हत्या का जरा भी सन्देह हो तो उनसे रिपोर्ट लेकर उनकी तमाम बातें धैर्य और सहानुभूतिपूर्वक सुनी जानी चाहिए। ऐसे मामलों में कार्यवाही करते वक्त पुलिस को यह बात ध्यान में रखनी चाहिए कि नवबधुओं की मौत का अधिकतर कारण खाना बनाते समय जलकर मरना बताया गया है। यह तथ्य भी सही है कि जलकर मरने वाली अधिकांश महिलाओं में नवविवाहिताएं होती हैं और वे ससुराल में ही जलकर मरना बताया जाता है। यह तथ्य भी सही है कि जलकर मरने वाली अधिकांश महिलाओं में नवविवाहिताएं होती हैं और वे सुसराल में ही जलकर मरती हैं, घर में खाना तो वृद्ध औरतें भी बनाती हैं। मगर वे कभी आग से जलकर नहीं मरती, न फांसी लगाकर मरती हैं। साफ जाहिर है कि नवविवाहिताओं के ससुराल में जहर खाकर मरने, जलकर मरने, पानी में डूबकर मरने अथवा फांसी लगाकर मरने की सूचनाएं जो लड़की के ससुराल पक्ष द्वारा दी जाती हैं वे स्वाभाविक नहीं होती। ऐसा सब कुछ पूर्व नियोजित षड्यन्त्र होता है। पुलिस का काम है कि वह ऐसे षड्यन्त्र का भण्डाफोड़ करे और इस घृणित सामाजिक बुराई को रोके।

महिलाओं के मानवाधिकारों के अतिक्रमण के कुछ रूप

भारत में महिलाओं के प्रति अपराधों की दशा ऐसी है–

1. बलात्कार–प्रति 47 मिनट में एक महिला के साथ।
2. अपहरण–प्रति 44 मिनट में एक महिला के साथ।
3. दहेज हत्या (क) देश में प्रतिदिन 17 महिलाओं की दहेज हत्या।
   (ख) उत्तर प्रदेश में प्रतिदिन 3 महिलाओं की दहेज हत्या।

भ्रूण परीक्षण

देश के गरीब किसान व भूमिहीन मजदूर तक कर्ज लेकर अपने अजन्मे शिशु का लिंग परीक्षण कराने को आतुर रहते हैं। ताकि गर्भस्थ शिशु कन्या होने की स्थिति

में वे जन्म से पहले ही उससे छुटकारा पा सकें। महिला संगठन "सहेली" द्वारा किये गये अध्ययन के अनुसार महाराष्ट्र के धूलिया जैसे पिछड़े आदिवासी जिले तक में इस धंधे के मुनाफे को देखते हुए पिछले तीन वर्षों में इस तरह का परीक्षण करने वाले क्लीनिकों की संख्या दुगुनी हो गई है। अध्ययन के अनुसार उत्तरप्रदेश के बिजनौर, महाराष्ट्र के धूलिया, खतरा, सांगलर तथा गुजरात के सौराष्ट्र जैसे जिलों में जहां पानी तथा बिजली जैसी बुनियादी सुविधाओं का अभाव है वहां भी ऐसे क्लीनिक खुल गये हैं।

डॉ. जीव कुलकर्णी द्वारा किये गये अध्ययन के अनुसार 1975 में अखिल भारतीय आयुर्विज्ञान संस्थान, दिल्ली में भ्रूण की विकृतियों का पता लगाने के लिए एम्नियोंसिंटोसिसक के जरिये शुरू हुए परीक्षण में जिन दम्पत्तियों को पता चला कि गर्भस्थ शिशु कन्या है, उनमें अधिकांश ने गर्भपात करवा दिया। अन्ततः भारतीय चिकित्सा अनुसंधान परिषद के आदेश से परीक्षण बन्द कर दिये गये। डॉ॰ कुलकर्णी के अध्ययन के अनुसार लिंग परीक्षण के 35 प्रतिशत मामलों में महिला का पति अथवा ससुराल वाले इस तरह के परीक्षण करवाने के लिए उसे मजबूर करते हैं। एक महिला चिकित्सक के अनुसार लगभग 50 प्रतिशत महिलाओं ने निजी बातचीत में स्वीकार किया है कि उन्हें यह परीक्षण करवाने के लिए ससुराल वालों द्वारा बाध्य किया गया। डॉ॰ कुलकर्णी ने अध्ययन से पाया कि भारत दुनिया के उन चार देशों में से है जहां महिलाओं की संख्या पुरुषों के अनुपात में कम है इस समय भारत में यह अनुपात 935 :1000 है।

कन्या वध

राजस्थान में जैसलमेर जिले के एक क्षेत्र विशेष में आज भी कन्या पैदा होते ही मार डालने की प्रथा है। कन्या के जन्म लेते ही उसका श्वांस रोक दिया जाता है, गला घोंट दिया जाता है या अफीम का जहर देकर उसे हमेशा के लिए गहरी नींद में सुला दिया जाता है। इस जिले के राजपूत बाहुल्य क्षेत्र में सैकड़ों वर्षों से कन्या वध की कुप्रथा चली आ रही है। पीथला, गुण्डा, रणधा, बईया, देवड़ा, चेलक सती आदि करीब एक दर्जन से भी अधिक गांवों में नवजात कन्याओं की हत्या का सिलसिला आज भी जारी है। इन गांवों में 10 हजार से अधिक की जनसंख्या होते हुए भी 50 से अधिक कन्याएं जीवित नहीं हैं। देवड़ा गांव के पूर्व सरपंच के

कथनानुसार उसके गाँव में किसी भाटी राजपूत के यहाँ बारात आए 100 साल से भी अधिक समय हो गया है। इस अमानवीय कुप्रथा का कारण लोगों की अज्ञानता, अन्धविश्वास तथा सरकार की लापरवाही तो है ही मगर इसका सबसे बड़ा कारण दहेज है। लड़की के हाथ पीले करने के लिए 3–4 लाख का खर्च मामूली बात है। जैसलमेर जिला पिछड़ा होने से पशुपालन के अलावा रोजगार के साधन नहीं हैं। जिले की विकास योजनाओं तथा परिस्थितियों के कारण यहाँ भी अब बदलाव आ रहा है। आवास, असबन्द्रा, बारू, टेकरा तथा सत्याया में कन्या वध कम हुआ है। कुछ समय पूर्व राजस्थान के सूपा क्षेत्र के विधायक ब्रजेन्द्र पाल सिंह पर भी इसी तरह का कन्या वध का आरोप लगाया था। जनवरी 1989 में दिल्ली के जानकी दास अग्रवाल ने दहेज की चिन्ता के बोझ से दबकर अपनी तीन जवान बेटियों–आशा, अनीता और सुनीता को अपने हाथों से पोटाशियम साइनाइड जैसा खतरनाक जहर देकर मौत की गहरी नींद सुला दिया। इन घटनाओं से यह प्रभाषित होता है कि दहेज का भार कन्या के मां–बाप वहन नहीं कर सकते इसलिए अपने हाथों से ही उसकी जीवन लीला समाप्त कर देते हैं।

नव वधुओं की हत्याएं

मां–बाप अपनी बच्ची का धूमधाम से विवाह करके ससुराल भेजते हैं। विवाह के बाद भी ससुराल पक्ष से अपेक्षाएं की जाती हैं कि दामाद को उच्च शिक्षा के लिए विदेश भेजें, व्यापार में पैसा लगाएं, उसे गाड़ी, स्कूटर, टी.वी. और फ्रिज आदि दें। इस तरह दहेज की मांग बढ़ती जाती है और पूरी नहीं होने पर अन्ततः उसे बेरहमी से मौत के घाट उतार दिया जाता है। मुजफ्फरनगर की 22 वर्षीया कुसुम की फांसी लगाकर हत्या कर दी। प्रत्यक्षदर्शियों के अनुसार कुसुम को अधमरी हालत में श्मशान घाट ले जाया गया और उस पर लकड़ी तथा डीजल डालकर आग लगा दी गई। इसी प्रकार 18 वर्षीय गुडडी का विवाह दो वर्ष पूर्व थाना रूरा अन्तर्गत जवाहरनगर निबासी रामबाबू के साथ हुआ था। विवाह के चन्द रोज बाद ही रामबाबू ने गुड्डी के पिता शिवराम से व्यवसाय हेतु 15 हजार रुपये माँगे। उन्हे रुपये दे दिये गए। रामबाबू ने व्यवसाय शुरू नहीं किया और सारा रुपया खा–पीकर खत्म कर दिया। इधर रामबाबू ने कुछ महिनों से स्कूटर की मांग शुरू कर दी। इसके लिए गुड्डी को प्रताड़ित किया जाने लगा घटना की शाम घर में स्कूटर को लेकर

विवाद हुआ और रामबाबू ने गुड्डी को जहर दे दिया और बेहोश होने पर उसे फाँसी पर लटका दिया। स्त्रियों को जला देने वाली घटनाओं में विशेषकर दहेज सम्बन्धी मृत्यु के प्रकरणों में भारत में वर्ष 1977 में 857 नववधुओं की हत्याएं हुईं और 1979 में यह बढ़कर 1056 हो गई। 1983 में राज्यसभा में प्रस्तुत किए गए आँकड़ों के अनुसार 1977 से 1980 तक के वर्षों में स्त्रियों को जिन्दा जला देने की कुल 2879 घटनाएं हुईं। उत्तर प्रदेश के कानपुर जिले के पाटमपुर क्षेत्र में वर्ष 1982 में 105 नवविवाहित वधुओं की संदिग्धावस्था में मृत्यु हुई। पुलिस का काम है अपराध की तह तक पहुँचकर असली अपराधी को ढूंढ निकालना और उसे सख्त सजा दिलवाना। न्याय का सिद्धान्त है कि किसी भी निर्दोष को दण्ड नहीं मिलना चाहिए। पुलिस द्वारा कंचन के खिलाफ आत्महत्या के प्रयास का मामला दर्ज करना ही न्याय के सिद्धान्तों के खिलाफ था। यह कंचन का ही मामला नहीं है, ऐसे मामले आए दिन होते हैं जिनमें जनता को शिकायत होती है कि पुलिस सही कार्यवाही नहीं करती। दहेज जैसी बुराई को रोकने के लिए पुलिस की अधिकार सीमा बढ़ा दी गई है। दहेज प्रतिशेष अधिनियम के अनुसार दहेज लेना और देना दोनो अपराध हैं। दहेज प्रतिषेध (संशोधन) अधिनियम, 1984 जो 2 अक्टूबर, 85 से लागू हुआ है उसमें इस अन्वेषण के प्रयोजनों के लिए संज्ञेय अपराध कर दिया गया है। साक्ष्य अधिनियम, दण्ड प्रक्रिया संहिता तथा भारतीय दण्ड संहिता को संशोधित कर सजा का प्रावधान बढ़ा दिया गया है। दहेज के कारण ही नहीं, महिलाओं के प्रति बरती गई किसी भी क्रूरता के लिए पति अथवा सम्बन्धी को तीन वर्ष तक की कारावास और जुर्माने की व्यवस्था है। उपहारों की सूची रखना दोनों पक्षों के लिए अनिवार्य कर दिया गया है। प्रतिभा रानी बनाम सूरज कुमार के मामले में सुप्रीम कोर्ट के 12 मार्च, 1984 के फैसले से शादी टूटने के बाद पति से दहेज लेना पत्नी के लिए अब आसान हो गया है। पत्नी को छोड़ने के बाद पति यदि पत्नी का धन वापस नहीं करता है तो उसके खिलाफ "आपराधिक विश्वास भंग" की कार्यवाही की जा सकती है। विवाह के सात वर्ष के भीतर संदिग्ध अवस्था में मरने वाली स्त्री का पोस्टमार्टम करवाया जाना अनिवार्य कर दिया गया है और मामले की जाँच कारवाई मजिस्ट्रेट द्वारा किये जाने की व्यवस्था की गई है। इस अधिनियम की एक खास बात यह भी है कि अपने को निर्दोष साबित करने का भार स्वयं मुलज़िम पर होता है। इस तरह पुलिस और अभियोजन के लिए अपराधी को सजा दिलवाने के अपने उद्देश्य में सफलता प्राप्ति के अवसर अधिक रहते हैं।

पुलिस द्वारा अन्वेषण सम्बन्धी सावधानियाँ

पुलिस अन्वेषणकर्ता को निम्न सावधानियाँ बरतनी चाहिये :–

1. नवविवाहिता के जलने, जहर खाने, फाँसी लगाकर मरने, पानी में डूब कर मरने अथवा रेल से कट कर मरने आदि की सूचना मिलने पर पुलिस को तुरन्त घटनास्थल पर पहुँचकर सबसे पहले घटनास्थल को सुरक्षित कर लेना चाहिये।
2. यदि नव विवाहित घायल अवस्था में है तो शीघ्रताशीघ्र उसे अस्पताल पहुँचाकर उपचार शुरू करवाना चाहिए। यदि मृत्यु हो गई है तो उसकी लाश को पुलिस तुरन्त अपने कब्जे में ले।
3. फिंगर प्रिन्ट्स लेने की आवश्यकता हो और उपलब्ध हो सके तो जरूर लेने चाहिए।
4. घटनास्थल तथा लाश की विभिन्न दिशाओं के फोटो लेने चाहिए।

   अन्वेषण के दौरान घटनास्थल पर विद्यमान तमाम सबूतों को इकट्ठा कर पुलिस को अपने पास लेने चाहिए। सन्देहास्पद लाश का पोस्टमार्टम मेडिकल बोर्ड या कम से कम दो डॉक्टर से करवाया जाना चाहिए।
5. वारदात की सूचना शीघ्रताशीघ्र मृतक के पीहर वालों तक किसी भी माध्यम से पहुँचाई जानी चाहिए। यथासम्भव पीहर वालों की मौजूदगी में दाह संस्कार होना चाहिए जिससे बाद में उन्हें कोई शंका या शिकायत न रहे।
6. यदि पीहर वालों को अपनी लड़की की हत्या का जरा भी सन्देह हो तो उनसे रिपोर्ट लेकर उनकी तमाम बातें सुननी चाहिए और सबूत देते हैं तो लेने चाहिए।
7. अन्वेषण के दौरान आस–पड़ोस के लोगों से मृतका और उसके पति की गृहस्थी तथा उनके चरित्र के बारे में जानकारी हासिल करनी चाहिए। यदि नववधू का मरना (आत्महत्या) गृहकलह या पति–पत्नी के झगड़े से साबित पाया जाता है तो उत्तरदायी व्यक्ति का चालान 306 भा.द.सं. में किया जाना चाहिए क्योंकि उत्प्रेरित किये बिना वह आत्महत्या नहीं कर सकती। जीना सभी चाहते हैं, मरने का शौक किसी को नहीं होता! यदि ससुराल वालों ने पूर्व नियोजित षड्यंत्र रचकर ऐसा किया है तो 120 बी.भ.द.सं. की धारा

जोड़ी जानी चाहिए। दहेज को लेकर प्रायः षड्यन्त्रपूर्वक हत्याएं की जाती हैं और अपराधी सबूत नष्ट करने की पूरी कोशिश करता है। ऐसा पाया जाता है तो 201 भा.द.सं. की धारा जोड़ी जानी चाहिए।

8. यदि आत्महत्या या हत्या का प्रयास में वह जीवित है तो मरने से पहले उसके मृत्युकालीन बयान अवश्य कलमबद्ध करवा लेने चाहिए।
9. गवाहों द्वारा बयान बदलने की सम्भावना हो तो 164 द.प्र.सं. में मजिस्ट्रेट के सामने बयान करवा देने चाहिए।
10. लाश का मुआवजा अत्यन्त सूक्ष्मता से करना चाहिए। गले पर निशान या बदन पर चोट के निशान भली–भाँति देखने चाहिए।

विधान व कानून द्वारा प्रदत्त अन्य अधिकारों के सम्बन्ध में कुछ प्रमुख बिन्दु निम्नवत् हैं

1. संविधान के अनुच्छेद–39 व (Equal Remuneration Act) समान मजदूरी अधिनियम के बावजूद व्यवहारतः असंगठित क्षेत्र में समान कार्य के लिए महिलाओं को पुरुषों की अपेक्षा कम मजदूरी मिल रही है।
2. अनुच्छेद 42 व मातृत्व लाभ अधिनियम, 1961 के होने से प्राइवेट व्यवसायों में महिलाओं को यह सुविधा न देनी पड़े इसलिए उन्हें नियमित नौकरी पर न रखने की प्रवृत्ति होती है। इन प्रावधानों से लाभ की अपेक्षा यह सोच महिलाओं के नौकरी पाने में बाधक हो जाती है।
3. महिलाओं के प्रति हिंसा या उत्पीड़न से सम्बंधित सख्त कानून के बावजूद महिलाओं के प्रति अपराध की संख्या में निरन्तर वृद्धि हो रही है।

यथार्थ यह है कि मात्र कागजी प्रावधानों, कानूनों व नीतियों या कार्यक्रमों से न तो महिलाओं के स्तर में सुधार हो सकता है न ही उन्हें कोई अधिकार मिल सकता है। संविधान व कानून में प्रदत्त स्थिति व अधिकार उन्हें सुलभ हो सकें इसके लिये आवश्यक है कि कानून, नीति या कार्यक्रम के बनाने की प्रक्रिया से लेकर उसके कार्यान्वयन में लगे हुए व्यक्ति जेण्डर संवेदनशील हों–जेण्डर असमानता व जेण्डर सम्बन्धों के स्वरूप, आयाम व परिणाम को जानते हों। प्रच्छन्न जेण्डर पूर्वाग्रहों को अभिचिन्हित व रेखांकित करने में सक्षम और सृजनात्मक सोच के हों। परिवार, समुदाय कार्य–स्थल पर महिलाओं व पुरुषों की भूमिका, कार्य–कलाप, क्षमता,

संसाधनों पर पकड़, अधिकार लेने की उनकी क्षमता व सामर्थ्य के अन्तर को जब तक नहीं ध्यान में रखा जायेगा तब तक समानता और न्याय के सर्वेधानिक उद्घोष को यर्थाथ में रखा जायेगा तब तक समानता और न्याय के संवेधानिक उद्घोषकों यथार्थ में परिषत नहीं किया जा सकता। अतः आवश्यकता है कि जेण्डर परिपेणय में चिन्तन की। साथ ही क्रियान्वयन से जुड़े लोगों में जेण्डर संवेदनशीलता लाने की उनकी मानसिकता में परिवर्तन लाने की इस के लिए समस्त भारत में जन आन्दोलन की आवश्यकता है।

राष्ट्रीय मानव आयोग ने कई जेलों में पड़ी महिलाओं की दशा पर विशेष ध्यान दिया तथा उत्तर प्रदेश की नारी बन्दी निकेतन की कई महिला बन्दियों की समस्याओं को सुना। श्री वी.आर. कृष्ण अय्यर की अध्यक्षता में 1986–87 में गठित महिला बन्दियों विषयक राष्ट्रीय विशेषज्ञ समिति की कुछ प्रमुख अनुशंसाओं पर जोर दिया जो निम्नलिखित हैं:

1. महिला बन्दियों को हिरासत में रखने के सभी परिसर असार्वजनिक तत्वों तथा पर्यावरण से सुरक्षित होने चाहिये।

2. योग्यता सम्पन्न डाक्टर तथा नर्से प्रत्येक महिला जेल तथा नज़रबन्दी से निरीक्षण आधार पर सम्बन्ध होनी चाहिए।

3. चिकित्सकीय मानवों के आधार पर महिला बन्दियों के लिये भोजन की मात्रा का सख्ती से पालन किया जाए, यदि चिकित्सीय आधार पर निर्धारित किया गया हो तो उन्हें विशेष अतिरिक्त भोजन उपलब्ध कराया जाये।

4. जेल प्रशासन की पारदर्शिता में वृद्धि की जाये तथा बन्दी महिलाओं के मानवाधिकारों पर विशेष ध्यान दिया जाये।

विधवाओं के मानवाधिकारों का हनन व अतिक्रमण

भारतीय समाज में विधवाओं को अनेक मानवाधिकारों के अतिक्रमण का शिकार होना पड़ता है। बहुत सी महिलायें ऐसी होती हैं जिन के पति की मृत्यु विवाह के एक, दो साल अथवा पांच साल के अन्दर हो जाती है तथा उनके एक या दो छोटे बच्चे होते हैं। इन कम आयु की विधवाओं को बिना पति पूरा जीवन व्यतीत करना पड़ता है क्योंकि भारत में विधवा विवाह की प्रथा को समाज की मान्यता पूर्णरूप से प्राप्त नहीं है। सभी विधवाओं को अनेक सामाजिक, आर्थिक तथा

भावनात्मक समस्याओं का सामना करना पड़ता है। भारत में विधवाओं को परिवार या समाज में सामान्यतः आदर सत्कार नहीं मिलता तथा परिवार के सदस्य उनसे मुक्ति पाना चाहते हैं। मथुरा वृन्दावन में अनेक विधवायें पूरे भारत से आती हैं तथा उनकी हृदय विदारक दशा भारतीय समाज के लिये कलंक है। विधवाओं के विरूद्ध हिंसा, मार पिटाई, भावात्मक उपेक्षा, यातना, गाली गलौज, लैंगिक दुर्व्यवहार, सम्पत्ति में वैद्य भाग से वंचना तथा विधवाओं के बच्चों के साथ दुर्व्यवहार आदि अनेक घटनाएं अकसर ही होती रहती हैं। सामान्यतः युवा विधवाओं को बहुत अपमानित किया जाता है तथा उनका शोषण और उत्पीड़न भी किया जाता है। सामान्यतः परिवार के दूसरे वयस्क सदस्य पति के व्यापार, हिसाब किताब, बीमे की पॉलिसियों और प्रतिभूतियों से विधवाओं को वंचित कर देते हैं अथवा धोखेबाजी के षड्यंत्रों द्वारा अपने अधिकार में कर लेते हैं। विधवाओं के प्रतिहिंसा के अपराधकर्ता अधिकांशतः पति के परिवार के सदस्य होते हैं और कभी–कभी वे इन विधवाओं का शारीरिक शोषण भी करते हैं। विधवाओं के शोषण में उनकी आयु, शिक्षा, सामाजिकतर संबन्ध प्रत्यक्ष दिखाई देता है। राष्ट्रीय महिला आयोग ने वृन्दावन में विधवाओं के मानवाधिकारों के अतिक्रमणों का विस्तार से अध्ययन किया है तथा पाया कि उन में से अधिकांश विधवाओं के साथ आश्रमों और सड़कों पर छेड़छाड़ होती है। इसलिये आयोग ने सरकार से वहाँ कम समयावधि के घर बनाने तथा उन्हें व्यावसायिक प्रशिक्षण देने की सलाह दी।

पति द्वारा पत्नियों की पिटाई तथा उत्पीड़न

समाजशास्त्रियों ने यह देखा है कि अनेक परिस्थितियों में विवाह के बाद पति द्वारा पत्नी के विरूद्ध हिंसा, चाँटे और लात मारने से लेकर हड्डी तोड़ना, यातना देना, मार डालने की कोशिश व मानसिक उत्पीड़न की घटनाऐं सामने आती हैं। कभी–कभी हिंसा नशें की हालत में होती है, कभी आर्थिक अभाव अथवा मानसिक असन्तुलन के कारण होती है। भारतीय संस्कृति में प्रायः महिलायें इस प्रकार की हिंसा को मौन रहकर सह लेती हैं और उसे अपना भाग्य मानती हैं। सामान्यतः 25 वर्ष से कम आयु की पत्नियाँ अधिक उत्पीड़ित की जाती हैं। जो पत्नियाँ अपने पति से लगभग 5 वर्ष से अधिक छोटी होती हैं उन के पति द्वारा पीटने का खतरा सामान्यतः अधिक होता है। पत्नी को पीटने की प्रवृति को पारिवारिक आय से जोड़ना

कठिन है परन्तु सामान्यतः गरीब व कम आय वाले परिवारों में उत्पीड़न की घटनाएं अधिक होती हैं। यौन सम्बन्धी असमायोजन, भावात्मक अन्तर पति का गर्वित अहम् भाव या हीनता का भाव, पति का नशीली वस्तुओं के सेवन की प्रवृत्ति व पत्नी की निष्क्रिय कायर प्रवृत्ति पत्नी के उत्पीड़न के लिये उत्तरदायी होते हैं। पति द्वारा पत्नियों को पीटना अथवा उत्पीड़न महिलाओं के मानवाधिकारों का अतिक्रमण है। एक शोधकर्ता के अनुसार 31.7 प्रतिशत प्रति प्रकरणों में पत्नी को पीटना व मदिरापान देना कार्य पति द्वारा साथ–साथ चलते हैं। भारतीय समाज में महिलाओं के प्रति दुर्व्यवहार को रोकने के लिये समाज को कुछ सकारात्मक उपाय करने चाहिये। जनसंचार के माध्यम का प्रयोग, शिक्षा का प्रसार तथा उत्पीड़न के विरूद्ध वैधानिक उपाय कुछ सकारात्मक सुझाव हैं।

राष्ट्रीय मानवाधिकार आयोग की वार्षिक रिपोर्ट में उल्लेखित कुछ महत्वपूर्ण घटनाओं का अध्ययन

1. मोरेना की दो जैन साध्वियों के साथ बलात्कार की घटना–मध्य प्रदेश में।
2. श्रीमती भंवरी देवी साधन का राजस्थान में बलात्कार।
3. एक तेरह वर्षीय हरिजन बालिका को सरिता विहार दिल्ली में एक मालिक–मालकिन द्वारा लोहे की छड़ी से पिटाई व उत्पीड़न।
4. उत्तर प्रदेश में जेल अधिकारी द्वारा जेल परिसर में बलात्कार का प्रयास।
5. इलाहाबाद जिले (उत्तर प्रदेश) के धौना ग्राम में एक हरिजन महिला पर अत्याचार तथा उसकी प्रतिष्ठा पर अतिक्रमण।
6. पंजाब में पंजाब पुलिस कर्मियों द्वारा चार महिलाओं के माथे पर जेब कतरी लिखकर उनके सम्मान व प्रतिष्ठा पर अतिक्रमण राष्ट्रीय मानवाधिकार आयोग की विभिन्न वार्षिक रिपोर्टों में महिलाओं के मानवाधिकारों के अतिक्रमण की अनेक घटनाओं का अध्ययन उपलब्ध है।

राष्ट्रीय महिला आयोग की भूमिका

महिलाओं के अधिकारों की रक्षा तथा सामाजिक अत्याचारों से सुरक्षा के लिये सरकार द्वारा राष्ट्रीय महिला आयोग का गठन किया गया। श्रीमती मोहिनी गिरी तीन वर्ष तक इसकी अध्यक्षा रहने के पश्चात् सेवानिवृत्त हुई हैं। महिलाओं के कल्याण हेतु आयोग द्वारा 293 सिफारिशें तैयार की गईं। आयोग ने देह व्यापार के विरूद्ध

व्यवस्थित ढंग से काम भी किया। वेश्यावृत्ति की शिकार महिलाओं के बच्चों के लिये केन्द्रीय विद्यालय संगठन और नवोदय विद्यालय में 5 प्रतिशत आरक्षण दिये जाने की सिफारिश की गई। नेपाल और बंग्लादेश से देह व्यापार के लिये प्रतिमाह आठ हजार बच्चों को लाये जाने से रोकने के लिये कड़ी कार्यवाही करने की सिफारिश की गई। वृन्दावन में अत्यन्त दयनीय दशा में जीवन बिताने वाली विधवाओं को विस्थापित करने हेतु कम समयावधि के घर बनाने व उन्हें व्यवसायिक प्रशिक्षण देने के लिये भी सिफारिश की गई किन्तु श्रीमती मोहिनी गिरी का कहना है कि सरकार के उपेक्षित रवैये के कारण इन सिफारिशों को कार्यान्वित नहीं किया जा सका फिर भी अनेक विरोधों के बावजूद आयोग ने यथासंभव अच्छे कार्य किये हैं। महिलाओं की सहायता के लिये न्यायिक साक्षरता कार्यक्रम बनाया गया। ऐसे कार्यों से महिलाओं में अपने अधिकारों के प्रति जागृति आई है तथा वे अपने ऊपर होने वाले अत्याचारों के विरूद्ध खड़ी होने में सक्षम बन रही हैं और इस तरह सरकार की ओर से अपेक्षित समर्थन व सहयोग प्राप्त न होने पर भी राष्ट्रीय महिला आयोग का महिलाओं के मानवाधिकारों की रक्षा करने में कुछ योगदान अवश्य रहा है।

निष्कर्षात्मक प्रेषण

स्वतंत्रता के तरेपन वर्ष होने के बाद भी भारत वर्ष में महिलाओं के मानवाधिकारों का समुचित संरक्षण व संवर्द्धन नहीं हो पाया है तथा समाज में महिलाओं के प्रति उचित संवेदना अभी तक जागृत नहीं हुई है। भारत में मानवाधिकार साक्षरता तथा जागरूकता को प्रोत्साहन देना पड़ेगा। देश की वर्तमान शिक्षा प्रणाली को गतिशील बनाना होगा ताकि मानवाधिकार शिक्षा के सभी स्तरों में पठन–पाठन कार्यक्रम में शामिल हो जाए। पुलिस तथा अर्द्ध सैनिक बलों तथा सशस्त्र बलों के कर्मिकों के लिये मानवाधिकार शिक्षा की व्यवस्था की जानी चाहिये। मानवाधिकारों के प्रयोजन को आगे बढ़ाने में राजनीतिक दलों व उनके नेताओं की महत्वपूर्ण भूमिका हो सकती है। भारतीय न्याय व्यवस्था व कानूनों में भी आधारभूत सुधारों की आवश्यकता है। भारत में जनसामान्य की मानसिकता में मूलभूत परिवर्तन लाने से ही मानवाधिकारों का उचित संरक्षण हो सकता है। प्रकाशन, दूरदर्शन, आकाशवाणी तथा संचार माध्यम का पूरा सहयोग मानवाधिकारों की नव संस्कृति बनाने एवं उनके संवर्द्धन में महत्वपूर्ण योगदान दे सकते हैं। गैर–सरकारी संगठन भी महिलाओं के

मानवाधिकारों के अतिक्रमण को रोकने में सराहनीय कार्य कर रहे हैं तथा उनका सहयोग निरन्तर मिलते रहना चाहिये। महिलाओं के मानवाधिकारों के संरक्षण व संवर्द्धन के हेतु सभी नागरिकों, सरकारी कर्मचारियों व राजनीतिक नेताओं के समर्पण व इच्छाशक्ति की आवश्यकता है। नारी संघर्ष की अलख तो श्रीमती मोहिनी गिरी ने जगा दी है ताकि महिला समाज को पुरुष के शोषण से मुक्त कराया जा सके तथा वास्तव में पुरुषों के समान दर्जा दिलवाया जा सके। महिला संगठनों को महिलाओं की मदद करनी चाहिये ताकि महिलाएँ समर्थ बन सकें तथा अपने मानवाधिकारों के लिये संघर्ष कर सकें। पीड़ित महिलाओं को रोजगार के अवसर प्रदान करने तथा बच्चों की देखभाल की सुविधाओं को उपलब्ध कराने में राज्य तथा महिला संगठनों का महत्वपूर्ण योगदान हो सकता है। महिलाएँ, जो शोषण की शिकार हैं, की सहायता के लिये सस्ती और कम औपचारिक अदालतों की स्थापना भी एक उपाय हो सकता है। महिलाओं की समस्याओं व मामलों को निपटाने के लिये महिला अदालतों की स्थापना की जानी चाहिये तथा इन अदालतों में वकीलों की उपस्थिति को पूर्णतः समाप्त कर दिया जाना चाहिये। स्वयंसेवी महिला संगठनों को सशक्त तथा सक्रिय बनाने की आवश्यकता है तथा इनकी संख्या व कार्यक्षेत्र भी बढ़ाया जाना चाहिये। पीड़ित महिलाओं की सहायता के लिये निःशुल्क कानूनी सहायता की व्यवस्था की जानी चाहिये। महिलाओं को अपने मानवाधिकारों के अतिक्रमण तथा अत्याचारों के सामने झुकना नही चाहिये और आत्मविश्वास, धैर्य व साहस के साथ अपनी व अपने बच्चों की देखभाल करने की क्षमता व योग्यता बढ़ानी चाहिये।

5

मानवाधिकार तथा बालक-बालिकायें

15 अगस्त 1947 को भारत एक स्वतंत्र राष्ट्र घोषित हुआ था तथा 15 अगस्त 1997 को भारत ने अपनी स्वतंत्रता की 50वीं वर्ष गांठ धूम–धाम के साथ मनाई। "भारत में स्वतंत्रता के पश्चात् विशेषतः 1950 में भारतीय संविधान स्वीकार करने के बाद राजनैतिक, सामाजिक, तथा आर्थिक क्षेत्रों में अनेक मूलभूत परिवर्तन आए हैं। भारतीय समाज ने स्वतंत्रता प्राप्त करने के बाद एक धर्मनिरपेक्ष, समाजवादी, प्रजातान्त्रिक, लोक हितकारी राज्य की स्थापना का संकल्प किया है। औद्योगिकरण, नागरीकरण, आर्थिक नियोजन, मिश्रित अर्थव्यवस्था, कृषि की प्रधानता, द्रुतगति से बढ़ती आबादी की अनेक समस्याएँ भारत के समक्ष चुनौती के रूप में प्रस्तुत हुईं। स्वतंत्रता के बाद आर्थिक प्रगति तथा सामाजिक न्याय हमारे राष्ट्रीय लक्ष्य बन गए[1]। "मानवाधिकारों तथा बच्चों के सम्बन्ध में हमारी आज यथार्थ स्थिति क्या है तथा भारत में बच्चों के मानवाधिकारों की रक्षा व संरक्षण कहाँ तक हुआ है यह एक जटिल प्रश्न है। भारत–वर्ष में 1981 की जनसंख्या गणना के अनुसार 38.4 प्रतिशत या 26.3 करोड़ बच्चे 15 वर्ष की आयु से कम के थे। 5 से 15 वर्ष के आयु समूह की कुल जनसंख्या का 26.2 प्रतिशत या 18.0 करोड़ बच्चे थे। दि हिन्दुस्तान टाइम्स 25 जून 1986 (1991 में बाल संख्या 0–14 वर्ष) लगभग 31.0 करोड़ है बालकों के विभिन्न आयु समूहों का विवरण नीचे तालिका में दिया गया है।

तालिका-1 बालकों का विभिन्न आयु समूह (करोड़ों में)

	0 – 4		5 – 9		10 – 14		
वर्ष	संख्या	प्रतिशत	संख्या	प्रतिशत	संख्या	प्रतिशत	कुल बाल जनसंख्या
1981	8.3	31.6	9.4	35.7	8.6	32.7	26.3
1991	11.0	35.7	10.3	34.3	9.5	30.0	30.8
2001	11.4	34.2	11.1	33.3	10.8	32.5	33.3

मानव संसाधन विकास मंत्रालय ने जनवरी 1997 में वस्तुतः एक रिपोर्ट जारी की थी। इसका अनुमान है कि वर्तमान समय में 6–14 वर्ष की आयु के 63 मिलियन बच्चे स्कूल नहीं जा रहे हैं। जहाँ तक भोजन तथा पोषण की बात है 62 मिलियन, 5 वर्ष से कम आयु के बच्चे कुपोषण के शिकार हैं। जहाँ तक बच्चों की बात है 16 वर्ष से कम आयु के करीब एक–तिहाई बच्चे बाल श्रमिक के रूप में काम कर रहे हैं–अनेक संकटापन्न उद्योगों से लगे हुए है [2] । भारत देश में गरीबी रेखा के नीचे रहने वाली आबादी लगभग 29.2 प्रतिशत (1988) है। एक अनुमान के मुताबिक भारत में करीब 25 करोड़ लोग कुपोषण के शिकार हैं तथा 43.8 प्रतिशत बच्चे औसत अंश के प्रोटीन उर्जा कुपोषण से ग्रसित हैं और 8.7 प्रतिशत बच्चे भयानक कुपोषण के शिकार हैं। विद्यालय जाने के पूर्व की आयु के लगभग 56 प्रतिशत बच्चे एवं 56 प्रतिशत गर्भवती महिलाएं अपने गर्भावस्था के तीसरे चरण में लोहा (आयरन) की कमी से ग्रसित होती हैं, करीब 40 करोड़ लोग घेघा की बीमारी से ग्रसित हैं। चौथे, करीब 22 लाख बच्चे बोनेपन के शिकार हैं। तथा 66 लाख बच्चे सामान्य किस्म की विकलांगता के शिकार हैं। सिर्फ आयोडीन की कमी के कारण हर साल लगभग 90 हजार बच्चे जन्म के समय अथवा थोड़ी देर बाद मर जाते हैं। लगभग 60 हजार बच्चे हर साल विटामिन "ए" की कमी के साथ–साथ प्रोटीन ऊर्जा कुपोषण के शिकार होकर अन्धे हो जाते हैं। भारत में जन्म लेने वाले सारे शिशुओं की संख्या 30 प्रतिशत शिशु औसत से कम वजन वाले होते हैं [3]। हाल के वर्षों में बच्चे एड्स से भी काफी प्रभावित हुए हैं। 1996 में 8,30,000 बच्चे एड्स के शिकार पाये गये तथा एड्स से मरने वाले 15 लाख लोगों में से साढ़े तीन लाख बच्चे थे जो 15 वर्ष से कम उम्र के थे। मां से रक्त, इंजेक्शन, यौन शोषण आदि की वजह से बच्चे एड्स के शिकार होते हैं। एड्स से प्रभावित माँ का दूध पीने से सात में से एक बच्चा एड्स से प्रभावित पाया गया है[4]। जिन बच्चों को माता–पिता व परिवार का प्यार मिलना चाहिये तथा जिनके हाथो में किताबें होनी चाहिये उन्हीं हाथों में दूसरे लोगों के जूते पॉलिश करने के ब्रश, दूसरों के पढ़ने के लिए स्लेट–निर्माण की सामग्रियाँ, पत्थर तोड़ने के हथौड़े अथवा दरी–कालीन बुनने के लिए धागों का जाल होता है जिसके मकड़जाल में उनकी जिन्दगी पिसती रहती है। जिन बच्चों को माँ–बाप की गोद में होना चाहिए या भाई–बहन की बाहों में जिनका दुलार होना चाहिए था, वे भयंकर

शीतलहरी, तपती दोपहर और घनघोर वर्षा के थपेड़ों के शिकार होते हैं। वे मिट्टी के दीये या मोमबत्ती जलाकर दिवाली नहीं मनाते बल्कि अपना बचपन सुलगाकर उंगलियां जलाकर, अमीर बच्चों की दिवाली के उत्सव के लिए पटाखे या मोमबत्ती बनाते हैं। उनका "अपना उत्सव" नहीं होता बल्कि दूसरे के उत्सव के लिए वे अपना सर्वस्व न्यौछावर कर देते हैं। फुटपाथों और नुक्कड़ों से लेकर होटलों, दुकानों, प्रतिष्ठानों और कारखानों में काम करने वाले संघर्षशील बच्चे खुद अन्धेरी काली कोठरी में रहकर दूसरों को रोशनी देने के लिए माचिस बनाते हैं। बड़े लोगों के लिए बहुमूल्य दरी–कालीन बुनने वाले इन बच्चों को ओढ़ने–बिछाने के लिए चिथड़े भी उपलब्ध नहीं होते। जिन बच्चों को खेलने के लिए बगीचों की हरियाली और खुले आकाश के नीचे साफ–सुथरे मैदान तथा पढ़ने के लिए उपयोगी विद्यालय नसीब होने चाहिए थे, वे सिर्फ होटलों के जूठन, मोटर गैरजों की कालिखों और कारखानों की चिमनियों के धुएं में मरने के लिए अस्थायी रूप से जीने को मजबूर होते हैं और जिन्हें परिवार समाज और सरकार उपेक्षित करने से बाज नहीं आती।[5]

यदि हम बाल कार्य की प्रकृति पर अध्ययन करें तो अधिकांश कार्यरत बच्चे ग्रामीण क्षेत्रों में केन्द्रित हैं। शहरी क्षेत्रों में बच्चे व्यवसायिक संस्थानों में बाल श्रमिक के रूप में काम करते हैं। व्यापार एवं व्यवसाय में 23 प्रतिशत समा जाते हैं जबकि 36 प्रतिशत घरेलु कार्यों में अन्तर्राष्ट्रीय जगत में संयुक्त राष्ट्रसंघ द्वारा बच्चों के अधिकारों के निर्धारित मापदण्ड पर ही भारत के बच्चों के अधिकारों की विवेचना करना आवश्यक है। सन् 1979 को अन्तर्राष्ट्रीय बाल–वर्ष घोषित किया गया था तथा बच्चों के हित में संयुक्त राष्ट्रसंघ की महासभा ने प्रस्ताव पारित किया था। उसके बाद सामान्य रूप से बच्चों के अधिकार पर समझौता 20 नवम्बर 1989 को महासभा द्वारा ग्रहण किया गया जिसे 1993 तक 159 देशों ने स्वीकार कर लिया है। यह समझौता बच्चों के लिए "पहली पुकार के सिद्धान्त" पर आधारित है इसके अनुसार किसी भी स्थिति में संसाधनों के आवंटन के दौरान बच्चों की अनिवार्य जरूरतों को सर्वाधिक प्राथमिकता दी जानी है। इसमें बच्चों के सुकुमार बचपन एवं सम्मान को ध्यान में रखते हुए बच्चों के 4 मौलिक अधिकार शामिल किए गए हैं–

1. **जीने का अधिकार:** इसमें स्वास्थ्य के उच्चतम मानक के स्तर की प्राप्ति, समुचित पोषाहार तथा मानवोचित जीवन–स्तर जीने का अधिकार तथा एक नाम और राष्ट्रीयता धारण करने का अधिकार शामिल है।

2. **सुरक्षा का अधिकार:** इसमें शोषण, दुर्व्यवहार, अमानवीय व्यवहार एवं अवहेलना के विभिन्न रूपों से पूर्णतया मुक्ति के साथ–साथ आपातकाल एवं सशस्त्र युद्ध के दौरान विशेष सुरक्षा का अधिकार शामिल है।
3. **विकास का अधिकार:** इसमें समुचित शिक्षा, शुरूआती बचपन के दौरान विकास एवं देख–रेख, सामाजिक सुरक्षा, फुर्सत, आराम एवं मनोरंजन करने के साथ–साथ सांस्कृतिक गतिविधियों का अधिकार शामिल है।
4. **सहभागिता का अधिकार:** इसके अन्तगर्त बच्चों के नजरिये के प्रति सम्मान, अभिव्यक्ति की स्वतन्त्रता, सही सूचनाओं तक पहुँच, सोचने–समझने की आजादी तथा विवेक और धर्म के प्रति सम्मान शामिल है।

भारत में बच्चों के मानवाधिकारों की स्थिति को इन्हीं मापदण्डों के आधार पर ही आँका जाना चाहिये।

भारत में बच्चों की समस्यायें

बच्चे देश की सबसे बहुमूल्य पूँजी हीं नहीं अपितु राष्ट्र के भविष्य भी हैं। "आज का बच्चा कल का नागरिक होगा"। इन वाक्यों की निरर्थकता तब स्पष्ट होती है जब हम भ रत के बच्चों के सम्बन्ध में कुछ आँकड़े व तथ्य पर विहंगम दृष्टि डालते हैं। भार त में अनुमानतः करीब 30 करोड़ बच्चे 14 वर्ष से कम उम्र के हैं यानी पूरी आबादी के एक–तिहाई भाग बच्चे हैं। सन् 1960–61 में प्रति 1000 जनसंख्या में 41.9 की जन्मदर की तुलना में सन् 1990–91 में जन्मदर 29.5 तथा 1994 में 28.6 तक आ गई। इसी प्रकार मृत्युदर भी घटकर (1994 में) हो गई फिर भी बच्चों की संख्या में लगातार वृद्धि होती रही है। वर्ष 1991 में लड़कों की जनसंख्या की तुलना में लड़कियों की संख्या 78 लाख कम थी तथा प्रत्येक 1000 पुरुष के विरूद्ध 929 महिलाओं का अनुपात है जबकि सन् 1901 में यह अनुपात 972 था जो धीरे–धीरे कम होता गया है। इतना ही नंहीं, 1991 की जनगणना से यह भी ज्ञात होता है कि शून्य से छः वर्ष की आयु वर्ग में लगभग 15 करोड़ बच्चे हैं जिनमें से 7 करोड़ 30 लाख बालिकाएं तथा 7 करोड़ 70 लाख बालक हैं। दूसरी महत्वपूर्ण बात यह है कि उनमें 78 प्रतिशत बच्चों का पालन–पोषण गाँवों में होता है। शून्य से छः वर्ष के आयु वर्ग के भारत के कुल बच्चों की संख्या के 30 प्रतिशत बच्चे उत्तर प्रदेश और बिहार में हैं। 2 करोड़ 70 लाख बच्चे अनुसूचित जाति के परिवारों के हैं और

एक करोड़ 36 लाख बच्चे अनुसूचित जनजाति के परिवार के हैं। सन् 1990 में यह पाया गया कि प्रति एक हजार जीवित जन्मों में 95 बालेक शिशु को मृत्यु दर की तुलना में 93 बालिका शिशु की मृत्यु दर का अनुपात बहनों पर भी 11 राज्यों में बालको की मृत्यु दर की तुलना में बालिकाओं की मृत्यु दर से अधिक थी। भारत में बच्चों को मानवाधिकारों से वंचित रखा जाता है तथा उनके साथ दुर्व्यवहार तथा कभी–कभी मानव प्रतिष्ठा का हनन किया जाता है। संविधान, कानून तथा संघीय वचनबद्धता के होने के बावजूद भी इस स्थिति को पूरी तरह बदलने में असमर्थता यह दर्शाती है कि हमारे साधन काफी सीमित हैं और सामाजिक और आर्थिक समस्याओं की जड़ें काफी गहरी हैं।[6] बालकों की मुख्य समस्यायें निम्नलिखित हैं

1. भावनात्मक दुर्व्यवहार
2. शारीरिक दुर्व्यवहार व उत्पीड़न
3. लैंगिक दुर्व्यवहार व शोषण
4. भौतिक न्यूनतम आवश्यकताओं का अतुष्टीकरण
5. एकाकीपन व सामाजिक पारस्परिक सम्बन्धों का अभाव।
6. मानवाधिकारों का हनन।

एक अनुमान (उमा जोशी) के अनुसार हमारे देश में कार्यरत बच्चों की संख्या 4.4 करोड़ है जो कुल जनसंख्या का 5.5 प्रतिशत है। (दि हिन्दुस्तान टाइम्स 4 अप्रैल 1989) योजना आयोग के मूल्यांकन के अनुसार कार्यरत बच्चों की संख्या 1. 7 करोड़ है। (दि हिन्दुस्तान टाइम्स अगस्त 17, 1993) हमारे देश में 5, 54, 970 बाल श्रमिक हैं। जिसमें 428, 305 गैर खतरनाक उद्योगों में हैं। (जुलाई 1998 राज्यसभा में अंतर)

किशोर न्याय व बालक के मानवाधिकार पर उच्चतम न्यायालय के आदेश व अभिव्यक्ति

"बालक यदि राष्ट्रीय धरोहर हैं तो राज्य का यह कर्त्तव्य हो जाता है कि वह उसके सर्वांगीण विकास को सुनिश्चित करने की दिशा में प्रभावी कदम उठाए उनका शारीरिक, मानसिक एवं बौद्धिक विकास हमारा दायित्व है। मानव संसाधन विकास की योजनाओं में हम बाल विकास को प्राथमिक स्थान दें ताकि हमारा बालक एक ऐसा सुदृढ़ नागरिक बन सके जो शारीरिक दृष्टि से हृष्टपुष्ट मानसिक दृष्टि

से जागरूक एवं नैतिक दृष्टि से स्वस्थ हो।" यह विचार है उच्चतम न्यायालय के मुख्य न्यायधीश न्यायमूर्ति पी. एन. भगवती तथा न्यायमूर्ति रंगनाथ मिश्र के जो उन्होंने शीला बर्से बनाम यूनियन ऑफ (ए.आई.आर. 1986 एस.सी. 1973) के मामले में अभिव्यक्ति किए हैं। ऐसे ही कुछ विचार न्यायमूर्ति पी.एन. भगवती तथा न्यायमूर्ति आर.एस. पाठक ने शीला बर्से बनाम चिल्ड्रन एंड सोसाइटी (ए. आई. आर. 1987 एस.सी. 656) के मामले में अभिव्यक्ति किए हैं। उनका कहना है कि "आज के बालक कल के नागरिक हैं। उन्हीं के कंधों पर कल का भारत है। वे ही आने वाले समय के नेता हैं। उन्हीं पर राष्ट्र का गौरव एवं गरिमा निर्भर है।" यह कहना गलत नहीं होगा कि बालक की स्थिति वयस्क एवं प्रौढ़ व्यक्ति से भिन्न होती है। उसकी सोच एवं समझ परिपक्व नहीं होती। मन चंचल होता है। ऐसे में कई बार वह ऐसे कृत्य कर बैठता है जो कानून की दृष्टि से अपराध होते हैं लेकिन हमारा विधिशास्त्र उन्हें अपराध नहीं मानता। भारतीय दण्ड संहिता 1860 की धारा 82 एवं 83 इसके ज्वलन्त उदाहरण हैं। धारा 82 में सात वर्ष से कम आयु के शिशु के कार्यों को अपराध नहीं माना गया है। जबकि धारा 83 में सात वर्ष से बारह वर्ष के बीच की आयु के शिशुओं के कृत्यों को कभी अपराध माना गया है। जबकि ऐसे व्यक्तियों की समझ परिपक्व हो। कृष्ण भगवान बनाम स्टेट ऑफ बिहार (ए.आई.आर 1989 पटना 217) के मामले में पटना उच्च न्यायालय ने इन दोनों व्यवस्थाओं को सुधारात्मक प्रकृति का मानते हुए कहा कि उनका मुख्य उद्देश्य शिशुओं, बालकों एवं किशोरों को सुधारने का अवसर प्रदान करना है। किशोर न्याय अधिनियम, 1986 इसी दिशा में पारित किया गया एक महत्वपूर्ण कदम है। इस अधिनियम का मुख्य उद्देश्य अपेक्षित एवं अपचारी किशोरों की देखरेख संरक्षण उपचार, विकास एवं पुनर्वास तथा अपचारी किशोरों से संबंधित मामलों के न्यायनिर्णय के संबंध में उपबंध करना है। इस अधिनियम के प्रयोजनार्थ धारा 2 में सोलह वर्ष से कम आयु की लड़की को किशोर माना गया है। यदि ऐसे किशोर अपराध कारित किया जाता है तो इसे अपचारी किशोर की संज्ञा दी गई है।

अपचारी किशोरों का विचारण किशोर न्यायालय द्वारा किए जाने की व्यवस्था की गई है। किशोर न्यायालयों का पीठासीन अधिकारी सामान्यतः मुख्य न्यायिक मजिस्ट्रेट होता है। एक विशेष बात यह है अपचारी किशोरों को साधारण कारागृहों

में नहीं भेजा जाता या तो उन्हें किशोर गृह में भेजा जाता है या फिर उन्हें उनके संरक्षकों को सौंप दिया जाता है। विचारण के दौरान उन्हें संप्रेक्षण गृह में रखा जा सकता है। जहां तक जमानत का प्रश्न है, जब तक मामला गंभीर प्रकृति का न हो, सामान्यतः अपचारी किशोरों को जमानत पर छोड़ दिया जाता है। राजेश कुमार बनाम स्टेट ऑफ राजस्थान (1989 क्रिमिनल रिपोर्टर 560) के मामले में राजस्थान उच्च न्यायालय ने यह निर्धारित किया कि "ऐसे मामलों में जमानत का आवेदन स्वीकार कर लिया जाना चाहिए। जहां अपचारी किशोर के कुख्यात अपराधियों की संगत में जाने की आशंका न हो और न ही न्याय के उद्देश्यों के विफल हो जाने की संभावना हो"

फिर अपचारी किशोरों को दोष सिद्ध पर कारावास के दण्ड से दण्डित नहीं किया जा सकता। उन्हें भर्त्सना या परिवीक्षा पर छोड़े जाने की व्यवस्था की गई है। यह बात अलग है कि यदि अपचारी बालक किशोर चौदह वर्ष से अधिक आयु का है और धन अर्जित करता है। तो उस पर जुर्माना अधिरोपित किया जा सकता है। लेकिन जुर्माना देने में व्यतिक्रम किए जाने पर उसे कारागृह में नहीं भेजा जा सकता। चौदह वर्ष से अधिक आयु के अपचारी किशोरों द्वारा जुर्माना जमा नहीं कराए जाने अथवा सदाचार के लिए प्रतिभूति नहीं दिए जाने अथवा गंभीर प्रकृति का अपराध किए जाने पर ऐसे अपचारी किशोरों को किशोर न्यायालय द्वारा उपयुक्त सुरक्षित अभिरक्षा में भेजा जा सकता हैं। कुल मिलाकर अधिनियम का लक्ष्य यह है कि अपचारी किशोरों को कारागृह में कैद कर उनमें हीनभावना एवं आत्मग्लानि का भाव पैदा कराना है। प्रश्न यह है कि इन उद्देश्यों की प्रति में हमें कहां तक सफलता मिली है? इस संबंध में आपका ध्यान पुनः उपरोक्त दोनों मामलों की ओर आकर्षित करना चाहता हूँ।

शीला बर्से एक पत्रकार है। वह महाराष्ट्र स्टेट लीगल एंड कमेटी से भी जुड़ी रही हैं। बालकों एवं महिलाओं की समस्याओं के प्रति वह आरम्भ से ही जागरूकता एवं संवेदनशील रही हैं। जब उसने देखा कि बालक अधिनियम 1960 के प्रभावशाली होते हुए भी असंख्य किशोर एवं बालक देश के कारागृहों में कैद हैं तो उसे उच्चतम न्यायालय में जनहित याचिका संस्थित करनी पड़ी। इस याचिका में यह कहा गया है कि देश के सभी कारागृहों का निरीक्षण कराया जाए और यह पता लगाया जाए

कि उनमें सोलह वर्ष से कम आयु के कितने किशोर बंद हैं, उन्हें तत्काल कारागृहों से मुक्त कराया जाए तथा याचिकाकर्ता को देश के कारागृहों, बालगृहों, रिमाण्ड गृहों तथा सम्प्रेक्षण गृहों तथा सुधारगृहों से सूचनाएं प्राप्त करने की सुविधाएं जुटाई जाएं। उच्चतम न्यायालय ने यह निर्देश दिया कि–

1. देश के सभी जिला एवं उप कारागृहों का जिला न्यायाधीशों से अथवा उनके अधीनस्थ मुख्य न्यायिक मजिस्ट्रेटों या न्यायिक मजिस्ट्रेटों से निरीक्षण कराया जाए और यह पता लगाया जाए कि उनमें सोलह वर्ष से कम आयु का कोई बालक अथवा किशोर बंद तो नहीं है और हैं तो कितने?
2.. कारागृहों के अधीक्षक अथवा प्रभारी निरीक्षण संबंधी सभी आवश्यक सुविधाएं जुटाएं तथा कारागृह के अभिलेखों का निरीक्षण, बालकों एवं किशोरों से साक्षात्कार आदि।
3. बाल गृहों, रिमाण्ड गृहों, सम्प्रेक्षण गृहों आदि का भी निरीक्षण किया जाए और यह सुनिश्चित किया जाए कि उनमें बालकों को भोजन शिक्षा आदि की समुचित व्यवस्था है या नहीं।
4. राज्यों के विधिक सहायता एवं सलाहकार बोर्ड कारागृहों में बंद सोलह वर्ष से कम आयु के बालकों को कानूनी सलाह एवं सहायता उपलब्ध कराने के लिए सप्ताह में एक बार दो अधिवक्ताओं को भेजने की व्यवस्था करें।
5. सोलह वर्ष से कम आयु के बालकों को कारागृह में नहीं रखा जाए, बालगृहों, सम्प्रेक्षण गृहों अथवा सुधार गृहों में रखा जाए। राज्य सरकारों को यह तर्क स्वीकार नहीं होगा कि ऐसे बालकों को कारागृहों में अन्य अपराधियों से अलग रखा जाता है अथवा सरकार के पास सभी बालकों को रखने के लिए पर्याप्त मात्रा में बालगृह, सम्प्रेक्षण गृह या सुधार गृह उपलब्ध हैं।
6. ऐसे अपराधी का जिनमें सात वर्ष से कम अवधि के कारावास का प्रावधान है। अन्वेषण प्रथम सूचना रिपोर्ट अथवा परिवारद संस्थित होने से तीन माह पूर्ण होने पर उससे बंद कर दिया जाए।
7. ऐसे मामलों का विचारण भी छः माह में पूर्ण कर लिया जाए।
8. बाल अपराधियों के विचारण के लिए पृथक से बाल अथवा किशोर न्यायालय स्थापित किए जाएं और उनमें ऐसे व्यक्तियों को पीठासीन अधिकारी के रूप

में नियुक्त किया जाए। जो संवेदनशील एवं विशेष रूप से प्रशिक्षित हों तथा बालकों की समस्याओं के निपटारे में रुचि रखते हों। अन्य न्यायालयों के पीठासीन अधिकारियों को ही बाल अथवा किशोर न्यायालय का अतिरिक्त कार्यभार सौंपने की प्रवृति को रोका जाए।

9. दूरदर्शन तथा ऑल इण्डिया रेडियो जैसे मीडिया बाल समस्याओं की ओर विशेष ध्यान देते हुए विशेष रूप से शारीरिक एवं मानसिक रूप से अविकसित बालकों की समस्याओं से समाज एवं सरकार को अवगत कराएं। यह सारे दिशा निर्देश शीला बर्से बनाम यूनियन ऑफ इण्डिया के मामले में प्रदत्त किए गए हैं।

अब हम उन दिशा निर्देशों पर विचार करते हैं जो शीला बर्से बनाम चिल्ड्रन एंड सोसायटी में प्रदान किए गए हैं। इस मामले की संक्षिप्त पृष्ठभूमि इस प्रकार है। महाराष्ट्र में चिल्ड्रन एंड सोसायटी नाम की एक संस्था है जिसकी देखरेख में कई रिमाण्ड होम एवं सम्प्रेक्षण गृह चलते हैं। इनका मुख्य कार्य एवं उद्देश्य बालकों की देखरेख करना, उनके पुनर्वास की व्यवस्था करना तथा उन्हें अच्छा नागरिक बनाने के लिए सुसंकारित करना है। इन्हें राज्य सरकार द्वारा अनुदान भी दिया जाता है। लेकिन दुर्भाग्य है कि इन संस्थाओं में बालकों के पुनर्वास की बजाय उनका शोषण किया जाने लगा है। बालक इन संस्थाओं में आकर बंधुआ मजदुर बन गए और उनसे बेगार ली जाने लगी।

ऐसी संस्थाएं प्रति वर्ष चार लाख रुपए की आय अर्जित करती हैं लेकिन इन बालकों की जेब में कुछ नहीं आता। जब यह सब कुछ नहीं देखा गया तो शीला बर्से ने उच्चतम न्यायालय में दस्तक दी। उच्चतम न्यायालय ने फिर एक बार बालकों की इस दशा पर चिंता जताई और कहा कि "देश का भविष्य बालकों पर ही निर्भर करता है। जैसे बालकों के संस्कार होंगे वैसा ही देश का भविष्य बनेगा। अतः यह आवश्यक है कि इस नये पौधे को इस प्रकार अंकुरित किया जाए कि वह पल्लवित एवं पुष्पित होकर एक अच्छे एवं सुदृढ़ राष्ट्र का निर्माण करे? जब बालकों का भविष्य अंधकारमय दिखाई देने लगता है तो वहां भविष्य की सारी आशाएं धूमिल हो जाती हैं।"

उच्चतम न्यायालय ने कुछ महत्वपूर्ण दिशानिर्देश भी प्रदान किए यथा :–

1. चिल्ड्रन एंड सोसायटी का संविधान में वर्णित बाल कल्याण नीति निदेशक तत्वों का अनुसरण करना चाहिए।
2. बालगृहों, रिमाण्ड गृहों तथा सम्प्रेक्षण गृहों में बालकों के पुनर्वास की समूचित व्यवस्था की जानी चाहिए।
3. इन संस्थाओं में ऐसे बाल कल्याण अधिकारी नियुक्त किए जाने चाहिए जो बाल मनोविज्ञान में पारंगत हो तथा समर्पण की भावना रखते हों।
4. इन बालगृहों, रिमाण्ड गृहों तथा सम्प्रेक्षण गृहों में बालकों की शिक्षा–दीक्षा प्रशिक्षण, पालन–पोषण आदि की समुचित व्यवस्था की जानी चाहिए।
5. बालकों को श्रम के बदले पारिश्रमिक दिया जाना चाहिए।
6. बालकों को समय–समय पर बाल अथवा किशोर न्यायालय में प्रस्तुत कर आवश्यक दिशा निदेश प्राप्त किए जाने चाहिए।
7. इन संस्थाओं में बालकों के शारीरिक, मानसिक एवं बौद्धिक विकास के प्रयास किए जाने चाहिए।
8. बालक के समाज में लौटने योग्य हो जाने पर उसे समाज के सुपुर्द कर दिया जाना चाहिए।
9. बाल एवं किशोर न्यायालयों में पीठासीन अधिकारी के रूप में ऐसे व्यक्तियों को नियुक्त किया जाना चाहिए जो मानवीय पीड़ा के प्रति संवेदनशील हो।

यह दोनों निर्णय निःसंदेह अपचारी किशोरों के कल्याण एवं उनके प्रति न्याय निर्णय के लिए मील के पत्थर हैं। समय के दस्तावेज पर ये सशक्त हस्ताक्षर हैं जो न केवल अपचारी बालकों की आँखों के आंसू पौछने में सार्थक सिद्ध होंगे। अपितु भावी सुदृढ़ राष्ट्र का निर्माण का इतिहास रचेंगे।

भारत में बाल मजदूर: भारत में बाल मजदूर सब राज्यों में पाये जाते हैं परन्तु उत्तर प्रदेश, राजस्थान, बिहार, जम्मू व कश्मीर, मध्य प्रदेश, गुजरात, तमिलनाडु, आन्ध्र प्रदेश, महाराष्ट्र तथा पश्चिम बंगाल राज्यों में अनेक प्रमुख व्यवस्थाओं में बाल श्रमिक पाये जाते हैं। तालिका–2 में कुछ प्रमुख व्यवसायों में बाल श्रमिकों की स्थिति दी गई है:–

तालिका-2 भारत के कुछ प्रमुख व्यवसायों एवं प्रक्रियाओं में बाल श्रमिक [7]

	व्यवसाय/प्रक्रिया	स्थान का नाम	कुल मजदूरों की संख्या	बाल श्रमिकों की संख्या	कुल श्रमिकों में बाल श्रमिकों का प्रतिशत
1.	माचिस उद्योग/ पटाखा	शिवकाशी (तमिलनाडु)	अज्ञात	45,000	–
2	दरी–कालीन बुनाई	मिर्जापुर–भदोही (उत्तर प्रदेश)	2,00,000	1,50,000	75 प्रतिशत
3.	कालीन बुनाई	जम्मू–कश्मीर (उत्तर प्रदेश)	4,00,000	1,00,000	25 प्रतिशत
4.	जरी उद्योग	बनारस लखनऊ आदि (उ. प्र.)	अज्ञात	3,00,000	
5.	बीड़ी उद्योग	भारत	32,00,000	3,27,500	10 प्रतिशत
6.	कांच उद्योग	फिरोजाबाद (उत्तर प्रदेश)	2,00,000	50,000	25 प्रतिशत
7.	पीतल बर्तन उद्योग	मुरादाबाद (उत्तर प्रदेश)	1,50,000	45000	30 प्रतिशत
8	ताला उद्योग	अलीगढ़ (उ. प्र.)	90,000,	10,000	11.1 प्रतिशत
9.	चीनी मिट्टी बर्तन उद्योग	खुर्जा (उ. प्र.)	20,000	5,000	25 प्रतिशत
10.	वस्त्र उद्योग	बनारस (उ. प्र.)	3,512	1,100	37.5 प्रतिशत
11.	चाकू निर्माण	रामपुर (उ. प्र.)	अज्ञात	3,000	
12	हस्तशिल्प	जम्मू–कश्मीर	90,000	26,478	29.42 प्रतिशत
13.	रेशम बुनाई	भागलपुर आदि (बिहार)	अज्ञात	10,000	
14.	चिमनी भट्ठा उद्योग	पश्चिम बंगाल	अज्ञात	35,000	
15.	स्लेट पेंसिल	मंदसौर (मध्य प्रदेश)	12,000	1,000	8.3 प्रतिशत
16.	स्लेट निर्माण	मरकापुर (आन्ध्र प्रदेश)	15,000	3,750	25. प्रतिशत

17.	हीरा–कटाई उद्योग	सूरत (गुजरात)	100,000	15,000	15 प्रतिशत
18.	एगेट कटाई	काम्बे (गुजरात)	30,000	अज्ञात	
19.	कीमती पत्थर पालिश	जयपुर (राज–स्थान)	60,000	13,600	22.6 प्रतिशत
20.	पावरलूम	भिवांडी (महा–राष्ट्र)	3,00000	15,000	5 प्रतिशत
21.	सूती होजरी	तिरूपपुर (तमिलनाडु)	30,000	8000	33.3 प्रतिशत
22.	कालीन–बुनाई	राजस्थान	30,000	12000	40 प्रतिशत
23.	सर्कस उद्योग	40 बड़े सर्कस	अज्ञात	कुल श्रमिकों का 12 प्रतिशत	
24.	हथकर्घा एवं हस्तशिल्प उद्योग	जम्मू–कश्मीर	1,16,000	28, 348	25 प्रतिशत

भारत में, तिरूवअनन्तपुरम, भिवांडी, न्यूलौन, सहारनपुर, सम्बलपुर, तिरूचिरापल्ली, त्रिचूर, भावनगर तथा जयपुर में विभिन्न उद्योगों में पाये जाने वाले बाल श्रमिकों की संख्या तालिका–2 में दिखाई गई है।

भारत के विभिन्न शहरों में लगे बाल–श्रमिकों की संख्या तालिका–3 में दर्शायी गयी है।

तालिका-3 अन्य कार्यों में लगे बाल-मजदूर[6]

	उद्योग व्यवसाय	स्थान का नाम	बाल श्रमिकों की सं.
1.	हैंडलूम		
	(क)	तिरूवअनन्तपुरम	10,000
	(ख)	त्रिपुरा	8,000
	(ग)	भिवांडी	15,000
2	नारियल रेशा	केरल	20,000
3.	फिश–फ्रिजिंग (मछली प्रशोधन)	न्यूलोन (केरल)	20,000
4.	काँच की खान	मेघालय	28,000
5.	पत्थर खुदाई	केरल	20,000

6.	लकड़ी की नक्काशी	सहारनपुर (उ. प्र.)	10,000
7.	बीड़ी		
	(क)	सम्बलपुर	54,000
	(ख)	तिरूचिरापल्ली	7,000
	(ग)	त्रिचूर (कनार्टक)	7,000
	(घ)	बिहार, उ.प्र., आन्ध्र प्रदेश	200,000
8.	कालीन उद्योग	जयपुर	30,000
9.	पटाखा आतिशबाजी उद्योग	भावनगर (गुजरात)	13,000

एक अन्य अध्ययन के अनुसार मिर्जापुर–भदोही क्षेत्र में करीब 2 ½ लाख बाल श्रमिक कालीन उद्योग में कार्यरत हैं जो पूरे देश द्वारा निर्यात किए जानेवाले कालीन का 8.प्रतिशत निर्यात करता है[9]। हाथ से बुने कालीनों की विदेशों में माँग बढ़ने के कारण कालीना–पट्टी का विस्तार सोनभद्र, गाजीपुर, बनारस, जौनपुर और इलाहाबाद जिलों में भी हो गया है। जहाँ बिहार के सहरसा, कटिहार, पूर्णिया, मधुबली, दरभंगा, राँची, पलामू पढ़वा, छपरा, रोहतास, गोपालगंज जिलों से तथा उत्तर प्रदेश के बुन्देलखण्ड क्षेत्र से बाल श्रमिक आते हैं। कालीन उद्योग में तीन तरह के बाल–श्रमिक काम करते हैं प्रतिशत 14 वर्ष से कम उम्र की बालिकाएें हैं।[10] यह भी सच है कि बालकों और बालिकाओं के बीच काम करने के क्षेत्र में लिंगभेद है। मद्रास इन्स्टीच्यूट ऑफ डेवलपमेन्ट स्टडीज की 1985 की रिपोर्ट (पृ. 21) के अनुसार, "बालकों को उन कामों में लगाया जाता है जिनमें ज्यादा कौशल की जरूरत होती है। दूसरी ओर बालिकाओं को श्रम–बाजार की अनिश्चितता पर, पीस रेट पेशों के रूप में छोड़ दिया जाता है जिनमें बहुत कम मानसिक कौशल की जरूरत होती है और तदनुसार प्रति स्पर्धा अधिक होती है।" उस अध्ययन में यह भी पाया गया कि माचिस उद्योग में बालिकाओं की संख्या इसलिए अधिक है क्योंकि माचिस उद्योग में दी जाने वाली मजदूरी कृषि मजदूरी से काफी कम है। और गैर–कृषि कार्यों की मजदूरी से आधी से भी कम है (पृ. 40) 1985 में एक बालिका श्रमिक को एक दिन में 3–4 रु. की कमाई होती थी। जाहिर है कि इतनी कम मजदूरी पर कोई व्यस्क मजदूर काम नहीं करेगा और अन्ततः उसे बालिकाओं को करना पड़ता है। दूसरा कारण यह भी है कि वहाँ अधिकांश बालिका श्रमिक

अनुसूचित जाति के परिवारों की हैं, जहाँ महिलाओं की गतिशीलता पर कोई रोक नहीं होती। इस प्रकार स्पष्ट है कि शिवकाशी के माचिस उद्योग जैसे भारत के तमाम–उद्योगों में बालिकाओं को प्रायः कम मजदूरी वाले और कम हुनर वाले अथवा अकुशल कार्यों मे लगाया जाता है जिससे उनमें कौशल विकसित नहीं हो पाता [11]। भारत में बाल श्रमिकों की संख्या यह प्रकट करती है कि भारत में बच्चों के मानवाधिकारों का खुल कर हनऩ हो रहा है। अनेक सहायक कारणों से बाल श्रम भारत में पाया जाता हैः–

1. भूख तथा अत्यधिक आर्थिक गरीबी।
2. माता–पिता में शिक्षा का अभाव।
3. पारिवारिक जीवन की मूलभूत आवश्यकताओं का पूरा न होना।
4. पारिवारिक तनाव, कष्ट तथा पारिवारिक विघटन।
5. समाज में बेरोजगारी व अंध बेरोजगारी।
6. पारिवारिक अनुशासन का हनन।
7. औद्योगीकरण।
8. फिल्मों का बुरा प्रभाव।
9. पिताओं में नशाखोरी की आदत व बच्चों की देखभाल में बहुत कमी।
10. अपेक्षित सामाजिक व्यवस्था जिसमें बच्चों के अधिकार को संरक्षण नहीं मिलता।
11. बच्चों के प्रति सौतेली माँ की ओर से उपेक्षा।
12. अनाथ बच्चों की देखभाल के लिये उपयुक्त संस्थाओं का अभाव।
13. बाल अपराध की प्रवृतियाँ तथा किशोर न्याय अधिनियम 1986 में अनेक विसंगतियां।
14. बाल श्रम (प्रतिशोध एवं विनियम) अधिनियम 1986 में विसंगतियों व ठीक से न लागू होना।

भारत मे कालीन उद्योग, काँच उद्योग, पीतल बर्तन उद्योग, ताला उद्योग, चीनी मिट्टी बर्तन उद्योग, कीमती पत्थर पालिश उद्योग, माचिस उद्योग, तथा पटाखा उद्योग में बाल श्रमिक बड़ी मात्रा में पायें जाते हैं। बाल–श्रमिकों की स्थिति का अवलोकन करने से स्पष्ट होता है कि बाल–श्रमिकों को कम मजदूरी, काम के घण्टे

अधिक लेना, असगठित होना, गरीबी, परिवार की अल्प आय को बढ़ाना तथा अशिक्षा आदि कारण अधिक से अधिक पेशों में हैं। अधिकांश बाल–श्रमिक अनुसूचित जाति एवं जनजाति और अन्य पिछड़े वर्गों के हैं। हालांकि बिहार के मिथिलांचल से बहुत सारे बाल–श्रमिक दिल्ली, गाजियाबाद तथा अन्य महानगरों में देखे जाते हैं जो तथाकथित उच्च जाति के परिवारों के भी होते हैं। दक्षिण बिहार के आदिवासी मजदूर भारत के कई हिस्सों में ईट–भट्टा मजदूर के रूप में मिलते हैं। पंजाब, हरियाणा एवं पश्चिमी उत्तर प्रदेश में बिहार के वयस्क एवं बाल–श्रमिक खेती कार्यों में रोजगार हेतु झुण्ड जाते है। जहाँ–जहाँ साक्षरता की दर कम है वहाँ–वहाँ बाल–श्रमिकों का प्रतिशत अधिक है सबसे अधिक बाल–श्रमिक का प्रतिशत आन्ध्र प्रदेश में है (9.7 प्रतिशत बालक एवं 7.29 प्रतिशत बालिका)। वहाँ साक्षरता की दर मात्रा 29.9 प्रतिशत है। निम्नलिखित तालिका 4 के अवलोकन से स्थिति ज्यादा स्पष्ट होगी

तालिका-4 भारत में राज्यवार बाल-श्रमिकों की स्थिति साक्षरता एवं गरीबी[12]

श्रम सहभागिता अनुपात

राज्य	बालक श्रमिक	बालिका श्रमिक	साक्षरता दर	गरीबी अनुपात (1983–84)
1	2	3	4	5
आन्ध्र प्रदेश	9.70	7.29	29.9	36.4
बिहार	4.38	1.56	26.2	49.5
गुजरात	4.82	2.23	43.7	24.3
हरियाणा	3.93	1.11	36.1	15.6
कर्नाटक	8.28	4.83	38.5	35.00
केरल	0.79	0.79	70.4	26.8
मध्य प्रदेश	7.41	5.31	27.9	46.2
महाराष्ट्र	5.57	4.86	47.2	34.9
उड़ीसा	7.40	2.40	34.2	42.8
पंजाब	5.34	0.25	40.9	13.8
राजस्थान	5.27	2.72	24.4	34.3
तमिलनाडु	5.68	4.57	46.8	39.6
उत्तर प्रदेश	4.26	0.88	27.2	45.3

पं. बंगाल	4.02	0.93	40.9	39.2
भारत	5.46	2.95	36.2	27.4

सुभाष शर्मा ने विभिन्न राज्यों में बाल–श्रमिकों की संख्या का जो अनुमान दिया है वह नीचे दी गई तालिका में दर्शित किया गया है[13]–

तालिका-5 विभिन्न राज्यों/संघ क्षेत्रें में बाल-श्रमिकों की संख्या

	राज्य/संघ क्षेत्र	बाल श्रमिकों सं (लाखो में) 1971	1981
	1	2	3
1.	आन्ध्र प्रदेश	16.27	17.54
2.	असम	2.39	अनुपलब्ध
3.	बिहार	10.39	8.93
4.	गुजरात	5.18	4.62
5.	हरियाणा	1.38	1.42
6.	हिमाचल प्रदेश	0.71	0.60
7.	जम्मू व कश्मीर	0.70	1.09
8.	कर्नाटक	8.09	9.66
9.	केरल	1.12	0.68
10.	मध्यप्रदेश	11.12	13.72
11.	महाराष्ट्र	9.88	12.63
12.	उड़ीसा	4.92	5.15
13.	पंजाब	2.33	1.79
14.	राजस्थान	5.87	5.88
15.	तमिलनाडु	7.13	8.71
16.	उत्तर प्रदेश	13.27	12.46
17.	पं. बंगाल	5.11	5.23
18.	दिल्ली	0.17	0.24
19.	गोवा, दमन एवं द्वीप	0.07	0.06
20.	चंडीगढ़	0.01	0.01
21.	लक्षद्वीप	0.0003	नगण्य
22.	पांडिचेरी	0.04	0.03
23.	मिजोरम	0.04	0.03

24.	अरुणाचल प्रदेश	0.18	0.14
25.	अण्डमान निकोबार द्वीप समूह	0.01	0.01
26.	त्रिपुरा	0.17	0.19
27.	मणिपुर	0.15	0.17
28.	मेघालय	0.30	0.39
29.	नागालैण्ड	0.14	0.14
30.	दादरा एंव नागर हवेली	0.03	0.02
31.	सिक्किम	अनुपलब्ध	0.7

नीराबुर्रा में खतरनाक बीमारियों के शिकार बाल श्रमिकों के बारे में लिखा है कि खुर्जा सरकार अस्पताल में 300 टी.बी. मरीजों में से 70 प्रतिशत चीनी मिट्टी के बर्तन बनाने वाले मजदूर हैं। इस के अतिरिक्त गैर–सरकारी अस्पतालों में इलाज कराने वाले करीब 700 ऐसे मरीज हैं। मिट्टी बर्तन उद्योग लगे हर 10 बाल–श्रमिकों से कम से कम एक को पुलमोनरी टी. बी. की बीमारी होती है।[14] भिन्न–भिन्न उद्योगों में काम करने वाले बाल श्रमिकों में कौन–कौन सी बीमारियाँ पैदा होती हैं इस पर सुभाष शर्मा ने खोज की है। जो तालिका–6 में दिखाई गई है।

तालिका-6 विभिन्न खतरनाक कार्यो से उत्पन्न बीमारियाँ[15]

	व्यवसाय/प्रक्रिया	पैदा होने वाली बीमारियाँ एवं खतरे
1.	शीशा सम्बन्धी कार्य	दमा, जलन, नेत्रदोष, तपेदिक, श्वास नली शोथ,
2	ईंट–भट्ठा	सिलिकोसित, ऐंठन।
3.	पीतल बर्तन निर्माण	अपंगता, तपेदिक, जलन, उल्टी, श्वास सम्बन्धी रोग, जल्दी मृत्यु।
4.	बीड़ी उद्योग	टी.बी. श्वासनीय शोथ।
5.	हस्तकरघा एवं पावरलूम	दमा, टी.बी. (तपेदिक) श्वासनली शोथ रीढ़ की हड्डी की बीमारी, जलन, नेत्र–दोष
6.	जरी एवं कढ़ाई	नेत्र–दोष
7.	रूबी एवं हीरा कटाई	नेत्र–दोष

8.	रद्दी चुनना	चर्मरोग, संक्रामक रोग, टिटेनस, दमा, श्वासनली शोथ, तपेदिक, सिलिकोसिस, सर्दी एवं खांसी
9.	माचिस उद्योग	दुर्घटना, तुरन्त मृत्यु।
10.	कृषि उद्योग	चर्मरोग, कीटनाशक दवाईयों एवं मशीनों का दुष्प्रभाव, स्नायु सम्बन्धी बीमारी, उत्तेजना ऐंठन।
11.	स्लेट उद्योग	सिलिकोसित।
12.	चूड़ी उद्योग	ताप आघात, चर्म रोग, सांस–दोष, कंजक्टिवाइट्सि
13.	मिट्टी बर्तन निर्माण	दमा, श्वासनली शोथ, टी. बी. सिलिकोसिस, सर्दी, खाँसी।
14.	पत्थर एवं स्लेट खनन	सिलिकोसिस
15.	गुब्बारा उद्योग	निमोनिया, श्वांस रोग, दिल का दौरा, दमा
16.	कालीन उद्योग	बिसिनोसिस, दमा, टी.बी.
17.	ताला उद्योग	टी. बी., दमा, दुर्घटना।

बड़े नगरों में सड़क पर रहने वाले बच्चों की वस्तुस्थिति

बड़े नगरों में सड़क के रास्तों (फुटपाथ) पर रहने वाले कामकाजी बच्चों के बारे में विभिन्न अध्ययनों में निम्नलिखित तथ्य रेखांकित किए गए हैं।[16]

1. ये बच्चे प्रायः घर से भागे हुए या भगाए हुए होते हैं।
2. ये बच्चे परिवार से बिछड़े हुए, या अनाथ या जन्मते ही फेंके गए होते हैं।
3. ये बच्चे गरीबी, कुपोषण एवं अशिक्षा के शिकार होते हैं।
4. ये बच्चे शारीरिक, यौन या भावनात्मक शोषण के शिकार होते हैं।
5. ये बच्चे प्रायः असंगठित एवं अनौपचारिक क्षेत्र में काम करते हैं।
6. ये बच्चे प्रायः अकुशल काम करते हैं।
7. ये बच्चे सरकारी जमीन का अतिक्रमण कर अपना सामान या सेवा बेचते हैं जिसके कारण उन्हें नगरपालिका/निगम तथा अन्य सरकारी विभागों द्वारा हटाया जाता है। और वे फिर वहाँ जाते हैं। इस कुचक्र में अधिकारियों/कर्मचारी को रिश्वत देनी पड़ती है।
8. ऐसे कुछ बच्चे गलत संगति में पड़कर जुआ, नशीली दवाओं, शराब, काला–धन्धा और वेश्यावृत्ति के दलाल/एजेन्ट के रूप में भी काम करते हैं।

9. फुटपाथों/गलियों/नुक्कड़ों पर कुछ असामाजिक तत्वों के अप्रत्यक्ष नियन्त्रण/दादागिरी के कारण उन्हें "हफ्ता" या दूसरे नाम पर रिश्वत देनी पड़ती है।
10. इन बच्चों की खुली जिन्दगी होने के कारण पुलिस–प्रशासन के कुदृष्टि उन पर ज्यादा पड़ती है और सन्देह की सुई प्रायः उन पर घूमने से उन्हें आपराधिक मामलों में भी फँसा दिया जाता है।
11. ये बच्चे प्रायः बड़े शहरों में ज्यादा रहते हैं और यद्यपि भारत की 23 प्रतिशत आबादी ही शहरी है किन्तु कम शहरीकृत राज्यों में शहरी जनसंख्या काफी अधिक है अर्थात् ऐसे अधिकांश शहर अनियोजित होने तथा गतिशील लोगों के अव्यवस्थित आगमन से बेतरतीब बढ़े हुए "बहुत बड़े गाँव" मात्र है।
12. मद्रास में 87.2 प्रतिशत फुटपाथी बच्चे धूप, वर्षा और सर्दी सीधे झेलते हैं, 89 प्रतिशत शौचालय की सुविधा से वंचित हैं और इसमें 31 प्रतिशत कामकाजी बच्चे हैं। उसमें 22 प्रतिशत कुली, 10 प्रतिशत होटल मजदूर, 9.8 प्रतिशत रद्दी चुनने, 8 प्रतिशत रिक्शा चलाने, 7 प्रतिशत फूल बेचने और 0.3 प्रतिशत देह बेचने का काम करते हैं। उसमें 65 प्रतिशत बालक एवं 35 प्रतिशत बालिकाएँ हैं। 23 प्रतिशत बच्चे 5 वर्ष से नीचे, 23 प्रतिशत बच्चे 6–10 वर्ष के बीच, 30.8 प्रतिशत बच्चे 11–15 वर्ष के बीच और 23 प्रतिशत बच्चे 16 वर्ष के ऊपर के हैं। उनमें 81 प्रतिशत अनुसूचित जाति के 2 प्रतिशत अनुसूचित जनजाति के और 17 प्रतिशत अन्य जातियों के हैं।[17] इसमें 84 प्रतिशत गरीबी के कारण, 4 प्रतिशत माँ–बाप की मृत्यु से, 9 प्रतिशत बेरोजगारी से, और 3 प्रतिशत अन्य कारणों से फुटपाथ पर रहने को मजबूर हैं।
13. इन बच्चों में स्वतन्त्रता की भावना, मौलिकता, उद्यमशीलता एवं जिजिविषा का स्वरूप एवं परिणाम प्रायः अधिक होता है तथा कठिन परिस्थितियों में रहने एवं काम करने के कारण इनका अनुभव ज्यादा यथार्थवादी एवं दुनियादारी से पूर्ण होता है।

एक अन्य अध्ययन में पाया गया कि मुम्बई में 2169 फुटपाथी बच्चों में से 71 प्रतिशत कोई न कोई काम करते थे जिनमें करीब आधे से अधिक स्वनियोजित

थे (रद्दी चुनना, धातु की बनी टूटी चीजें चुनना, खाने–पीने की चीजें बेचना आदि) (और 14 प्रतिशत छोटी–मोटी दुकानों या सेवा केन्द्रों में काम करते थे तथा 23 प्रतिशत आकस्मिक मजदूर (कुली, बारात पार्टियों में बर्तन धोना आदि) के रूप में काम करते पाए गए। कम अवधि तक काम करने वाले बच्चे अंशकालीन काम (यथा रद्दी चुनना या घरेलु काम करना) भी करते थे।[18]

दिल्ली की वंचित बच्चियों का एक अध्ययन किया गया था। जिसमें पाया गया कि 20 में से 13 लड़कियाँ उन परिवारों की थीं जिनकी मासिक आय 100 रु. से कम थी तथा उनमें से 14 घर से बाहर निकलकर अखबार बेचने, घरेलू नौकरी, निर्माण कार्य, रद्दी चुनने और एक भीख माँगने का काम कर रही थी। सिर्फ चार बालिकाऐं अपने घरों के कार्यों तक सीमित थीं। उनमें से अधिकांश ने 8 वर्ष की उम्र में ही काम करना शुरू कर दिया था। बीस में से 18 अशिक्षित थी और दो बालिकाएं सिर्फ कक्षा तीन तक पढ़ी थी। इनकी शादी की उम्र औसतन 12 वर्ष है। बीस में से 14 लड़कियाँ राजस्थान, 2 उत्तर प्रदेश, 2 केरल, 1 तमिलनाडु और 1 पं. बंगाल से आए हुए परिवारों की थी।[19] अधिकांश परिवारों के मुखिया शराब की लत वाले पाए गए। बच्चों की तुलना में इन बच्चियों के साथ खान–पान, शिक्षा तथा काम काफी भेदभाव बरता जाता है। इन परिवारों के बालक अपनी कमाई के लिए परिवार के प्रति प्रायः जिम्मेवार नहीं होते और शहरी जीवन के मुताबिक कपड़े आदि पहनते हैं जबकि लड़कियों को पारम्परिक कपड़े पहनने पड़ते हैं। ये लड़कियाँ प्रायः अपनी झुग्गी–झौंपड़ियों अथवा माँ–बाप की कार्यस्थल के नजदीक काम करती हैं, जिससे उन पर निगरानी रखी जा सके। इनका जीवन तंग, भीड़–भाड़ वाले और गन्दे परिवेश में बितता है[20]। इन फुटपाथ पर जीवन व्यतीत करने वाले बच्चों के मानवाधिकार क्यों और किसने छीने हैं तथा कौन इन के मानवाधिकारों की सुरक्षा के लिये उत्तरदायी है। इन बच्चों के साथ शारीरिक, भावात्मक तथा लैंगिग दुर्व्यवहार किया जाता है। हेनरी कैम्प के अनुसार बाल लैंगिक दुर्व्यवहार की परिभाषा इस प्रकार है : यह आश्रित और अपरिपक्व बच्चों का उन यौन सम्बन्धी गतिविधियों में लिप्त होना है जिन्हें वे पूरी तरह नहीं समझते और जिनके लिये वे जानकार सहमति नहीं दे सकते हैं। भावात्मक दुर्व्यवहार में प्रेम व अनुराग की अभिव्यक्ति का अभाव व उदासीनता का भाव है। बच्चों के प्रति भावात्मक दुर्व्यवहार में दोषारोपण करना,

अनादर करना, अस्वीकार करना आदि सम्मिलित है। श्री जी.एस. केवलरमानी द्वारा राजस्थान में 1990 में बाल दुर्व्यवहार पर उसके स्वरूप, विस्तार, संरूपों और कारणों का निर्धारण करने, तथा बच्चों पर दुर्व्यवहार के प्रभावों पर एक अनुभाविक अध्ययन किया। अध्ययन 10–16 आयु समूह के 167 बच्चों पर केन्द्रित था। इस अध्ययन में 124 शारीरिक दुर्व्यवहार के मामले थे 23 लैंगिक दुर्व्यवहार के और 103 भावात्मक दुर्व्यवहार के मामले थे।

भ्रूणहत्या क्या मानवाधिकारों का हनन नहीं है? भ्रूणहत्या से मानव समाज के अस्तित्व को खतरा:-

नवजात कन्या शिशुओं या कन्या भ्रूण हत्याओं का जाल पिछड़े इलाकों से लेकर कस्बों, शहरों और महानगरों तक में फैला हुआ है। फर्क केवल इतना है कि पिछड़े क्षेत्रों में कन्याओं को जन्म के बाद विभिन्न तरीकों से मार डाला जाता है, जबकि शहरी क्षेत्रों में चिकित्सकीय विधियों की सहायता से उन्हें जन्म के पहले ही मौत के हवाले कर दिया जाता है। यह प्रवृति इस कदर बढ़ गई है कि आज महिलाओं के अस्तित्व पर खतरा मंडराने लगा है।

कन्या शिशुओं का जन्म के बाद या गर्भ में ही मार डालने की यह प्रवृति क्यों तेजी से फैलती जा रही है इस बारे में यदि परम्परागत मान्यताओं पर गौर किया जाए तो इसकी वजह है भारतीय समाज में पुत्र की महत्ता। सामाजिक और सांस्कृतिक धारणा यह है कि बेटे वंश चलाने वाले होते हैं। उन्हें बुढ़ापे में सहारा बनने व मुखाग्नि देने वाला समझा जाता है। संपत्ति की रक्षा के मामले में भी बेटी की बजाए बेटे को ज्यादा समर्थ माना जाता है। सामंती समाज व्यवस्था और पूंजीवाद सत्ता वाली परिस्थितियां और मानसिकता आज भी बरकरार है। अधिकांश परिवारों में लड़कियां इसलिए भी अनचाहा बोझ बन गई हैं, क्योंकि माता–पिता की नजर में ये पालन–पोषण, पढ़ाई–लिखाई, विवाह, रीति–रिवाजों में अनावश्यक खर्च कराने वाली और पैतृक संपत्ति में हिस्सा लेकर पराए घर चली जाने वाली होती हैं। भ्रूण हत्याओं का दूसरा कारण है तेजी से होता औद्योगिकरण और आर्थिक विकास। आजकल शादी में अधिक से अधिक खर्च करना "स्टेटस सिबंल" बनता जा रहा है। नतीजन–दहेज की प्रवृत्ति बढी है। रईसों के इस संपत्ति प्रदर्शन से चकित मध्यम वर्ग उनके ही पग चिह्नों पर चलने की कोशिश करता है। भारी–भरकम

दहेज देने के अतिरिक्त इस अपव्यय की भरपाई भी लड़की वालों को ही करनी पड़ती है। यही कारण है कि इस समाज में लड़कियों को बोझ माना जाने लगा है। दहेज हत्याओं का भी ग्राफ ऊंचा हुआ है।

लड़कियों की जान का दुश्मन बनने के अन्य कारणों में गरीबी और ग्रामीण हिंसा को नजरअंदाज नहीं किया जा सकता है। आजादी के बाद से लेकर अब तक की सरकारें गरीबी मिटाने के लिए समय–समय पर तमाम घोषनाएं करती चली आई हैं। पंचवर्षीय योजनाओं में इसे प्राथमिकता दी जाती रही है। यहां तक की इंदिरा गांधी के प्रधानमंत्रित्व काल में लागू किए गए बीस सूत्री कार्यक्रम अब भी जारी हैं। वर्तमान सरकार शहरी और ग्रामीण गरीबी मिटाने के लिए तमाम घोषणाएं कर चुकी है। इसके बावजूद गरीबी मिटने की बजाए बढ़ती ही जा रही है। अतिपिछड़े इलाके में जहां गरीबी रेखा के नये जीवन बसर करने वालों के लिए दो वक्त की रोटी का भी इंतजाम करना दुश्वार हो, वहां बेटी का भार उठा पाना उनके लिए क्योंकर संभव हो पाएगा? कारण है कि बेटियों के जन्मते ही उन्हें विभिन्न तरीकों से मार डालने में लोग तनिक भी नहीं हिचकते हैं। दूसरे, ग्रामीण क्षेत्रों में भूमि वितरण में असमानता व सामंती प्रवृत्तियां व मानसिकता अब भी बरकरार है, जिससे ग्रामीण हिंसा में व्यापक बढ़ौतरी हुई है। किसी से बदला लेने या उसे अपमानित करने के लिए उसके परिवार की महिलाएं सबसे आसान, सुरक्षित और शक्तिहीन शिकार समझी जाती हैं।

भ्रूण हत्या की सबसे घिनौनी और विभिन्न तस्वीर उभर कर आती है कथित सभ्य और आधुनिक कहे जाने वाले समाज में[21] अधिक से अधिक भौतिक सुख–सुविधाएं जुटाने के लिए मची आपाधापी के आलम में समाज व्यवस्था और उसे निर्धारित करने वाले मूल्य बिखरने लगे हैं। फलतः प्रजनन, सुरक्षा और संरक्षण की जिस जरूरत पूरा करने के लिए परिवार जैसी संस्था का जन्म हुआ था उसमें अब दरार पड़ने लगी है। यौन उन्मुक्ता की बढ़ती प्रवृत्ति और अति आधुनिक समझे जाने वाले वर्गों में सहज स्वीकार्य हो रहे अनैतिक यौन संबंधी कारण अवैध गर्भपातों का ग्राफ ऊंचा हुआ है। दूसरी ओर आधुनिक जीवन के दबावों के आगे मजबूर दंपत्ति या अति महत्वाकांक्षी स्त्री–पुरुष अव्वल तो संतान चाहते ही नहीं हैं यदि चाहते भी हैं तो संतान के रूप में पुत्र की ही चाहत रखते हैं। नतीजन कन्या शिशुओं को गर्भ में

ही मौत के हवाले कर देना आम प्रचलन में शामिल हो गया है। एक रिपोर्ट के मुताबिक भारत में प्रति वर्ष सात लाख गर्भपात होते हैं, जिनमें से केवल छह लाख गर्भपात ही वैध होते हैं। गर्भपातों में बहुलता कन्या शिशुओं की ही होती है। इन तमाम कारणों से कन्या शिशु या भ्रूण हत्या करके यह समाज भले ही फौरी तौर पर राहत महसूस करता हो पर धीरे–धीरे वह एक बहुत ही विकट समस्या की ओर कदम भी बढ़ाता जा रहा है कुछ इलाकों में नवजात बच्चियों की हत्या कर दी जाती है अथवा भ्रूणपरीक्षण तक उनके जन्म के पूर्व ही गर्भपात करा दिया जाता है। बिहार की एक स्वयंसेवी संस्था "अदिथि" के अनुसार बिहार के कटिहार, सहरसा, मधुबनी, सीतामढ़ी, पूर्णिया आदि क्षेत्रों में नवजात बच्चियों की हत्या का प्रचलन है। तमिलनाडु के सलेम जिले के पाँच ब्लाकों में किए गए अध्ययन में 1250 लोगों (1238 हिन्दू) में साक्षात्कार करने पर 9 प्रतिशत ने स्वीकार किया कि उन्होंने पिछले 2 वर्षों में अपनी बच्चियों की हत्या की थी तथा 67 प्रतिशत लोगों ने स्वीकार किया कि उनके गांवों में बच्चियों की हत्या की थी तथा 67 प्रतिशत लोगों ने स्वीकार किया कि उनके गाँवों में बच्चियों की हत्या है तथा 38 प्रतिशत ने यह भी कहा कि एक से अधिक बच्ची के जन्म लेने पर वे उसकी हत्या कर देंगे। अन्य तरीके से सत्यापित करने पर इसकी सम्पुष्टि हुई कि 44 प्रतिशत परिवारों में (547 परिवार) बच्चियों की हत्या की गई थी। इसके अलावा 865 लोगों ने कहा कि बच्ची का जन्म लेना एक बोझ (Liability) है तथा सभी ने एक मत से कहा कि बच्चियों के लिए चार उत्सव करने पड़ते हैं कान छेदाई, तरूणावस्था (Puberty) होने पर, शादी के समय और पहला बच्चा होने पर। 554 लोगों ने दो और उत्सव गिनाए–शादी के बाद नाभिक परिवार बसाने तथा मासिक धर्म बन्द होने पर (केवल गोडेर जाति में) इन उत्सवों में होने वाला खर्च बच्चियों की हत्या करने का मुख्य कारण है। अन्य कारण दहेज तथा उसके कारण बच्चियों की प्रताड़ना, ससुर द्वारा पतोहू का यौन–शौषण आदि में है। जिन बच्चियों को जन्म के 24 घण्टे के अन्दर मार दिया जाता है, उन्हें "कुझीपप्पा" जिसे शमशानी गड़ढे में जाना है। कहा जाता है।[22]

मानवाधिकारों से सम्बन्धित संयुक्त राष्ट्र संघ द्वारा पारित बच्चों के अधिकार

संयुक्त राष्ट्र संघ द्वारा 20 नवम्बर, 1989 को पारित "बच्चों के अधिकार

सम्बन्धी समझौते" चार प्रकार के हैं:

(1) जीने का अधिकार,

(2) विकास का अधिकार,

(3) सुरक्षा का अधिकार,

(4) सहभागिता का अधिकार,

1. **जीने का अधिकार:** इस अधिकार के तहत जीने का स्वास्थ्य के उच्चतम स्तर की प्राप्ति का समुचित पोषाहार का, मानवोचित जीवन–स्तर उपभोग करने का, एक नाम और एक राष्ट्रीयता धारण करने का अधिकार सम्मिलित है। प्रत्येक दिन लगभग 40 हजार बच्चे मौत के मुँह में चले जाते हैं जिन्हें थोड़ी सावधानी बरतने और थोड़े–बहुत खर्च करके बचाया जा सकता है। उक्त समझौते के अनुच्छेद 6 के अनुसार हर बच्चे को जीने का जन्मजात अधिकार है। हर बच्चा अपनी आकस्मिक मृत्यु तथा अपने प्रति अप्राकृतिक एवं विकृत व्यवहार से सुरक्षित रहे एवं स्वस्थ जीवन–यापन कर सके भारत के विभिन्न राज्यों में शिशु मृत्युदर में काफी भिन्नता है। जहाँ एक ओर केरल में 1992 शिशु मृत्यु दर मात्र 17 थी, वहीं दूसरी ओर उड़ीसा में यह दर 114 थी। इस प्रकार यह भी एक सच्चाई है कि 1990 में ग्रामीण क्षेत्रों में शिशु मृत्यु दर 86 थी जबकि शहरों में यह दर 51 थी।[23] 1994 के आंकड़े के अनुसार सर्वाधिक साक्षर केरल प्रदेश में शिशु मृत्यु दर मात्र 16 है (शहरी क्षेत्र में मात्र 14) जो सभी राज्यों में सबसे कम है जबकि उड़ीसा में यह दर सबसे अधिक 103 है। पूरे भारत में (जम्मू छोड़कर) ग्रामीण क्षेत्र में यह दर 79 और शहरी क्षेत्र में 51 तथा कुल मिलाकर 73 है।[24] संयुक्त राष्ट्र संघ के समझौते के अनुच्छेद 24 के अनुसार "समझौते में शामिल देश बीमारी के उपचार और फिर स्वस्थ होने के लिए उच्चतम स्वास्थ्य सम्बन्धी मानक तथा सुविधाएं प्राप्त करने के बच्चे के अधिकार की मान्यता देते हैं। समझौते में शामिल देश यह सुनिश्चित करने का प्रयास करेंगे कि किसी भी बच्चे को ऐसी स्वास्थ्य सेवाएँ पाने के अधिकार से वंचित नहीं होना पड़े। बच्चे के जन्म से पूर्व और बाद में माताओं के लिए उपयुक्त स्वास्थ्य सम्बन्धी देखभाल सुनिश्चित की जानी चाहिए।" प्रशिक्षित दाइयों और दवाओं के अभाव में प्रसव के समय तमाम गर्भवती महिलाओं की मृत्यु हो जाती है।

2. **विकास का अधिकार:** समझौते के अनुच्छेद 6 के अनुसार समझौते में शामिल देश बच्चों को जीवित रहने और उनके विकास को सुनिश्चित करने का हर सम्भव प्रयास करेंगे। आपदाओं यथा अकाल, बाढ़, युद्ध आदि के दौरान बच्चे मौत, विस्थापन और अपंगता के शिकार सबसे अधिक होते हैं। विकास के अधिकार का तात्पर्य है–समुचित शिक्षा, बचपन के दौरान समुचित देखभाल, सामाजिक सुरक्षा, मनोरंजन तथा सांस्कृतिक गतिविधियों का अधिकार समझौते के अनुच्छेद 28 में यह प्रावधान किया गया है कि बच्चों को शिक्षा का समान अधिकार दिया जाए और प्राथमिक शिक्षा के अधिकार के तहत निःशुल्क शिक्षा का प्रावधान कराया जाए। भारतीय संविधान के अनुच्छेद 45 में यह प्रावधान किया गया है–"इस संविधान के लागू होने के वर्ष से 10 वर्ष के भीतर ही सारे बच्चों को 14 वर्ष की आयु पूरी होने तक निःशुल्क आवश्यक प्राथमिक शिक्षा देने के लिए सरकार तमाम साधन उपलब्ध कराएगी और इसके लिए हर सम्भव प्रयास करेगी।" "शिक्षा पर राष्ट्रीय नीति" (1986) तथा "भारत में सबके लिए शिक्षा का लक्ष्य" (1990) में यह संकल्प दुहराया गया कि सन् 2000 तक भारत में सबको प्राथमिक शिक्षा दी जाएगी किन्तु जिस तरह से विगत 5 दशकों में शिक्षा की प्रगति हुई है, वह सन्तोषजनक नहीं कही जा सकती। 1951 में मात्र 2,09,671 मान्यता प्राप्त प्राथमिक विद्यालय थे और 1993 में इनकी संख्या बढ़कर 5,72,541 हो गई। प्राथमिक शिक्षकों की संख्या 19511 में 5,38, 000 थी जो 1991 में बढ़कर 16,37,000 हो गई। प्राथमिक विद्यालयों में छात्र–छात्राओं का नामांकन 1951 में एक करोड़ बयानवे लाख हुआ था जो 1991 में बढ़कर 9 करोड़ 91 लाख हो गया। सन् 1950–51 में सकल राष्ट्रीय उत्पादन का 1.2 प्रतिशत शिक्षा पर व्यय किया जाता था जो अब 3.9 प्रतिशत हो गया है। इसके बावजूद अभी लगभग 48 प्रतिशत लोग निरक्षर हैं जिनमें से 6 से 14 वर्ष की आयु वाले लगभग 2 करोड़ 40 लाख बच्चे हैं। यद्यपि शिक्षकों की संख्या में बढ़ोत्तरी हुई है किन्तु शिक्षक और विद्यार्थियों का अनुपात 1950–51 मूं 35.7 से बिगड़कर 1990–91 में 60.5 हो गया है। यानी 60 विद्यार्थियों पर मात्र एक शिक्षक उपलब्ध है। प्राथमिक विद्यालयों में नामांकन करने वाले सारे बच्चों में से मात्र 52 प्रतिशत ही कक्षा 5 तक पहुँच पाते हैं। शेष छीजन (ड्राप आउट) के शिकार हो जाते हैं।[25]

भारत में अभी भी प्राथमिक शिक्षा को अनिवार्य नहीं बनाया गया है। बच्चों को निःशुल्क शिक्षा, व्यवसायिक शिक्षा, बच्चों के खेलने एवं मनोरंजन का अधिकार, बालकेन्द्रित शिक्षा, के प्रति विशेष उपाय आदि किए जाने चाहिए।

3. **सुरक्षा का अधिकार :** समझौते के अनुच्छेद 19 के अनुसार, "समझौते में शामिल सभी देश ऐसे सभी उचित विधायी, प्रशासनिक, सामाजिक और शैक्षणिक उपाय करेंगे जिनसे माता–पिता, कानूनी अभिभावक और अन्य किसी व्यक्ति की देख–रेख में रह रहे बच्चों को सभी प्रकार की शारीरिक और मानसिक हिंसा, चोट अथवा अपमान, उपेक्षा अथवा उपेक्षाजनक व्यवहार, दुर्व्यवहार, शोषण (यौन शोषण सहित) से सुरक्षा प्रदान की जा सके।" यद्यपि भारत ने उक्त समझौते से सहमति जताई है, किन्तु अभी भी सभी खतरनाक व्यवसायों एवं प्रक्रियाओं में बाल श्रमिक प्रतिबन्धित नहीं किए गए हैं। सन् 1981 की जनगणना के अनुसार भारत में 1,31,70,000 बाल श्रमिक (14 वर्ष से कम उम्र वाले) पाए गए । 1983 में राष्ट्रीय नमूना सर्वेक्षण ने यह अनुमान लगाया कि 5 से 15 वर्ष की आयु के लगभग 1,73,60,000 बाल श्रमिक थे जबकि 1983 में ही अभियान शीर्घ समूह ने 4,40,00,000 बाल श्रमिकों का अनुमान लगाया था। समूचे विश्व के अन्य देशों में काम करने वाले सभी बाल श्रमिकों की संख्या से अधिक बाल श्रमिक भारत में होने का अनुमान लगाया गया। योजना आयोग के आकलन के अनुसार सन् 2000 तक करीब 2 करोड़ बाल श्रमिक भारत में कार्य कर रहें होंगे। एक अनुमान के मुताबिक करीब 5 लाख बच्चे मुंबई, कलकत्ता, दिल्ली, हैदराबाद, कानपुर, चेन्नई जैसे महानगरों में सड़कों पर अपनी जिन्दगी व्यतीत करते हैं। बाल–वेश्याओं का जीवन भी अत्यन्त कष्टकर है जिनमें से अधिकांश अनुसूचित जाति/जनजाति के परिवारों की होती हैं। इसलिए जरूरी है कि खतरनाक पेशों में बाल–श्रम की पूरी रोक हो और इसका कड़ाई से कार्यान्वयन किया जाए।नशीली दवाओं के सेवन से बच्चों की सुरक्षा की जाए।

4. **सहभागिता का अधिकार :** समझौते के अनुच्छेद 12 के अनुसार बच्चों को हर मुद्दे पर स्वतन्त्र रूप से अपने विचार व्यक्त करने का अधिकार है। सहभागिता के अधिकार में बच्चों के दृष्टिकोण के प्रति सम्मान, अभिव्यक्ति की आजादी, विवेक और धर्म के प्रति सम्मान तथा अभियुक्त बच्चों का अधिकार शामिल है। उक्त समझौते के अनुसार राज्य इस बात को सुनिश्चित करेगा कि किसी बच्चे

को मनमाने ढंग से बन्दी नहीं बनाया जाए और न ही उसे उत्पीड़ित किया जाए। उसे मृत्युदण्ड और आजीवन–कारावास की सजा नहीं दी जाएगी तथा उसे तब तक निर्दोष माना जाएगा जब तक उसे स्वच्छ और निष्पक्ष न्यायिक प्रक्रिया के तहत दोषी साबित नहीं कर दिया जाए। उसे अन्य वयस्क कैदियों से अलग रखा जाएगा और उसके दोषों के लिए उसे पुनर्वासीय आधार पर सजा दी जाएगी न कि दण्ड स्वरूप। सन् 1991 में 29,591 बाल–अभियुक्त विभिन्न काण्डों के तहत विवेचित (ट्रायल) किए गए और उनके ऊपर ज्यादातर चोरी, सेंधमारी, दंगा, जुआ आदि के आरोप थे। उनमें से 23,201 बालक और 6,390 बालिकाऐं थी। करीब 20 प्रतिशत बच्चे 7 से 12 वर्ष की उम्र के 64 प्रतिशत बच्चे 12 से 16 वर्ष की उम्र के तथा 16 प्रतिशत लड़कियाँ 16 से 18 वर्ष की उम्र की थी। 30 प्रतिशत बाल अभियुक्त अशिक्षित थे। 70 प्रतिशत बाल अभियुक्त अपने माँ–बाप के साथ रह रहे थे और 11 प्रतिशत गृह–विहीन थे। पाँचवे, 60 प्रतिशत बच्चे गरीब परिवारों से आते थे जिनकी महावारी आमदनी 500/– रु. से भी कम थी।[26]

बालक-बालिकाओं के विरूद्ध अपराध तथा उन के मानवाधिकारों पर अतिक्रमण

राष्ट्रीय अपराध लेखा ब्यूरो के आकड़ों से ज्ञात होता है कि बालकों के विरूद्ध अपराधों में निरन्तर वृद्धि हो रही है जबकि 10 अपराधों में शायद एक का ही पंजीकरण होता है। बालिकाओं के साथ बलात्कार, शिशु हत्या, भ्रूण हत्या, वेश्यावृत्ति के लिए लड़कियों को खरीदना–बेचना तथा बालकों को आत्महत्या में सहायता करने का अपराध भारतीय समाज के लिये एक कलंक है। समस्त भारत में बालकों के विरूद्ध अपराधों का ब्यौरा व राज्यवार अपराधों का ब्यौरा आगे दी हुई तालिकाओं में दिया जा रहा है।[27]

तालिका-7 भारत में बालकों के विरूद्ध अपराध

क्र. सं.	अपराध	कुल घटनाएं					प्रतिशत	परिवर्तन
		1991	1992	1993	1994	1995	1995 से 1991	1995 से 1991
1	2	3	4	5	6	7	8	9
1.	बालिका बलात्कार	3729	3113	3393	3986	4067	9.1	+2.0

2	भगाना अपहरण	517	585	4854	86	726	40.4	−16.0
3.	लड़कियों का आयात	–	–	–	206	107	–	−48.0
4.	वेश्यावृत्ति के लिए बेचना	–	–	–	34	17	–	−54.0
5.	वेश्यावृत्ति के लिए खरीदना	–	–	–	4	19	–	+375.0
6.	आल हत्या से सहयोग	–	–	–	7	9	–	+28.6
7.	छोड़ना व त्यागना	–	–	–	491	570	–	+16.1
8.	बाल हत्या/ शिशु हत्या	–	–	–	131	139	–	+6.1
9.	भ्रूण हत्या	–	–	–	45	38	–	−15.6
10.	बाल विवाह	–	–	–	53	57	–	+7.5

बच्चियों के साथ बलात्कार की सबसे ज्यादा घटनाएं मध्य प्रदेश (809) और फिर उत्तर प्रदेश (539) 1994 में घटित हुईं। 1994 में हुए बालक–बालिकाओं के विरूद्ध अपराधों के आंकड़े तालिका–8 में दिये जाते हैं–

तालिका-8 बालिकाओं के विरूद्ध अपराध (1994)[28]

	राज्य का नाम	16 वर्ष के नीचे बच्चियों के साथ बलात्कार	शिशु हत्या	भ्रूण हत्या	अबोध बच्चियों की खरीद	वेश्यावृत्ति बच्चियों की बिक्री	वेश्यावृत्ति बच्चियों की खरीद
	1	2	3	4	5	6	7
1.	आन्ध्र प्रदेश	360	10	1	2	8	–
2	अरुणाचल प्रदेश	17	–	–	–	–	–
3.	असम	142	–	–	19	2	–
4.	बिहार	213	23	–	69	5	–
5.	गोवा	3	1	–	–	–	–
6.	गुजरात	113	4	6	27	–	–
7.	हरियाणा	119	2	–	6	–	–

8.	हिमाचल प्रदेश	39	–	–	2	–	–
9.	जम्मू व कश्मीर	5	–	–	–	–	–
10.	कर्नाटक	99	1	–	4	–	–
11.	केरल	62	1	–	3	–	–
12.	मध्य प्रदेश	809	21	17	10	1	–
13.	महाराष्ट्र	491	49	17	45	1	1
14.	मणिपुर	01	–	–	–	–	–
15.	मेघालय	07	–	–	–	–	–
16.	मिजोरम	17	–	–	–	–	–
17.	नागालैण्ड	–	–	–	01	–	–
18.	उड़ीसा	80	09	–	04	–	–
19.	पंजाब	42	04	–	–	–	–
20.	राजस्थान	205	04	04	01	–	–
21.	सिक्कीम	04	–	–	–	–	–
22.	तमिलनाडु	32	01	–	01	–	–
23.	त्रिपुरा	13	–	–	01	–	–
24.	उत्तर प्रदेश	538	–	–	05	–	–
25.	प. बंगाल	359	–	–	86	01	03
26.	अंडमान तथा निकोबार द्वीप समूह	01	–	–	–	–	–
27.	चण्डीगढ़	03	–	–	–	–	–
28.	दादर एवं नागर हवेली	01	–	–	–	–	–
29.	दमन व दीव	–	–	–	–	–	–
30.	दिल्ली	200	01	–	–	15	–
31.	लक्षद्वीप	–	–	–	–	–	–
32.	पाण्डिचेरी	03	–	–	–	01	–
	योग	3976	131	45	206	34	04

भारत में बालिकाओं के बलात्कार की अनेक घटनाएं होती रहती हैं। इस यौन शोषणों के परिणामस्वरूप यौन–निष्क्रियता, नपुसंकता, मानसिक डिप्रेशन, आत्महत्या की प्रवृत्ति, अपराध भाव, एकान्त मे रहने का भाव, तनावग्रस्त सम्बन्ध, भावात्मक घुटन

आदि दुष्परिणाम होते हैं। एड्स जैसी गम्भीर बीमारियों के प्रकाश में अलग से इस बात का अन्दाज लगाया जा सकता है कि अधिकांश वेश्याएँ (बाल–वेश्याओं सहित) इस रोग की शिकार हैं जो पूरे समाज के लिए प्राणघातक हैं।

अपराध तालिका अवलोकन से बालिकाओं के शोषण का अन्दाज लगाया जा सकता है। बलात्कार के सबसे ज्यादा मामले मध्य प्रदेश में हैं। (20.3 प्रतिशत) दूसरे स्थान पर उत्तर प्रदेश (13.5 प्रतिशत) एवं तीसरे स्थान पर महाराष्ट्र (12.3 प्रतिशत) है। शिशु हत्या के सबसे ज्यादा मामले महाराष्ट्र (37.4 प्रतिशत) में हैं तथा दूसरे स्थान पर बिहार (17.6 प्रतिशत) एवं तीसरे स्थान पर मध्य प्रदेश (26 प्रतिशत) हैं। प्रायः बच्चियों की ही शिशुहत्याऐं होती हैं। भ्रूण हत्या के सबसे ज्यादा मामले महाराष्ट्र (37.8 प्रतिशत) तथा मध्य प्रदेश (37.8 प्रतिशत) में हैं, उसके बाद गुजरात (13.3 प्रतिशत) और राजस्थान (8 प्रतिशत) है। भ्रूण हत्या भी प्रायः बच्चियों के भ्रूणों की होती है। अबोध बच्चियों की बिक्री के सबसे ज्यादा मामले बिहार में (33.5 प्रतिशत) हैं। दूसरे स्थान पर महाराष्ट्र (21.8 प्रतिशत) एवं तीसरे स्थान पर गुजरात (13.1 प्रतिशत) है। इसका कारण गरीबी मुख्य रूप से है। वेश्यावृत्ति के लिए बच्चियों की बिक्री के सबसे ज्यादा मामले दिल्ली में (44.2 प्रतिशत) है। दूसरे स्थान पर आन्ध्र प्रदेश (23.5 प्रतिशत) एवं तीसरे स्थान पर बिहार (14.7 प्रतिशत) है। इसका भी कारण मुख्यतः गरीबी है। पिछले पाँच वर्षों में दस वर्ष के नीचे की बालिकाओं और 10 से 16 वर्ष की बालिकाओं के साथ बलात्कार के मामले क्रमशः 84 प्रतिशत एवं 55 प्रतिशत बढ़े हैं जो तालिका–9 से स्पष्ट है।

तालिका-9 भारत में बालिका-बलात्कार की स्थिति (1990-94)[29]

वर्ष	10 वर्ष के नीचे की बालिकाओं के साथ बलात्कार के मामले	10–16 वर्ष की बालिकाओं के बलात्कार के मामले	कुल बलात्कार के मामलों में बालिका बलात्कार के मामले का प्रतिशत
1	2	3	4
1990	394	2105	24.8 प्रतिशत
1991	1099	2630	35.8 प्रतिशत
1992	532	2581	26.5 प्रतिशत
1993	634	2759	27.8 प्रतिशत
1994	727	3259	30.2 प्रतिशत

बच्चों के मानवाधिकारों के संरक्षण हेतु कार्ययोजना की समीक्षा तथा अनुशंसाएँ: -

भारत के बच्चों को उनके सभी मानवाधिकारों के संरक्षण के लिये एक कार्यबद्ध योजना बनाई जानी चाहिये तथा निम्नलिखित कार्यनीति अपनाई जा सकती है:–

(1) सभी राज्यों के बच्चों में मानवाधिकारों के अतिक्रमण का गहन अध्ययन व सही रूप में सर्वेक्षण। इस कार्य में विश्वविद्यालय तथा अन्य संस्थाऐं भी सहयोग दे सकती हैं। प्रत्येक राज्य में एक आयोग द्वारा इस का पूरा सर्वेक्षण व अध्ययन भी किया जाये। सर्वेक्षण के बाद उन प्रपत्रों को एकत्र करके उस का समुचित विश्लेषण तथा विवेचना होनी चाहिये तथा राज्य सरकारों को ठोस सुझाव कार्यनीति बनाने हेतु देना चाहिये।

(2) बालक–बालिकाओं के विरूद्ध अपराधों को रोकने तथा उन्हें उनके मानवाधिकारों को सुरक्षित करने के लिये जनजागरण अभियान चलाने की राष्ट्रीय स्तर पर आवश्यकता है। सभी नगरों तथा ग्रामों में सर्वदलीय रूप से इस प्रकार का जनजागरण अभियान निरन्तर चलते रहना चाहिये।

3) निर्धारित राष्ट्रीय नीति का पूर्णरूपेण पालन कराया जावे।

भारत सरकार के द्वारा एक राष्ट्रीय कार्य योजना बनाई गई उसमें बच्चों के प्रति वचनबद्धता 1992 में पुनः दुहराई गई और सन् 2000 तक निम्नलिखित लक्ष्य निर्धारित किया गया।[30]

(अ) संजीवन:

(1) शिशु मृत्यु–दर को प्रति एक हजार जीवित जन्मों के अनुपात में 60 से भी कम कर देना,

(2) सन् 2000 तक 5 वर्ष से कम आयु के बच्चों में प्रति एक हजार जन्मों के अनुपात होने वाली मृत्यु को 70 से भी कम करना,

(3) माताओं की मृत्यु दर का आधार कम कर देना।

(ब) स्वास्थ्य:

(1) सन् 2000 तक पोलियों का उन्मूलन,

(2) सन् 1995 तक नवजात बच्चों एंव प्रसूताओं को होने वाले टेटनस का पूर्णतः उन्मूलन,

(3) सन् 1995 में टीकाकरण के पूर्व के स्तर की तुलना में खसरे से होने वाली मृत्यु में 95 प्रतिशत की कमी लाना तथा खसरे से होने के मामलों में 90 प्रतिशत कमी लाना,

(4) नवजात शिशुओं के टीकाकरण को 100 प्रतिशत आच्छादन के उच्चतम स्तर को हासिल करना तथा बरकरार रखना,

(5) 5 वर्ष से कम आयु के बच्चों में दस्त की बीमारी से होने वाली मौतों को 50 प्रतिशत कम करना,

(6) सन् 2000 तक 5 वर्ष से कम आयु के बच्चों में श्वासनलिका के जटिल संक्रमण से होने वाली मौतों को वर्तमान स्तर से 40 प्रतिशत तक कम कर देना,

(स) पोषाहार: सन् 1995 से 2000 तक 5 वर्ष से कम आयु के बच्चों में गम्भीर और सामान्य कुपोषण को 50 प्रतिशत कम करना,

(द) शिक्षा: प्राथमिक शिक्षा तक सबकी पहुँच कायम करना और इस सन्दर्भ में बालिकाओं पर विशेष ध्यान देना, साथ–साथ महिलाओं की साक्षरता के लिए चलाए जा रहे कार्यक्रमों को गतिशीलता देना,

(य) पेयजल और स्वच्छता: समूची आबादी को सुरक्षित पेयजल उपलब्ध कराना तथा मल–निबटान के लिए स्वच्छतापूर्ण उपाय उपलब्ध कराना,

(र) कठिन परिस्थितियों में बच्चे: कठिन परिस्थितियों में रहने वाले बच्चों को और ज्यादा उन्नत सुरक्षा प्रदान करना,

(ल) बालिका: लिंगभेद को दूर करना; बालिकाओं के स्तर को उन्नत बनाना तथा समान अवसर उत्पन्न करना जिससे वे अपनी पूरी क्षमता अर्जित करके अपना बहुआयामी विकास करने का कथोचित अवसर पा सकें,

(ब) पर्यावरण: पर्यावरण की सुरक्षा और संरक्षण करना ताकि यह बच्चे के स्वास्थ्य तथा बेहतरी के लिए प्रेरक सिद्ध हो,

(श) जन–सहभागिता: बच्चों के प्रति लोगों में जागृति तथा जन–सहभागिता का भाव पैदा करना,

राष्ट्रीय बाल–श्रम नीति, 1987

सन् 1979 को "अन्तर्राष्ट्रीय बाल–वर्ष" घोषित किया गया था तथा बच्चों के

हित में संयुक्त राष्ट्रसंघ महासभा (जनरल एसेम्बली) में प्रस्ताव पारित किए गए थे। भारत में प्रथम प्रधानमंत्री पण्डित जवाहरलाल नेहरू के जन्मदिन 14 नवम्बर को बाल–दिवस मनाया जाता है, जिसका उद्देश्य बच्चों की आवश्यकता और अधिकारों के प्रति सरकार और जनता का ध्यान आकृष्ट करना है। अगस्त, 1974 मे बच्चों पर राष्ट्रीय नीति का प्रस्ताव पारित किया गया जिसमें 14 वर्ष से कम उम्र के बच्चों को मुफ्त एवं अनिवार्य शिक्षा, स्वास्थ्य एवं पोषाहार की व्यवस्था, औपचारिक शिक्षा प्राप्त करने में असमर्थ बच्चों के लिए वैकल्पिक शिक्षा व्यवस्था तथा उपेक्षा, क्रूरता एवं शोषण से बच्चों की सुरक्षा हेतु उपाय करने पर जोर दिया गया। बाल–श्रमिकों पर गठित गुरूपदास्वामी समिति ने अपना प्रतिवेदन दिसम्बर 1979 में दे दिया और उस प्रतिवेदन में बाल–श्रमिक एवं बाल–श्रमिकों के शोषण में भेद किया गया। अर्थात् यद्यपि बाल–श्रमिक प्रथा एक समस्या है किन्तु वह बाल श्रम शोषण से भिन्न है।[31] कोई भी बाल–श्रम शोषण का रूप ले लेता है यदि–

1. बच्चे को उसकी शारीरिक क्षमता से ज्यादा कार्य करना पड़े।
2. जब उसके नियोजन के घण्टे उसकी शिक्षा, मनोरंजन एवं आराम में खलल डाले।
3. जब उसकी मजदूरी उसके द्वारा किए गए काम की मात्रा के अनुरूप न हो।
4. जब उसका व्यवसाय या उत्पादन–प्रक्रिया या उसके स्वास्थ्य और सुरक्षा के लिए खतरनाक हो,
5. **गुरूपदास्वामी समिति ने निम्नलिखित अनुशंसाएँ की हैं:**

i. श्रम कानूनों को लागू करने वाली मशीनरी को ज्यादा सबल और सक्रिय बनाया जाए।

ii. स्वयंसेवी संगठनों और ट्रेड यूनियन का सहयोग लिया जाए।

iii. निरीक्षणों के पश्चात् अभियोजन में गति लाई जाए तथा कम से कम एक साल की सजा और 2000 रू. का जुर्माना किया जाए।

iv. कामकाजी बच्चों के लिए समवेत प्रयास के तहत संस्थागत ढाँचा बनाया जाए।

v. बाल–श्रम की समाप्ति से 15 वर्ष से 50 वर्ष की आयु वर्ग के लोगों के लिए रोजगार की सम्भावना बढ़ेगी। अतः समिति ने यह माना कि "ऐसा कदम क्रान्तिकारी होगा किन्तु प्रथम चरण में यह व्यावहारिक नहीं दिखता।"

6. समिति ने जोर दिया कि वयस्कों के लिए न्यूनमतम मजदूरी कानून को तेजी से लागू किया जाए क्योंकि "यदि माँ–बाप की आमदनी बढ़ती है, तो बच्चों को काम पर भेजने के प्रति उनका झुकाव स्वतः ही कम हो जाएगा।"

(vii) बच्चों के लिए प्राथमिक शिक्षा की जरूरत पर जोर दिया गया, किन्तु समिति ने वर्तमान शिक्षा–व्यवस्था की व्यावहारिकता और सार्थकता पर सन्देह व्यक्त किया। इसलिए कामकाजी बच्चों के लिए अनौपचारिक शिक्षा को ज्यादा प्रभावकारी ढंग से लागू करने पर जोर दिया गया।

4. उच्चतम न्यायालय के आदेशों का अनुपालन किया जावे:-

उच्चतम न्यायालय में एक जनहित याचिका सं. 465 (1986) एम.सी. मेहता बनाम तमिलनाडु सरकार एवं अन्य, अधिवक्ता एम.सी. मेहता द्वारा दायर की गई थी उच्चतम न्यायालय ने उस याचिका का निष्पादन 31 अक्टूबर, 1990 को इस निर्देश के साथ कर दिया था कि संविधान की धारा 24,39 (एफ) और 45 के आलोक में बच्चों की जिन्दगी की गुणवत्ता कैसे सुधारी जाए। उच्चतम न्यायालय ने तीन अधिवक्ताओं आर.के. जैन, श्रीमती इन्दिरा जयसिंह और के.सी. दुआ की एक समिति गठित की जिसने 11 नवम्बर, 1991 को अपनी रिपोर्ट सौंप दी जिसकी मुख्य अनुशंसाएँ निम्न थीं[32]–

(क) तमिलनाडु सरकार को निर्देश दिया जाना चाहिए कि बच्चों को पटाखा उद्योग में काम न करने दिया जाए।

(ख) शिवकाशी में माचिस उद्योग में पैकिंग कार्य करने वाले बच्चों को पैकिंग कार्य करने के लिए दूसरे परिसर में रखा जाए।

(ग) बच्चों से नियोजक छः घण्टे से अधिक काम न लें।

(घ) सरकार एवं नियोजकों द्वारा समुचित यातायात की सुविधा, बच्चों को घर से कार्य–स्थल तक जाने के लिए उपलब्ध कराई जाए।

(ङ) कारखाना या उसके निकट बच्चों को मनोरंजन, सामाजिकरण और शिक्षा की सुविधाएं उपलब्ध कराई जाऐ।

(च) नियोजकों द्वारा बच्चों को बुनियादी खुराक उपलब्ध कराई जाए और उनके द्वारा न देने पर तमिलनाडु सरकार विद्यालयों में मिल रहे दोपहर के भोजन की व्यवस्था बाल–श्रमिकों के लिए करे।

(छ) पीस दर मजदूरी की प्रथा खत्म कर दी जाए और उनकी जगह मासिक वेतन का भुगतान हो जो बच्चों के काम के अनुरूप हो।

(ज) निबन्धित या अनिबन्धित, कुटीर उद्योग या ठेके पर काम करने वाले सभी प्रकार के उद्योगों में काम करने वाले मजदूरों को बीमा-योजना में शामिल किया जाए।

(झ) शिवकाशी क्षेत्र के लिए हाईकोर्ट के सेवानिवृत जज या उसके समतुल्य हैसियत वाले व्यक्ति की अध्यक्षता में अन्य दो सामाजिक कार्यकर्ताओं के साथ एक समिति गठित की जाए तथा प्रति बाल-श्रमिक दो रुपये प्रतिमाह की दर से नियोजक कल्याण निधि में राशि जमा करे और राज्य सरकार भी उतनी राशि जमा करे।

(ट) राष्ट्रीय बाल-कल्याण आयोग का गठन किया जाए जो उच्चतम न्यायालय के प्रति जवाबदेह हो और उसे समय-समय पर अपनी रिपोर्ट देता रहे।"

एक पुरानी एवं निष्पादित याचिका को संविधान की धारा 32 के आलोक में पुनर्जीवित करते हुए न्यायमूर्ति कुलदीप सिंह, न्यायमूर्ति बी.एल. हंसारिया तथा न्यायमूर्ति एस.बी. मजूमदार की खण्डपीठ ने 10 दिसम्बर, 1996 को केन्द्र एवं राज्यों को निम्नलिखित कार्रवाई करने का आदेश पारित किया।[33]

"(1) सर्वप्रथम खतरनाक नियोजनों में लगे बाल-श्रमिकों का सर्वेक्षण आदेश की तिथि से छः माह के भीतर पूरा कर लिया जाए। उसके बाद अन्य का सर्वेक्षण किया जाए।

(2) प्रतिबन्धित खतरनाक व्यवसायों या प्रक्रियाओं में लगे प्रत्येक बाल-श्रमिक के लिए उसका नियोजक 20,000 रु. का मुआवजा जमा करे। उस क्षेत्र का श्रम निरीक्षक इसे सुनिश्चित करेगा।

(3) प्रत्येक जिले में जिलाधिकारी के अधीन बाल-श्रमिक पुनर्वास-सह कल्याण कोष की स्थापना की जाए जिसमें यह मुआवजा जमा किया जाए तथा उस कोरपस फण्ड से होने वाली आय (ब्याज) सम्बन्धित बाल-श्रमिक को प्रत्येक माह भुगतान की जाए। श्रम विभाग के सचिव इसका अनुश्रवण करेंगे।

(4) उक्त बाल-श्रमिक के परिवार के किसी वयस्क को उसके निवास के नजदीक शारीरिक श्रम वाला कोई रोजगार मुहैया कराया जाए।

(5) यदि सरकार वैकल्पिक रोजगार न दे सके, तो उसे प्रत्येक बाल–श्रमिक के लिए 5000 रु. की दर से कोरपस फण्ड में राशि जमा करनी होगी तथा 2000+5000 = 25,000 रु. की कुल निधि से होने वाली आय बाल–श्रमिक के परिवार को प्रत्येक माह दी जाए। किन्तु उस राशि का भुगतान या वैकल्पिक नियोजन बन्द कर दिया जाएगा, यदि बाल–श्रमिक पढ़ने नहीं जाएगा।

(6) नियोजन से हटाने के बाद उस बाल–श्रमिक की समुचित शिक्षा सुनिश्चित की जाए जिससे वह बेहतर नागरिक बन सके क्योंकि संविधान की धारा 45 से 14 वर्ष तक के बच्चों को अनिवार्य एवं मुफ्त शिक्षा देने का उल्लेख है।

(7) यह वैकल्पिक रोजगार पूर्व से चल रही सुनिश्चित रोजगार योजना के साथ मिला दी जा सकती है जिससे सरकार पर अतिरिक्त रोजगार सृजन का भार न पड़े।

(8) आदेश की तिथि से एक वर्ष के अन्दर भारत सरकार के श्रम मन्त्रालय के सचिव इन निर्देशों के अनुपालन के बारे में न्यायालय को अवगत कराऐंगे।

(9) यदि इन निर्देशों का अनुपालन नहीं किया गया तो बाल–श्रम अधिनियम 1986 के तहत प्रतिसिद्ध नियोजनों में बाल–श्रमिक रखने पर जो दण्ड का प्रावधान है, उसे लागू किया जाएगा।

(10) गैर–खतरनाक नियोजनों में लगे बच्चों के एक दिन में काम के घण्टे छः से अधिक नहीं होंगे और उन बच्चों को रोजाना दो घण्टे तक शिक्षा देने की व्यवस्था उनके नियोजकों पर खर्च की जाएगी।

5. बाल श्रमिकों के पुनर्वास की व्यवस्था उपयुक्त रूप से की जानी चाहिये–सुभाष शर्मा के द्वारा एक अध्ययन से ज्ञात होता है कि अनेक राज्यों में बालश्रमिकों के पुनर्वास की व्यवस्था की जा रही है।[34]

(क) ग्रामीण तथा कृषि व्यवसायों से निकले बालश्रमिकों के पुनर्वास के लिए महाराष्ट्र के औरंगाबाद जिले में भारतीय ग्रामीण संस्थान, औरंगाबाद द्वारा प्रशिक्षण परियोजना चलाई जाती है।

(ख) कलकत्ता में बालश्रमिकों के लिए अनौपचारिक शिक्षा, स्वास्थ्य एवं पोषण आदि के लिए मनोवैज्ञानिक एवं शैक्षिक अनुसन्धान संस्थान कलकत्ता द्वारा प्रशिक्षण परियोजना चलाई जाती है।

(ग) अहमदाबाद में बालश्रमिकों के पुनर्वास के लिए स्व–नियोजन महिला संघ अहमदाबाद द्वारा परियोजना बनाई जाती है।

(घ) बंगलौर में रद्दी और चिथड़े चुनने वाले श्रमिकों के कल्याण के लिए जय राजेन्द्र रैग पिकर्स परियोजना कर्नाटक बाल–कल्याण राज्य पार्षद द्वारा चलाई जाती है।

(ङ) ग्रामीण व्यवसायों से निकले बच्चों के लिए अनौपचारिक शिक्षा शिविर की परियोजना श्रमिक विद्यापीठ हैदराबाद द्वारा चलाई जाती है।

(च) मध्य प्रदेश और तमिलनाडु में बीड़ी उद्योग में लगे बच्चों के कल्याण के लिए भारतीय बालकल्याण पार्षद, नई दिल्ली द्वारा परियोजना चलाई जाती है।

(छ) दिल्ली में सड़कों पर काम करने वाले बच्चों के लिए कल्याण केन्द्र स्थापित करने हेतु भारतीय बाल–कल्याण पार्षद, नई दिल्ली द्वारा परियोजना चलाई जाती है।

(ज) कामकाजी बच्चों की देख–रेख के लिए रूचिका स्कूल, भुवनेश्वर द्वारा एक परियोजना चलाई जाती है।

(झ) माचिस उद्योग से निकले बच्चों के लिए समाकलित प्रायोगिक परियोजना मालारची ट्रस्ट बाहीकुलम (तमिलनाडु) द्वारा चलाई जाती है।

कई शिक्षाशास्त्रियों की यह धारणा है कि:- फुटपाथी बच्चों, जानवर चराने वाले बच्चों, बीड़ी बनाने या कालीन बुनने वाले बच्चों आदि के लिए अनौपचारिक शिक्षा की व्यवस्था उनके कार्यास्थल पर ही होनी चाहिए। इसे अमली जामा पहनाने के लिए बिहार में चरवाहा विद्यालय खोले गए। राज्य भर में खाली पड़े कृषि फार्मों को इसके लिए उपयोग में लाना था और वहाँ कक्षा एक से पाँच तक की पढ़ाई, दोपहर को भोजन नाश्ता, मुफ्त पाठ्य सामग्रियाँ देने, सिलाई, बढ़ईगीरी, जुहारगीरी, मछलीपालन, डेयरी (दूध–उत्पादन), कुम्हारगिरी आदि के हुनर सिखाने की योजना बनाई गई। ऐसे कुल 119 चरवाहा विद्यालय खोले गए और प्रत्येक में 200 चरवाहा बच्चों को पढ़ाने का लक्ष्य था।

6. कानूनों की पुनरीक्षा व आवश्यक संशोधान

(क) **बाल विवाह अवरोधा अधिानियम 1989:-** राष्ट्रीय

मानवाधिकार आयोग की वार्षिक रिपोर्ट 1996–97 में इस विषय में यह कथन है– बाल विवाह अवरोध अधिनियम, 1929 के विस्तृत विश्लेषण के अनुसरण तथा राष्ट्रीय महिला आयोग एवं महिला तथा बाल विकास विभाग से चर्चा करने के बाद आयोग ने विवाह विधेयक प्रारत पर शीघ्र कारवाई करने की अनुशंसा की है जिसे राष्ट्रीय महिला आयोग तथा महिला एवं बाल विकास विभाग ने मिल कर प्रस्तावित किया है। तथापि, केन्द्र सरकार ने आयोग की पिछली वार्षिक रिपोर्ट पर "अनुवर्ती कार्यवाही ज्ञापन" में कहा है कि वर्तमान समय में इस सम्बंध में आगे कोई विधायी उपाय नहीं सोचा गया है......... सरकार का विचार है कि इस प्रथा का अच्छी तरह उन्मूलन केवल समाज के कुछ वर्गों के सामाजिक तथा आर्थिक उत्थान के माध्यम से ही हो सकता है। आगे केन्द्र सरकार ने यह तर्क दिया है कि कानून बनाकर उसे लागू करके विवाहों का पंजीकरण अनिवार्य बनाना अनुचित होगा क्योंकि इससे वैयक्तिक कानूनों में टकराव होगा और यह कि हम मामले में बाल विवाह अवरोध अधिनियम राज्य सरकार द्वारा अपने शासनतंत्र के माध्यम से लागू किया जाता है। "अनुशंसा (आयोग की) को कारगर बनाने के लिए किसी विधायी कार्यवाई पर विचार नहीं किया गया।" अच्छे उपाय के विषय में "कार्यवाई ज्ञापन" की समाप्ति यह कहकर की गई है "अतः आयोग की अनुशंसाओं को स्वीकार करना अनुपयुक्त होगा।" जबकि आयोग पूरी तरह यह स्वीकार करता है कि बाल विवाह के प्रचलन को उस समाज तथा समुदाय को हटाने के लिए व्यापक सामाजिक और आर्थिक प्रयास करने होंगे जहाँ यह प्रथा काफी समय से प्रचलित है। इस सम्बंध में यही कहा जा सकता है कि "कार्यवाई ज्ञापन" में केन्द्र सरकार ने जो बात कही है उससे इस कानून को मजबूत बनाने अथवा किसी भी प्रकार का परिवर्तन करने के प्रति पूरी तरह अनिच्छा दिखाई पड़ती है, अथवा वह किसी भी ढंग से इसे ऐसी समस्या के निराकरण हेतु अच्छी तरह लागू किया जाना पंसद नहीं करती जो अत्यन्त महत्वपूर्ण सामाजिक तथा सांस्कृतिक समस्या है। आयोग इस विचार से सहमत नहीं है कि यह अधिनियम राज्य सरकारों द्वारा लागू किया जाता है। अतः केन्द्र सरकार की जिम्मेदारी समाप्त हो जाती है अथवा यह कि इस संबंध में जो कुछ भी किया जा रहा है उसको वैयक्तिक कानून का मसला बताकर आगे विफल कर दिया जाता। "जब तक समाज में जनजागरण नहीं होगा तब तक बाल विवाहों को रोकना कठिन है। शिक्षा के प्रसार

से भी व्यक्तियों की मान्यताओं में अन्तर आ सकता है।"

7. बाल श्रमिकों की सेवा शर्ते व सुरक्षा:- इन अधिनियमों का उल्लंघन अपराध माना जाना चाहिये।

तालिका-10 विभिन्न कानूनों के तहत बाल-श्रमिकों की उम्र, सेवा शर्ते एवं सुरक्षा

क्र. सं.	अधिनियम/नियम	बालश्रमिक की उम्र	सेवा शर्तें एवं सुरक्षा
1.	कारखाना अधिनियम 1881	7 वर्ष से कम	(1) एक ही दिन में दो कारखानों में काम करने की मनाही। (2) काम के अधिकतम 9 घण्टे। इससे अधिक समय तक एक दिन भी काम करने की मनाही। (3) एक माह में कम से कम 4 अवकाश दिवस। (4) 100 या उससे अधिक कामगार वाले कारखानों में यह अधिनियम लागू।
2	कारखाना (संशोधन) अधिनियम 1891	9 वर्ष	(1) एक दिन में अधिकतम 7 घण्टे काम करना । (2) रात में 8.00 बजे से सुबह 5.00 बजे तक बच्चों को काम करने की मनाही।
(3)	कारखाना अधिनियम 1901	12 वर्ष	(1) रात के 7.00 बजे से सुबह साढ़े पाँच बजे तक बच्चों द्वारा काम कराने की मनाही। (2) कुछ खतरनाक प्रक्रियाओं में काम करने की मनाही। (3) उम्र और सक्षमता प्रमाण–पत्र होना आवश्यक।
(4)	खान अधिनियम 1901	12 वर्ष	–
(5)	कारखाना (संशोधन) अधिनियम 1922	15 वर्ष	(1) अवयस्कों के काम के अधिकतम घण्टे 6 बीच में आधे घण्टे का

			अवकाश, यदि साढ़े पाँच घण्टे से अधिक समय के लिए काम लिया जाए। (2) 20 या उससे अधिक कामगारों को रखने वाले, मशीन से चलने वाले कारखानों पर लागू। (3) कुछ प्रक्रियाओं में 18 वर्ष से कम उम्र के बच्चों और महिलाओं को नियोजन की मनाही। (4) मेडिकल प्रमाणपत्र तथा उम्र प्रमाणपत्र आवश्यक।
(6)	भारतीय खान अधिनियम 1923	13 वर्ष	(1) माँ–बाप एवं अभिभावकों पर जुर्माना यदि वे अपने बच्चों को दों अलग–अलग कारखानों में एक ही दिन काम करने भेजते हैं।
(7)	खान (संशोधन) अधिनियम 1926	–	–
(8)	भारतीय बन्दरगाह (संशोधन) अधिनियम 1931	12 वर्ष	(1) ऐसे बालक चाय के जिलों यथा असम आदि में नियोजन या प्रव्रजन नहीं कर सकते जब तक उनके साथ उनके माँ–बाप या अन्य वयस्क न हों जिन पर ये बच्चे निर्भर होते हैं।
(9)	चाय जिला अप्रवासी अधिनियम 1932	–	–
(10)	(बाल) श्रमिक बन्धक (अधिनियम 1933) चिलड्रेन पेजिंग ऑफ लेबर एक्ट।	15 वर्ष	(1) अपने बच्चों को दूसरे के यहाँ बन्धक के रूप में रखने और नियोंजकों से अग्रिम मेकर बन्ध पत्र लिखने की मनाही। (2) यह प्रथा अमृतसर, अहमदाबाद के कालीन और बीड़ी उद्योगों में प्रचलित थी जिसे रॉयल कमीशन (1931) की अनुशंसा के आलोक में

			दण्डनीय बनाया गया।
(11)	कारखाना (संशोधन) अधिनियम 1934	12 वर्ष	(1) 12 से 15 वर्ष के बच्चों का नियोजन सामान्यतः प्रतिबन्धित। (2) 12 से 15 वर्ष के बच्चों के एक दिन में अधिकतम काम के 5 घण्टे। (3) 15–17 वर्ष के बच्चों के नियोजन पर कुछ प्रतिबन्ध।
(12)	खान (संशोधन) अधिनियम 1935	15 वर्ष	(1) 15 वर्ष के अन्दर के बच्चों के खान में नियोजन की मनाही। (2) 15–17 वर्ष के बच्चों को जमीन के अन्दर सक्षम चिकित्सक द्वारा दिए गए शारीरिक सक्षमता प्रमाण–पत्र के आधार पर ही कार्य करने की अनुमति। (3) जमीन के ऊपर के कार्यों में अधिकतम कार्य के घण्टे 10, एक दिन में और एक सप्ताह में 54 घण्टे (4) जमीन के अन्दर काम के अधिकतम घण्टे 9 एक दिन में।
(13)	बाल नियोजन अधिनियम 1938	14 वर्ष	(1) बन्दरगाहों पर सामानों के हेतु हथालन न्यूनतम उम्र 14 वर्ष। (2) 15 वर्ष से कम उम्र के बच्चों को रेलवे में यात्रियों, सामान तथा डाक ढोने की मनाही। (3) उम्र प्रमाण–पत्र आवश्यक। (4) बाल–श्रमिक (प्रतिशेष एवं विनियमन) अधिनियम 1986 द्वारा इसे निरस्त कर दिया गया।
(14)	न्यूनतम मजदूरी अधिनियम 1948	14 वर्ष	(1) वयस्कों, किशोरों एवं बच्चों के लिए अलग–अलग मजदूरी तय करने की सरकार को शक्ति।
(15)	कारखाना अधिनियम 1948	14 वर्ष	(1) 15 से 18 वर्ष के बीच के अवयस्कों को घातक मशीनों पर

			बिना प्रशिक्षण एवं पर्यवेक्षण के काम कराने की मनाही। (2) सर्जन जाँच करे कि 15 से 18 वर्ष के किशोर को उसके स्वास्थ्य के लिए घातक काम में लगाया गया हो। (3) एक दिन की साप्ताहिक छुट्टी जरूरी। (4) 7 बजे रात से सुबह छः बंजे तक 17 वर्ष से कम उम्र के बालकों को काम करने की मनाही। (5) जिस किशोर के पास सक्षमता प्रमाणपत्र नहीं होगा, वह बाल श्रमिक माना जाएगा। (6) बालश्रमिकों को अधिकतम 4½ घण्टे का कार्य। (7) बाल–श्रमिकों की पंजी सधारित करना जरूरी।
(16)	बाल नियोजन (संशोधन), 1949	14 वर्ष	(1) मूलाधिकार (अध्याय तीन) की धारा–24 के अनुसार 14 वर्ष से कम उम्र के बच्चों को कारखाना, खान या खतरनाक नियोजनों में काम करने की मनाही। (2) धारा–39 के अनुसार बच्चों की नाजुक उम्र के दुरूपयोग की मनाही तथा आर्थिक तंगी के कारण बच्चों को ऐसे व्यवसाय अपनाने को बाधित न हो जो उनकी उम्र के अनुरूप न हों। बच्चों को स्वस्थ, मुक्त एवं गरिमापूर्ण ढंग से विकसित होने के लिए उचित अवसर एवं विधाऐं मिलें, जिससे उनके नैतिक एवं भौतिक शोषण को रोका जा

			सके। (3) अध्याय चार (नीति निर्देशक सिद्धान्त) की धारा 45 के अनुसार सरकार 10 वर्ष के भीतर 14 वर्ष के बच्चों के लिए निःशुल्क एवं अनिवार्य प्राथमिक शिक्षा की व्यवस्था करेगी।
(17)	भारतीय संविधान (1950)	–	–
(18)	बाल नियोजन (संशोधन) अधिनियम 1951	14 वर्ष	(1) 15–17 वर्ष के बच्चों को रात में रेलवे एवं बन्दरगाह पर काम करने की मनाही। (2) 17 साल से कम उम्र के बाल श्रमिकों के बारे में पंजी सधारण करना जरूरी।
(19)	बागान श्रमिक अधिनियम, 1951	14 वर्ष	(1) सात बजे रात्रि से प्रातः छः बजे तक महिला एवं बाल श्रमिक को काम की मनाही। (2) सक्षमता प्रमाण–पत्र। (3) सप्ताह में अधिकतम काम के घण्टे 27 तथा एक दिन की छुट्टी। (4) उल्लंघन करने पर 3 माह की कैद या 500 रु. जुर्माना या दोनों।
(20)	खान अधिनियम 1952	18 वर्ष	(1) खान में काम करने के लिए 18 वर्ष की उम्र होना आवश्यक है किन्तु एप्रेन्टिस व ट्रेनिंग के लिए 16 वर्ष होने पर अनुमति दी जा सकेगी। (2) सर्जन से शारीरिक सक्षमता का प्रमाण–पत्र जरूरी। (3) उल्लंघन करने पर 500 रु. तक का जुर्माना और दुबारा करने पर जुर्माना दुगुना हो जाएगा।
(21)	बिहार दुकान एवं प्रतिष्ठान अधिनियम 1953	12 वर्ष	(1) धारा 13 के अनुसार 12 वर्ष के नीचे के बच्चों को दुकानों या प्रतिष्ठानों में काम करने पर रोक है

			तथा 12 से 18 वर्ष के बच्चों को रात के 10 बजे से सुबह 7 बजे तक काम करने की मनाही है। (2) 14 वर्ष तक के बच्चे से दिन में अधिकतम 5 घण्टे एवं सप्ताह में 30 घण्टे तक ही काम लिया जा सकता है तथा एक दिन में दो प्रतिष्ठानों में काम करने पर रोक है। (3) इसके अलावा 240 दिन से अधिक काम करने वाले बालक को अगले साल प्रत्येक 15 दिन पर एक दिन की दर से सालाना छुट्टी मिलेगी।
(22)	कारखाना (संशोधन) अधिनियम 1954		(1) 17 वर्ष तक के बच्चों को रात के 10 बजे से सुबह 7 बजे तक काम करने की मनाही।
(23)	व्यापारिक जहाजरानी अधिनियम 1958	14 वर्ष	(1) 14 से 18 वर्ष के अवयस्कों को सर्जन का सक्षमता प्रमाणपत्र जरूरी। (2) अधिकतम काम के छः घण्टे जिसमें आधे घण्टे का विश्राम शामिल। (3) रात के 10 बजे से सुबह छः बजे तक काम करने की मनाही। (4) उल्लंघन होने पर 3 माह की कैद या 500 रु. का जुर्माना या दोनों।
(24)	मोटर परिवहन कामगार अधिनियम 1961	–	–
(25)	एप्रेन्टिस अधिनियम 1961	14 वर्ष	(1) अवयस्क के लिए उसके अभि–भावक द्वारा नियोजक के साथ अनुबन्ध जरूरी। (2) शारीरिक एवं शैक्षणिक सक्षमता

			प्रमाणपत्र जरूरी। (3) रात में 10 बजे से प्रातः छः बजे काम करने की मनाही। (4) उल्लंघन करने पर 500 रु. तक जुर्माना।
(26)	बीड़ी एवं सिगार कामगार (नियोजन की शर्तें) अधिनियम 1966	14 वर्ष	(1) 14–18 वर्ष के बच्चों को रात के 7 बजे से सुबह 6 बजे तक काम करने की मनाही। (2) पानी, क्रेचे, चिकित्सा, शौचालय, कैंटीन आदि की परिसर में सुविधाएँ होना जरूरी। (3) किशोर श्रमिक के लिए प्रत्येक 15 दिन के लिए एक दिन का वार्षिक अवकाश मजदूरी सहित। (4) सप्ताह में एक दिन की छुट्टी। (5) निजी घरों में स्वनियोजित व्यक्तियों पर यह लागू नहीं। (6) उल्लंघन पर 250रू. जुर्माना। (7) दुबारा उल्लंघन करने पर 6 माह तक की कैद या 500 रु. तक का जुर्माना दोनों।
(27)	बाल नियोजन (संशोधन) अधिनियम 1978	15 वर्ष	(1) 15 वर्ष से कम उम्र के बच्चों को रेलवे परिसरों में कोयला चुनने, राख का गढडा साफ करने, निर्माण कार्यों, खान–पान के प्रतिष्ठान तथा रेलवे लाइन के पास अथवा दो रेलवे लाइन के पास अथवा दो रेलवे लाइनों के बीच काम करने की मनाही।
(28)	खतरनाक मशीन (विनियमन) अधिनियम 1983	14 वर्ष	(1) सात व्यवसायों तथा रेलवे में यात्री, माल डाक ढोने की मनाही, रेलवे परिसर में कोयला चुनने, राख का गढ्डा साफ करने, निर्माण कार्य,

रेलवे परिसर में खान–पान प्रतिष्ठान में बाल श्रमिकों के नियोजन में मनाही, रेलवे स्टेशन के निर्माण अथवा दो लाइनों के बीच निर्माण कार्य आदि में मनाही तथा 18 प्रक्रियाओं तथा बीड़ी बनाना, कालीन बुनना, सीमेंट निर्माण कार्य, कपड़े की छपाई, रंगाई एवं बुनाई, माचिस विस्फोटक पदार्थ यथा पटाखा का निर्माण कार्य, अभ्रक की कटाई और तोड़ाई, लाह निर्माण, साबुन निर्माण, चमड़े के कार्य एवं उनकी सफाई, भवन एवं निर्माण उद्योग आदि खतरनाक कार्यों में बालश्रमिकों को कार्य करने की मनाही।

(2) अधिकतम काम के घण्टे दिन में 6 घण्टे तथा बीच में आधे घण्टे का विश्राम।

(3) रात में सात बजे से सुबह 8 बजे तक काम।

(4) लगातार 3 घण्टे से अधिक काम करने की मनाही एवं प्रत्येक सप्ताह में एक दिन का अवकाश।

(5) बाल श्रमिकों के नियोजन के बारे में पंजी का विधिवत संधारण और बालश्रमिकों की उम्र के बारे में विवाद होने पर सक्षम चिकित्सक द्वारा प्रमाणपत्र दिया जाना आवश्यक सक्षम सरकार (केन्द्र एवं राज्य) को कारखानों में सफाई, स्वास्थ्य, सावधानी एवं सुविधाओं के बारे में नियम बनाने का अधिकार।

(6) इन प्रावधानों का उल्लंघन करने

			पर कम से कम तीन माह और अधिक से अधिक एक वर्ष की कैद एवं कम से कम 10 हजार रुपये तथा अधिक से अधिक 20 हजार रुपये का जुर्माना अथवा दोनों किन्तु दुबारा उल्लंघन करने पर कम से कम छः माह और अधिकतम दो वर्ष की कैद।
(29)	बाल श्रमिक (प्रतिशोध एवं विनियम) अधिनियम 1986	14 वर्ष	–

बाल श्रम सम्बन्धी कानूनों का ज्ञान व सेवा सुरक्षा शर्तों की पूर्ण जानकारी सुभाष शर्मा ने बाल श्रम सम्बन्धी विभिन्न अधिनियमों की ऊपर दी गई सारिणी बनाई है जिस का ज्ञान नागरिकों व अधिकारियों को होना चाहिए [35]–

उपसंहार:

बालक–बालिकाओं के मानवाधिकारो की समुचित सुरक्षा हेतु नीचे दिये गये सुझावों पर कार्य तुरन्त किया जाना चाहिए:

1. जन्मजात मनोविकार ग्रस्त बच्चों की समुचित चिकित्सा तथा रोकथाम के सभी सम्भव प्रयत्न।
2. बाल वेश्यावृत्ति पर रोकथाम तथा अपराधियों को शीघ्र समुचित दण्ड दिया जाना चाहिये।
3. विकलांग बच्चों को समाज द्वारा उचित सहानुभूतिपूर्ण व्यवहार तथा समाज में पुनर्वास के लिये उचित प्रशिक्षण व सुविधाऐं प्रदान हों।
4. बाल–कबालिकाओं को शिक्षा प्रदान की जाए तथा व्यवसायिक प्रशिक्षण प्रदान किया जाएं।
5. पुलिस कर्मियों को बालक–बालिकाओं के मानवाधिकारों का ज्ञान कराया जाए तथा उनमें बच्चों के अधिकारों के प्रति आवश्यक सहानुभूति व संवेदना जाग्रत की जानी चाहिए।
6. राजनैतिक दलों को भी बच्चों के मानवाधिकारों से परिचित कराया जाना चाहिये ताकि वे बच्चों के प्रति संवेदनशील बने।

7. बच्चों के मानवाधिकारों पर जगह–जगह पर कार्यशलाएँ एवं संगोष्ठियाँ की जाए तथा मानवाधिकारों से परिचित कराया जाए।
8. विश्वविद्यालयों तथा अनुसंधान संस्थानों द्वारा बच्चों के मानवाधिकारों पर सर्वेक्षण व शोध्र कार्य करवाया जावे तथा इन शोध कार्यों की अनुशंसाओं का प्रकाशन व संचार माध्यम द्वारा जनता तक पहुँचाया जाए।
9. समाचार पत्र तथा मासिक साप्ताहिक पत्रिकाओं द्वारा बच्चों के मानवाधिकारों के विषय में समय–समय पर चर्चा व विचार विमर्श होना चाहिये।
10. राष्ट्रीय मानवाधिकार आयोग की वार्षिक रिपोर्टों का उचित प्रचार होना चाहिये तथा सभी शिक्षण संस्थाओं व विश्वविद्यालय के पुस्तकालयों में भेजा जाना चाहिये।
11. राजकीय तथा केन्द्र सरकार के स्तर पर राजनैतिक इच्छाशक्ति का उपयोग करके बच्चों के मानवाधिकारों के संरक्षण का पूरा प्रयास होना चाहिए।
12. मानवाधिकार के प्रतिरक्षक के रूप में समाज के गैर–सरकारी मानवाधिकार संगठनों को जनता का समर्थन व सहयोग प्राप्त हो तथा सरकार द्वारा वित्तीय सहायता प्रदान होनी चाहिये।

सन्दर्भ ग्रन्थ

1. डॉ. कृष्ण मोहन माथुर–स्वातंत्रयोत्तर भारत में जनता का उत्तरदायित्व तथा पुलिस की भूमिका–पुलिस अनुसंधान एवं विकास ब्यूरो, गृह मंत्रालय, भारत सरकार द्वारा प्रकशित 1991 पृष्ठ।
2. वार्षिक रिपोर्ट 1996–97, राष्ट्रीय, मानवाधिकार आयोग, सरदार पटेल भवन, संसद मार्ग, नई दिल्ली पृष्ठ 5–6।
3. "एक बच्चा होने का अधिकार" (यूनिसेफ भारत पृष्ठभूमि दस्तावेज) 1994 पृष्ठ 20–21
4. एड्स विल एफेक्ट वन मिलियन चिल्ड्रन (यूनाइटेड नेशन्स) टाइम्स ऑफ इन्डिया पटना 15–7–1997।
5. सुभाष शर्मा– भारत में बाल–मजदूर प्रकाशन संस्थान–नई दिल्ली 110002, 1997, पृष्ठ 12।
6. राष्ट्रीय मानवाधिकार आयोग वार्षिक रिपोर्ट 1996–97 पृष्ठ 38।
7. नीरा बुरा "बार्न टू वर्ष" (1997) पृष्ठ 22

8. राष्ट्रीय श्रम संस्थान, गाजियाबाद (उ. प्र.) इण्डियन एक्सप्रेस दिनांक 25–10–1996।
9. शमशाद खान, "माइग्रैंट चाइल्ड लेबर इन कॉरपेट इण्डस्ट्री ऑफ मिर्जापुर–भदोही" (लेख) आमोद–कण्ठ एवं आर.एम. वर्मा (सं.) नेगलेक्टेड चाइल्डः चेंजिंग पर्सपेटिब्स (1993) प्रयास, नई दिल्ली, पृष्ठ 130।
10. आर. नायर "हाय डू मोगर्ल्स ड्राप आउट," कुरूक्षेत्र, 1–15 मई, 1983, पृष्ठ 15
11. सुभाष शर्मा–भारत में बाल मजदूर, 1997, पृष्ठ 76।
12. 1981 भारत की जनगणना, गरीबी अनुपात, इयर बुक 1986–87 टेबुल सी–2 पृष्ठ 151–52, स्वास्थ्य एवं परिवार कल्याण मन्त्रालय, नई दिल्ली।
13. बाल श्रम (प्रतिशोध एवं विनियमन) अधिनियम 1986 में विसंगतियाँ व ठीक से न लागू होना।
14. सुभाष शर्मा–भारत में बाल मजदूर, पृष्ठ 78–79।
15. सुभाष शर्मा–भारत में बाल मजदूर, पृष्ठ 102।
16. परवीन नांगिया एवं रीता पनिक्कर पिंटो, "चिल्ड्रेन इन स्पेशली डिफिकल्ट सर्कम्स्टासेज इन यूनियन टेरिटरी ऑफ दिल्ली" (1988), हजेल दि लामा एवं रीमा गोसालिया, "सिचुएशन एनालिसिस ऑफ स्ट्रीट चिल्ड्रेन इन सिटी ऑफ बाम्बे" (1989), राजेन्द्र पाण्डेय, "स्ट्रीट चिल्ड्रन ऑफ कानपुर" (आई. आई. टी. कानपुर (1989), सिचुएशन एनालिसिस ऑफ "स्ट्रीट चिल्ड्रन इन मद्रास सिटी" (1989), बोस्को इंस्टीट्यूट ऑफ सोशल वर्क।
17. स्ट्रीट चिल्ड्रेन आफ मद्रास (1992) नेशनल लेबर इंस्टीट्यूट नोयडा, पृष्ठ 9–27।
18. अमिताभ राजन, "एडमिरेबल सर्वाइवर्सः स्ट्रीट चिल्ड्रेन ऑफ इण्डियन सिटीज" (लेख) "नेगलेक्टेड चाइल्ड" (1993), पृष्ठ 107।
19. स्ट्रीट गर्ल्स ऑफ दिल्ली (1993) नेशनल लेबर इंस्टीट्यूट नोएडा, पृष्ठ 65–67।
20. सुभाष शर्मा–भारत में बाल मजदूर, पृष्ठ 97।
21. राजस्थान पत्रिका–राम गुप्त–भ्रूण हत्या से स्त्रियों के अस्तित्व को खतरा–जयपुर 4 सितम्बर 1998।

22. "फीमेल इनफैंटीसाइड"–आर. वेंकटरामन एवं बिजी श्री निवासन (1993) हरे–आनन्द पब्लिशर्स, नई दिल्ली, माई नेम इज़ "टुडें खण्ड–11, सं. 2, अप्रैल–जून 1994, पृष्ठ 10 में उद्धृत।
23. "एक बच्चा होने का अधिकार" (यूनिसेफ भारत पृष्ठभूमि दस्तावेज) 1994, पृष्ठ 17।
24. "सैम्पुल रजिस्ट्रेशन बुलेटिन (जनवरी 1996) का रजिस्ट्रार जनरल भारत के कार्यालय, "स्टेटिस्टिक्स ऑन चिल्ड्रेन इन इण्डिया" (1996), पृष्ठ 48–49 में उद्धृत।
25. एक बच्चा होने का अधिकार (1994), पृष्ठ 25।
26. एक बच्चा होने का अधिकार, पृष्ठ 28–29।
27. क्राइम इन इन्डिया, 1995, नेशनल क्राइम रिकार्ड ब्यूरो दिल्ली, पृष्ठ 244।
28. "स्टेटिसटिक्स ऑन चिल्ड्रेन इन इण्डिया" (1996) पृष्ठ 236–39।
29. क्राइम इन इण्डिया (1994) पृष्ठ 235, स्टेटिसटिक्स ऑन चिल्ड्रेन इन इण्डिया (1996), पृष्ठ 235।
30. एक बच्चा होने का अधिकार (यूनिसेफ) नई दिल्ली, मार्च, 1994 पृष्ठ 31 तथा सुभाष शर्मा भारत में बाल–मजदूर, पृष्ठ 106।
31. राष्ट्रीय बाल–श्रम नीति 1987, श्रम मन्त्रालय, भारत सरकार, नई दिल्ली, अगस्त 1987, पृष्ठ 2।
32. सुभाष शर्मा, भारत में बाल मजदूर, पृष्ठ 153।
33. सुभाष शर्मा भारत में बाल मजदूर, पृष्ठ 154।
34. सुभाष शर्मा, भारत में बाल मजदूर, पृष्ठ 122।
35. सुभाष शर्मा, भारत में बाल मजदूर, पृष्ठ 43 से 51 तक–साभार उसे उद्धृत किया जाता है।

6

भारतीय पुलिस, सुरक्षाबल तथा मानवाधिकार

मानवाधिकार मूल अधिकारों की भाँति सर्वश्रेष्ठ, अतिपवित्र, अनन्त और प्रकृति से श्रेष्ठ हैं, इन्हें मानव की गरिमा की सुरक्षा लिए अहस्तान्तरीय और अलंघनीय माना जाना चाहिए। मानवाधिकारों की सुरक्षा और अस्तित्व की कल्पना एक सुव्यवस्थित समाज में की जा सकती है। समाज और राज्य ही व्यक्ति को मानवाधिकार देने का आश्वासन देते हैं। इनके बदले में वे नागरिकों से सामाजिक नियमों का पालन करने को कहते हैं। मानव स्वभाव से ही अपूर्ण और कमजोर है, जिससे सामाजिक नियन्त्रण के लिए विधि औचितपूर्ण है। समाज और राज्य स्वतन्त्रता का हनन नहीं करते हैं। वे स्वतन्त्रता को सामाजिक न्याय के पक्ष पर नियन्त्रित करते हैं।[1] समाज में कानून और व्यवस्था बनाए रखने के लिए पुलिस कर्मियों की आवश्यकता है। पुलिसकर्मी की स्थिर निगरानी और दिशा–निर्देश की अनुपस्थिति में मानव पशु बन जाएगा और समाज का विघटन हो जाएगा। पुलिस कर्मी के मार्ग दर्शन के प्रभाव के बिना मनुष्य के अन्दर विद्यमान पशु पर विजय प्राप्त नहीं हो सकती है और समाज एक संगठन के रूप में नहीं लहलाएगा।[2] समाज को जीवित रखने के लिए व्यक्ति का गौरव अत्यधिक आवश्यक है, परन्तु मानवाधिकार तभी सुनिश्चित किए जा सकते हैं जबकि (1) जीवित समाज हो और (2) समाज लोकतान्त्रिक सिद्धान्तों पर आधारित हो। मानवाधिकारों की सुरक्षा भारतीय संविधान के अनेक प्रावधांनों द्वारा सुनिश्चित की गई है। भारत की न्याय प्रणाली तथा भारतीय पुलिस मानवाधिकारों की सुरक्षा पर विशेष ध्यान देने के लिए संवैधानिक रूप से कर्त्तव्यबद्ध है। मानवाधिकार के संरक्षण में आज विभिन्न आयाम जुड़ गये हैं और इस कार्य में पुलिस की भूमिका! प्रतिदिन अति जटिल व चुनौतीपूर्ण होती जा रही है। प्रजातांत्रिक व्यवस्था में जनसामान्य के मूलाधिकारों के संरक्षण में पुलिस की भूमिका अत्यंत

महत्वपूर्ण है तथा इस हेतु पुलिस व्यवस्था को इस कर्त्तव्य पालन हेतु समर्थ तथा योग्य बनाने का दायित्व राष्ट्र व समाज पर है। भारत में पुलिस तथा सुरक्षा बलों के विषय में साधारण जनता का ज्ञान बहुत कम है। भारत के प्रत्येक राज्य में राज्य पुलिस तथा सशस्त्र पुलिस टुकड़ियाँ हैं तथा साथ ही केन्द्र द्वारा नियंत्रित निम्नलिखित पुलिस इकाईयां हैं–[3]

1. केन्द्रीय रिजर्व पुलिस बल (सी.आर.पी.एफ.)
2. सीमा सुरक्षा बल (बी. एस. एफ.)
3. केन्द्रीय औद्योगिक सुरक्षा बल (सी.आई.एस.एफ.)
4. रेलवे सुरक्षा बल (आर. पी. एफ.)
5. भारतीय तिब्बत सीमा पुलिस (आई.टी.बी.पी.)
6. आसाम राइफल्स
7. नेशनल सिक्योरिटी गार्ड (एन. एस. जी.)
8. कोस्टल गार्ड।
9. असूचना ब्यूरो (आई. बी.)
10. केन्द्रीय अन्वेषण ब्यूरो (सी.बी.आई)

मानवाधिकार और मौलिक स्वतन्त्रता को अलग नहीं किया जा सकता है। आर्थिक, सामाजिक और सांस्कृतिक अधिकारों के बिना सिविल और राजनैतिक अधिकारों की पूर्ण प्राप्ति असंभव है।[4] यह स्वस्थ विचार मानवाधिकारों के लिए सर्वश्रेष्ठ है। भारतीय स्वतन्त्रता संग्राम और भारतीय संविधान के संस्थापकों ने विस्तृत विचार का प्रतिपादन किया और अपनी राजनैतिक, आर्थिक और सामाजिक परिधि में स्वतंत्रता की मांग उठाई। मानवाधिकारों की विश्वव्यापी घोषणा के अधिकतर अनुच्छेद, और दो अन्तर्राष्ट्रीय समझौते भारतीय संवैधानिक अधिकारों के स्तम्भ है। जर्मनी में द्वितीय विश्व युद्ध से पहले और उसके दौरान नाजियों द्वारा तथा समाजवादी सोवियत गणराज्य संघ को स्टालियन शासन और इसके अधिकार राज्यों में ढाई गई निर्दयतापूर्ण यातनाओं ने विश्वव्यापी मानवाधिकारों की घोषणा को जन्म दिया। सरकार का कार्य कानून और व्यवस्था को बनाए रखना है। दूसरी ओर मनुष्य अधिकारों के लिए दावा करते हैं। इन दोनों के बीच संघर्ष स्थायी रहता है।[5] लोकतन्त्रात्मक भारतीय समाज में पुलिस की दशा संकटपूर्ण है। एक ओर वह

मानवाधिकारों की सुरक्षा कर रही है, तो दूसरी ओर वह विद्रोही संस्थाओं, देशद्रोहियों और विदेशी तत्वों द्वारा खतरे में डाली गई देश की आंतरिक सुरक्षा को कानूनी ढंग से सुरक्षित रख रही है। पुलिस भावनात्मक और संवेदनशील विपत्तियों में ही नहीं अपितु दैनिक गिरफ्तारी, पूछताछ, एकान्तता की निगरानी आदि के दौरान भी मानवाधिकारों का हनन कर सकती है।[6] पुलिस तथा सुरक्षाबलों का मानवाधिकारों के संरक्षण में महत्पूर्ण दायित्व दिया गया है परन्तु उन्हें न तो उचित प्रशिक्षण दिया गया है, न उनको आवश्यक संसाधन दिये गये हैं तथा उनसे सम्भव कार्यों को सम्पन्न करने की अपेक्षा की जाती है। मानवाधिकारों के संरक्षण की ओट में आतंकवादी राज विरोधी तत्व व असामाजिक आपराधिक तत्व समय–समय पर पुलिस पर झूटे व मनगढ़न्त आरोप लगाते हैं तथा पुलिस व सुरक्षा बलों का मनोबल को गिराने का प्रयास करते हैं। अनेक गैर–सरकारी मानवाधिकार संरक्षण संगठन सारे देश में फैल गये हैं जिन्हें आतंकवादियों द्वारा मानवाधिकारों के हनन की कोई चिन्ता नहीं है परन्तु वे पुलिस व सुरक्षा बलों द्वारा आत्मा रक्षा में किये गये कार्यों की भी आलोचना करते हैं, यद्यपि पुलिस व सुरक्षाबलों द्वारा काफी संयम व धैर्य रखा जाता है परन्तु विपरीत परिस्थितियों में घर परिवार से अलग रहते हुये वे जब अपने कार्य का सम्पादन करते हैं तो उन्हें संसाधनों की कमी, जनता के सहयोग का अभाव तथा न्याय पालिका की मदद प्राप्त नहीं होती है। ऐसा प्रतीत होता है कि पुलिस व सुरक्षा बलों के अपने मानवाधिकार शायद है ही नहीं अथवा उनका हनन कभी भी न किसी गोष्ठी का विषय बनता है न सरकार द्वारा ही आवश्यक कार्य योजना बनाई जाती है। पुलिस की छवि अतिधूमिल है परन्तु पुलिस में कोई भी संगठनात्मक, संवैधानिक अथवा रचनात्मक सुधार पिछले तरेपन सालों में स्वतंत्रता के बाद नहीं हुये यह एक अति गम्भीर विषय है।

राज्य पुलिस के सामान्य कर्त्तव्य

पुलिस एवं मानवाधिकार के सम्बन्ध अधिकतर आपराधिक न्याय व्यवस्था से सम्बन्धित हैं। इस व्यवस्था के चार अवयव महत्वपूर्ण हैं :

1. विधायिका (जो विधि बनाती है)
2. विधि को लागू कराने वाले (पुलिस)
3. न्यायपालिका

4. सुधारने का कार्य करने वाला प्रशासन (जेल)।

पुलिस का निजी, सिविल एवं राजनैतिक मानवाधिकारों के संरक्षण में बहुत बड़ी भूमिका है। जीवन एवं दैहिक स्वतंत्रता का अधिकार संविधान के अनुच्छेद 21 में प्रदत्त है। इसके अनुसार विधि द्वारा स्थापित प्रक्रिया के बिना किसी भी व्यक्ति को उसके जीवन एवं दैहिक स्वतंत्रता से वंचित नहीं किया जा सकता। इसका अर्थ यह नहीं है कि किसी भी व्यक्ति को कभी भी, चाहे उसने कितना गंभीर अपराध क्यों न किया हो, दण्ड देकर जीवन एवं दैहिक स्वतंत्रता से वंचित नहीं किया जा सकता। दण्ड दिया जा सकता है किन्तु विधि द्वारा स्थापित प्रक्रिया के अन्तर्गत इस सम्बन्ध में कई विधियां हैं जिनमें अनेक कृत्यों को अपराध घोषित कर दण्ड का विधान किया गया है। जब कभी भी ऐसे कृत्य किये जाने की सूचना पुलिस को मिलती है तो वह उस सम्बन्ध में जांच करके सम्बन्धित व्यक्ति को गिरफ्तार कर न्यायालय में प्रस्तुत करती है। न्यायालय उस व्यक्ति का अभियोजन के पश्चात् विधि के अन्तर्गत निर्णय देता है। पुलिस को सूचना मिलने से लेकर अदालत में प्रस्तुत करने तक के बीच एवं उससे सम्बन्धित जाँच के दौरान पुलिस द्वारा कई ऐसे कृत्य किये जाते हैं जो संविधान में प्रदत्त मूल अधिकारों (मानवाधिकारों) के हनन या उल्लंघन की कोटि में आते हैं।

राज्य पुलिस के सामान्य कर्त्तव्य निम्न प्रकार हैं :

1. सर्वप्रथम पुलिस का कार्य है कि कानून का उल्लंघन करने वालों और सन्देह के घेरे में आने वाले अपराधियों को गिरफ्तार करके अपनी हिरासत में लाना ताकि अपराध को रोका जा सके (धारा 149–153 दण्ड प्रक्रिया संहिता)।
2. यदि मजिस्ट्रेट के सम्मुख प्रस्तुत करने के लिए पर्याप्त आधार या सबूत नहीं हैं तो आरोपी को मुचलके पर बिना प्रतिभूति के रिहा करने का अधिकार है (धारा 70 एवं 437 द.प्र.सं.)।
3. पुलिस का यह भी महत्वपूर्ण कार्य है कि संदेह के घेरे में आने वाले अपराधियों की तलाशी ले सके एवं धारा 156 द.प्र.सं. के उपबन्धों के अधीन रहते हुए पूछताछ कर सके (धारा 53 द.प्र.सं.)।
4. पुलिस को किसी स्थान की तलाशी एवं जब्ती का भी अधिकार है (धारा 94 से 104 तक द.प्र.सं.)।

5. यदि किसी व्यक्ति की असामान्य स्थिति अथवा सन्देहजनक स्थिति में मृत्यु होती है तो उसे एक रजिस्टर में दर्ज करना होगा (धारा 174 द.प्र.)।
6. गिरफ्तार करने के अतिरिक्त पुलिस अभियोजक का भी कार्य करती है अर्थात् उस व्यक्ति पर अभियोजन चलाने का भी कार्य करती है।
7. अपराधियों को गिरफ्तार कर व्यक्तियों को जानमाल की सुरक्षा के सामान्य कर्त्तव्य निर्वाह करने के साथ–साथ पुलिस को विशेष परिस्थितियों में अन्य कार्य भी करने पड़ते हैं यथा, अपराधियों की पहचान, तकनीकी शोर्ध जैसे हाथ के निशान की जांच, यातायात नियंत्रण, युवकों में अपराध प्रवृत्ति को रोकना, भीड़ नियंत्रण, दंगाफसाद नियंत्रण अतिविशिष्ट व्यक्तियों एवं स्थानों की सुरक्षा आदि अन्य कार्य।
8. मानवाधिकारों का संरक्षण।

पुलिस को अपराध की सूचना मिलने से अदालत तक प्रस्तुत करने तक के अन्तराल के दौरान एवं उससे सम्बन्धित जांच पूछताछ एवं अन्य कर्त्तव्यों के निर्वाहन एवं अधिकारों के प्रयोग से पुलिस द्वारा कई ऐसे कार्य हो जाते हैं जो मानवाधिकारों के उल्लंघन की कोटि में आ जाते हैं। पुलिस अत्याचार के बारे में समाचार माध्यमों में प्रकाशन होता है तो यह सहज ही मान लिया जाता है कि कुछ बढ़ा–चढ़ा कर प्रस्तुत किया गया है। परन्तु जब एक राज्य का मुख्यमंत्री इस विषय में चिंता व्यक्त करे तो क्या कहा जाये। अभी हाल में 10 सितम्बर, 1997 को पुलिस उच्चाधिकारियों की बैठक में तमिलनाडु के मुख्यमंत्री श्री एम. करुणानिधि ने अधिकारियों को डांट लगाई कि हिरासत में बन्दियों के प्रति किये जाने वाले व्यवहार सम्बन्धी राज्य द्वारा निर्मित निर्देशों का पालन वहां की पुलिस नहीं कर रही है। पूर्व में एक वर्ष में हिरासत में 13 व्यक्तियों की मृत्यु उस राज्य में हुई है मुख्यमंत्री 1996–97 के दिशा निर्देशों के पालन की समीक्षा कर रहे थे। उन्होंने पुलिस द्वारा निरन्तर किये गये अत्याचार पर गहरी चिन्ता व्यक्त की और कहा कि इससे न केवल पुलिस विभाग के लिए समस्या बड़ी होती है बल्कि राज्य के नाम पर भी कलंक लगता है।

भारतीय पुलिस के सामने चुनौतियां और कार्य सम्पन्न की सीमायें निम्नलिखित हैं:

1. राजनैतिक आन्दोलन तथा कानून और व्यवस्था समस्याएं बढ़ रही हैं।

2. अपराध एवं अपराध जगत में वृद्धि।
3. बढ़ती साम्प्रदायिक हिंसा और हिंसात्मक अपराधों में बढ़ोत्तरी।
4. पूर्वोत्तर राज्यों में जातीय दंगे तथा राजविद्रोह की स्थिति।
5. आतंकवाद और विद्रोहात्मकता की बढ़ती स्थितियाँ।
6. अत्यधिक विधि निर्माण और पुलिस के कार्यों में बढ़ता भार।
7. जातीय युद्ध और समाज के कमजोर वर्गों की समस्यायें।
8. कृषि भूमि अशांति और नक्सलवादी किस्म की हिंसा।
9. अपर्याप्त पुलिस और बढ़ता कार्यभार।
10. पुलिस अनुशासनहीनता में वृद्धि तथा मानवाधिकारों के प्रति संवेदना का अभाव।
11. वर्तमान स्थानान्तरण की दूषित व अमानवीय प्रणाली।
12. पुलिस मनोबल निम्न स्तर पर तथा अच्छे नेतृत्व का अभाव।
13. पुलिस में राजनैतिकता तथा अत्यधिक राजनैतिक हस्तक्षेप।
14. पुलिस की मलिन छवि।
15. धीमी तथा दोषपूर्ण न्याय प्रणाली।
16. पुलिस में आधुनिकीकरण का न होना।
17. पुलिस का अपराधी करण।
18. पर्याप्त प्रशिक्षण का अभाव।
19. पुलिस को जनता का बिल्कुल सहयोग व समर्थन प्राप्त नहीं है।
20. पुलिस एक थकी हुई और अप्रजातान्त्रिक पद्धतियों से काम करने वाली संख्या बन चुकी है।

जब सन् 1970 में कई राज्यों में नक्सलवादियों के आन्दोलनों को दबाने के लिए पुलिस ने क्रूरता दिखाई तो मानवाधिकार आन्दोलन ने गति पकड़ी। पश्चिम बंगाल और आन्ध्र प्रदेश में भय की लहर कौंध गई। इन प्रदेशों में कई नक्सलवादियों की धर पकड़ की गई और कई को पुलिस के साथ झूठी लड़ाई में मौत के घाट उतार दिया गया। मार्च 1970 और अगस्त 1971 के बीच ही बृहत कलकत्ता में 1983 नक्सलवादी मौत के घाट उतारे गए। पश्चिम बंगाल में सन् 1970 से लेकर अप्रैल 1971 तक 263 सी.पी.आई. (एम) के समर्थक मार डाले गए। सन् 1977 के शुरू के दिनों में 450 नक्सलवादी आन्ध्र प्रदेश में मुठभेड़ में मारे गए। हमारे देश में

मानवाधिकारों के उल्लंघन के अधिक मामले हुए हैं वर्ष 1984 के दौरान राजधानी में सिक्खों का नरसंहार हुआ। मेरठ में सन् 1987 में मुसलमानों की निमर्म हत्याएं की गईं। महिलाओं की उनके पतियों तथा सास–ससुर द्वारा हत्याएं प्रति वर्ष बढ़ती जा रही हैं। क्या पुलिस का इन घटनाओं को रोकने में कोई उत्तरदायित्व नहीं है? अथवा मानवाधिकारों के उल्लंघन करने वालों को सजा नहीं दी जा सकती है? शाह कमीशन की कार्यवाहियाँ टेलीविजन पर दिखाये जाने से आपातकाल के दौरान की गई ज्यादतियाँ लोगों के सामने आईं। भारत में पुलिस द्वारा मानबाधिकारों के उल्लंघन के कुछ निम्नलिखित प्रमुख मामले सामने आए हैं :–

1. नई दिल्ली में संसद के सामने नेत्रहीनों पर लाठियाँ चलाई गईं।
2. भागलपुर में अपराधियों के समूह की आँखें फोड़ दी गईं।
3. वाराणसी में अपराधियों को लंगड़ा कर दिया गया।
4. नारायणपुर में पुलिस द्वारा सामूहिक बलात्कार किया गया।
5. इन्दरवल्ली में 20 अप्रैल 1981 को 60 आदिवासियों का नरसंहार किया गया और कुछ शवों को लापता कर दिया गया।
6. बागपत में झूठी मुठमेड़ की घटना हाल ही में उत्तर प्रदेश के पीलीभीत में हुई दुर्घटना, जिससे 10 आतंकवादी मुठभेड़ में मारे गए।
7. भारत के पूर्वोत्तर राज्यों मणिपुर, त्रिपुरा और मिजोरम में जवाबी लड़ाई के परिचालन के दौरान मानवाधिकारों पर अत्याचार और उनका उल्लंघन।
8. पंजाब और कश्मीर में आतंकवादी विरोधी अभियान और मुठभेड़ के मामलों में पुलिस की दमनकारी नीति।
9. विशेष कार्य दलों (स्पेशल टास्क फोर्स) द्वारा सी. ए. टी. (सिविल एडिड एन्टी टेरोरिस्ट ऑपरेशन) नामक कार्यवाही।
10. रमीजा बी वाली दुर्घटना।
11. पुलिस हिरासत में फर्नान्डीज पर अत्याचार।
12. प्रतापगढ़ में बिजली का झटका देकर पूछताछ करने की कारवाई तथा उत्पीड़न के हथकन्डे अपनाना।

पुलिस द्वारा मानवाधिकारों के अतिक्रमण की प्रकृति एवं उदाहरण

मानवाधिकारों के अतिक्रमण का 80 प्रतिशत शांत क्षेत्रों में सामान्य पुलिसीकरण

के दौरान हो रहा है तथा राज्य पुलिस द्वारा निम्नलिखित रूप से हो रहा है।

1. गिरफ्तार करने, तलाश करने संबंधी सांविधिक प्राधिकारी शक्ति का दुरूपयोग।
2. टाडा/ एन.एस.ए. जैसे दमनकारी विधानों का अनुचित प्रयोग।
3. हिरासत संबंधी दुरूपयोग–उत्पीड़न करने का प्रयोग, हिरासती बलात्कार।
4. मुठभेड़, मृत्यु और अंतर्धान।
5. अनाधिकृत गतिरोध और केट ऑपरेशन।
6. पुलिस द्वारा प्रति अपहरण।
7. विधिक प्रक्रिया के अनुपालन में असफलता :–
   (अ) गिरफ्तार किये जाने वाले कारणों की सूचना दिये जाने के अधिकार की अवमानना।
   (ब) 24 घंटे के भीतर न्यायाधीश के समक्ष प्रस्तुत किये जाने के अधिकार को अस्वीकारना।
   (स) निष्पक्ष एवं तीव्र अनुसंधान के अधिकार को नकारना।
8. जनता के साथ दुराचार और दर्पपूर्ण व्यवहार।

भारत में मानवाधिकारों की इच्छाओं के लिए स्वतन्त्रता चाहने वाले सिविल लोगों और वरिष्ठ पुलिस अधिकारियों के बीच एक–दूसरे के विचारों को समझने के लिए निष्कपट बातचीत का समय आ गया है। आतंकवाद के खिलाफ लड़ाई तभी जीती जा सकती है, जबकि लोगों को आतंकवादियों से मुक्त कराया जाए। ऐसा तभी हो सकता है जब आतकवादियों को विश्वास दिलाया जाए कि उनके अधिकारों का सम्मान किया जाएगा।[7] टेलीफोन करना, बैठक वाले कमरे में गुप्तरूप से बातचीत सुनने के लिए माइक्रोफोन रखना, डाक पत्रों का निरीक्षण करना, निवास स्थानों का रात्रिकाल में दौरा (कट्टर अपराधियों को छोड़कर) करना इत्यादि ऐसे धूर्त तरीके हैं, जो कि व्यक्ति की स्वतंत्रता और मानवाधिकारों का उल्लंघन करते हैं।

अमनेस्टी इन्टरनेशनल रिपोर्ट से "षडयन्त्रों" के गुप्त भेदों को निकलवाने के लिए पुलिस के क्रूरतापूर्ण ढंग का पता चला है। कैदियों को सिर के बल उल्टा लटका दिया गया और पीटा गया, उनके पैर के तलवों के नीचे जलती मोमबत्ती रखी गई और चूहों को उनके पायजामें के अन्दर बाँधा गया। कहा जाता है कि केरल

राज्य में अक्सर "रोल ट्रीटमेंट" दिया जाता है। इसमें व्यक्ति की जांघों के ऊपर भारी लकड़ी अथवा स्टील का बेलन कई पुलिस कर्मियों द्वारा इधर–उधर लुडकाया जाता है। जिससे एक व्यक्ति की मृत्यु हुई है। पी.राजन, इंजीनियरिंग के विद्यार्थी को मार्च 1976 को गिरफ्तार किया गया। उसे गैर–कानूनी ढंग से पुलिस गिरफ्तारी में रखा गया और लोहे के बेलन से पीटा गया जिसके परिणामस्वरूप उसकी मृत्यु हो गई। कहा जाता है कि 31 अक्टूबर 1976 को पुलिस ने जिन 4 नक्सलवादियों को गिरफ्तार किया था, वे पुलिस भिड़न्त में मारे गए। आपातकाल के दौरान 34,630 लागों को एम आई एस ए के अन्तर्गत में रखा गया। देश भर में 12000 नक्सलवादियों को जेल में रखा गया इनमें से 6000 एम आई एस ए के अन्तर्गत पकड़े गए। सन् 1977 के शुरू में प्रिजनर ऑफ कॉन्सन्स इन इंडिया के कैदियों को भारी संख्या में मुक्त किया गया। इन्हें बिना जाँच के आपातकालीन उपबन्धों के अन्तर्गत कैद किया गया था, इसलिए इनमें से लगभग 40,000 को छोड़ दिया गया [8]। सन् 1983 में अमनेस्टी इन्टरनेशनल ने भारत के संबंध में चार ठोस रिपोर्ट (प्रतिवेदन) दिए यह प्रतिवेदन अद्वितीय है। पहली रिपोर्ट (प्रतिवेदन) मार्च 1968 में दी गई। यह राजस्थान के आदिवासी नेता पर अत्याचारों के बारे में थी (1) दूसरी रिपोर्ट अगस्त माह में दी गई। इसमें "इंडिया–ए रिव्यू ऑफ हूमैन राइट पाइलेसन्स" शीर्षक के अन्तर्गत व्यापक खोज की गई थी (2) तीसरी रिपोर्ट सितम्बर माह में दी गई। यह जोधपुर के 324 कैदियों से संबंधित थी, जो चार वर्षों से कैद में दिन काट रहे थे। चौथी रिपोर्ट नवम्बर में दी गई। यह बिहार में मानवाधिकारों से सम्बन्धित थी [9]। यद्यपि भारतीय दण्ड संहिता की धारा 330–331 में उत्पीड़न की कारवाई करना दण्डनीय अपराध है, तो भी आम नागरिक पुलिस के अत्याचारों से परेशान है। यह स्पष्ट है। पुलिस में व्यापक सुधार किये जाने हैं। पी आई पी सुरक्षा और आतंकवाद विरोधी कर्त्तव्यों में सुधार की आवश्यकता है। पुलिस बल का और अधिक वैज्ञानिक प्रबन्ध और प्रशिक्षण में सुधार होना चाहिए। पुलिस बल में भ्रष्टाचार, अनुशासनहीनता, अव्यवस्था मानवाधिकारों के उल्लंघन करने वालों को निकाले जाने के लिए बड़े उपाय किए जाने चाहिये।

एक सूचना के अनुसार पिछले पांच दशकों में पुलिस ने अक्सर मानवाधिकारों का उल्लंघन किया है। उसने मानव के विरूद्ध निम्नलिखित उत्पीड़न के तरीके अपनाए हैं:

1. नंगे शरीर को एड़ी वाले जूतों से मारना।
2. पैर के तलवे छड़ से पीटना।
3. पैर की नलियों के ऊपर भारी गोल छड़ रख कर तथा एक पुलिस कर्मी द्वारा उस पर बैठकर छड़ को लुढ़काना।
4. घण्टों तक शिकार (विक्टिंग) को "जेड" की स्थिति में घुटनों के बल शरीर को झुकाना।
5. रीढ़ की हड्डी पर पिटाई करना।
6. व्यक्ति के दोनों कानों पर मुक्के से तब तक घूसे मारना जब तक कि व्यक्ति का खून न निकले और वह बेहोश न हो।
7. रायफल के बट से मारना।
8. शरीर की दरारों में बिजली का करेन्ट लगाना।
9. बर्फ की सिल्लियों पर नंगा लिटाना।
10. जलती सिगरेट और मोमबत्ती से जलाना।
11. व्यक्ति को खाना और पानी न देना। उसे सोने न देना तथा उसे अपना मूत्र पीने के लिए बाध्य करना।
12. व्यक्ति के कपड़े उतारना, मुंह काला करना और जनता में घुमाना।
13. व्यक्ति की कलाइयां बांधना और लटकाना।
14. "जहाज" से नीचे लटकाना। व्यक्ति के हाथ रस्से से पीछे बाँध देते हैं रस्से के सिरे को चरखी से बाँधते हैं। व्यक्ति को हवा में झूलने के लिए छोड़ देते हैं।[10]

"पुलिस क्रूरता के और भी कई मामले हैं, जिनमें मानवाधिकारों का उल्लंघन किया गया है। शाह आयोग ने अपनी दूसरी रिपोर्ट में पुलिस और न्याय करने वालों के मध्य प्रत्यक्ष झगड़ों को उजागर करते हुए कहा है कि पुलिस बिना किसी कारण के जान बूझकर नागरिकों को गिरफ्तार और कैद करके मानवाधिकारों का उल्लंघन नहीं करती हैं।"

शाह आयोग ने पुलिस का दुरूपयोग किए जाने के बारे में दो मूल मुद्दे उठाए हैं:

1. अवांछित कार्यों के लिए पुलिस को लगाकर कानून द्वारा स्थापित राज्य को भंग किया गया।

2. पुलिस को अत्यधिक तथा निरंकुश शक्तिया बिना किसी रोक के नहीं देनी चाहिए।[11]

शाह आयोग की सुनवाई के प्रथम दो माह के दौरान गैर--कानूनी ढंग से कैद करने के मामले सामने आए। पुलिस ने आपातकाल के दौरान पूरे देश में आंतक फैला रखा था[12] राष्ट्रीय पुलिस आयोग ने अपनी प्रथम रिपोर्ट (प्रतिवेदन) में कहा है कि सन् 1977 में हरियाणा, मध्य प्रदेश, महाराष्ट्र, मेघालय, पंजाब, राजस्थान, तमिलनाडु और दिल्ली में पुलिस की क्रूरता की शिकायतों के विश्लेषण से पता चलता है कि 82 शिकायतों पर मैजिस्ट्रियल जांच 17 पद जुडिसियल जांच और 430 पर राज्य की सी.आई.डी. सतर्कता ऐजेंसियों द्वारा कारवाई की गई। [13] शाह जांच आयोग की अतंरिम रिपोर्ट–2 दिनांक 26 अप्रैल 1978 के अध्याय 15 में कहा गया है कि किस शर्मनाम ढंग से पुलिस ने 1975–77 के आपातकाल के दौरान मानवाधिकारों का हनन किया और कानूनों को ताक में रखा तथा राजनीतिक उद्देश्यों को सिद्ध किया। इस रिपोर्ट से लिया गया एक उदाहरण नीचे दिया गया है :–

"शासक दल की इच्छाओं के आधार पर कुछ लोगों को राजनीतिक उद्देश्य से गिरफ्तार और मुक्त कियां गया। पुलिस का किसी एक दल के लिए कार्य करने का अर्थ कानून द्वारा स्थापित शासन को उखाड़ फेंकना है"।[14]

संयुक्त राष्ट्रसंघ की महासभा ने 9 दिसम्बर 1980 को बिना किसी वोट के अर्थात् भारत की सहमति से किसी भी देश में नजरबन्द अथवा कैद सभी व्यक्तियों के संरक्षण के लिए नियमों को अंगीकरण किया। [15] इससे पूर्व सन् 1979 में सिविल और राजनीतिक अधिकारों पर हुए अन्तर्राष्ट्रीय समझौते का समर्थन करते समय भारत में निवारक कैद (प्रिवेन्टिव डिटेन्सन) के लिए स्पष्ट आरक्षण रखा। परन्तु 1982 में भारत इन नियमों को अंगीकार करने से अलग हो गया।

नियम 4 में विचार किया गया है कि किसी भी रूप में नजरबन्दी अथवा कैद और किसी भी रूप में नजरबन्द अथवा कैद किसी व्यक्ति मानवाधिकारों को प्रमाणित करने वाले सभी उपाय एक अथवा अन्त संस्था द्वारा आदेशित अवश्य प्रभावी नियन्त्रण के अधीन रहेंगे। नियम 11 में कहा गया है कि किसी नजरबन्द व्यक्ति की जल्द से जल्द न्यायिक अथवा अन्य प्राधिकारों से सुनवाई करायी जानी चाहिए।

इससे आगे कहा है, "किसी भी नजरबन्द व्यक्ति को अपनी प्रतिरक्षा का अधिकार है अथवा कानून में निर्धारित सलाहकार की मदद का वह हकदार है। नियम 17 अच्छी तरह ही स्पष्ट है–सभी नजरबन्द व्यक्ति कानूनी सलाह के पास है। राष्ट्रीय सुरक्षा अधिनियम में ऐसी कोई व्यवस्था नहीं है। इसी तरह संविधान के अनुच्छेद 21 में ऐसी कोई व्यवस्था नहीं की गई है। यदि भारत सरकार इन नियमों का व्यवहार में पालन नहीं करती है अथवा अपेक्षित अधिनियम को सुरक्षित रखने से इन्कार करती है तो इस निर्णय के अच्छे परिणाम नहीं होंगे। यह भारत का दुर्भाग्य ही था कि उसने 9 "सितम्बर" 1988 को विषय समुदाय के समक्ष इन नियमों को स्वीकार करने की तुच्छ गलती की[16] देश के पुलिस और अर्द्धसैनिक बलों को सुनिश्चित करना है कि संयुक्त राष्ट्रसंघ की महासभा में भारत द्वारा दिए गए वचन का सम्मान किया जाता है, और उपर्युक्त नियमों का कोई उल्लंघन नहीं किया जाता है।"

केन्द्र मानवाधिकारों के उल्लंघन के मामलों की निगरानी करेगा। इनको राज्य सरकारों को सम्बोधित नहीं किया जाएगा। भूलवश में स्वैच्छिक गिरफ्तारियों, नजरबन्दियों और गाँव वालों पर किए गए अत्याचारों का मुआवजा देने के लिए तथा भविष्य में इन दुर्घटनाओं को न होने देने के लिए कारगर नीति लागू की जाएगी[17] मेरठ, अलीगढ़, मुरादाबाद, और अहमदाबाद में नियमित रूप से होने वाले सामुदायिक दंगे मानवाधिकारों को उल्लंघन करने के चौकाने वाले उदाहरण हैं। हरिजनों और कमजोर वर्गों पर अत्याचार तथा चुनाव के दौरान मानव को उसके अधिकारों से वंचित करने में बढ़ती हिंसा आदि विचार का विषय है। भारत के पंजाब, कश्मीर और पूर्वोत्तर राज्यों में मानवाधिकार बहुत कम दिए जा रहे हैं। देश के विभिन्न भागों मे अभी भी बन्धुआ मजदूर और दास्ता के मामले पाए जाते हैं। इनसे स्पष्ट विदित होता है कि मानवाधिकारों की खिल्ली उड़ा रहे हैं। पुलिस आतंकवाद निरोधक गतिविधि अधिनियम (टाडा), दंगाग्रस्त देश अधिनियम (डिस्ट्रब्ड एरिया–एक्ट), राष्ट्रीय सुरक्षा अधिनियम (नेशनल सेक्यूरिटी एक्ट) के अन्तर्गत निवारक नजरबन्दी (प्रिवेटिव डिटेन्सन) पंजाब के लिए 59वाँ संशोधन इत्यादि जैसे विशेष अधिनियमों के कुछ उपबन्धों को न चाहते हुए भी कार्यान्वित कर रही है। यह भी मानवाधिकारों का घोर उल्लंघन है। 59वे संविधान संशोधन से भारतीय संविधान के अनुच्छेद 21 में दिए गए जीवन और स्वतंत्रता के संरक्षण के अधिकार का हनन होता है [18]

उत्तर–पूर्वी क्षेत्र में पुलिस और सुरक्षा बल सशस्त्र बल (विशेष उपबन्ध) अधिनियम के अन्तर्गत विभिन्न विद्रोही विरोधी कार्यवाहियों (काउन्टरइन्सर लेंसी आपरेशन्स) में मानवाधिकारों का उल्लंघन कर रहे हैं। मेरठ में मई 1987 के दौरान हुए दंगों में लगभग 32 व्यक्तियों को गिरफ्तार किया गया। कहा जाता है कि इन व्यक्तियों का कहीं पता नहीं चला है। भागलपुर (बिहार) में कैदियों की आँखें फोड़ दी गईं। यह पुलिस द्वारा मानवाधिकारों के उल्लंघन का सुप्रसिद्ध इतिहास बन गया है। अदालत से बाहर हुई हत्याओं को "मुठभेड़" का नाम दिया जाता है। ऐसी घटनाएं देश के विभिन्न भागों में आम होती हैं। पुलिस की ज्यादतियों ने ही असम के युवाओं को उग्रवाद के पथ पर चलने के लिए मजबूर किया। नागालैण्ड की नेशनल सोसलिस्ट काउन्सिल (एन.एस.सी.एन.) ने ही उल्फा (यू.एल.एफ.ए.) को अन्ततः जन्म दिया।[19] सन् 1983 में कांग्रेस (आई) द्वारा जबरदस्ती कराए गए चुनाव में लगभग 300 विधार्थी और युवा मारे गए। चुनाव के दौरान पुलिस ने जघन्य (घोर) अपराध किए। युवाओं को आग में फेंककर जलाया गया। अपनी इच्छा से गोलियां चलाई गईं। घरों पर धावे बोले गए। महिलाओं, बच्चों और बूढ़ों पर वोट देने न आने के लिए लाठियाँ चलाई गईं। अति सम्माननीय नागरिकों को विवादों में फँसाया गया। आन्ध्र प्रदेश में जून 1982 के अन्त तक एक सूचना के अनुसार 15 मुठभेड़ों में 18 लोग मारे गए हैं। इनमें से 17 पीपुल वार ग्रुप और एक सी.पी. रेड्डी की सी.पी.आई (एम) ग्रुप का था [20] संयुक्त राष्ट्र संघ ने मानवाधिकार समिति के समक्ष भारत का पक्ष रखते हुए 26 मार्च 1991 को भारत के अटार्नी जनरल जी. रामास्वामी ने अपनी समापन टिप्पणी देते हुए कहा हम कहना नहीं चाहते कि हमने अभी अपने देश में मानवाधिकार काल्पनिक रूप में ही दिए हैं। हमारे देश में व्यक्तिगत स्तर पर मानवाधिकारों का उल्लंघन हो रहा है। इन पर गौर किया जा रहा है। हमने उल्लंघनों के लिए सजा के उपबन्ध किए हैं। हम अपने देश में मानवाधिकारों को ईमानदारी और लगनशीलता से पालन कर रहे हैं [21]। मानवाधिकारों का बिल्कुल अपमान किया जा रहा है, समय–समय पर पुलिस द्वारा तंग करने और गिरफ्तार लोगों को मारने की घटनाएं जारी हैं। पुलिस को जेल में बन्द लोगों को मारने से उच्चतम न्यायालय के फैसले संसद में विरोध प्रदर्शन और जन–प्रदर्शन कोई नहीं रोकते हैं। दो वर्ष पूर्व दिल्ली स्थित पीपुल्स यूनियन फॉर डेमोक्रेटिक राइट्स ने

दिल्ली में पुलिस हिरासत में हुई 48 लोगों की मृत्यु की जाँच की और पुलिस कर्मियों द्वारा मानवाधिकारों के उल्लंघन के रहस्यों का उद्घाटन किया। सन् 1980 और 1989 के बीच न्यायालय ने पाँच अवसरों पर हस्तक्षेप किया, जबकि पुलिस प्राधिकारियों ने 39 दोषी कर्मियों को निलंबित और 16 दोषी कर्मियों को स्थानान्तरित किया। आन्ध्र प्रदेश में सन् 1984–88 के बीच पुलिस की कैद में 140 लोग मारे गए। कर्नाटक में सन् 1980–88 के बीच 34 लोग मारे गए। हाल ही में अगस्त 19,1991 को दिल्ली के पटेल नगर पुलिस स्टेशन की अभिरक्षा में एक अधेड़ उम्र के व्यक्ति की पुलिस अत्याचार से मृत्यु हो गई। यह पटेल नगर पुलिस स्टेशन में ऐसी पाँचवीं घटना थी, जिसमें किसी व्यक्ति की उस पुलिस स्टेशन में कैद में अत्याचार करने से मृत्यु हुई थी।[22] असम राइफल्स ने मणिपुर में नेशनल सोसलिस्ट कॉउन्सिल ऑफ नागालैण्ड (एन.एस.सी.एन.) के सैनिक सीमा चौकी पर उग्र हमलों की कारवाई में (ऑपरेशन ब्लू बर्ड) चलाया। अक्टूबर 1990 में अमनेस्टी इन्टरनेशनल के इस हमले के अध्ययन सम्बन्धी कारवाई को पूरा किया। हमला जुलाई 1987 को मणिपुर के ओईनम क्षेत्र में हुआ था। इस हमले में एन.एस.सी.एन. असम राइफल्स के 9 सैनिक को मारकर शस्त्र और गोला बारूद के साथ भाग गई थी। अगस्त 1987 में छान–बीन की कारवाई की गई। इसमें 14 मणिपुर के देहाती लोग मारे गए। कई लोगों को तंग किया गया और बहुतों को कैद किया गया। 125 धर जला दिए गए। अनाज के गोदाम, सब्जी के खेत, घरेलू सामान नष्ट कर दिया गया और पशुधन लूटा गया। महिलाओं के साथ बलात्कार किया गया और उन्हें पीटा गया। बच्चों पर भी अत्याचार किए गए[23] अमनेस्टी इन्टरनेशन रिपोर्ट को असम राइफल्स द्वारा देहाती लोगों पर अत्याचार करने के तरीकों जैसे कि शरीर और पैर के तलवों पर पिटाई, व्यक्ति की टाँगों पर बेल नेक आकार की लकड़ी को इधर–उधर लुढ़काना, घन्टों तक उल्टा लटका के रखना, बिजली के झटके देना, आँखों पर पट्टी बाँधकर फाँसी देना आदि की ओर ध्यान आकर्षण किया है। असम राइफल्स ने कहा है कि नागा पीपुल्स मूवमेंन्ट फॉर हूमैन राइट (एन.पी.एम.एच.आर.) की ये रिपोर्ट राजनीति से प्रेरित थी। मानवाधिकारों को लागू करने के कार्य में लगे लोगों को भी नौकरशाही में कार्यरत लोगों से सहमत होना पड़ेगा कि आतंकवाद की स्थिति में मानवाधिकार स्थगित रखे जाने चाहिए। [24] फिरोती के लिए रोजाना लोगों को मारा जा रहा है,

परिवारों का अमानवीय सफाया हो रहा है, लूट–पाट की जा रही है तथा अपहरण हो रहे हैं। इनसे बाहर निकलने का कोई मार्ग नजर नहीं आ रहा है और हिंसा बढ़ती ही जा रही है। सरकार की नीतियों को लागू करने के लिए पुलिस के द्वारा की गई ज्यादतियों के बावजूद भी आतंकवाद अनियन्त्रित रहा है, और रूका नहीं है। पुलिस/सुरक्षा बलों के साथ मुठभेड़ में मरने वाले आतंकवादियों की संख्या बढ़ती जा रही है। युवा पीढ़ी बन्दूक के लालच में आसान कमायी और खालिस्तान लड़ाई के लिए प्रतिष्ठा के प्रतीक के रूप में आतंकवाद को अपना रही है।[25] आम धारणा यह है कि पुलिस कभी अपनी पदोन्नति और कभी पैसा कमाने के लिए आतंकवाद को कम करने के स्थान पर अपराधों को बढ़ा रही है। अकाली दल (एम) के प्रधान और भूतपूर्व आई.पी.एस. अधिकारी एस.एस. मान का कहना है कि पुलिस के लिए आतंकवाद पैसा बनाने की मशीन हो गया है। आतंकियों का दमनकारी विरोधी रैलियों के चरमपन्थियों के आदेश पर एक साथ मिलना शान्ति की इच्छा रखने वाले लोगों के लिए चिन्ता का विषय है। पुलिस मानवाधिकारों का उल्लंघन करती है। पुलिस द्वारा मानवाधिकारों का कुछ दुरूपयोग पुराना है क्योंकि इसे उक्त संस्था द्वारा प्रोत्साहित किया गया है।

लोकतान्त्रिक समाजों में भी कानून निर्माता यह पूर्णतः जानते हुए भी मानवाधिकारों का उल्लंघन करने वाले कानून पास कर देते हैं, जिनसे पुलिस की ज्यादतियाँ उसकी गैर कानूनी खोजबीन, उनके महाजाल में गिरफ्तार करने और सुव्यवस्थित ढंग से परेशान करने के कार्य प्रोत्साहित होते हैं। सभी पुलिस अधिकारी मानवाधिकारों का उल्लंघन नहीं करते हैं अपितु कुछ अति उत्साहित पुलिस अधिकारी ही ऐसा करते हैं। एक क्रियाशील कैद इंगित करती है कि इसके लक्ष्य की ओर बढ़ती टेड़े–मेड़े रास्ते कठिन हैं। ये रास्ते ठोस पुनर्निमाण, सामाजिक तौर से संग्राहालय इंजीनियरिंग, आधुनिक तरीकों और परिदृश्य पर आधारित पुनर्निमाण की नीति के बिना जीते नहीं जा सकते हैं। पुलिस द्वारा मानवाधिकारों का उल्लंघन और पुलिस क्रूरता इस बात की ओर संकेत करती है कि इस बारे में गहराई से विचार करके सुधार करवाने की आवश्यकता है। वर्तमान समय में पुलिसतन्त्र और पुलिस की क्रिया विधि ठीक नहीं है, अन्यायपूर्ण है अभी तक किए गए सुधार दिखावटी हैं, इन्हें ठोस बनाना है।

राजकीय पुलिस के कार्य की आलोचनात्मक जाँच से प्रकट होता है कि पुलिस अधिकतर निम्नलिखित मानवाधिकारों का उल्लंघन करती है। उदाहरण के लिए सूची निम्न प्रकार से है

1. स्वैच्छिक और गैर–कानूनी गिरफ्तारियाँ (संविधान के अनुच्छेद–22 और आपराधिक दण्ड संहिता की धारा 41, 55 और 151)।
2. निरंकुश और अवैधानिक खोजबीन।
3. स्वैच्छिक और गैर–कानूनी रूप से हवालात में बन्द करना (संविधान का अनुच्छेद–22 और आपराधिक दण्ड संहिता की धारा–56, 57, 58 और 76)।
4. गिरफ्तारी के तुरन्त बाद गिरफ्तारी के कारण की सूचना देने से वंचित करना (संविधान का अनुच्छेद–22 (1) और आपराधिक दण्ड संहिता की धारा 50, 55 और 75)।
5. गिरफ्तार व्यक्ति को अनावश्यक नियन्त्रण न रखने के अधिकार से वंचित रखना (आपराधिक दण्ड संहिता धारा–49)।
6. अपनी पंसद के अधिवक्ता (लायर) से सलाह लेने का अधिकार (संविधान का अनुच्छेद 22 (1) और आपराधिक दण्ड संहिता की धारा–303)।
7. गिरफ्तारी के 24 घन्टे के अन्दर मजिस्ट्रेट के समक्ष उपस्थित करने का अधिकार (संविधान का अनुच्छेद 22 (1) और आपराधिक दण्ड संहिता की धारा– 57 और 76)।
8. स्वयं की गवाही देने के अधिकारों से वंचित करना (संविधान की अनुच्छेद 20 (3))।
9. अपराध की अस्वीकृति के लिए साक्ष्य के रूप में चिकित्सा परीक्षा कराने से वंचित करना अथवा अपराध स्थापित करने के लिए अन्य व्यक्ति की चिकित्सा परीक्षा कराने से इन्कार करना (आपराधिक दण्ड संहिता 54)।
10. निष्पक्ष और शीघ्र जाँच और विचारण (ट्रायल) से वंचित करना (आपराधिक दण्ड संहिता की धारा 309)।
11. कुछ मामलों में दोषी ठहराने के बाद कैद न करना (आपराधिक दण्ड संहिता की धारा 306 और प्रोबेशन ऑफ अफिन्डरस एक्ट की धारा 6)।
12. एकान्तता (प्राइवेसी) में हस्तक्षेप न करने का अधिकार (संविधान का अनुच्छेद 31)।

राज्य पुलिस द्वारा समय–समय पर पुलिस हिरासत में भी मौते हुई हैं। कुछ राज्यों में पुलिस हिरासत में मृत्यु के आंकड़े इस प्रकार हैं।

राज्य	3 माह में जनवरी से मार्च 1998 तक	1997–98 में
उत्तर प्रदेश	17	185
बिहार	16	119
महाराष्ट्र	09	134
आन्ध्र प्रदेश	05	73
तमिलनाडु	02	66
समस्त राज्यों में कुल	01	1012

तालिका–कुछ प्रमुख राज्यों में हिरासत में मृत्यु/बलात्कार

क्र. सं.	राज्य	93–94	94–95	95–96	96–97	कुल
1.	आन्ध्र प्रदेश	–	6	55	97	158
2	असम	1	18	2	25	66
3.	बिहार	4	17	75	93	189
4.	दिल्ली	7	38	40	24	109
5.	गुजरात	–	2	19	50	71
6.	हरियाणा	1	2	9	09	21
7.	जम्मू व कश्मीर	1	3	15	4	23
8.	केरल	1	3	4	15	23
9.	मध्य प्रदेश	1	10	9	15	35
10.	महाराष्ट्र	–	2	34	201	237
11.	पंजाब	–	10	16	17	43
12.	तमिलनाडु	7	9	5	27	42
13.	उत्तर प्रदेश	8	6	37	171	222
14.	पश्चिम बंगाल	–	15	51	48	114
15.	अखिल भारतीय आंकड़े	34	171	444	888	1527

तालिका-कुछ मानवाधिकारों के हनन की राज्यवार आँकड़े (94-95 से 96-97 तक)

		लापता व्यक्तियों की संख्या				गैर कानूनी गिरफ्तारी			
क्र. सं.	राज्य	94–95	95–96	96–97	कुल	94–95	95–96	96–97	कुल
1.	आन्ध्र प्रदेश	–	–	2	02	11	12	13	36
2	असम	–	–	2	03	2	1	–	03
3.	बिहार	2	5	27	34	3	7	8	18
4.	गुजरात	–	1	1	02	1	0	1	02
5.	हरियाणा	1	0	7	08	–	1	4	05
6.	जम्मू व कश्मीर	–	–	10	13	6	4	3	13
7.	केरल	–	0	0	0	–	0	2	02
8.	मध्य प्रदेश	1	1	4	06	–	0	4	04
9.	महाराष्ट्र	–	2	0	02	–	4	6	10
10.	पंजाब	44	14	7	65	39	12	1	52
11.	राजस्थान	–	0	5	05	1	6	6	13
12	तमिलनाडु	2	3	8	13	37	35	40	112
13.	उत्तर प्रदेश	2	5	74	81	5	15	174	194
14.	पश्चिम बंगाल	–	2	1	03	3	6	2	11
15.	दिल्ली	1	1	12	14	1	4	10	15
16.	कुल सं. अखिल भारतीय	55	39	175	269	114	112	282	508

राज्य सरकारों/संघ राज्य क्षेत्रों से हिरासत में मौतें/बलात्कार के सम्बंध में प्राप्त विवरण

क्र. सं.	राज्य/संघ राज्य का नाम	पु.हि. 01.4.95	न्या.हि	कुल 31.3.96	पु.हि 1.4.96	न्या.हि से	कुल 31.3.97
1.	आन्ध्र प्रदेश	10	45	55	27	70	97
2	अरुणाचल प्रदेश	–	–	–	–	–	2
3.	असम	7	15	22	13	12	25

4.	बिहार	8	67	75	14	79	93
5.	गोवा	–	–	–	2	–	2
6.	गुजरात	15	4	19	18	32	50
7.	हरियाणा	4	5	9	2	7	9
8.	हिमाचल प्रदेश	–	1	1	1	–	1
9.	जम्मू तथा कश्मीर	15	–	15	4	–	4
10.	कर्नाटक	3	10	13	8	28	36
11.	केरल	2	2	4	7	9	15
12.	मध्य प्रदेश	2	7	9	8	7	15
13.	महाराष्ट्र	9	25	34	21	180	201
14.	मणिपुर	4	–	4	1	–	1
15.	मेघालय	–	3	3	–	10	10
16.	मिजोरम	–	2	2	–	–	–
17.	नागालैण्ड	2	–	2	2	1	3
18.	उड़ीसा	2	8	10	3	10	13
19.	पंजाब	8	8	16	5	12	17
20.	राजस्थान	6	11	17	5	25	30
21.	सिक्किम	1	–	1	–	–	–
22.	तमिलनाडु	–	–1	5	3	18	21
23.	त्रिपुरा	–	–	–	–	–	–
24.	उत्तर प्रदेश	13	24	37	32	139	171
25.	पश्चिम बंगाल	14	37	51	6	42	48
26.	अण्डमान तथा निकोबार	–	–	–	–	–	–
27.	चण्डीगढ़	–	–	–	–	–	–
28.	दादर एंव नागर हवेली	–	–	–	–	–	–
29.	दमन एवं दीव	–	–	–5	–	–	–
30.	दिल्ली	7	33	40	5	19	24
31.	लक्षद्वीप	–	–	–	–	–	–
32.	पाण्डिचेरी	–	–	–	–	–	–
	कुल	136	308	444	188	700	888

पु.हि.: पुलिस हिरासत

न्या.हि. न्यायिक हिरासत

समस्त भारत में 1996 में 444 व्यक्तियों की मृत्यु पुलिस हिरासत में हुई थी जो 1997–98 में 555 हो गई। पुलिस हिरासत में 1994 में 34 तथा 1995 में 207 व्यक्तियों की मृत्यु हुई थी। कुछ प्रमुख राज्यों में पुलिस हिरासत में मृत्यु के आंकड़े पिछले कुछ सालों में इस प्रकार हैं :–

राज्य	1994	1995	1996 जनवरी से मार्च तक	कुल
आन्ध्र प्रदेश	6	9	2	17
असम	10	8	1	19
बिहार	1	6	2	9
दिल्ली	2	7	2	11
महाराष्ट्र	0	8	1	11
पंजाब	5	7	2	14
पश्चिम बंगाल	7	17	3	27
उत्तर प्रदेश	3	10	3	16

राष्ट्रीय मानवाधिकार आयोग ने स्पष्ट निर्देश सभी प्रान्तों व केन्द्र शासित राज्यों को भेजे गये हैं कि हिरासत में मौत की घटना के होने पर 24 घन्टे के भीतर राष्ट्रीय मानवाधिकार आयोग को इसकी सूचना दी जाए, ऐसा न करने पर इसकी जिम्मेदारी जिलाधिकारी तथा पुलिस अधीक्षक पर सीधी होगी। राष्ट्रीय मानवाधिकार आयोग की रिपोर्ट 1995–96 में यह भी पाया है कि राजकीय पुलिस की ज्यादती के शिकार सामान्यतः कमजोर वर्ग के लोग व महिलायें होती हैं। ये लोग जो आर्थिक या सामाजिक रूप से कमजोर हैं अपनी पहुंच से या राजनैतिक सुख से अपने बारे में कुछ नहीं कर पाते हैं।

राज्य पुलिस द्वारा किये गये पुलिस अत्याचार तथा मानवाधिकारों के अतिक्रमण की रिपोर्ट राष्ट्रीय मानवाधिकार आयोग (कमीशन) को जो प्राप्त हुई उन का कुछ ब्यौरा नीचे दिया जाता है। (1/4/1996 से 31/3/1996 तक)।

राज्य	गैर कानूनी हिरासत	पुलिस द्वारा मानवाधिकारों का हनन
बिहार	7	92
हरियाणा	1	20
मध्य प्रदेश	0	49
महाराष्ट्र	4	38
उड़ीसा	4	35
पंजाब	12	65
राजस्थान	6	90
तमिलनाडु	35	55
उत्तर प्रदेश	15	443
पश्चिम बंगाल	6	21
दिल्ली	4	107
सभी राज्यों में	112	1115

1995–96 के दौरान भारत में राज्य पुलिस के 79 व्यक्तियों को सस्पैन्ड किया गया। 26 पुलिस कर्मियों के विरूद्ध विभागीय कारवाई हुई तथा 22 पुलिस कर्मियों को न्याय पालिका द्वारा सजा प्रदान की गई।

मानवाधिकारों का हनन तथा सुरक्षा बल व पुलिस के दायित्व

असम में एक ही दिन तेरह जनों की हत्या होना यह दर्शाता है कि राज्य के हालात पूर्ववत् बने हुए हैं और स्थिति में सुधार के जो दावे किए जाते हैं, वास्तविकता उनसे बहुत दूर है। यही नहीं, आतंकवादी हिंसा में एक खतरनाक मोड़ आया है, वह यह कि विभिन्न आतंकवादी गुट आपस में भी भिड़ रहे हैं। उल्फा के प्रचार सचिव भितिगां डायमेरी उर्फ दीपक दास के परिवार के चार लोगों की हत्या नलबाड़ी जिले के एक गाँव में कर दी गई जबकि उल्फा के अध्यक्ष अरविन्द राजखोवा उर्फ राजीव राजकोनवार के भाई दिम्बा राजकोनवार की हत्या कर दी गई। राजकोनवार की हत्या को उल्फा से अलग हुए एक गुट के नेता तपन दत्त की हत्या के बदले की कार्यवाही के रूप में देखा जा रहा है। स्पष्ट है कि आतंकवादी गुटों की आपसी लड़ाई अब एक नए दौर में पहुंच गई है। उल्फा की आतंकवादी कार्यवाही में भी कोई कमी नहीं आई है। स्वतंत्रता दिवस, गणतंत्र दिवस जैसे अवसरों पर विध्वंसक और आतंककारी कार्यवाहियाँ बढ़ जाती हैं। नौ गांव में एक

तेल डिपो की टंकियों में विस्फोट कर दिया गया। इसे एक दुर्योग भी माना जा सकता है वह उल्फा का हाथ होने की बात समाचारपत्रों को बताने गए हुए थे, तभी हमलावरों ने उनके परिवार के सदस्यों को मौत के घाट उतार दिया। उल्फा के आतंककारी रवैए में कोई परिवर्तन उसके कई नेताओं की हत्या और गिरफ्तारी के बाद भी नहीं आया है। और कड़ी कार्यवाही किए जाने के कुछ ही समय बाद वह पुनः सक्रिय हो जाता है। असम में उल्फा तो एक बड़ी समस्या है ही क्योंकि उसके गुट आपस में लड़ने के अलावा व्यापारियों से चौथ–वसूली, अपहरण, फिरौती आदि में भी सक्रिय है जिससे जनजीवन त्रस्त है, वहीं दूसरी ओर बोडो उग्रवादियों की समस्या भी है। बोडो उग्रवादियों के हमलों के जवाब में अब सथाल लोग भी संगठित होने लगे हैं और एक नरसंहार के बाद जवाबी नरसहार की घटनाएं होना कोई चौंकाने वाली बात नहीं रह गई है। ऐसे हालात पर बहुत गंभीरता से विचार किया जाना चाहिए।

सिर्फ असम का ही सवाल नहीं है पूर्वान्चल के अनेक क्षेत्र अशांत हैं। नागा संगठनों से बातचीत कछुए की चाल से चल रही है, भले ही इसे संतोष की बात समझी जाए, लेकिन नागा संगठनों में बेचैनी बढ़ती जा रही है। त्रिपुरा में आदिवासी गांवों पर हमले करते हैं। इन राज्यों से आए दिन आने वाले हिंसा के समाचारों को अलग–अलग करके नहीं देखा जाना चाहिए, क्योंकि इन सभी संगठनों के बीच गहरा तालमेल है। इन आतंककारी तत्वों को बाहर से मदद मिलती है और यही कारण है कि उनके पास आधुनिक हथियारों और विस्फोटकों की कोई कमी नहीं है। यह माना जाता है कि पहले चीन से म्यनमार के जरिए उन्हें मदद मिलती थी लेकिन अब पाकिस्तान की खुफिया एजेन्सी आई एस आई से मदद मिल रही है। यह मदद बंग्लादेश के जरिए मिलती है।

पूर्वान्चल की आतंककारी हिंसा गत दशक में पंजाब की आतकंकारी हिंसा अथवा जम्मू–कश्मीर के हालात से बहुत भिन्न है। जहां कश्मीर में सीमा पार से घुसपैठ होती है और पाक सैनिकों की ओर से गोलाबारी की आड़ में कराई जाती है, वहीं पूर्वान्चल में आतकंकारियों को बंगलादेश के आश्वासन के बाद बाहरी मदद मिलने के रास्ते काफी कम हो गए हैं। कश्मीर और पूर्वान्चल की समस्या का प्रमुख कारण सीमा क्षेत्र का दुर्गम और पहाड़ी घने जंगलों वाला होना है। लेकिन इसे

ध्यान में रखकर उचित कार्यनीति क्यों नहीं बनाई जा सकती। जब यह स्पष्ट है कि पूर्वान्चल के विभिन्न आतंकवादी संगठनों के बीच घनिष्ठ आपसी सहयोग है तो क्यों सभी के खिलाफ एक साथ कड़ी कार्यवाही कर आतंककारी संगठनों की रीढ़ को नहीं तोड़ा जा सकता। कभी असम में तो कभी मणिपुर में कारवाई करने से आतंककारियों को भागकर अन्यत्र जाकर छिपने का अवसर मिल जाता है। बंगलादेश से मिलने वाली सीमा पर कुछ माह की चौकसी से आतंककारियों को हथियारों और विस्फोटकों की आपूर्ति बहुत कम की जा सकती है। विभिन्न संगठनों में आपसी फूट को भड़काने जैसी रणनीति को भले ही आपसी फूट को स्थानीय तौर पर मददगार मान लिया जाए लेकिन उससे समस्या का स्थाई इलाज संभव नहीं। स्थाई इलाज सभी आतकंकारी संगठनों के खिलाफ कारगर समन्वित कार्यवाही से ही संभव हो सकता है।

समस्या का विचारणीय पहलू यह भी है कि आतंकवादी संगठन इतने सक्रिय कैसे हो सकते हैं और वे युवकों को गुमराह करने में कैसे कामयाब हो सके हैं। यह भी तो विचार करना होगा कि वहां गत दशकों के दौरान कितने उद्योग लगे हैं, सम्पर्क और संचार साधनों का कितना विस्तार हुआ है और नए रोजगारों तथा आमदनी का कितना विस्तार हुआ है और नए रोजगारों तथा आमदनी का कितना सृजन किया जा सका है। इसके साथ एक पहलू यह भी जुड़ा है कि स्थानीय समुदायों में अपनी विशिष्ट पहचान को कायम रखने की विशेष ललक है और आधुनिक विकास की प्रक्रिया कमजोर होने के कारण पुरानी प्रथाएं और संस्कारों में परिवर्तन नाममात्र को हुआ है। एक तरफ घोर गरीबी और दूसरी तरफ बंगलादेशियों की बड़े पैमाने पर घुसपैठ के कारण विशिष्ट पहिचान कायम रखना मुश्किल हो गया है। इस प्रक्रिया का बांग्लादेशी घुसपैठियों को वोट बैंक की राजनीति की दृष्टि से देखे जाने ने समस्या को समय के साथ और उग्र बना दिया है। यही कारण है कि जहां असमी मूल के लोग बांग्लादेशी घुसपैठियों के खिलाफ हैं वही बोडों और संथाल समुदाय एक दूसरे को अपना शत्रु समझ रहे हैं। असम गण परिषद की सरकार को चाहिए कि वह एक तरफ जहां सुरक्षा बल को कड़ी कार्यवाही करने को कहे वही समर्पण करने वाले उग्रवादियों के पुनर्वास के प्रभावी कदम उठाए। तभी समस्या को जड़ से खत्म करने का मार्ग प्रशस्त हो जाएगा।

मानवाधिकार समर्थक गैर–सरकारी संस्थायें जो सामान्यतः मानवाधिकारों के हनन के लिये पुलिस को दोषी मानते हैं तथा वरिष्ठ पुलिस अधिकारियों के बीच खुली बातचीत का अब भारत में समय आ गया है ताकि प्रत्येक पक्ष दूसरों की चिंताओं व पक्ष को समझ सके [26]। मानवाधिकार समस्याओं को एक महत्वपूर्ण राष्ट्रीय रूपरेखा में विश्लेषित किये जाने की आवश्यकता है। यूरोप तथा अमेरिका जैसे उन्नत देशों को भी, तीसरी दुनिया के देशों को मानवाधिकारों के बारे में टीका टिप्पणी करने का कोई अधिकार नहीं। क्योंकि वे स्वयं अपने देशों में मानवाधिकारों का उल्लंघन कर रहे हैं। मानवाधिकार विश्वव्यापी है तथा इनका कहीं भी उल्लंघन किया जाना विश्वव्यापी रूप से निन्दनीय है।[27] एक सभ्य समाज में, किसी भी व्यक्ति या लोगों के समूह को, दूसरों के मानवाधिकारों को हथियाने की अनुमति नहीं दी जा सकती है। यह केवल भारत सरकार का ही दावा नहीं है, वास्तव में कोई भी देश तथा सरकार ऐसा दावा नहीं कर सकती कि भारत में मानवाधिकारों का कभी भी उल्लंघन नहीं हुआ है। तथापि हम दावा करते हैं कि हम राष्ट्र के रूप में, मानवाधिकारों के लिए एक सशक्त सुपुर्दगी धारक हैं तथा जिसे हम अपने वैध प्रणाली में मानवाधिकारों के उल्लंघनों की सजा देने के एक उपचारी ढाँचे के साथ ही एक शक्तिशाली प्रथा रखते हैं, किन्तु इसके विपरीत वे घटते हुए दिखता है।[28] जून, 1993 में वियना में मानवाधिकारों पर आयोजित विश्व सम्मेलन ने सर्व सम्मति से "दी वियना डिक्लेरेशन" (वियना घोषणा) तथा कारवाई कार्यक्रम को अपनाया। इस घोषणा का उद्‌देश्य भारत सहित विश्व में सभी सरकारों द्वारा महत्वपूर्ण नीति नियम की दिशा–निर्देश तथा ठीक करना है। यह घोषणा स्वीकार करती है कि सभी मानवाधिकार विश्वव्यापी हैं एवं अभिजात्य तथा एक–दूसरे से जुड़े हुए हैं तथा जो मानवाधिकारों एवं मूल स्वतंत्रताओं के लिए प्रजातंत्र, विकास तथा आदर एवं मूल स्वतंत्रताएं अन्योन्याश्रित हैं तथा पारस्परिक रूप में प्रवर्तन करते हैं। मानवाधिकार आयोग का संविधान 28 सितम्बर, 1993 के माध्यम से देश में मानवाधिकारों के संरक्षण के लिए भारत सरकार की चिन्ताओं को दर्शाता है। मानवाधिकार, भारत के संविधान द्वारा प्रतिभूतिं मूल अधिकारों आपराधिक न्याय प्रशासन के लिए उनके प्रयोग में, आपराधिक प्रक्रिया संहिता 1973 के माध्यम से भारत में विधि द्वारा प्रतिस्थापित प्रक्रिया सहित अनेक माध्यमों से कार्यान्वित करने की खोज किये जाते

हैं। यह 10 दिसम्बर, 1948 का दिन था जब संयुक्त राष्ट्रसंघ की आम सभा ने मानवाधिकार की विश्वव्यापी घोषणा को स्वीकार तथा उद्घोषित किया। भारत के सुरक्षा बल इसे सौंपे गए दायित्वों तथा कार्यों को बड़ी प्रभावकारी ढंग तथा समाघात के साथ निष्पादन कर रही है। अभी इसने दूत कार्यवाही बल (आर.ए.एफ.) नाम के एक नये संघ को प्रारम्भ किया है जिसका मुख्य उद्देश्य साम्प्रदायिक दंगों तथा अन्य आपातकालों को देखना है। ब्लू डांगरियों में पुरुषों तथा नारियों के चुनिन्दा, लोग, केरिपुबल के अन्दर द्रुत कार्यवाही बल के ग्रुप के सदस्य हैं जिन्हें दंगाग्रस्त क्षेत्रों में आत्मविश्वास तथा लोगों के बीच सुरक्षा की भावना कायम करने के लिए तैनात किये जाते हैं। आर.ए.एफ. व सी.आर.पी. (द्रुत कार्यवाही बल) के सदस्यों को उनकी धर्म–निरपेक्षता तथा देशभक्ति की परीक्षा लेने के लिए मनोवैज्ञानिक परीक्षण द्वारा चयन किया जाता है।[29] द्रुत कार्यवाही बल की बटालियनें, देश के विभिन्न भागों तथा प्रत्येक संवेदनशील स्थानों पर तैनात की जाती हैं। उपइकाइयाँ बहुत थोड़े समय की सूचना पर आपात स्थितियों का सामना करने के लिए प्रस्थान हेतु हमेशा तैयार रहती हैं। केन्द्रीय रिजर्व पुलिस बल अपने विकास तथा राष्ट्र सेवा का एक गौरवपूर्ण इतिहास रखता है। [30] केरिपुबल एक समय परत तथा विश्वसनीय राष्ट्रीय पुलिस है जिसने गणतंत्र भारत की एकता, धर्म निरपेक्षता, संघीय तथा प्रजातांत्रिक प्रकृति को बनाये रखने के उच्चकोटि का योगदान निरन्तर किया है। केरिपुबल विश्व की सबसे चलंत सशस्त्र पुलिसों में से एक है। पिछले 54 से अधिक वर्षों से केरिपुबल के शानदार कार्यों ने सभी क्षेत्रों से प्रशंसा अर्जित की है एवं यह सर्वतोमुखी बल, राज्य पुलिस बलों के द्वारा अशांत क्षेत्रों में सामान्य स्थिति बहाल करने में, शक्तिशाली किले के रूप में स्नेह भाव से देखी जाती है। केन्द्रीय रिजर्व पुलिस बल बचाव तथा सहायता प्रचालनाओं तथा शान्ति रक्षा प्रचालनाओं में स्थानीय पुलिस की सहायता करती है। केन्द्रीय रिजर्व पुलिस बल ने पंजाब में उत्कृष्ट कार्य किया है तथा आतंकवादियों की समाप्ति करते हुए सामान्यीकरण बहाल करने के लिए बहुत हद तक उत्तरदायी है।

वर्ष 1989 के दौरान पंजाब में केरिपुबल की लगभग 191 कम्पनियां तैनात थी, जबकि 1990 में आतंकवादी विरूद्ध ड्यूटियों पर, केरिपुबल की 194 कम्पनियां तैनात थी। विभिन्न राज्यों में केन्द्रीय रिजर्व पुलिस बल की तैनाती में परिवर्तन

आतंरिक सुरक्षा समस्याओं तथा केन्द्र द्वारा उनकी अवबोधन में परिवर्तन के साथ होता है। सभी राज्यों से उनकी कानून और व्यवस्था मशीनरी को शक्तिशाली बनाने के लिए केरिपुबल की बढ़ती मांग है, किन्तु केरिपुबल की वर्तमान नफरी, राज्यों तथा संघ राज्य क्षेत्रों की सभी मांगों को पूरा करने में समर्थ नहीं है। केरिपुबल एक धर्म निरपेक्ष बल है जिसमें सभी धर्मों तथा क्षेत्रों के लोगों का प्रतिनिधित्व है। वास्तव में केरिपुबल को श्रेय प्राप्त है कि यह न केवल विविध समस्याओं बल्कि विभिन्न क्रियात्मक परिस्थितियों को स्वयं अंगीकार करने में समर्थ रही है। शायद यह बल की अनुकूलनशीलता एवं परिवर्तनशीलता है जिसने इसे आज राष्ट्र के विशिष्ट पुलिस संगठनों में से एक बनाकर खड़ा कर दिया है। अपने उत्कृष्ट कार्यों के बावजूद, केरिपुबल के पास भूमिका असंगति, अपर्याप्त पारिवारिक आवास, पर्याप्त मुआवजों के बिना कार्य के लम्बे समय, वरिष्ठ ओहदों के लिए दोषपूर्ण जीवन वृत्त योजना एवं सभी पदों के लिए स्केशर तथा विशिष्टीकरण प्रशिक्षण के लिए पर्याप्त अवसर के अभाव की समस्याएं जैसी अनेक संगठनात्मक समस्याएं हैं। पंजाब तथा कश्मीर में आतंकवाद तथा पूर्वोत्तर राज्यों में प्रति–विद्रोहात्मकता के विरूद्ध लड़ रहे केरिपुबल के कर्मिकों के लिए प्रत्येक दिन जीवन और मरण के बीच केवल बाल भर की दूरी है। आतंकवाद विद्रोहात्मकता तथा अन्य हिंसात्मक अपराधों का मुकाबला करने के लिए, केरिपुबल ने "तुरन्त प्रत्याक्रमण दल" तथा "विशेष कारवाई बल" अतिशीघ्र तथा ठोस जवाबों के लिए गठित की है। केरिपुबल ने "कमाण्डों प्रशिक्षण तथा प्रति–आतंकवादी प्रशिक्षण" प्राप्त की है।

मानवाधिकार तथा देश की आतंरिक सुरक्षा

मानवाधिकारों की विश्वव्यापी घोषणा के अनुच्छेद 19 के अनुसार प्रत्येक व्यक्ति को विचार एवं अभिव्यक्ति की स्वतंत्रता का अधिकार है। इस अधिकार के तहत किसी हस्तक्षेप या भौगोलिक सीमा के बंधन के बिना विचारों को रखने एवं किसी भी माध्यम के द्वारा विचारों व सूचनाओं को मांगने, प्राप्त करने की स्वतंत्रता सम्मिलित है। अनुच्छेद 20 (1) के अनुसार प्रत्येक व्यक्ति को शांतिपूर्ण ढंग से एकत्रित होने व संगम की स्वतंत्रता का अधिकार है। अनुच्छेद 21 (1) के अनुसार प्रत्येक व्यक्ति को अपने देश के प्रशासन में प्रत्यक्षतः या स्वतन्त्र रूप से निर्वाचित प्रतिनिधियों द्वारा उस सरकार में भाग लेने का अधिकार है। भारत के संविधान को

उपर्युक्त मानवाधिकारों को भारत के नागरिकों के लिए मूल अधिकारों के रूप में सम्मिलित किया है तथा ये मूल अधिकार संविधान द्वारा इस राष्ट्र में प्रजातांत्रिक पद्धति के प्रवेशन का वास्तविक नींव तथा "कार्नर स्टोन" है।[31] डॉ. अम्बेडकर की घोषणा सही थी की मूल अधिकार पूर्ण नहीं हैं तथा तत्समान अधिकारों एवं दूसरों की स्वतंत्रता के हित में अथवा राष्ट्रीय सुरक्षा, लोक व्यवस्था या देश की सार्वभौमिकता जैसे वृहत्त सामूहिक हितों को स्वीकार करना होगा। नागरिकों के मूल अधिकारों को बनाए रखना, प्रजातांत्रिक समाजों का एक महत्वपूर्ण लक्ष्य है तथा स्वास्थ्य, सुरक्षा नैतिकता, मानवता तथा समुदाय की सुरक्षा भी महत्वपूर्ण मान्यता की है जिसे कोई भी उपेक्षा करने का प्रयास नहीं कर सकता। इन प्रतियोगी हितों के बीच प्रभावशाली सही संतुलन करना आज की आधुनिक समय में विधि प्रर्वतन एजेन्सियों का एक अत्यंत कठिन एवं चुनौतिपूर्ण कार्य है। संयुक्त राष्ट्र उच्चतम न्यायालय के लिए निर्णय सुनाते हुए न्यायाधीश गोल्ड वर्ग ने लिख स्वतंत्रता की सांवैधानिक प्रत्याभूति लोक व्यवस्था को बनाये रखने वाली किसी सुव्यवस्थित समाज के अस्तित्व को विवक्षित करती है, जिसके अभाव में स्वतंत्रता अपने आप अराजकता के बाहुल्य में समाप्त हो जाएगी।

एक संविधान के तहत, जो मुक्त परिचर्चा के लिए पूरी तरह संभव अवसर की गांरटी देता है, हठधर्मियों तथा गैर–जिम्मेदार लोगों का एक सीमित समूह बना रहेगा, जो दूसरी निन्दा करने तथा उत्तेजक भाषणों द्वारा भीड़ इकट्ठा करने के लिए, संवैधानिक विशेषाधिकार का लाभ उठाते हैं। यदि वक्ता असंयत भाषा से दर्शकों के सामने ओजस्वी भाषण देता है अथवा जानबूझकर शांति भंग करने की स्थिति तक भीड़ इकट्ठा करता है, जैसे ही इसे समाप्त करना उचित हो जाता है कि अब हंगामा उत्पन्न हो जाना सन्निकट है, पुलिस भीड़ को भंग कर सकती है। यदि प्रदर्शन क्षेत्र में पुलिस टुकड़ी पर क्रुद्ध तथा अनियंत्रित भीड़ को भंग कर सकती है। यदि प्रदर्शन क्षेत्र में पुलिस टुकड़ी पर क्रुद्ध तथा अनियंत्रित भीड़ द्वारा बहुत अधिक हावी हो रही हो तो पुलिस अधिकारी का वक्ता अथवा समूह को, समुदायों की सुव्यवस्था एवं उन्हें संरक्षण देने के लिए अस्थायी रूप से उनके अधिकारों को छोड़ने का अनुरोध न्यायसंगत होगा। यदि उनके अधिकारों को नकार दिया जाता है तो उसके बाद गिरफ्तारी न्यायसंगत होगी। राजनैतिक स्तर पर लोक विधि का

अंधाधुंद तथा सार्वजनिक अवज्ञा की समस्या, कानून और व्यवस्था के प्रशासन के क्षेत्र से अधिक राजनैतिक क्षेत्र में है। राजनीतिज्ञगण कानून के साथ मनमानी ढंग से जुड़े हुए हैं, तथा सभी रूप रंगों के राजनीतिक दल, सामाजिक न्याय के राजनैतिक विचारों के लिए संघर्ष करते हेतु लोगों पर दबाव डालते हैं। किन्तु चाल जिसके साथ संदीय यंत्र ने पिछले कुछ दशकों के दौरान विधि नियम मे कार्य प्रारंभ किया है, यह परिलक्षित करता है कि भारत में विधि न केवल अत्यधिक पिछड़ गया है बल्कि राजनैतिक–सामाजिक, आर्थिक बदलाव के पहियों पर रोधक तथा कभी–कभी एक अतिभार के रूप में कार्य किया है। लोक अव्यवस्था की विच्छेदन एक गंभीर रुग्णता व्यक्त करता है जो जुलूसों, रैलियों, हड़तालों, घेराओं सिविल अवमाननाओं, सत्याग्रह, राजनैतिक भूख–हड़तालों तथा आमरण उपवास के जरिए, सूचक के रूप में प्रकट करता है। कानून और व्यवस्था के हेतु राज्य प्रशासन, पारस्परिक रूप से इस प्रकार के राजनैतिक आन्दोलनों तथा जनता के विरोध को निम्न तरीकों से प्रकट करता है :–

(क) दण्ड प्रक्रिया संहिता के अनुच्छेद 144 को लागू करते हुए।

(ख) बदमाशों तथा मुख्य वामपंथियों की गिरफ्तारी।

(ग) दण्ड प्रक्रिया संहिता की धारा 106, 107, 108, 109, तथा 110 के तहत निवारण कारवाई।

(घ) भारतीय दण्ड संहिता की धारा 142 से 153 तक के तहत विधि विरूद्ध जमाव पर कारवाई की जा सकती है।

(ङ) भा. पु. अ. (भारतीय पुलिस अधिनियम) की धारा 13, 14, 15,–15–क, 17, 25, 30 तथा 34 के तहत।

(च) अपराधियों के विरूद्ध मामलों का पंजीकरण।

(छ) अभियुक्त/साक्ष्यों से पूछताछ सहित मामलों की जांच।

(ज) हिंसात्मक गतिविधियों में संलग्न लोगों का अभियोग।

(झ) बातचीत के माध्यम से किसी अहम समझौते पर पहुंचना।

(ञ) आदेशिका में गिरफ्तार सभी की रिहाई तथा आपराधिक मुकदमों को न्यायालयों से वापस लेना।

प्रत्येक बड़े राजनीतिक आन्दोलन के बाद राजनीतिक आन्दोलनकर्ता जानते

हैं कि वे केवल दोषमुक्त/छुटकारा ही नहीं होंगे बल्कि अपने अनुयायियों के लिए और अधिक प्रभावशाली नेता के रूप में उभर कर आएंगे। प्रशासनिक प्रक्रियाओं को राजनीतिक मेलजोल द्वारा फंसाया जाता है तथा जब लोग, मुक्त रूप से विधि की अवहेलना पर सरकार की इस प्रकार की चश्मपोशी देखते हैं, तो वे इस बात से विधि तथा इसके सार्वभौम प्रभुत्व के लिए आदर खो देते हैं।[32]

25 जून, 1975 को भारत के राष्ट्रपति ने भारत के संविधान के अनुच्छेद 352 की धारा (1) के तहत घोषणा करते हुए पाबंदी जारी की कि एक गंभीर आपात विद्यमान रहता है जिससे आंतरिक अशांति द्वारा भारत की सुरक्षा संकट में रहती है। "भारत की भूतपूर्व प्रधानमंत्री श्रीमती इन्दिरा गांधी ने आपातकाल की घोषणा को उचित ठहराते हुए 26 जून, 1975 को एक प्रसारण में कहा" निर्वाचित सरकारों को कार्य करने की अनुमति नहीं दी गई तथा कुछ मामलों में कानूनी तौर पर निर्वाचित विधान सभाओं को बर्खास्त करने के लिए सदस्यों को त्यागपत्र देने के लिए शक्ति का प्रयोग किया गया है। आन्दोलनों ने हिंसात्मक घटनाओं को बढ़ाते हुए, परिस्थितियों को और आर्थिक बोझिल कर दिया है कुछ व्यक्तित्व हमारे सशस्त्र बलों को विद्रोह करने तथा पुलिस को बगावत करने के लिए भड़काने की सीमा तक चल गए हैं। विघटनकारी शक्तियां पूर्ण रूप से विचार कर रही हैं तथा साम्प्रदायिक मनोभावों को उत्तेजित किया जा रहा है। हमारी एकता को ललकारा जा रहा है। कोई भी सरकार, देश की स्थिरता को खतरे में डालने की अनुमति कैसे दे सकती है। आपातकाल के दौरान अधिनियम के अनुच्छेद–16–के का सहारा लेते हुए आतंरिक सुरक्षा अधिनियम 1971 को बनाये रखने के तहत 29795 व्यक्तियों को नजरबन्द किया गया, 59 नजरबन्दियों की हिरासत में मृत्यु हो गयी तथा 14 की मृत्यु पेरोल पर हुई।[33] एमनेस्टी अन्तर्राष्ट्रीय रिपोर्ट 1977 के अनुसार भारत के बुद्धिजीवी कैदियों का सामूहिक कारावास का अन्त, 1977 के प्रारंभ में राजनैतिक विकास के परिणामस्वरूप हुआ। कम से कम 40,000 तथा तकरीबन 100,000 राजनैतिक बंदियों को बाद में आपात उपलब्धों के तहत बिना न्यायिक जांच के रिहा कर दिया।[34] आपातकाल के दौरान, राजनैतिक बंदियों को उल्टा लटकाया गया एवं उनकी पिटाई की गई, उनके पैरों के तलवों के नीचे जलती हुई मोमबत्तियाँ रखी गई तथा उनके पैन्ट के अन्दर चूहें बांध दिए गए। 10 अप्रैल, 1977 को

श्री एस.एन. सिंह, भारतीय कम्यूनिस्ट पार्टी (एम.एल.) के जनरल सैक्रेटरी ने दावा किया कि समूचे भारतवर्ष में कुल मिलाकर 12,000 नक्सलवादियों के निरूद्ध मुकदमा चलाया गया उनमें से 6000 को "मिसा" के तहत रखा गया। दुर्भाग्यवश, सरकार सदा लोकहित की आड में जानकारी को गुप्त रख सकती है। ओम मेहता ने 11 अगस्त, 1976 को लोक सभा में कहा कि "आपात के संदर्भ में निरूद्ध किये गए व्यक्तियों के संबंध में जानकारी प्रकट करना लोक हित में नहीं हो सकता। [35] "महीनों बीत गए आंतरिक आपात घोषणा के समय से बना भयावह स्वप्न का तथा अपमान का भय विदेश प्रभुत्व के दिनों को अपने अतीत की याद दिलाने वाला बना रहा। इसमें कोई सन्देह नहीं कि जून, 1975 में घोषित आपात के बीच में, लोगों की मुक्ति तथा स्वतंत्रता की बड़े पैमाने पर कटौती के साथ–साथ मानवाधिकारों के क्षेत्र में शिकायतों के निवारण के लिए न्यायालय में जाने के अधिकार का अभाव था।[36] न्यायाधीश चिनप्पा रेड्डी ने अपने लेख "दी पुलिस, दी पब्लिक एण्ड दी लॉ" में यह दृष्टिकोण रखते हैं कि नियंत्रण तथा चौकसी जिसके साथ देश की पुलिस इस स्वतंत्रता पर आक्रमण करती है, बहुत हद तक देश की प्रजातांत्रिक पद्धति की निरोग्यता की माप है।" तथा निष्कर्ष निकाला है कि प्रजातंत्र का भविष्य विधि शासन की आदत पर निर्भर करता है तथा किसी भी व्यक्ति को विधि अपने हाथों में लेने, विधि होने पर उसके दमन करने के लिए उद्देश्य से भी, की अनुमति नहीं दी जानी चाहिए।[37]

सुरक्षाबल सहित पुलिस तथा मानवाधिकारों की समस्याएं

पुलिस मानवाधिकारों की वास्तविक संरक्षक है तथा जब कभी व्यक्तियों के मानवाधिकारों का अतिक्रमण होता है तो वे पुलिस के पास जाने तथा इस प्रकार के अतिक्रमणकारियों के विरूद्ध शिकायत करने की अपेक्षा रखते हैं। मानवाधिकारों के इस प्रकार के अतिक्रमणों को विधि के विभिन्न उपबंधों के तहत अपराध के रूप में अभिनिर्धारित किये जाते हैं तथा विधि की प्रक्रिया को पुलिस द्वारा गति दी जाती है। अतः पुलिस को मानवाधिकारों के संरक्षक के रूप में, मानवाधिकारों की संयुक्त राष्ट्रसंघ की घोषणा के सभी अनुच्छेदों की जानकारी अवश्य होनी चाहिए। जम्मु व कश्मीर, पंजाब तथा भारत के पूर्वोत्तर राज्यों में सुरक्षा बलों ने प्रचालना करते समय बहुत बड़ा बलिदान दिया है। 1981 से पंजाब में आतंकवादियों ने 1778 सुरक्षा

कर्मियों को मार डाला है। इनमें 1016 पुलिसकर्मी, 180 राज्य पुलिस संगठनों के 106 सीमा सुरक्षा बल के कार्मिक, 174 केरिपुबल के कार्मिक "ऑपेरशन ब्ल्यू स्टार" के दौरान मारे गए जवानों एवं आफिसरों को छोड़कर 48 सेनाकर्मी शामिल हैं।[38] कोई राज्य मूकदर्शक कैसे बना रह सकता है, जब कुछ अल्पसंख्यकों द्वारा एक बहुत बड़े वर्ग के लोगों को आतंकित किए जा रहे हों। मानवाधिकारों के कुछ उल्लंघन, शांति तथा सुरक्षा की मांग में सुरक्षा बलों द्वारा आतंकवादियों के विरूद्ध गोलाबारी के आदान–प्रदान के दौरान किये गये हो सकते हैं। भारत में सी.आर.पी. एफ. तथा अन्य सुरक्षाबलों की निम्नलिखित मुख्य समस्यायें हैं :

1. बहुत अधिक तनावपूर्ण वातावरण में कार्य करना जबकि अनेक अवसरों पर राज्य सरकार व स्थानीय पुलिस द्वारा पूरा सहयोग व समर्थन भी नहीं मिलता।
2. ठहरने के लिये उपयुक्त स्थान की व्यवस्था नहीं हो पाती तथा नहाने, शौच आदि की मूलभूत सुविधाओं का अभाव रहता है।
3. स्थानीय जनता का सहयोग व समर्थन प्राप्त नहीं होता है।
4. संसाधनों का बहुत ज्यादा अभाव रहता है।
5. परिवार में बहुत दूर होने से घर की चिन्ता रहती है तथा समय पर छुट्टी भी अक्सर नहीं मिल पाती है।
6. उच्च अधिकारी केवल अपनी सुख–सुविधायें देखते हैं तथा अपने जवानों के कल्याण सम्बन्धी कार्रवाइयों में अक्सर देखी–अनदेखी करते हैं।
7. सामान्यतः कई क्षेत्रों में 8 घन्टे कार्य अवधि न होकर लगभग 12 से 16 घन्टे होती है।

आतंकवाद बनाम मानवाधिकार संरक्षण की दुविधा

साधारणतया आतंकवाद की व्याख्या इस प्रकार की गई है–"धमकियों का अवैध प्रयोग, बल प्रयोग, परिणामी अथवा परिणाम के लिए अभिप्रेत, मृत्यु, घायल, अवरोध अथवा डांट–डपट या व्यक्तियों अथवा विघटन अथवा सम्पत्ति का अभिग्रहण।[39] आज सभी उदारवादी प्रजातंत्र राजनीतिक हिंसा तथा आतंकवाद की मुहिम के लिए लक्ष्य बन गई है। हिंसा तथा आतकवाद के बहुत से पहलू हैं–लोगों की हत्याएं व्यक्तियों के किसी ग्रुप की हत्या (नक्सलवादियों द्वारा वर्ग शत्रुता), हवाई

जहाजों, बसों आदि के अपहरण राजनायिकों तथा अतिविशिष्ट व्यक्तियों का अपहरण करना, फिरौती रकम के रूप में प्रचुर राशि की बलपूर्वक वसूली, आगजनी, तोड़–फोड़ का प्रेषण, कैदियों की मुक्ति तथा आतंकित व्यक्तियों पर बम फेंकना/ विधि प्रवर्तन एजेन्सियाँ तथा पुलिस में विशिष्टता, समाज को इन हिंसक कार्रवाइयों तथा आतंकवाद से संरक्षण तथा निवारण करने का कर्त्तव्य होता हो। मानवाधिकार की विश्वव्यापी घोषणा हमें याद दिलाती है कि यदि व्यक्ति को कोई सम्पदा रखने के लिए दबाव नहीं डाला जाता है तो अन्तिम सहारा के रूप में यह आवश्यक है, निरंकुश शासन तथा अत्याचार के विरूद्ध विद्रोह करने, कि विधि के नियम द्वारा मानवाधिकारों को संरक्षण दिया जाना चाहिए। विद्रोहात्मक, आतंकवादियों तथा अन्य व्यक्तियों द्वारा हिंसक कार्रवाई के लिए सहारा अविवेकपूर्ण तथा असंगत पूर्णत अपराध को उदार राज्य में अनुमति नहीं दी जा सकती है तथा पुलिस को ऐसे व्यक्तियों के साथ दृढ़ता से निपटना होगा। अधिनियम आमतौर पर संकेत करते हैं कि आतंकवाद प्रायः इस दांव के तहत किये जाते हैं कि वे मानवाधिकारों को बनाए रखने का अभिप्राय रखते हैं, किन्तु इसके विरोधाभास में वे भी प्रायः अतिक्रमण में असंलग्न व्यक्तियों की मूल स्वतंत्रताओं तथा सम्पत्ति के रूप से ठीक करना चाहते हैं।[40] मानवाधिकारों के क्रियान्वयन तथा प्रवर्तन में असफलता, आतंक तथा हिंसा की मुहिम जन्म देती है, जो सामान्यतः छोटे षडयंत्रकारी गुणों अथवा आपराधिक अंतर्विरोध यथान्वेषकों को आरोपित करते हैं। आज का समय समाज के अंतर्विरोध में से एक है। "हठधर्मी की शक्ति" वह है, जैसा कि हमारा समाज अधिक औद्योगिक, जटिल तथा इसके परस्पर संबंध वृहत्त बन गये हैं, किसी कट्टर अल्पसंख्यक, कभी–कभी एक अथवा दो व्यक्तियों या कुछ मुट्ठी भर लोगों की शक्ति बन जाती है, यदि विघटन, असुविधाएं, बर्बादी तथा अधिकारों को खतरे में डाल दूसरों के जीवन तथा सम्पत्ति के लिए ऐसी इच्छा करते हैं। [41] बम के खतरों की हाल के अरोह तोड़–फोड़, सर्वनाश, विमान अपहरण तथा पुलिस पर प्रहार ने विधि प्रवर्तन एजेन्सियों के लिए गंभीर तथा निरन्तर समस्याएं खड़ी कर दी हैं। विधि लागू करना, हमारे प्रजातांत्रिक समाज की रक्षा की प्रथम पंक्ति है तथा इस प्रकार के सभी अति उग्र समूहों तथा कट्टर व्यक्ति के साथ कार्य व्यापार आपराधिक विधि की सीमा के अन्दर करना होता है। डॉ. ईल अंगी सच ही

मानते हैं कि "आपराधिक प्रणाली में मानवाधिकार संरक्षण प्रभावकारी रूप से क्रियान्वित नहीं की जा सकती जब तक कि यह आपराधिक प्रणाली के साथ सौंपे गये व्यक्तियों द्वारा चेतनापूर्वक तथा गंभीरता से स्वीकार किया गया हो।" पुलिस अपने आपको गंभीर अवस्था में पाती है जब दो किसी उदार राज्य में अपर्याप्त तथा अप्रभावी विधि विहीनता एवं आतंकवाद से लड़ने की आवश्यकता पड़ती है। इस संदर्भ में विलियम कोर्नहावसर ने दृढ़तापूर्वक टिप्पणी की है जब तक प्रजातांत्रिक प्रणालियां स्थिर तथा सीमित प्राधिकार के साथ जोड़ नहीं दी जाती, वे स्वयं स्वतंत्रता तथा मुक्ति के सामूहिक आन्दोलन, का पक्ष लेंगी।[42] सशस्त्र हिंसा तथा आतंकवादियों के लिए कम से कम बल प्रयोग के सिद्धान्त को अपनाने के लिए उच्च अनुशासन तथा व्यावसायिकता, एक राजनीतिक विरोधाभास तथा विचारणी धैर्य एवं दृढ़ नैतिक साहस के मामले में, एक सुविचारित निष्पक्षता तथा तटस्थता को अनिवार्य रूप से आमंत्रित किये जाते हैं। पुलिस तथा उच्चतर आदेशों की आड़ में छुपने अथवा सुरक्षा के हितों में प्रलोभित किये जाते हैं एवं कुल मिलाकर एक ताकतवर लालची सुरक्षा तंत्र को स्थापित करना है, जो अतिरिक्त न्यायिक प्रत्याघात के लिए क्षुधा की प्राप्ति करती है। आह, सोल्जेनिट्रास्विन यह कल्पना करने में बहुत ज्यादा जोश में थे कि मानव इतिहास में दण्डात्मक भाग जो हाथों को एक सेट में जोड़ना है, जांच, गिरफ्तारी पूछताछ अभियोग, अदालती जांच तथा पंच फैसले का पालन का पंजा था।[43] किन्तु राजनैतिक हिंसा तथा आतंकवाद के साथ निपटने के लिए प्रभावी आपराधिक न्याय प्रणाली की अनिवार्यता से कोई भी इन्कार नहीं कर सकता है। एतिहासिक अनुभव यह दर्शाता है कि प्रजातांत्रिक राज्यों को सशस्त्र विद्रोहियों, गुरिल्लाओं तथा आतंकवादियों को परास्त करने के लिए और आर्थिक सुनिश्चित रूप से तथा बलपूर्वक कार्य करने की आवश्यकता है।[44] दुर्भाग्यवश प्रजातांत्रिक सरकारें, जीवन की यथार्थता को आसानी से अपेक्षा कर देती हैं तथा पुलिस से देश की सामान्य विधि के साथ, आतंकवादियों तथा विद्रोहात्मक/अपराधियों से निपटने की अपेक्षा करती है। जॉन इडगर हूपर द्वारा पुलिस कर्मियों की दुर्दशा की आवाज आज भी सत्य है जब उन्होंने कहा ज्ञान जो अपराधियों को पकड़ने के प्रयास के लिए प्रयोग किए जाते हैं, विधि प्रर्वतन अधिकारियों को हतोत्साहित तथा हताश करने से अधिक नहीं, ये बहुधा समय और रकम की अनावश्यक बर्बादी है क्योंकि इस प्रकार

निरन्तर निलम्बित दण्डादेश कारावास मुक्ति अथवा परिवीक्षा के रूप में अनुचित उदारता पुलिस के अच्छे पुलिस कार्य को एक उपहास बना देते हैं। बिगडे हुए व्यक्तियों, जो विधि तथा व्यवस्था या दूसरों के अधिकारों के लिए आदर नहीं रखते, को अलग करते हुए संरक्षण देने वाले समाज को महत्व अवश्य दिया जाना चाहिए।[45] एक शांतिपूर्ण तथा स्वस्थ समाज के लिए यह अनिवार्य है। कानूनों, नागरिकों के अधिकारों का आदर किया जाये तथा विघटन कारी शक्तियों का दमन किया जाये। दण्ड निर्माण करने के सिद्धांत में आलिप्त हमारे न्यायालय में कठोर कारवाई ही अपराध को ठीक कर सकते हैं तथा सुधार उपायों के यथार्थवादी आपराधिक महामारी को बलपूर्वक पीछे कर सकती है। एक पुलिस कर्मी के लिए ऐसा कोई कारण नहीं कि एक अपराधी जो समाज को लूट खसोट करने के लिए अमानवीय हिंसात्मक तथा आतंकवादी कारवाइयां करता है, के लिए सुधारवादी पद्धतियों का प्रयोग करें। कुछ विद्रोहात्मक तथा उग्रवादी अवस्थितियों के लिए विभिन्न विधि सेटों की तथा विधि अतिक्रमणकारियों के साथ निपटाने के लिए आपराधिक न्याय प्रक्रियाओं की आवश्यकता होती है। इन विशेष अवस्थितियों में भी मानवाधिकारों का उल्लंघन नहीं होना चाहिए किन्तु उनके समाघात का पता लगाने के लिए होशियार होना चाहिए जो इसकी प्रणाली को पूर्णतया नष्ट करने पर तुले हुए हैं। [46] पुलिस तथा अर्द्धसैनिक बलों द्वारा मानवाधिकारों का अतिक्रमणों को उचित राष्ट्रीय परिप्रेक्ष्य तथा आतंकवादियों, विद्रोहियों एवं अपराधियों पर राज्य प्रभुत्त सम्पन्न प्राधिकार को सर्वोच्चता के रूप में देखे जाने की आवश्यकता है। एक ही कार्य करना, यदि इसमें कुछ गलतियां भी होती हैं, तो बिल्कुल ही कार्य नहीं करने से बेहतर है। हिरासती मौत, सिविल पुलिस तथा सुरक्षा बलों को अत्यधिक शंकरा की स्थिति में ला देती है। हिरासती यातनाओं तथा मृत्यु के लिए सहायक कारणों में नकारात्मक पुलिस छवि, पुलिस की खराब अवस्था, अपर्याप्त प्रशिक्षण तथा सुविधाएं, अति सीमा तक राजनीतिक़ हस्तक्षेप एवं प्रभावी राजनीतिक नेतृत्व का अभाव है।[47] राज्य पुलिस द्वारा मानवाधिकारों के हनन व अतिक्रमण के प्रमुख कारण निम्नलिखित हैं :–

1. उत्तरदायित्व का अभाव व उंच्छृखलता।
2. पुलिस व्यवसायिकता का अभाव।
3. मानवाधिकारों के प्रति संवेदनशीलता का अभाव।

4. पर्याप्त एवं निर्धारित प्रशिक्षण का अभाव तथा मानवाधिकार से संबंधित अवस्थिति की जानकारी का अभाव।
5. कार्य एवं जीवन स्तर की बुरी हालत और संवेदनाओं का अमानवीकरण।
6. राजनैतिक हस्तक्षेप और तुरन्त परिणाम के लिए दबाव–तुरन्त एवं लघु पद्धति परिणामों पर जोर।
7. वैज्ञानिक उपकरणों का अभाव और आधुनिक उपकरणों का प्रयोग।
8. बढ़ती अनुशासनहीनता और आचरण संहिता की अवहेलना।
9. वरिष्ठों द्वारा शिथिल पर्यवेक्षण।
10. हिंसा की संगठनात्मक उप–संस्कृति।
11. आपराधिक न्याय पद्धति का कारण और स्थान।
12. भ्रष्टाचार।
13. बढ़ता कार्यभार और स्टाफ की कमी।

मानवाधिकार तथा विकासशील समाज

मानवाधिकारों के मामले में, विश्व के सभी देश, अधिक से अधिक विकासशील स्थिति में हैं तथा सभी देशों में हम मानवीयता तथा मूल मानवाधिकारों के उल्लंघन के बीच स्पष्ट विभेद की घटनाएं पा सकते हैं। अपराध के बढ़ते हुए अनुपात, जातीय विभेद, महिलाओं की असमानता, बेरोजगारी तथा व्यक्तियों की सिविल स्वतंत्रताओं का उल्लंघन, विश्वभर के लाखों लोगों को अभी तक प्रभावित कर रही है। वास्तव में मानवाधिकारों को इनके द्वारा खतरा है:–

1. जातीय विभेद
2. नई आर्थिक प्रभावशाली तथा प्रतिबंधित व्यापार नीतियां
3. शक्तिशाली राष्ट्रों द्वारा प्रत्यक्ष तथा प्रभावी एवं शक्तिशाली राष्ट्रों द्वारा कमजोर राष्ट्रों का शोषण।
4. धन तथा उत्पादन के साधनों का अत्यधिक केन्द्रीयकरण तथा श्रमिक वर्गों का शोषण, एवं
5. जनसाधारण में निर्धनता, असमानता तथा सामाजिक अन्याय।

जुलाई, 1976 में संयुक्त राष्ट्र आर्थिक तथा सामाजिक परिषद को प्रस्तुत एक संकल्प में, 20 से अधिक प्रमुख अंतर्राष्ट्रीय संगठनों ने अधिकारों की तीन श्रेणियों को मान्यता दी है:–

(क) व्यक्ति की अखण्डता को सरकारी अतिक्रमण से मुक्त होने का अधिकार। इस प्रकार के उल्लंघनों में यातनाएं, निष्ठुर, अमानवीय अथवा अपमानजनक व्यवहार, मनमानी गिरफ्तारी या कैद, निष्पक्ष लोक विचारण इनकार तथा अनाधिकार गृह प्रवेश शामिल है।

(ख) भोजन, गृह, स्वास्थ्य की देख–रेख एवं शिक्षण जैसी जीवनप्रद आवश्यकताओं का यथोचित रूप में पूरा किये जाने का अधिकार।

(ग) सिविल तथा राजनीतिक स्वतंत्रताओं के उपभोग का अधिकार विचारों की, धर्म की, संगम की, बोलने की, प्रेस की, अपने देश के अन्दर तथा बाहर विचरण की स्वतंत्रता, सरकार में भाग लेने की स्वतंत्रता।

अन्तर्देशीय तथा गैर–नागरिकों के मानवाधिकारों में भेद–भाव से संरक्षण दिये जाने की आवश्यकता है। यह आशा की जाती है कि मानवाधिकार संहिता को "अन्तर्देशीय" को विश्व समुदाय के पूर्ण सदस्य के रूप में तथा उनको सभी मानवाधिकार प्रदान करते हुए अनिवार्य संरक्षण देने की नीतियों के साथ समन्वय में संभवतः सुधारवादी परिष्कृत किया जाएगा। पीटर बर्गर, स्टगर्स विश्वविद्यालय के समाजशास्त्री का विश्वास है कि अभी नैतिकता तथा मानवाधिकारों का एक प्रमाणिक विश्वव्यापी स्तर है जिसके लिए विभिन्न परम्पराओं के साथ राष्ट्रों के संबंध में निर्णय लिये जाने में कोई व्यक्ति अपील कर सकता है। मानवाधिकारों की धारणाओं जो विश्व के पाश्चात्य विचारों से उभर कर आया है तथा वे जो अभिव्यक्त करते हैं कि चुनाव अनियमिताएं, प्रेस का दमन तथा राजनीतिक असमानताएं, जन संहार, यातनाएं एवं दासता जो मानवाधिकारों के उल्लंघन हैं, के बीच भेद पैदा करते हैं। सी.आर. वेन्स के अनुसार "सयुंक्त राष्ट्र संघ का कोई सदस्य दावा कर सकता है कि विश्वव्यापी रूप में संरक्षित मानवाधिकारों का उल्लंघन पूर्णरूप से इसका अपना मामला है।" रिचर्ड जान न्योहास के अनुसार मानवाधिकारों को सिद्ध करने पर निर्भर नहीं हैं, बल्कि प्रतिज्ञा, जो प्रत्येक व्यक्ति के ऊपर प्रतिष्ठा को बचाकर रखती है तथा प्रत्येक व्यक्ति की दूसरों की प्रतिष्ठा के लिए आदर की मांग पर निर्भर करती है।" विज्ञान के अन्दर एक नये आन्दोलन, एक शक्तिशाली राजनीतिक तथा सामाजिक लक्ष्यों, भारी उपयोगिता क्रांत एवं इस समय के वैज्ञानिक अतिभौमिक कार्य ढांचा के साथ पूर्णरूप से स्थिर, का उदय हो रहा है। निम्न का विश्वास है

कि विगत कुछ वर्षों में मानवाधिकारों के लिए वैज्ञानिकों तथा दूसरों की आवाज, विश्व राजनीति में एक सार्थक कारण बन गया है। यद्यपि स्वतंत्रता तथा समानता ने संवैधानिक प्रतिष्ठा तथा वास्तविक राजनीतिक सक्षमता की प्राप्ति कर ली है तथापि से वृहत्त रूप में राज्य के उत्तरदायित्व का एक विषय बना हुआ है।

भारत में मानवाधिकार अन्दोलन में कुछ नवीनतम प्रवृत्तियां निम्नलिखित हैं:

1. पुलिस अधिकारियों की नीति जिम्मेदारी।
2. सर्वोच्च न्यायालय और उच्च न्यायालय व्यावहारिकता की भूमिका निभा रहे हैं।
3. जन माध्यमों के कारण मानवाधिकारों के बारे में अत्यधिक जानकारी।
4. भारत में मानवाधिकार संगठनों की प्रचुर मात्रा में उत्पत्ति।
5. मानवाधिकारों के लिए सार्वभौमिक संबद्धता।
6. राष्ट्रीय मानवाधिकार आयोग अब राज्यों में निरीक्षण कर रहे हैं।

भारतीय पुलिस के द्वारा मानवाधिकार संरक्षण के लिये मार्ग प्रदर्शन के आदेश

पुलिस थानों में मानवाधिकार संरक्षण के लिये निम्नलिखित आदेश प्रायः जारी किये गये हैं :

1. थाने पर जो भी पीड़ित आये उसकी रिपोर्ट अवश्य लिखी जायेगी और समुचित धाराओं के अन्तर्गत अभियोग पंजीकृत किया जायेगा, तथा प्रथम सूचना रिपोर्ट की प्रतिलिपि सूचनाकर्ता को निःशुल्क उपलब्ध कराई जायेगी। (पुलिस रेगुलेशन पैरा 97/धारा 154 द.प्र.सं.)
2. थाने पर लाये गये व्यक्ति के साथ मारपीट अथवा अमानवीय व्यवहार नहीं किया जायेगा। (सर्वोच्च न्यायालय का आदेश)
3. यदि किसी व्यक्ति को थाने पर साक्ष्य हेतु बुलाया जाता है तो उचित यात्रा व्यय दिया जायेगा। (धारा 160 (2) द.प्र.सं.)
4. गिरफ्तार किये गये व्यक्ति को गिरफ्तारी का कारण बताया जायेगा तथा अपनी रुचि के विधि व्यवहार से परामर्श लेने और प्रतिरक्षा के अधिकार से वंचित नहीं रखा जायेगा। (धारा 50 (1) द.प्र.सं.)

5. गिरफ्तार व्यक्ति को 24 घंटे के अंदर न्यायालय में पेश किया जायगा। (धारा 57 द.प्र.सं)
6. गिरफ्तार किये गये व्यक्ति को जब निरूद्ध किया जायेगा तो उसे नियमानुसार भोजन आदि की सुविधा उपलब्ध कराई जायेगी। (पुलिस रेगुलेशन का प्रावधान)
7. निरूद्ध किये गये व्यक्ति को, विचाराधीन बन्दी को न्यायालय में पेश करते समय व कारागार ले जाते समय अथवा एक कारागार से दूसरे कारागार में स्थानान्तरण पर ले जाते समय हथकड़ी नहीं लगायी जायेगी जब तक कि सम्बन्धित न्यायालय से हथकड़ी लगाए जाने की अनुमति प्राप्त न कर ली जाये। (सर्वोच्च न्यायालय के आदेश)
8. पुलिस रिमांड में लिये गये व्यक्ति का प्रत्येक 48 घंटे में चिकित्सा परीक्षण अवश्य कराया जायेगा। (सर्वोच्च न्यायालय का आदेश)
9. गिरफ्तार किये गये व्यक्ति को, यदि गिरफ्तारी के दौरान हल्की या गहरी चोटें आती हैं तो ऐसे व्यक्ति का चिकित्सा परीक्षण कराया जायेगा और परीक्षण मेमो तैयार कराया जायेगा जिस पर अभियुक्त तथा पुलिस कर्मी के हस्ताक्षर होंगे। (सर्वोच्च न्यायालय का आदेश)
10. प्रत्येक व्यक्ति को उसकी गिरफ्तारी के बाद अपने परिचित को/यदि स्थानीय टेलीफोन की सुविधा उपलब्ध है तो टेलीफोन करा कर और टेलीफोन उपलब्ध न होने पर उसकी गिरफ्तारी की सूचना लिखित पत्र द्वारा दी जायेगी। (सर्वोच्च न्यायालय का आदेश)
11. यदि पुलिस अभिरक्षा में किसी व्यक्ति की मृत्यु हो जाती है तो उसकी सूचना तत्काल राष्ट्रीय, मानवाधिकार आयोग को प्रेषित की जायेगी। (राष्ट्रीय मानवाधिकार आयोग का निर्देश)
12. यदि किसी अपराधी से कोई बरामदगी की जाती है तो उसकी रसीद अवश्य दी जायेगी तथा कुर्क किये गये माल की उचित सुरक्षा भी की जायेगी। (धारा 51 द.प्र.सं.)
13. यदि किसी व्यक्ति ने ऐसा अपराध कारित किया है जो जमानतीय है तो थाने पर उसकी जमानत, यदि कोई अन्यथा कारण न हो, ली जायेगी। (धारा 436 द.प्र.सं.)

14. पुलिस कर्मियों द्वारा किसी भी व्यक्ति से पूछताछ करते समय अपनी वर्दी पर नाम, पट्टी (नाम प्लेट) धारण करना आवश्यक होगा। (सर्वोच्च न्यायालय का आदेश)।
15. किसी भी महिला को थाने पर अकारण नहीं रोका जायेगा। (पुलिस रेगुलेशन)।
16. थाने पर पूछताछ के दौरान आने वाली समस्त महिलाओं से अभद्र/अश्लील भाषा का प्रयोग नहीं किया जायेगा और न उनसे कोई अश्लील/अभद्र प्रश्न पूछा जायेगा/विशेष रूप से बलात्कार की शिकार महिला के साथ जो पहले से मानसिक एवं शारीरिक वेदना से पीड़ित होती है, के साथ उच्च कोटि संवेदनशीलता का परिचय दिया जायेगा और जहां तक सम्भव हो उसकी रिपोर्ट महिला पुलिस द्वारा लिखी जायेगी और यदि ऐसा सम्भव न हो तो कम से कम महिला आरक्षी की उपस्थिति अवश्य सुनिश्चित की जायेगी। (सर्वोच्च न्यायालय का आदेश)
17. बलात्कार से पीड़ित महिला का बयान उसके किसी नजदीकी रिश्तेदार की उपस्थिति में लिया जाये एवं चिकित्सकीय परीक्षण के लिए भेजते समय भी उसके किसी पुरुष रिश्तेदार की उपस्थिति सुनिशचित की जाये यह सम्भव न हो तो महिला पुलिस कर्मी के साथ भेजा जाये।
18. शारीरिक रूप से अक्षम व्यक्तियों के अधिकारों का संरक्षण सुनिश्चित किया जायेगा। (अनुच्छेद 21 भारतीय संविधान)
19. श्रमिकों की समस्याओं, विशेषकर उनकी महिलाओं को संवेदनशीलता के साथ सुना जायेगा एवं उनका निराकरण किया जायेगा। (पुलिस रेगुलेशन)
20. यह हमेशा ध्यान रहे कि पुलिस मानवाधिकारों का संरक्षक तथा जनता की सेवा हेतु है।
21. सभी पुलिस थानों में मानवाधिकार सम्बन्धी आदेश जनता की सूचना हेतु उपलब्ध होना चाहिये तथा थानों के सभी पुलिस कर्मियों को समय–समय पर पढ़ कर अधिकारियों द्वारा सुनाये जाए।

विचाराधीन बन्दी के विषय में न्यायालय के आदेश :-

1. जिन्हें पुलिस द्वारा न्यायालय में ले जाने तथा अन्य कार्य के लिए बुलाये जाने के विषय में हथकड़ी/बेड़ी लगाने का निर्णय पुलिस अधिकारी लेंगे।

2. शर्त यह होगी कि निम्न अपराधों में बुलाये गये बन्दी को हथकड़ी केवल पुलिस अधीक्षक के विवेक व निर्णय पर ही लगायी जायेगी। यह भी शर्त है कि इन अपराधियों के अलावा जब भागने का डर, हिंसात्मक कार्यवाही अथवा आत्महत्या का डर हो तो हथकड़ी लगायी जायेगी।

भा.द.वि. -अपराध: -

भा.द.वि. अध्याय–5ए, छह, आठ–धारा–153ए से 160, अध्याय–नौ–धारा–170–171 को छोड़कर नौ–ए और दस–अध्याय–दस–216 ए, 224, 225 बी, और 226 को छोड़कर अध्याय 13–14 और 15 अध्याय–16 धारा–312 से 316, 323, 334 से 338, 341 से 352, 355 से 358, अध्याय–17 धारा–384 से 389, 403 से 404, 421 से 434, 447 और 448 अध्याय–18, 19, 20, 21 और 221

द.प्र.सं. संहिता: -

1. वह व्यक्ति जिसके विरूद्ध धारा 108 की कार्यवाही चल रही हो, अन्य अधिनियम, समस्त अहस्तक्षेपीय अपराध। शर्त यह है कि समय–समय पर राज्य सरकार द्वारा पारित आदेश जो विशेष बन्दियों के लिए हों, का पालन किया जायेगा।
2. समस्त अपराधी जिन्हें हथकड़ी लगायी जाये, जेल ले जाते, लाते समय अन्य बिना हथकड़ी वाले बन्दियों से अलग रखा जायेगा।
3. न्यायालय में विचाराधीन अपराधियों की हथकड़ी खोल दी जायेगी, जब तक कि दण्ड अधिकारी अन्य निर्देश न करें।
4. वह विचाराधीन बन्दी जिस पर हत्या का अभियोग हो, तो मुख्यालय पर, न्यायालय ले जाते समय छड़ें न पहनाई जाए जब तक कि अपराधी खतरनाक या कुख्यात अपराधी न हो।
5. विचाराधीन बन्दियों को सफर में बेड़ी न लगाई जाये जब तक कि हत्या या डकैती का अभियोग न हो या वरिष्ठ पुलिस अधिकारी इसके लिए कारण न समझते हों।
6. विचाराधीन स्त्री बन्दियों को हथकड़ी न लगाई जायेगी, जब तक कि विशेष कारणों से इसके विपरीत निर्णय न लिया जावे।

बन्दी बनाये गये अपराधी

जब ऐसे बन्दियों को थाने या मुख्यालय ले जाया जाये तो यह सब उपरोक्त नियमों के अनुसार पालन किया जायेगा।

हथकड़ी/बेड़ी लगाने के सम्बन्ध में महत्वपूर्ण न्यायिक निर्णयों का संक्षेप

1. सुनील बत्रा बनाम दिल्ली प्रशासन (1978)4, सुप्रीम कोर्ट केस 494

1.अ. चार्ल्स शोभराज बनाम अधीक्षक तिहाड़ जेल (1978)4 सुप्रीम कोर्ट केस–104

उपरोक्त दोनों प्रकरणों में उच्चतम न्यायालय के समक्ष प्रश्न थे कि क्या कैदियों को बेड़ी लगाना धारा–56 जेल अधिनियम 1894 के अन्तर्गत निम्न परिस्थितियों में न्यायानुकूल है –

क. जेल की स्थिति को देखते हुए या कैदी के आचरण को देखते हुए या,

ख. कैदी को सुरक्षित अभिरक्षा में रखने के लिए आवश्यक हो।

इस सम्बन्ध में उच्चतम न्यायालय ने व्यवस्था की है कि कैदी को बेड़ी लगाने के लिए अधीक्षक को कारण बताने होंगे और वे कारण कैदी की हिस्ट्रीबुक में व अधीक्षक की अपनी पत्रिका में लिखे जाने चाहिए। कारण कैदी की भाषा में लिखे जाने चाहिए ताकि वह उसके खिलाफ उच्च जेल अधिकारियों को प्रार्थनापत्र दे सके। इसके लिए कोई अवधि भी निर्धारित करनी चाहिए। इसलिए लम्बी अवधि के लिए बेड़ी लगाना, बिना इस बात का ध्यान किये हुए कि इससे कैदी की सुरक्षा या जेल की हिफाजत पर प्रभाव पड़ता है, अवैध है और विशेष तौर से उस समय जबकि डाक्टर की राय यह हो कि कैदी के शरीर की स्थिति को देखते हुए बेड़ी हटाना आवश्यक है।

उच्चतम न्यायालय ने कैदियों के साथ किये गये व्यवहार के सम्बन्ध में निम्न प्रकार विचार प्रकट किये :

1. यदि किसी कैदी को "बी" क्लास मिला है तो उसे कठोर कारावास के कैदियों की तरह काम नहीं लिया जा सकता, न उससे "सी" क्लास कैदी जैसा व्यवहार किया जा सकता है।
2. कैदियों के साथ बेरहमी का व्यवहार नहीं किया जा सकता। ऐसा करना अनुच्छेद–21 की अवहेलना करना होगा। जेल में सभ्य तरीके से कैदियों के साथ व्यवहार करना चाहिए।

3. प्रेमशंकर शुक्ला बनाम सचिव, गृह विभाग, दिल्ली प्रशासन ए.आई.आर. (198) सुप्रीम कोर्ट 1535, 1980, सी.आर.एल.जे. 930 के प्रकरण में यह प्रश्न उठा कि क्या बेड़ी लगाना न्यायोचित है?

उक्त विषय पर उच्चतम न्यायालय ने संविधान के अनुच्छेद 14.19.21 के संदर्भ में बेड़ी लगाने की समीक्षा की और व्यवस्था दी कि बन्दी को भागने से रोकने के लिए उसे सुरक्षित पहुंचाने के लिए किये गये प्रबन्ध असंवैधानिक नहीं कहे जा सकते। फिर भी यह प्रबन्ध मानवीय गरिमा के विपरीत नहीं होने चाहिए। हथकड़ी, बेड़ी लगाने से पूर्व इसके औचित्य पर विचार कर लेना चाहिए तथा लिखित रूप में दर्ज कर लेना चाहिए।

4. चार्ल्स शोभराज बनाम अधीक्षक, तिहाड़ जेल, ए.आई.आर–1978, सुप्रीम कोर्ट 15141 उक्त प्रकरण में बेड़ी पहनाने पर विचार–विमर्श हुआ। उच्चतम न्यायालय ने निर्णय दिया कि अभियुक्त को बेड़ी पहनाने से उसकी दैहिक स्वतंत्रता का अपहरण या न्यूनन होता है। अतः जेल अधिकारियों को विचार करना होगा कि क्या बन्दी को बेड़ी पहनाना सुरक्षा की दृष्टि से आवश्यक है। यदि वह विचार कर बेड़ी पहनाई जाती है तो यह कार्य मनमानी या दमनकारी नहीं माना जायेगा।

5. किशोर सिंह बनाम राजस्थान सरकार 1981 सुप्रीमकोर्ट–6251 उपरोक्त प्रकरण में न्यायालय ने चार्ल्स शोभराज प्रकरण में दिये गये निर्णय दोहराये।

6. खेदत मजदूर संगठन बनाम म.प्र. राज्य 1994 सुप्रीम कोर्ट–(56) डी.एल. टी. 203 में उच्चतम न्यायालय ने निर्णय किया कि यह ठीक है कि हथकड़ी/बेड़ी लगाना अमानवीय प्रक्रिया है। मनुष्यों को जानवरों की भाँति बांधना मानवता का अपमान है पर अपराधी प्रवृत्ति के व्यक्तियों का मन कब कहाँ जाने के लिए विचलित करने लगेगा, इसका भी अनुमान लगाना कठिन है। यदि कैदी पूर्णतया निराश होकर आत्महत्या करने की सीमा तक विचार करने लगा हो तो हथकड़ी का प्रयोग करना उचित होगा और यह उसकी सुरक्षा के लिए आवश्यक भी होगा। अमानवीय अपराधों के अभियुक्त अथवा हिंसक प्रवृत्ति के व्यक्तियों के लिए हथकड़ी का प्रयोग उचित हो सकता है।

गिरफ्तारी के विषय में उच्चतम न्यायालय के मार्गदर्शक निर्देश–

मा. उच्चतम न्यायालय ने समय-समय पर अपने निर्णयों में गिरफ्तारी की प्रक्रिया के सम्बन्ध में आवश्यक दिशा–निर्देश एवं मार्ग–दर्शन दिये हैं। मा. उच्चतम न्यायालय ने रिट याचिका (कि.) सं. 539/86 डी.के. बसु बनाम राज्य सरकार पश्चिमी बंगाल में दिनांक 18.12.1986 को पारित अपने निर्णय में मार्गदर्शक निर्देश निर्धारित किया है, जो निम्नवत् है :

1. पुलिस कर्मी जो गिरफ्तारी करते हैं तथा गिरफ्तार व्यक्ति से पूछताछ करते हैं उन्हें शुद्ध, स्पष्टदर्शी व साफ पहचान की नाम पट्टिका धारण करना चाहिए। वर्दी के साथ उनके पद के बैज अवश्य हों। उन सभी पुलिस कर्मियों का जो गिरफ्तार व्यक्ति से पूछताछ करते हैं, विवरण एक रजिस्टर में अंकित किया जाना चाहिए।
2. "व्यक्ति को गिरफ्तारी के समय पुलिस अधिकारी एक फर्द (मेमो) तैयार करेगा, जिसे कम से कम एक व्यक्ति/गवाह द्वारा प्रमाणित किया जायेगा। जो या तो अभियुक्त के परिवार का सदस्य हो अथवा उस क्षेत्र का सम्मानित व्यक्ति हो जहां पर गिरफ्तारी की गयी। इस फर्द पर अभियुक्त द्वारा भी प्रतिहस्ताक्षर कराया जायेगा। इस पर गिरफ्तारी का समय व दिनांक भी अंकित होना चाहिए।"
3. "जो व्यक्ति गिरफ्तार किया गया अथवा निरूद्ध किया गया है या किसी थाने की अभिरक्षा में/पूछताछ केन्द्र पर है या लॉकअप/हवालात में है, को अधिकार होगा कि उसके किसी मित्र/रिश्तेदार अथवा ऐसे व्यक्ति को जो उससे भलिभांति परिचित हो और उसका हितैषी हो, को जितना शीघ्र सम्भव हो साध्य साधन से सूचना भेजी जायेगी और जिसमें यह स्पष्ट रूप से बताया जायेगा कि अमुक व्यक्ति गिरफ्तार किया गया है और अमुक स्थान पर निरूद्ध किया गया है। यह प्रतिबन्ध ऐसे मामलों पर लागू नहीं होगा, जिनमें गिरफ्तारी के मेमों पर गिरफ्तार किये गये व्यक्ति के मित्र अथवा उसके संबंधी के हस्ताक्षर कराये गये हों।"
4. "यदि गिरफ्तार किये गये व्यक्ति के मित्र अथवा रिश्तेदार जिले या कस्बे के बाहर के रहने वाले हैं तो उन्हें जिले की लीगल एण्ड आर्गेनाईजेशन एवं संबंधित थाने द्वारा वायरलैस/टेलीग्राम के जरिये सूचना गिरफ्तारी का

समय एवं स्थान अंकित करते हुए 8 से 12 घण्टे के अन्दर अवश्य दे दी जायेगी।"

5. "जैसे ही कोई व्यक्ति गिरफ्तार होता है, पुलिस का यह दायित्व होगा कि वह उसे अपने इस अधिकार से अवगत करा दे कि वह अपनी गिरफ्तारी एवं अवरूद्धि के संबंध में किसी को सूचना दे सकता है"।
6. "किसी व्यक्ति की गिरफ्तारी के संबंध में निरूद्ध रखे जाने के स्थान पर डायरी में यह अंकित किया जाना जरूरी है कि गिरफ्तार व्यक्ति के किसी मित्र/रिश्तेदार को गिरफ्तारी की सूचना की गयी है। उन पुलिस कर्मियों के नाम भी अंकित किये जायें जिनकी अभिरक्षा में गिरफ्तार व्यक्ति को रखा गया है।"
7. "यदि गिरफ्तार व्यक्ति प्रार्थना करता है तो गिरफ्तारी के समय उसके शरीर की प्रत्येक बड़ी एवं छोटी चोटों का निरीक्षण करके विवरण निरीक्षण मेमों पर अंकित किया जायेगा। इस निरीक्षण मेमों पर गिरफ्तार व्यक्ति तथा पुलिस अधिकारी दोनों के हस्ताक्षर कराये जायें तथा फर्द की एक प्रति गिरफ्तारी व्यक्ति को भी दी जाय।
8. हर गिरफ्तार किये गये व्यक्ति की डाक्टरी परीक्षा उसकी नित्रद्धि के हर 48 घण्टे के अन्दर प्रशिक्षण डॉक्टरी द्वारा अवश्य करायी जाय, जो महानिदेशक, चिकित्सा एवं स्वास्थ्य द्वारा अनुमोदित पैनेल पर हो शासन से अनुरोध किया गया है कि वह महानिदेशक, चिकित्सा एवं स्वास्थ्य द्वारा प्रत्येक जिले व तहसील स्तर पर ऐसे प्रशिक्षित डॉक्टर्स के पैनेल तैयार करा दे।
9. सभी अभिलेखों की प्रतियां गिरफ्तारी की फर्द सहित जैसा कि ऊपर संदर्भित किया गया है, क्षेत्र के मजिस्ट्रेट को उनके रिकार्ड के लिए भेजी जाएगी।
10. "बन्दी बनाये गये व्यक्ति को पूछताछ के मध्य अपने अधिवक्ता से मिलने की अनुमति दी जा सकती है। परन्तु ऐसी सुविधा सम्पूर्ण पूछताछ के मध्य अनुमन्य नहीं होगी।"
11. "प्रत्येक राज्य मुख्यालय एवं जिले स्तर पर एक पुलिस कन्ट्रोल रूम बनाया जाये जहाँ प्रत्येक गिरफ्तार किये जाने वाले व्यक्ति व स्थान की सूचना

गिरफ्तार करने वाले अधिकारी द्वारा 12 घण्टे की अवधि के भीतर दी जायेगी। कण्ट्रोल रूम के बाहर एक नोटिस बोर्ड लगाया जायेगा, जिस पर सहजदृश्य स्थान पर यह सूचना स्पष्ट अंकित की जायेगी। उच्चतम न्यायालय का यह महत्वपूर्ण निर्णय समस्त भारतवर्ष में प्रभावी एवं साथ ही साथ यह विधिक व्यवस्था का प्रमुख अंग भी है। अतः आप सबको निर्देशित किया जाता है कि उपरोक्त वर्णित व्यवस्थाओं को ध्यान में रखकर ही गिरफ्तारी की प्रक्रिया अपनायी जाये और सभी औपचारिकतायें अनिवार्य रूप से पूर्ण की जायें। मा. उच्चतम न्यायालय द्वारा यह भी निर्देश दिये गये थे कि यदि किसी पुलिस अधिकारी द्वारा उपरोक्त वर्णित प्रावधानों का अतिक्रमण किया जाता है तो उसके विरूद्ध विभागीय कार्यवाही के साथ–साथ न्यायालय की अवमानना के लिए दण्डित भी किया जा सकता है। इस अवमानना की कार्यवाही के लिए प्रत्येक प्रदेश का उच्च न्यायालय सक्षम होगा।

मानवाधिकारों के संरक्षण तथा संवर्द्धन में उच्च पुलिस अधिकारियों तथा सुरक्षा बल के उच्च पदाधिकारियों की भूमिकाः–[48]

1. पुलिस तथा सुरक्षा बल के नेतृत्व को पुलिस तथा सुरक्षा बलों को राजनैतिक हस्तक्षेप से बचाकर रखना चाहिये तथा उन्हें पूर्ण व्यवसायिक स्वायत्तता प्रदान करनी चाहिये।
2. पुलिस अधिकारियों को आधुनिकीकरण तथा जाँच पड़ताल के नवीनतम उपकरणों को पुलिस तथा सुरक्षा बल के लिये उपलब्ध कराने चाहिये ताकि मानवाधिकार की एक नई संस्कृति बनाई जा सके।
3. पुलिस व सुरक्षा बल के बुनियादी प्रशिक्षण तथा पुनरावृत्ति प्रशिक्षण में मानवाधिकार सम्बन्धी विषयों पर अधिक महत्व दिया जाना चाहिये।
4. पुलिस कर्मियों के कार्य करने की दिशाओं तथा रहने की व्यवस्था में आवश्यक सुधार लाने का प्रयास करना चाहिये ताकि पुलिस कर्मियों के आधारभूत मानवाधिकारों की रक्षा की जा सके।
5. उन पुलिस तथा सुरक्षाबल के कर्मियों के विरूद्ध न्यायसंगत कार्यवाही की जानी चाहिये जिन्होंने दूसरों के मानवाधिकारों का हनन किया है।

6. पुलिस तथा सुरक्षाबल के कर्मियों के कार्य सम्बन्धी नियमों तथा नीतियों को न्यायसंगत और कल्याणप्रद बनाया जाये तथा सभी कर्मियों के साथ समानता का व्यवहार किया जाये।
7. आन्तरिक सुरक्षा सम्बन्धी अभियान जैसे पैट्रोलिंग (गश्त) रेड्स (छापा मारना) एम्बुश (घात लगाना) तथा जाँच पड़ताल की कार्यवाही व्यक्तिगत निरीक्षण में कराया जाय।
8. पुलिस व सुरक्षा बलों की कार्य दशायें व अन्य सुधार लाने के लिये राष्ट्रीय पुलिस आयोग की रिपोर्ट को लागू करवाने हेतु सतत् प्रयास करना चाहिये।
9. पुलिस तथा सुरक्षा बलों के आधारभूत पुनर्गठन के लिये प्रयास किये जाना चाहिये ताकि आन्तरिक सुरक्षा तथा कानून व व्यवस्था की बढ़ती चुनौतियों का उचित रूप से सामना किया जा सके।
10. मनोवैज्ञानिकों की सेवायें पुलिस व सुरक्षाबलों को प्रदान करवाई जानी चाहिये।
11. उच्चतम न्यायालय तथा उच्च न्यायालयों के मानवाधिकार सम्बन्धी निर्णयों का सब स्तर पर प्रचार होना चाहिये ताकि सभी कर्मी उनसे पूर्ण रूप से परिचित हो जावें।
12. जनता के साथ सहयोग व सम्पर्क बहुत अच्छे बनाना चाहिये ताकि पुलिस व सुरक्षा बलों को जनता का समर्थन, सहयोग व सद्भावनाएं प्राप्त हों।
13. पुलिस के लिये संयुक्त राष्ट्रसंघ द्वारा स्वीकृत आचार संहिता को लागू करना चाहिये।
14. पुलिस/सुरक्षाबल के उच्च अधिकारियों को मानवाधिकार सम्बन्धी सभी अन्तर्राष्ट्रीय संविदाओं व समझौतों का ज्ञान रहना चाहिये।
15. मानवाधिकारों के संरक्षण हेतु विभिन्न स्तरों पर सकर्तकता कोष बनाये जायें तथा मानवाधिकार अतिक्रमण की घटनाओं पर पूरा ध्यान रखा जा सके तथा आवश्यक कार्यवाही की जा सके।
16. पुलिस प्रशिक्षण में मानवाधिकार के पाठ्यक्रम को उचित स्थान सभी बुनियादी व पुनरावृति प्रशिक्षण में सार्थक रूप से किया जाए ताकि आवश्यक मानसिकता तैयार की जा सके।

17. जम्मू व कश्मीर में तथा उत्तर–पूर्वी राज्यों में कार्यरत पुलिस तथा सुरक्षाबलों को सभी प्रकार की सुविधायें प्रदान की जाए ताकि उनका मनोबल ऊँचा रहे। मानसिक तनाव को दूर रखने के सकारात्मक प्रयास किये जाए।
18. झूठी मुठभेड़ों तथा गैर कानूनी कारवाइयों को सख्ती के साथ निपटाया जाए ताकि अपराध कर्मियों को दण्डित किया जा सके।
19. पुलिस तथा सुरक्षा कर्मियों के निजी मानवाधिकारों का भी पूरा संरक्षण व संवर्द्धन किया जाए।
20. जनता के मन को जीतने के लिए जन सम्पर्क बढ़ाया जाए तथा पुलिस व जनता के सम्बन्ध मधुर व सकारात्मक बनाये जाए।

न्यायपालिका के कुछ निर्देश तथा दृष्टिकोण :-

भारतीय पुलिस के कार्यकलापों के प्रति न्यायालय ने कड़ा दृष्टिकोण अपनाया है जिसके कुछ दृष्टान्त नीचे दिये गये हैं :–

1. रघुबीर सिंह ब. हरियाणा (ए.आई.आर. 1980 एस.सी.1087), किसी अधिकारी के यहाँ चोरी के आरोप में कुछ व्यक्तियों को पकड़कर थाने में एक सबइंस्पेक्टर के खिलाफ अभियोजन चलाया गया जिसमें अभियोजन न्यायालय ने उसे आजन्म कारावास का दण्ड दिया जिसे सर्वोच्च न्यायालय ने भी मान्यता प्रदान की।
2. उ.प्र. राज्य ब. राम सागर (ए.आई.आर. 1985 एस.सी.416) एक व्यक्ति ने एस.एस.पी. को यह शिकायत की कि एक इंस्पेक्टर उससे घूस की मांग कर रहा है। उस व्यक्ति को थाने लाकर इतना पीटा गया कि उस व्यक्ति की हिरासत में मृत्यु हो गई। यहाँ पर भी सर्वोच्च न्यायालय ने उस इंस्पेक्टर की आजन्म कारावास की सजा को बहाल रखा।
3. मेनका गांधी ब. भारत संघ (ए.आइ.आर. 1978 एस.सी. 597), विधि द्वारा स्थापित प्रक्रिया निष्पक्ष न्यायपूर्ण एवं युक्ति–युक्त होनी चाहिए।
4. जॉली जार्ज वर्धीज ब. बैंक आफ कोचीन (ए.आई.आर.1980 एस.सी.470), मानव अस्मिता की उच्च मूल्य एवं मानव व्यक्तित्व की महत्ता जो अनुच्छेद 21 में प्रदत्त है केवल उसी कानूनी प्रक्रिया द्वारा बाधित की जा सकती है जो निष्पक्ष, न्यायपूर्ण एवं युक्ति–युक्त हो।

5. किशेन सिंह ब. राजस्थान राज्य, मानव अस्मिता हमारे संविधान का स्पष्ट मूल्य है जिसकी सौदेबाजी केवल जेल अधिकारियों के इशारे पर नहीं की जा सकती है।
6. सुनील बत्रा (1)ब. दिल्ली प्रशासन (ए.आई.आर.1978 एस.सी.1975) में सर्वोच्च न्यायालय ने कहा है कि संविधान के भाग तीन में प्रदत्त अधिकार (मूल अधिकार) कैदियों से जेल के फाटक पर ही विदा नहीं ले लेते। यदि जेल प्राधिकारियों द्वारा इनको संकुचित किया जाता है, नहीं माना जाता है, रोक दिया जाता है तो न्यायालय इनके उन अधिकारों की सुरक्षा करता है।
7. सुनील बत्रा (2) ब. दिल्ली प्रशासन, (ए.आई.आर.1980 एस.सी.1579), पुलिस द्वारा कैदियों को बेड़ी लगाने के प्रश्न पर कहा–कैदियों को लोहे की बेड़ियों से जकड़ना एक अमानवीयता है जिसका कोई औचित्य नहीं है सिवाय उस स्थिति के जहाँ सुरक्षित हिरासत अन्यथा असम्भव हो। दैनिक की हथकड़ी और बेड़ी एक बर्बरता है। जो हमारे मानव अस्मिता एवं सामाजिक न्याय मूल्यों के विपरीत है।
8. प्रेमशंकर ब. दिल्ली प्रशासन (ए.आई.आर.1980 एस.सी. 1535), हथकड़ी प्रथम दृष्टया अमानवीय है, अतः युक्तियुक्त नहीं है और मनमाना व्यवहार है। इसको तभी प्रयोग में लाना चाहिए जब कि आरोपी भागने के लिए कटिबद्ध हो, या गैर जमानती अपराध में आरोपी हो।
9. दिल्ली जुडिशियल सर्विस एसोसिएशन तीस हजारी कोर्ट ब.गुजरात राज्य (नाडियाड केस) (ए.आई.आर.1991 एस.सी. 2176) नाडियाड पुलिस थाने के एक इन्सपेक्टर ने अपने अन्य पुलिस सहयोगियों के साथ नाडियाड के मुख्य न्यायिक मजिस्ट्रेट को गिरफ्तार किया, मारपीट, और एक मोटी रस्सी से उसे पशु की भांति बांध दिया। यह सब उसे अपमानित करने के लिए इस कारण किया गया कि पुलिस द्वारा लोगों को यातना देने पर वह मजिस्ट्रेट पुलिस के खिलाफ कारवाई करता था। सर्वोच्च न्यायालय ने उक्त पुलिस इन्सपेक्टर कों छः महीने का कारावास तथा रु. 2000/– जुर्माने से दण्डित किया, उसके सहयोगियों को भी कारावास एवं जुर्माने से दण्डित किया गया।

साथ ही सर्वोच्च न्यायालय ने इनके खिलाफ विभागीय कारवाई करने का आदेश दिये।

10. महाराष्ट्र राज्य ब. रविकान्त (1991–2 एस.सी.सी. 373) एक ऐसे कैदी जिसके ऊपर अभियोग चलाना बाकी था, हथकड़ी पहनाकर सड़कों पर पुलिस द्वारा घुमाया गया। न्यायालय ने इसको अनु. 21 का उल्लंघन माना और पुलिस अधिकारी पर 10,000/– का जुर्माना लगाया।
11. सहेली (महिलाओं का संगठन) ब. पुलिस आयुक्त, दिल्ली, (ए.आई.आर. 1990 एस.सी. 513), पुलिस की यातना एवं पिटाई के कारण एक 9 वर्षीय बालक की मृत्यु हो गई। बालक की माता को क्षतिपूर्ति के रूप में 75000/–रु.दिलवाये गये। राज्य उत्तरदायी माना गया।
12. नीलवती बहेरा ब. उड़ीसा राज्य, (1993) (2) एस.सी.सी. 746 वादनी के पति को पुलिस ने हिरासत में लिया। दूसरे दिन उस व्यक्ति का मृत शरीर रेलवे लाइन पर कई प्रकार की चोटों के साथ पाया गया। सर्वोच्च न्यायालय ने राज्य सरकार को आदेश दिया कि मृतक की विधवा को रु. 1, 50,000/– मुआवजे के रूप में भुगतान करे।

    न्यायमूर्ति डॉ ए.एस. आनन्द ने एक पृथक फैसले में लेकिन न्यायालय के फैसले से सहमत होते हुए जोर देते हुए कहा कि सजा पाये हुये कैदियों, अन्य कैदियों के भी अनु. 21 में प्रदत्त अधिकार उपलब्ध है और बिना कानूनी प्रक्रिया के राज्य उन्हें इस अधिकार से वंचित नहीं कर सकता।
13. प्रफुल्ल कुमार सिन्हा ब. बिहार राज्य (ए.आई.आई.आर.1994 एस.सी.100), पुलिस यातना के कारण तीन युवकों की हिरासत में मृत्यु हो गई। सर्वोच्च न्यायालय ने प्रत्येक के लिए रु. 25000/– मुआवजे के रूप में दिलवाया। न्यायालय ने यह भी कहा कि यह धनराशि राज्य द्वारा चुकानी होगी किन्तु राज्य चाहे तो इसकी वसूली वास्तविक अपराधियों से (पुलिस अधिकारियों से) कर सकती हैं।
14. अरविन्दर सिंह बग्गा ब. उ.प्र. राज्य (ए.आई.आर. 1995 एस.सी.117), पुलिस को एक विवाहित महिला को अवैधानिक गिरफ्तारी एवं शारीरिक एवं मानसिक यातना का दोषी पाया गया। गिरफ्तारी इसलिए की गई थी एवं

यातना इसलिए दी गई ताकि महिला पुलिस की अवैधानिक माँग को मान ले तथा अपने पति से विवाह विच्छेद कर ले।

पुलिस तथा सुरक्षा बलों के व्यवहार में अभिवृत्तिय बदलाव की आवश्यकता :

पुलिस अधिकारियों के व्यवहार एवं आचरण नीचे के स्तर पर प्रभावी पुनरीक्षण द्वारा नियंत्रित किये जाने की आवश्यकता है। नियंत्रण के निम्न चार श्रेणियों का अनुसरण करते हुए पुलिस को और अधिक जवाबदेह बनाया जा सकता है :

(क) संगठनात्मक नियंत्रण अथवा अन्तर विभागीय नियंत्रण

(ख) सरकारी नियंत्रण

(ग) राजनीतिक नियंत्रण तथा

(घ) सामाजिक नियंत्रण

पुलिस व्यवहार का मानवीकरण करना समय की एक महत्वपूर्ण आवश्यकता है। पुलिस में विशेषकर निम्न तथा मध्यवर्गीय पदों में, उचित अभिवृतिक परिवर्तन के लिए संगठनात्मक परिवेश को मार्गदर्शक होना चाहिए। राष्ट्रीय पुलिस आयोग के अनुसार, न्यायिक जांच, प्रदेश धारक तथा पुलिस हिरासत के समय मृत्यु अथवा गंभीर आघात के सभी मामलों में तत्काल की जानी चाहिए। मानसिक बेईमानी, पक्षपात बेईमानी, पक्षपात तीसरी डिग्री का प्रयोग, नकली मुठभेड़ों, भ्रष्ट प्रथा में आसक्त, निर्णयन के संगीन मामले पर अनिर्णय गलत करने का तानाशाही तरीका पुलिस संगठनों में कुछ स्थानों पर पाए गये नेतृत्व की नकारात्मक पहलुओं में से कुछ है।[49] पुलिस नेतृत्व की इन नकारात्मक पहलुओं को व्यवहारवादी सुधारों के द्वारा बदले जाने की आवश्यकता है। सभी राज्य के पुलिस कर्मियों तथा सभी सुरक्षा बलों के अधिकारियों व कर्मियों को मानवाधिकार सम्बन्धी प्रशिक्षण प्रदान किया जा रहा है। अभी केरिपुबल के सभी कार्मिक, विभिन्न पदों के लिए विशिष्ट कोर्सो के माध्यम से मानवाधिकारों के विषय में नियमित रूप से प्रशिक्षण प्राप्त कर रहे हैं। सभी बुनियादी तथा केरिपुबल के सेवा कोर्सों एवं प्रशिक्षण कार्यक्रमों मानवाधिकार विषयों को समुचित महत्व दिया जा रहा है। 17 दिसम्बर, 1979 को महासभा द्वारा पुलिस अधिकारियों के नैतिक स्तरों के प्रभावी अनुरक्षण के लिए यथार्थ नियम

निर्धारित हैं। अनुच्छेद–5 कष्ट देने, यातनापूर्ण व्यवहार, दुष्प्रेरण से विधि प्रवर्तन अधिकारियों का "आचार संहिता" में प्रशिक्षण दिए जाते हैं एवं विभिन्न प्रशिक्षण कार्यक्रमों में मानवाधिकारों के मामले के संरक्षण में योगदान भी दिया है। विधि की उचित प्रणाली तथा बुनियादी अधिकारों के लिए आदर केरिपुबल की संस्कृति का प्रमाण चिह्न है। विधि प्रवर्तन, ऐजेन्सी तथा राज्य के यंत्र के रूप में पुलिस से, विधि सम्मत नागरिकों के मानवाधिकारों को बनाए रखने की अपेक्षा की जाती है। विधि सम्मत नागरिकों के मानवाधिकारों को उग्रवादियों, अलगाववादियों तथा अपराधियों के अधिकारों से वरीयता दी जानी चाहिए।

पुलिस तथा सुरक्षा बल का मानवाधिकार के विषय में प्रशिक्षण व पाठ्यक्रम

मानवाधिकारों के प्रशिक्षण हेतु क्या पद्धति अपनाई जाए तथा पुलिस/सुरक्षाबलों में कैसे मानवाधिकारों के प्रति संवेदना उत्पन्न की जावे यह एक कठिन प्रश्न है। पुलिस अनुसंधान व विकास ब्यूरो भारत सरकार ने 3 प्रकार के पाठ्यक्रम बनाये हैं। पहला राजपत्रित अधिकारियों हेतु; दूसरा निरीक्षक व उपनिरीक्षकों के हेतु; तथा तीसरा पुलिस कर्मियों के हेतु। तीनों पाठ्यक्रमों में उपयुक्त विषयों का समावेश कराया गया है। राष्ट्रीय मानवाधिकार आयोग द्वारा इन पाठ्यक्रमों को 22 दिसम्बर 1995 को अनुमोदित कर दिया गया है तथा इन्हें सभी राज्यों में भेज दिया गया है।

"भारत में पुलिस कर्मी को कम वेतन मिलता है। उसे कश्मीर और पंजाब के शत्रुता भरे वातावरण में कठिन कार्य करने पड़ते हैं। यह कुछ परम्पराएं निभा रहा है। उसे मानवाधिकारों के बारे में सामान्य ज्ञान भी नहीं है। उसके प्रति सहानुभूति दिखाने का वक्त है। उनकी आँख मीच के निन्दा नहीं करनी चाहिए उसकी निन्दा उन्हीं लोगों के कारण होती है। जो कि उसे प्रशिक्षित करने में रुचि नहीं लेते हैं, आतंकवादियों से निपटने में उसका मार्गदर्शन नहीं करते हैं और उत्तरदायित्व के सिद्धान्तों को लागू नहीं करते हैं। आतंकवाद के विरूद्ध लड़ाई तभी जीती जा सकती है जबकि लोगों को आतंकवादियों से छुटकारा दिलाया जाए और उन्हें उनके मानवाधिकार देने के लिए आश्वस्त किया जाए तभी आतंकवादियों को असाधारण के भविष्य से वंचित किया जाएगा। सन् 1979 में संयुक्त राष्ट्र संघ की महासभा ने भारत के समर्थन कानून के अधिकारियों के लिए आचार संहिता अपनाई।

भारतीय पुलिस का व्यवहार में "आचार संहिता" को लागू करने के लिए प्रशिक्षित और आदेश दिया जाना चाहिए। वियना में सन् 1978 में मानवाधिकारों के अध्ययन पर यूनेस्को इन्टरनेशनल कांग्रेस बुलाई गई, इसने मानवाधिकारों के अध्ययन पर विचार उन्मत किए। वियना कांग्रेस में तैयार अंतिम अधिनियम में यह बता दिया गया कि शिक्षा से मानव अपने अधिकारों से परिचित होता है। इसी तरह से उसमें अन्य सीमाओं के अधिकारों का आदर करने की प्रेरणा होनी चाहिए। लोकतान्त्रिक देशों में पुलिस को मानवाधिकारों का ज्ञान होना आवश्यक है। पुलिस को मानवाधिकारों का अध्ययन कराने के लिए कई संभव तरीके हैं। विषय को विश्लेषणात्मक, ऐतिहासिक और गतिशील दर्शन के तरीके से पढ़ाया जा सकता है। इन्हें तुलनात्मक तरीके अर्थात् अन्तर्राष्ट्रीय विचारधारा के हाथ संवैधानिक कानून की सुरक्षा करके पढ़ाया जा सकता है।[50] मानवाधिकारों को व्यवहारिक तरीके से पढ़ाया जा सकता है। पुलिस अधिकारियों को अनुसंधान करने के लिए प्रोत्साहित किया जाए और विभिन्न मानवाधिकारों पर शोध–पत्र (आस्सइनमेन्ट) विषयों को पढ़ाया जा सकता है पुलिस प्रशिक्षण संस्थानों द्वारा पुलिस अधिकारियों को मानवाधिकारों की समस्या के संबंध में प्रशिक्षण देने के लिए उपर्युक्त सभी तकनीकों में से मिली–जुली तकनीकें प्रयोग में ली जा सकती हैं यह अत्यधिक महत्वपूर्ण बात है कि सभी पुलिस संस्थाओं के प्रशिक्षण पाठ्यक्रम में मानवाधिकारों को सैद्धान्तिक रूप में सम्मिलित किया जाए। पुलिस प्रशिक्षणार्थियों को पदोन्नति और नेतृत्व करने का प्रशिक्षण देते समय उन्हें प्रभावी पर्यवेक्षण द्वारा तथा बार–बार पुलिस स्टेशन और पूछताछ केन्द्रों में भेजकर यह सुनिश्चित कराया जाए कि पुलिस की कैद और अभिरक्षा में रखे गए व्यक्तियों से मानवाधिकारों की सुरक्षा की जाती है। सभी बेसिक प्रशिक्षण पाठ्यक्रमों में मानवाधिकारों को पाठ्य विवरण में सम्मिलित किया जाना चाहिए। मानवाधिकारों की आलोचना करने वाले सिद्धान्तों की और पुलिस कार्यकलापों में ज्यादा से ज्यादा ध्यान दिए जाने से उदार लोकतन्त्र में अपेक्षित व्यवसायिक प्रबन्ध स्थापित करने में बहुत मदद मिलेगी (38)।

मानवाधिकारों के संरक्षण हेतु कुछ सुझाव

"आधुनिक राज्य मानवाधिकारों के लिए सबसे बड़ा खतरा है। यह बात जिस राज्य में एक ही राजनीतिक दल है उसी पर लागू नहीं होता है, अपितु लोकतन्त्र

पर भी लागू होता है"।[51] संयुक्त राष्ट्रसंघ संगठन, राष्ट्र–राज्य, जनता, समाचार पत्र के साधन और कानून कार्यान्वयन करने वाले अधिकारियों को सुनिश्चित करना है कि कोई भी मानवाधिकारों का उल्लंघन न कर पाए। एमनेस्टि इन्टरनेशनल, ऐसोसिएशन फॉर ह्यूमेन राइट इत्यादि जैसे जनता की स्वैच्छिक संस्थाओं द्वारा निरन्तर निगरानी रखने की आवश्यकता है। इस महान उद्देश्य के लिए समर्पित बहुत से समाचार साधनों, मानवाधिकार सतर्कता संगठनों और विवेकी पुलिस अधिकारियों से सफलतापूर्वक मानवाधिकारों की अर्थपूर्व सुरक्षा के प्रश्न का सामना किया जा सकता है। प्रत्येक राज्य को अपनी सीमा क्षेत्र में मानवाधिकारों की सुरक्षा के लिए कानून और संवैधानिक दायित्व निभाने हेतु उपयुक्त तन्त्र (मशीनरी) की व्यवस्थां करनी चाहिए। एमनेस्टि इन्टरनेशनल, पीपुल्स यूनियन फोर सिविल लिबर्टी, पीपुल्स यूनियन फॉर डेमोक्रेटिक राइट्स एण्ड सिटिजन फॉर डेमोक्रेसी जैसे मानवाधिकार संगठनों द्वारा पक्षपातपूर्ण भूमिका के स्थान पर अधिक रचनात्मक भूमिका निभानी चाहिए। ऐसे संगठनों को पंजाब, कश्मीर और उत्तर–पूर्वी राज्यों में मानवाधिकारों की दुर्दशा का जायजा लेने की अनुमति दी जानी चाहिए। राज्य को इन संस्थाओं का स्वागत करना चाहिए और इनकी आलोचना को मानवाधिकारों के संदर्भ में सही रूप में देखना चाहिए। साक्ष्य अधिनियम में संशोधन किया जाना चाहिए। किसी व्यक्ति को पुलिस हिरासत में लगी चोट को प्रभारी पुलिस अधिकारी द्वारा पहुंचाई गई माना जाना चाहिए। इससे पुलिस को प्रमाण प्रस्तुत करना पड़ेगा। स्वतन्त्र राष्ट्रीय प्रतिभा समूह जैसे कि भारत के मुख्य न्यायाधीश और/अथवा राज्यसभा और लोकसभा के प्रतिपक्ष के नेताओं द्वारा सर्वशक्तिमान मानवाधिकार आयोग नियुक्त किया जाना चाहिए। मानवाधिकारों से सम्बन्धित शिकायतों की निगरानी रखने के लिए स्वतन्त्र वेल होनी चाहिए। किसी भी शिकायत की जाँच स्वतन्त्र रूप से होनी चाहिए। भारत को सिविल और राजनैतिक अधिकारों पर अन्तर्राष्ट्रीय प्रतिज्ञा–पत्र और कन्टेन्सन अगेंस्ट टार्चर (उत्पीड़न) के विरूद्ध सम्मेलन (और अदरकूयल इनह्यूमैन ट्रीटमेन्ट) अन्य क्रूर अमानवीय व्यवहार पर एच्छिक संधि (प्रोटेकोल) तुरन्त हस्ताक्षर करना चाहिए। इससे भारतीय नागरिक सीधे संयुक्त राष्ट्र संस्थाओं से संबंध स्थापित करेंगे और मानवाधिकारों को और अच्छी तरह से सुरक्षित और संरक्षित रखा जा सकेगा। सतर्क और सक्रिय प्रेस,

स्वतन्त्र न्यायपालिका और सतर्क नागरिक अपने मानवाधिकारों को सुरक्षित और संरक्षित रख सकते हैं।

मानवाधिकारों को सामान्य, स्थायी और प्रभावी रूप से सुरक्षित करने का कार्य अभी आगे है। व्यक्ति का भाग्य अभी भी राज्य की दया पर निर्भर है, परन्तु इस मामले पर अन्तर्राष्ट्रीय विचार जारी है और बढ़ रहा है [52]। मानवाधिकारों के अनुपालन से सर्वत्र समस्या खड़ी होती है। औद्योगिक रूप से अत्यधिक विकसित अथवा आर्थिक रूप से अल्प विकसित सभी देशों के रिकार्ड आदि पूर्णतः जाँच किए जाएं तो वे त्रुटिरहित नहीं हैं। संयुक्त राष्ट्रसंघ में भारत की ओर से मानवाधिकार आयोग के समक्ष अपना पक्ष रखते हुए श्री जी. रामास्वामी, अटार्नी जनरल ने कहा–भारत ने अपने सभी नागरिकों को सभी अधिकार देने का वचन दिया है, और व्यक्तिगत स्तर पर उल्लंघन के लिए कारवाई की है [53]। भारत में मानवाधिकारों की सुरक्षा के लिए अभी भी कुछ क्षेत्र हैं जिनके और आर्थिक प्रयत्न करने की आवश्यकता है। कुछ क्षेत्र निम्न प्रकार से हैं:–

(क) बोन्डेड लेबर सिस्टम (अबोलीशस) एक्ट 1976 के अन्तर्गत शिकायतों पर कार्रवाई।

(ख) सुनिश्चित करना कि गिरफ्तार अथवा हवालात में बन्द व्यक्ति पर अत्याचार अथवा क्रूरता अमानवीय अथवा तिरस्कारपूर्ण व्यवहार नहीं किया जाता है।

(ग) अत्याचार और अदालत से बाहर के निष्पादनों (एग्जीक्यूशन) में निष्पक्ष जाँच करने के लिए स्वतन्त्र मशीनरी,

(घ) हवालात में बन्द होने के स्थानों का प्रभावशाली पर्यवेक्षक और मानवाधिकारों के उल्लंघन संबंधी शिकायतों को क्रिया विधि से प्राप्त और जाँच करना।

(ङ) (राष्ट्रीय सुरक्षा संशोधन) अधिनियम नेशनल सिक्युरिटी (अमेउमेन्ट) एक्ट और आतंकवादी और तोड़–फोड़ गतिविधि निरोधक (अधिनियम) टेरोरिस्ट एण्ड डिसरपटिस एक्टीविरीय (प्रिवेन्शन) एक्ट को त्रुटिपूर्ण ढंग से कार्यान्वित करने से मानवाधिकारों का उल्लंघन होता है।

यह निश्चयपूर्ण कहना आवश्यक है कि पुलिस उल्लंघन की बहुत सी रिपोर्टस् "शरारतपूर्ण, भ्रान्ति पैदा करने वाली और उत्तरदायित्व न रखने वाली है"। यह आवश्यक है कि मानवाधिकारों का उल्लंघन कम से कम किया जाए

(मानवाधिकारों की शिकायतों की जाँच स्वतन्त्र अदालत द्वारा कराई जाए, जिसमें उच्च सत्यनिष्ठा) इन्टेग्रिटी के व्यक्ति ही मानवाधिकारों के संगठनों को अपने उस लक्ष्य तक पहुँचाना है जहाँ लोग एक दूसरे के अस्तित्व का आदर करते हों और एक दूसरे के अधिकारों को छीनते न हो"[54]। स्वतन्त्र प्रेस, आकाशवाणी और दूरदर्शन, स्वतंत्र अदालत और अमनेस्टी इन्टरनेशनल जैसे प्रभावशाली मानवाधिकार संगठन जनता की राय को प्रेरित करने वाले बहुत महत्वपूर्ण साधन हैं। ये मानवाधिकारों को सुरक्षित रखने और उनका पालन करने का वातावरण पैदा करते हैं। भारत लोकतांत्रिक, धर्मनिरपेक्ष, समाजवादी, गणतंत्र है। इसे एक इकाई के रूप में मानवाधिकारों के प्रति बहुत संवेदनशील होना चाहिए। भारतीय जनता के सिवाय अन्य कोई मानवाधिकारों का अधिक अच्छा पहरेदार नहीं हो सकता। पुलिस न्यायपालिका, विधि निर्माताओं द्वारा मानवाधिकारों के बारे में साक्षर किया जाना चाहिए। साक्षरता हुई और परित्यक्त उस जनता तक पहुँचनी चाहिए जिसके पक्ष में न्याय के पलड़े असमान हैं। कानूनी सहायता खर्चीली है। गरीब श्रेणी की हाल ही ऐसा करना है औसत आय और मध्यम वर्ग को भी इसने उनके मानवाधिकारों से वंचित कर दिया है, आंशिक साक्षर दरिद्र और अज्ञानी व जनता में भारतीय कानून व्यवस्था पुरानी और देश के लिए उपयुक्त नहीं है। संयुक्त राष्ट्रसंघ चार्टर और मानवाधिकारों की सार्वभौमिक घोषणा तथा राज्यों द्वारा की गई अन्तर्राष्ट्रीय संधियों से मानवाधिकारों का स्वर्ण युग नहीं आया है।[55] यद्यपि मानवाधिकारों पर अन्तर्राष्ट्रीय विचार आकर्षित हो रहे हैं, तो भी व्यंक्ति के मानवाधिकार उसके राज्य की दया पर निर्भर है।

देश की शैक्षणिक संस्थाओं/विश्वविद्यालयों तथा कॉलेजों में विद्यार्थियों को मानवाधिकारियों के विषय में पढ़ाया जाना चाहिए क्योंकि मानवाधिकारों के मूल सिद्धांत में लोक सहमति ही केवल वास्तविक स्वीकृति है। मानवाधिकारों का क्रियान्वयन, किसी स्पष्ट सिद्धांतों अथवा घोषणाओं पर निर्भर नहीं करता बल्कि संसद के अधिनियमों में यथा व्यक्त समुदायों की इच्छा पर निर्भर करता है। जो लोगों के बीच अधिकारों एवं स्वतंत्रताओं को विस्तृत, संक्षिप्त तथा पुनवर्गीकृत कर सकता है। प्रजातांत्रिक समाज अकेले मानवाधिकारों को पूर्णरूप से संरक्षण प्रदान कर सकता है तथा सतत जागरूकता ही मूल है जिसे प्रजातांत्रिक संस्थाओं के सही

मार्ग पर पालन–पोषण करने के लिए प्रत्येक नागरिकों को चुकाना है। पूछताछ में थर्ड डिग्री का प्रयोग, पुलिस शक्तियों का दुरूपयोग, पुलिस भ्रष्टाचार, पुलिस हिंसा तथा पुलिस क्रूरता पुलिस व्यवसाय के विदित लक्ष्यों में से कुछ है। पुलिस संगठन से इस जड़ जमाये गंभीर रुग्णता के उन्मूलन के लिए एक सहयोजित प्रयास की आवश्यकता है। पुलिस कर्मी अपने अतिविशिष्ट स्वनिर्णित अधिकारों के कारण सबसे शक्तिशाली आपराधिक न्यायिक अधिकारी है अतः उन्हें मानवाधिकारों एवं सिविल स्वतंत्रताओं के संरक्षक तथा अभिरक्षक के रूप में कार्य करना चाहिए। किसी राष्ट्र की सभ्यता के गुण का विस्तृत रूप में मूल्यांकन उसके आपराधिक विधि के पालन में इसके प्रयोग किए जाने वाले तरीकों द्वारा किया जा सकता है.[56] आपराधिक न्याय की पूरी प्रणाली को मानवाधिकारों एवं सिविल स्वतंत्रताओं के संरक्षण की उच्च संकल्पना के लिए समर्पित होनी चाहिए। विधान सभाओं, न्यायालयों तथा अन्य सभी विधि प्रवर्तन ऐजेन्सियों तथा जनता को निश्चित रूप से प्रभावकारी ढंग से मानवाधिकारों एवं सिविल स्वतंत्रताओं का संरक्षण सुनिश्चित करना होगा। विधि आवश्यक है–किन्तु यह अन्तिम शब्द नहीं है। न्यायाधीश लीम्ड हैण्ड के शब्दों में, स्वतंत्रताएं पुरुषों तथा महिलाओं के दिलों में बास करती है, जब यह वहां मर जाती है तो कोई संविधान कोई विधि, कोई न्यायालय इसे बचा नहीं सकता, कोई संविधान कोई विधि, कोई न्यायालय इसकी सहायता के लिए कुछ भी अधिक नहीं कर सकता। जहां यह बना रहता है वहां बचाने के लिए इसे किसी संविधान, किसी विधि, किसी न्यायालय की आवश्यकता नहीं। बच्चों सहित निर्धन पुरुष तथा महिला कैदियों की भारी संख्या कटघरों के पीछे विधि न्यायालयों में वर्षों से विचारण के लिए प्रतिक्षा कर रही है, क्योंकि वे बड़ी रकमों की जमानत प्रतिभूतियाँ अदा करने में असमर्थ है। आजकल चल रही ज़मानत प्रणाली, निर्धनों के लिए अत्यधिक कठिनाई का जरिया बना हुआ है। भारत का उच्चतम न्यायालय कहता है: हम लोग छतों से मानवाधिकारों के संरक्षण तथा विधि प्रवर्तन के विषय में चिल्ला रहे हैं। हम लोग बुनियादी स्वतंत्रताओं को बनाए रखने तथा परिरक्षण के विषय में धैर्यपूर्वक तथा वाक् पटुता से बात करते हैं किन्तु क्या हम इन बेनाम लोगों के मानवाधिकारों को नकार नहीं रहे हैं जो उन अपराधों के लिए वर्षों से कारावास में विहवल हो रहे हैं जो शायद बाद में ऐसा नहीं किये गये पाये जा सकते हैं। क्या हम जी रहे हैं उनको उनकी

तिरस्कृत तथा असहाय व्यक्तियों को जो अनेक वर्षों से कारावास तथा तिरस्कृत जीवन जी रहे हैं उनको उनकी बुनियादी स्वतंत्रता से रोक नहीं रहे हैं? क्या विचारण का शीघ्र निपटारा तथा निवारण से स्वतंत्रता, मानवाधिकार एवं बुनियादी स्वतंत्रता का भाग नहीं है। इन अभागे पुरुष एवं महिलाओं में अनेक को यहां तक भी याद नहीं होता कि वे कब जेल में दाखिल हुए तथा किस अपराध में? वर्षों से उसकी मानवीयता को समाप्त कर दी गई है? वे केवल टिकट नम्बर हैं। यही सही समय है जब लोकचेतना जगी है तथा सरकार, साथ ही न्याय पालिका ने यह महसूस करना प्रारम्भ कर दिया है कि हमारे कारागारों की अन्धेरी कोठरियों में बड़ी संख्या में पुलिस पुरुष तथा महिलाएं हैं जो धैर्यपूर्वक न्याय–एक वस्तु जो करुणापूर्वक उनकी पहुंच तथा पकड़ से बाहर है–के लिए प्रतिक्षा कर रहे हैं, किन्तु शायद निरर्थक विधि उनके अन्याय का एक अंग बन गया है एवं ये विधिक तथा न्यायिक प्रणाली की क्रूरता के असहाय तथा हताश शिकार हैं। समय आ गया है जब विधिक तथा न्यायिक, प्रणाली को नवीकृत तथा पुननिर्मित किए जाए ताकि इस प्रकार के अन्याय न हों एवं हमारे नवजात प्रजातंत्र का सुन्दर चेहरा मुखरित न हो। पुलिस व सुरक्षा बलों द्वारा मानवाधिकारों का सरक्षण नहीं हो सकता है इसका दायित्व समस्त राष्ट्र पर है, न्यायपालिका पर है तथा जन साधारण पर है।

कार्य योजना-पुलिस द्वारा मानवाधिकारों के अतिक्रमण को रोकने के उपाय एवं कार्य योजना

1. प्रभावी पुलिस नेतृत्व और निकटतम पर्यवेक्षण।
2. पुलिस बल में वृद्धि।
3. बुनियादी एवं सेवारत प्रशिक्षण कोर्सों के दौरान मानवाधिकार से संबंधित प्रशिक्षण पर जोर।
4. ड्यूटि में क्रमबद्धता और कठिन से शांत क्षेत्रों में ट्रांसफर निर्धारित वैयक्तिक नीति।
5. बड़े लोकहित में तुरन्त अनुशासनिक कार्रवाई।
6. कार्य एवं रहन–सहन की उत्तम स्तर–अधिक पारिवारिक आवास।
7. अभिवृत्तिय परिवर्तन की आवश्यकता।

"मानवीय मर्यादा के संरक्षण हेतु हम अपने कानून में संशोधन कर सकते हैं या ऐसी मर्यादा एवं अधिकार के संबंध में जोर–शोर से बातचीत कर सकते हैं किन्तु जब तक पुलिस का वर्तमान व्यवहार हमारे देश में जारी रहेगा तब तक इस प्रकार के सभी उपबंध और घोषणाएं केवल कागजी सिद्ध होंगी, वास्तविक नहीं।"– श्री धरमवीर

8. पुलिस के प्रति कार्यात्मक स्वायतत्ता।
9. राष्ट्रीय पुलिस आयोग की सिफारिशों का कार्यान्वयन।
10. आपराधिक न्यायसक्रियता का नवीनीकरण।
11. कानून और प्रक्रिया की समीक्षा।
12. पुलिस संगठन में मनोवैज्ञानिकों की आवश्यकता। नये भ्रांति होने वालों की परख और मनोवैज्ञानिक सलाह।
13. प्रशिक्षण बुलेटिनों के माध्यमों से मानवाधिकारों पर दिये गये सर्वोच्च न्यायालय/उच्च न्यायालयों के नवीनतम आदेशों की जानकारी–अधिकारियों की नफरी में वृद्धि।
14. दोहरा मानदण्ड स्वीकार न किया जाए–अधीनस्थों/पुलिस के लिये लिखित आदेश।
15. पुलिस संगठन, ढांचे में परिवर्तन की आवश्यकता–पुलिस अधिनियम में संशोधन।
16. केन्द्रीय पुलिस संगठन वर्तमान वास्तविकता है–आंतरिक नेतृत्व की आवश्यकता और पुलिस अधिनियम में भूमिका की पहचान।
17. सामाजिक समर्थन और सामुदायिक पुलिसीकरण की आवश्यकता। बेहतर पुलिस समुदाय संबंध और पुलिस समस्याओं के बारे में लोगों को शिक्षित करना–इलैक्ट्रॉनिक और जन माध्यमों का प्रयोग।
18. पुलिस का आधुनिकीकरण–बेहतर हथियार और उपकरण–वैज्ञानिक उपकरण जैसे कि पूछताछ के लिये वार्ड–डिटेक्टर।
19. मानवाधिकार समस्याओं के संबंध में पुलिस में अनुसंधान और विकास की आवश्यकता।
20. पुलिस व सुरक्षाबल की मानसिकता में सकारात्मक परिवर्तन।

संयुक्त राष्ट्र महासभा द्वारा दिनांक 17 दिसम्बर, 1979 को अंगीकृत : पुलिस व कानून प्रवर्तन अधिकारियों के लिए संयुक्त राष्ट्र संघ की आचार संहिता :

अनुच्छेद-1

कानून प्रवर्तन अधिकारी, उन पर कानून द्वारा अधिरोपित ड्यूटी को उनके पेशे के लिए अपेक्षित उत्तरदायित्व की उच्च भावना के अनुरूप समुदाय की सेवा करते हुए और गैर कानूनी कार्यों के विरूद्ध सभी व्यक्तियों की सुरक्षा करते हुए सदैव पूरा करेंगे।

अनुच्छेद-2

कानून प्रवर्तन अधिकारी अपने कर्त्तव्यों का निष्पादन करने में मानवीय गरिमा का आदर करेंगे और उसकी रक्षा करेंगे तथा सभी व्यक्तियों के मानवाधिकारों को मानेंगे और उनकी मर्यादा बनाए रखेंगे।

अनुच्छेद-3

कानून प्रवर्तन अधिकारी बल का प्रयोग केवल अत्यंत आवश्यक होने पर ही और वह भी उसी हद तक कर सकते हैं जहां तक उनकी ड्यूटी के निष्पादन के लिए अपेक्षित हो।

अनुच्छेद-4

कानून प्रवर्तन अधिकारियों के अधीन गोपनीय प्रकृति के मामले गोपनीय रखे जाएगें जब तक कि ड्यूटी के निष्पादन अथवा न्याय की जरूरतों से सर्वथा अन्यथा अपेक्षित न हो।

अनुच्छेद-5

कोई भी कानून प्रवर्तन अधिकारी यंत्रणा, अथवा अन्य क्रूर अमानवीय अथवा तिरस्कारपूर्ण व्यवहार अथवा दंड न तो दे सकता या दिया जाना सहन कर सकता है और न ही कोई कानून प्रवर्तन अधिकारी उच्चतर आदेशों या विशेष परिस्थितियों जैसे कि युद्ध की स्थिति या युद्ध के खतरे या राष्ट्रीय सुरक्षा को खतरे, आंतरिक राजनैतिक अस्थिरता या किसी अन्य सार्वजनिक संकट के नाम पर यंत्रणा या अन्य क्रूर, अमानवीय व तिरस्कारपूर्ण व्यवहार या दंड को जायज ठहराने की दुहाई दे सकता है।

अनुच्छेद-6

कानून प्रवर्तन अधिकारी अपनी अभिरक्षा में रखे गए व्यक्तियों के स्वास्थ्य की पूर्ण सुरक्षा सुनिश्चित करेंगे और विशेषत: जब भी आवश्यकता हो उन्हें चिकित्सा सुविधा सुलभ कराने के लिए तुरंत कार्यवाही करेंगे।

अनुच्छेद-7

कानून प्रवर्तन अधिकार भ्रष्टाचार का कोई भी कार्य नहीं करेंगे। वे इस प्रकार के सभी कृत्यों का सख्ती से विरोध करेंगे और उनका मुकाबला भी करेंगे।

अनुच्छेद-8

कानून प्रवर्तन अधिकारी कानून और वर्तमान संहिता का सम्मान करेंगे। वे उसके किसी भी उल्लंघन को अपनी पूरी क्षमता से रोकेंगे और उसका दृढ़ता से मुकाबला करेंगे।

जिन कानून प्रवर्तन अधिकारियों के पास यह विश्वास करने का कारण है कि वर्तमान संहिता का उल्लंघन हो गया है या होने वाला है, मामले की रिपोर्ट अपने वरिष्ठ प्राधिकारियों और जहां आवश्यक हो, अन्य उचित प्राधिकारियों या संगठनों को करेंगे, जिनमें पुनर्विलोकन या उपचार की शक्ति निहित है।

उपसंहार-

राष्ट्रीय पुलिस आयोग तथा राष्ट्रीय मानवाधिकार आयोगों के द्वारा दिये गये सभी सुझावों को पूर्ण रूप से शीघ्र लागू किया जाना चाहिये ताकि पुलिस में आधारभूत पुनर्गठन हो सके। सर्वोच्च न्यायालय द्वारा दिये गये आदेशों व मार्गदर्शक सुझावों का भी पुलिस व सुरक्षा बलों को पालन पूर्ण रूप से करना चाहिये। कुछ अन्य सुझाव निम्नलिखित हैं जिनके परिणाम दूरगामी हो सकते हैं-

1. 29 जुलाई, 1985 को प्रस्तुत की गई भारत की विधि आयोग (वि.आ.) की 113वीं रिपोर्ट जो सर्वोच्च न्यायालय द्वारा दिये गये कुछ निर्देशों के अनुक्रम में दी गई थी, में यह सिफारिश की गई है कि भारतीय साक्ष्य अधिनियम 1872, में एक नई धारा 114 (ख) जोड़ दी जाये जिसका प्रभाव यह हो कि पुलिस हिरासत में किसी व्यक्ति को शारीरिक चोट लगती है तो यह मान लिया जाना चाहिए कि वह चोट पुलिस अधिकारी द्वारा ही कारित की गई है। हां वह पुलिस अधिकारी इसको अन्यथा सिद्ध कर सकता है इस प्रावधान का यह प्रभाव होगा

कि वे अधिकारी या पुलिस बल के सदस्य जो शारीरिक चोट या यातना में विश्वास रखते हैं कुछ संयम से काम लेंगे।

2. विधि आयोग की यह भी संस्तुति है कि दण्ड प्रक्रिया संहिता (सी.आर.पी.सी.) की धारा 197 में इस आशय का संशोधन होना चाहिए कि पुलिस हिरासत में हुई मृत्यु या अन्य मानवाधिकार उल्लंघन के दोषी पुलिस अधिकारी पर अभियोग चलाये जाने के लिए राज्य की पूर्व अनुमति की आवश्यकता न रहे।

3. राष्ट्रीय पुलिस आयोग की प्रथम रिपोर्ट (फरवरी 1979) की संस्तुति है कि जहां भी पुलिस हिरासत में मृत्यु, बलात्कार या गम्भीर चोट पहुंचाये जाने की घटना घटित होती है वहां आवश्यक रूप से उस क्षेत्र के सत्र न्यायाधीश (सेशन जज) द्वारा जांच होनी चाहिए। राष्ट्रीय मानवाधिकार आयोग ने सिफारिश की है कि उक्त सभी संस्तुतियों को अतिशीघ्र लागू किया जाय (देखिये, रा.मा.आ.रिपोर्ट 1995–96, पृष्ठ 13–14)।

4. रा.मा.आ. ने यह दृष्टिकोण अपनाया है कि पुलिस द्वारा हिरासत में हुई मृत्यु में या यातना में मृतक के उत्तराधिकारी अथवा उसके नजदीकी नातेदार, अथवा पीड़ित व्यक्ति को जो क्षतिपूर्ण मिलती है, उसकी वसूली दोषी पुलिस कर्मी से की जाय किन्तु पहले राज्य अपने स्तर से इसका भुगतान कर दें, फिर दोषी पुलिसकर्मी से वसूल करे। कई मामलों में जो रा.मा.आ. के सम्मुख लाये गये हैं, आयोग ने अपने स्तर से क्षतिपूर्ति की धनराशि निश्चित की है और राज्यों से कहा है कि इसका भुगतान किया जाये। तमिलनाडु, राजस्थान राज्यों ने, जिनके यहां से आयोग को शिकायत पहुंची थी, आयोग संस्तुति को मान लिया है। क्षतिपूर्ति के मामले में सर्वोच्च न्यायालय का भी कई निर्णयों में यही मत है। आशा है कि इस प्रकार के उपाय का भी काफी प्रभाव पड़ेगा और हिंसक प्रवृत्ति रखने वाले पुलिस अधिकारी को रोकने में सहायक सिद्ध होगा। क्षतिपूर्ति की धनराशि जो लाखों में भी होती है कोई पुलिस अधिकारी अपनी सम्पत्ति से नहीं देना चाहेगा, विशेषकर उस समय जब उसकी सेवायें समाप्त हो चुकी हों।

5. पुलिस हिरासत में हुई मृत्यु की पोस्टमार्टम रिपोर्ट सम्बन्धित डाक्टर पर दबाव डालकर बदलवाने या घटना की गलत रिपोर्ट लिखवाने की घटना सामान्य बात है, जिसमें यह होती है कि मृत्यु का समय या चोट की प्रकृति इस प्रकार

दिखाई जाती है कि यह लगे कि मृत्यु हिरासत में नहीं हुई है। इस स्थिति को दृष्टि में रखते हुए रा.मा.आ. ने यह निर्देश दिये हैं कि इस प्रकार के पोस्टमार्टम की वीडियो फिल्म बनाई जाय और आयोग के सम्मुख प्रस्तुत की जाय ताकि ज्ञात हो सके कि पोस्टमार्टम और उसकी रिपोर्ट में क्या सम्बन्ध है। यह दुःख की बात है कि विभिन्न आयोगों द्वारा की गई संस्तुतियां को न तो केन्द्रीय और न ही राज्य सरकारों ने उसे स्वीकार किया है और न ही उन सुझाओं पर अमल करने का प्रयास किया है।

सन्दर्भ ग्रन्थ

1. सोसियल जसटिस एण्ड लॉ–लेखक के. सुभा राव–नेशनल पब्लिशिंग हाउस, नई दिल्ली, 1974.।
2. ए फिलोसाफी फॉर द पुलिस–बी.एन. मुलिक–अलाइड पब्लिसर्स, बम्बई 1969।
3. विस्तारपूर्वक पुलिस संगठनों के ज्ञान हेतु देखें–डॉ॰ कृष्णमोहन माथुर--स्वतंत्रयोत्तर भारत में जनता का उत्तरदायित्व तथा पुलिस की भूमिका–अध्याय 5 पण्डित गोविन्द वल्लभ पंत पुरस्कार योजना के अन्तर्गत पुरस्कृत–पुलिस अनुसन्धान एवं विकास ब्यूरो, गृह मंत्रालय, भारत सरकार, 1991.।
4. प्रोवलेंमेशन ऑफ तेहरान आन ह्यूमन राइट्सः ए. कम्पाइलेशन ऑफ इन्टरनेशनल इन्सट्रूमेंन्टस् ऑफ द यूनाईटेड नेशन्स, न्यूयार्क, 1973. पृष्ठ?
5. लॉ एण्ड डिसऑडर–जोन एलडर्स–हामिश हमिलटन, लन्दन, 1984।
6. लॉ एण्ड डिसऑडर–एलडर्स, पृष्ठ 85।
7. टेरोरिज्म ऑफ ह्यूमन राईट्स ए.एजी. नूरानी इकोनोमिक एण्ड दी पॉलिटिकल वीकली, जुलाई 28, 1990।
8. एमेनैस्टी इन्टरनेशनल रिपोर्ट 1977, विकास पब्लिशिंग हाउस, न्यू दिल्ली।
9. एमेनस्टी इन्टरनेशन एण्ड इन्डिया–ए.जी. नूरानी इकोनोमिक एण्ड पॉलिटिक्स वीकली वाल्यूम–24 नं. 25, जून 24, 1989.
10. पुलिस क्रियोटिलिटिज–कोटेट बाई सैलेन्द्र मिश्रा–एन एनालाईसेस ऑफ पुलिस विहेवियर–सेमिनार न्यू दिल्ली जून 1977, विकास पब्लिशिंग हाउस, 1986।

11. पॉलिटिकल एण्ड एडमिनिस्ट्रेटिव मैनिप्यूलेशन ऑफ द पुलिस–फार फरदर डिटेल्स–सी के एन प्रसाद–ब्यूरो ऑफ पुलिस रिसर्च एण्ड डिवलपमेंट, न्यू दिल्ली, मार्च 1979।
12. शाह कमिशन बिकन्स–फॉर डिटेल्स सी जान दयाल एण्ड अजय बोस–ओरियण्ट लॉगमेंन, 1978।
13. फर्स्ट रिपोर्ट ऑफ नेशनल पुलिस कमीशन फरवरी 1970 सब गवर्नमेंट ऑफ इन्डिया।
14. कोटेड़ बाई द सैकण्ड रिपोर्ट ऑफ द नेशनल पुलिस कमीशन, अगस्त, 1979, गवर्नमेंट ऑफ इन्डिया।
15. यू.एन.एण्ड इण्डिया "द प्रीवेन्टिव डिटेन्शन"–ए.जी. नूरानी–इकोनोमिक एण्ड पॉलिटिकल वीकली वाल्यूम. 24 नं. 39. सित. 30, 1989, पृष्ठ 2177।
16. यू.एन. एण्ड इन्डिया, प्रीवेन्टिव डिटेन्शन–ए.जी. नूरानी–इकोनोमिक एण्ड पॉलिटिकल वीकली, वाल्यूम. 24 नं. 39. सि. 30, 1989, पृष्ठ 2177।
17. सिक्यूरिटी फोर्सेस अबाटस ह्यूमन राइट्स–कलार तालवकार–ए.आई रियो. ऑन ओइनाम इकोनोमिक एण्ड पॉलिटिक्स वीकली, जनवरी 19,1991।
18. इसकेलेटिंग वॉओलेन्स इन इन्डिया–कमाल दयानी–ए चेलेन्ज टू ह्यूमन राइट्स द एडमिनिस्ट्रेटर वाल्यूम 34 जन–मार्च 1991. पी.पी. 121–123।
19. द मैकिंग ऑफ एन यू एल ए मिलीटेंट–समुद्र गुप्ता कश्यप–इन्डियन एक्सप्रेसः सन्डे मेगजीन, सितम्बर, 1991, पृष्ठ 2।
20. हेरलडिंग द हुन्टिंग डॉग्स देट आर ग्रे इन कसर.के.बालगोपाल–इकोनोमिक एण्ड पॉलिटिकल वीकली, जुलाई 9, 1988, पी. 1414।
21. डिसक्विंग एन इनह्यूमन एक्ट इन प.एन. ह्यूमन राइट्स कमेटी–नानदिता हाकसर मैनस्ट्रीम वाल्यूम 39, नं. 34, जून 15, 1991, पृष्ठ 13।
22. पुलिस–लॉक–अप किलिंग्स–इकोनामिक एण्ड पॉलिटिक्ल वीकली–अगस्त 24, 1991, पृष्ठ 1949।
23. सिक्यूरिटी फोर्सेस अबाउट ह्यूमन राइट्स–क्लेर टालबालकर–ए.आई रिपोर्ट ऑन ओईनम–इकोनोमिक एण्ड पॉलिटिकल वीकली, जनवरी 19, 1991.

24. टेरोरिज्म एण्ड ह्यूमन राईट्स–ए.जी.नूरानी इकोनोमिक एण्ड पॉलिटिकल वीकली, जुलाई 28, 1990, वाल्यूम 25, नं. 30, पृष्ठ 1621।
25. नीड फार न्यू थिंकिंग–अविनाश सिंह–द हिन्दुस्तान टाइम्स, सन्डे एडिशन, सितम्बर 29, 1991 पृष्ठ 5।
26. डॉ. कृष्णमोहन माथुर–इण्डियन पुलिस–रोल एण्ड चैलेन्ज–ज्ञान पब्लिशिंग हाऊस, नई दिल्ली, 1994।
27. रजिन्दर साचर–ह्यूमन राइट्स–वेस्ट कैन्ट प्रीच–हिन्दुस्तान टाइम्स–8 अक्टूबर, 1992।
28. सिंघवी चैलेन्जेज एमनेस्टी रिपोर्ट–हिन्दुस्तान टाइम्स–17 सितम्बर 1992
29. विनय पाण्डेय–फोर्स टू रिकान विथ–टाइम्स ऑफ इण्डिया–27 सितम्बर 1992,।
30. केरिपुबल के इतिहास तथा विकास के विवरण के लिए देखें–डॉ. कृष्णमोहन माथुर, पुलिस इन इण्डिया, ज्ञान पब्लिशिंग हाउस, नई दिल्ली।
31. सी.जे.गजेन्द्र गडकर–सज्जन सिंह बनाम राजस्थान सरकार, एन.आई.आर. 1965, एस.सी. 848।
32. डॉ. पी.डी. शर्मा, इण्डियन पुलिस–डेवलपमेंटल एप्रॉच–1977, पृष्ठ 226।
33. लोक सभा परिचर्चा–22 जनवरी 1976, श्री एस.एम. पटेल का भाषण।
34. एमनेस्टी इन्टरनेशनल रिपोर्ट 1977–विकास पब्लिशिंग हाऊस, नई दिल्ली, 1978, पृष्ठ 179।
35. 11.8.1976 की लोक सभा परिचर्चा।
36. सुभाष सी कश्यप–ह्यूमन राइट्स एण्ड पार्लियामेंट–1978, पृष्ठ 90।
37. जनरल ऑफ कास्टिच्यूशनल एण्ड पार्लियामेंट्री स्टडीज, खण्ड–सात, नं. 3 जुलाई–सितम्बर, 1973, पृष्ठ 126।
38. टाइम्स ऑफ इण्डिया, अहमदाबाद–5 दिसम्बर, 1993।
39. पॉल विल्किन्सन–टेरोरिम एण्ड दी लिबरल स्टेट, 1977, पृष्ठ 23।
40. प्रो.एम.सी. बेलिसयोनि–"फाइनल डोकूमेंन्ट–कनक्लूजन एण्ड रिकोमेन्डेशन" इन्टरनेशनल टेरोरिज्म एण्ड पोलिटिकल क्राइम, 1975, पृष्ठ 11।
41. जॉन ई. हूवर–दी रिवोल्यूशनरी गुरिल्ला अटैक्स लॉफ इन्फोर्समेंट एण्ड

डिमोक्रेटिक सोसाइटी : एन एनालिसिस ऑफ द डिस्ट्रक्टिव पॉवर ऑफ दी फेनेटिक फ्यू अलबनी लॉ रिपोर्टर 1971, खण्ड 35, नं.–4।

42. विलिम फार्नेहाउजर–दी पोलिटिक्स ऑफ मास सोसाइटी–1960, पृष्ठ 129।
43. ए सोल्जेनिट्ज्वन–दी गुलाग आर्चीपे लागो, 1918, 1956, थॉमस पी. विहटनेव द्वारा अनुमोदित, 1974 पृष्ठ 28।
44. पॉल विल्किन्सन–टेरोरिज्म एण्ड दी लिबरल स्टेट, पृष्ठ 43–44।
45. जॉन इडगर हुवर–एफ बी आई लॉ इन्फोर्समेंट बुलेटिन, खण्ड–30, नं.–8, अगस्त 1961।
46. के.पी.एस. गिल इन सेमीनार ऑन ह्यूमन राइट्स, टाइम्स ऑफ इण्डिया, 15 दिसम्बर, 1993।
47. डॉ. कृष्णमोहन माथुर, पुलिस–लॉ एण्ड इन्टरनल सिक्यूरिटी–ज्ञान पब्लिशिंग हाउस, नई दिल्ली, 1994, पृष्ठ 21।
48. यह भाग लेखक के एक निबन्ध का सारांश है विस्तृत अध्ययन हेतु देखें डॉ. कृष्णमोहन माथुर–ऑब्लीगेशन्स ऑफ द पुलिस सिक्योरिटी फार्स लीडरशिप इन द प्रोटैक्शन ऑफ ह्यूमन राइट्स ट्रेनिंग मोनोग्राफ 1/97 इन्टरनल सिक्योरिटी एकेडमी सैन्ट्रल पुलिस फोर्स, माउन्ट आबू।
49. डॉ. कृष्णमोहन माथुर–पुलिस इन इण्डिया प्रोब्लम्स एण्ड प्रोसपैक्टस–ज्ञान पब्लिशिंग हाउस, नई दिल्ली 1991, पृष्ठ 188।
50. टीचिंग ह्यूमन राइट्स एन ओवरवियू–ह्यूमन राइट्स इन इन्टरनेशनल लॉ दि ओडर मेरोन–इडिटेड आई डिओडर, ऑक्सफोर्ड प्रेस, पृष्ठ 13।
51. लॉ एण्ड डिसोजहर–जोन एलहरसन, पृष्ठ 88।
52. ह्यूमन राइट्स–ईगोनसी वेल्ड–इन्टरनेशनल इनसाइक्लोपेडिया ऑफ सोशल साईस, वाल्यूम 5–6।
53. इकोनोमिक एण्ड पोलिटिकल वीकली, अगस्त 31, 1991, वाल्यूम 26, नं. 35।
54. वाईलेशन ऑफ ह्यूमन राइट्स–वाईस आई वियू–पी.ए. सबसर्टेन इकोनोमिक एण्ड पॉलिटिकल वीकली, दिसम्बर 17, 1988, पृष्ठ 2681।
55. ह्यूमन राइट्स–इमोन सीवेल्ड–ऐन इन्टरनेशनल इनसाइक्लोपेडिया ऑफ सोसियल साईस वाल्यूम 5–6, पृष्ठ 544।

7

निष्कर्षात्मक पर्यवेक्षण तथा अनुशंसायें

स्वातंत्रयोत्तर भारत में मानवाधिकारों की दृष्टि से विगत अर्द्धशताब्दी में भी देशवासियों ने अपनी और अपने संविधान की ऐसी असाधारण क्षमता दर्शाई है जो विश्व के सम्भवतः सर्वाधिक बहुलवादी देशों के लिये भी आश्चर्य का विषय है। आजादी के बाद भारत को साम्प्रदायिक हिंसा, अन्तर्जातीय झगड़ों, उग्रवाद, नक्सलवाद, आतंकवाद, राज विद्रोहात्मक आन्दोलनों तथा पार्थक्यवाद का सामना करना पड़ा। सामन्तवादी प्रवृत्तियों, आर्थिक गरीबी, सामाजिक पिछड़ापन तथा राजनैतिक हिसांत्मक प्रवृत्तियों का पिछले 53 वर्षों में देश ने बड़ी कुशलता से मुकाबला किया है, एक सुदृढ़ लोकतान्त्रिक संघवाद को स्थापित करने में सफल हुआ है जो सभी लोगों को आर्थिक, सामाजिक, राजनैतिक और सांस्कृतिक अधिकारों की समुचित अभिव्यक्ति का अवसर प्रदान करता है। परन्तु कुछ कटु सत्य स्थितियों को भी नकारा नहीं जा सकता है। 1991 की जनगणना पर आश्रित आकड़ों के अनुसार 328.9 मिलियन भारतीय निरक्षर थे। वर्तमान समय में 6–14 वर्ष तक की आयु में 63 मिलियन बच्चे स्कूल नहीं जा रहे हैं। जहाँ तक स्वास्थ्य का सम्बन्ध है 135 मिलियन लोगों के लिये अभी तक प्राथमिक स्वास्थ्य केन्द्र सुलभ नहीं हैं। भारत में 1990 में कुल आबादी का 4.3 प्रतिशत लोग 65 वर्ष से अधिक आयु वर्ग के थे वहीं 1995 में यह प्रतिशत बढ़कर 4.6 हो गया है। बुजुर्गों के मानवाधिकारों की रक्षा हमारा एक नया दायित्व बन गया है। संयुक्त परिवार के टूटने के बाद तथा समाज में बढ़ते भौतिकवाद के कारण वृद्ध लोगों की हत्या के मामले रोज समाचार पत्रों में आते हैं। 18 दिसम्बर 1971 को संयुक्त राष्ट्रसंघ ने वृद्ध व्यक्तियों के अधिकारों के विषय में एक प्रस्ताव पारित किया है। भारत में 226 मिलियन लोगों के लिये निरापद पेय जल का अभाव है। 640 मिलियन लोगों के लिए प्रारम्भिक

आरोग्यदायक सुविधायें उपलब्ध नहीं हैं। स्वातंत्र्योत्तर भारत में अर्द्धशताब्दी के बाद भी 15 से 49 वर्ष के बीच की आयु वाली 88 प्रतिशत गर्भवती महिलाएँ रक्ताल्पता से पीड़ित हैं; 5 वर्ष से कम आयु के बच्चे भोजन व पोषण की दृष्टि से कुपोषणग्रस्त हैं। आज भी भारत में 16 वर्ष से कम आयु के करीब एक तिहाई बच्चे बाल श्रमिक के रूप में काम करते हैं तथा उनमें से अनेक संकटापन्न उद्योगों में लगे हुये हैं। "संयुक्त राष्ट्र विकास कार्यक्रम" (यू.एन.डी.पी.) द्वारा मानव विकास पर जारी ताजा रिपोर्ट में यह निष्कर्ष निकाला गया है। रिपोर्ट के अनुसार "मानव विकास सूचकांक" (एच.डी.आई.) के आधार पर, 174 देशों में भारत 139वें स्थान पर है। एच.डी.आई. के तहत तीन आयामों स्वास्थ्य, शिक्षा और जीवन स्तर के आधार पर देश की प्राप्ति का आकंलन किया गया है। "मानव गरीबी सूचकांक" के अनुसार भारत में लगभग 36 प्रतिशत लोग गरीब हैं। रिपोर्ट के अनुसार भारत ने प्रौढ़ शिक्षा के क्षेत्र में सबसे धीमी प्रगति की है। भारत में 1970 में प्रौढ़ साक्षरों की संख्या 34 प्रतिशत थी, जो 1995 में सिर्फ 52 प्रतिशत हो पाई है क्या भारत में हर नागरिक के मानवाधिकार सुरक्षित हैं? क्या स्वतंत्रता के 53 वर्ष बाद भी हमें भ्रष्टाचार, सांप्रदायिकता, जातिवाद, बेरोजगारी, निरक्षरता, गरीबी जैसे अनेक दावानलों से मुक्ति मिल पाई है? पिछले 53 वर्षों में जितनी तेजी से लोगों के नैतिक मूल्यों व चरित्र का ह्रास हुआ है वह अति चिन्ता का विषय है। भारत विश्व में बालश्रम के क्षेत्र में सबसे अधिक श्रम बल देने वाला देश है। गरीबी व जनसंख्या के कारण अनेक बालक–बालिकायें छोटी उम्र से ही श्रमिक कैंप में कार्य शुरू कर देते हैं। भारत में जहाँ पहले स्त्रियों का सम्मान होता था वह अब बलात्कार, दहेज मृत्यु, बालिका शोषण, वेश्यावृतियाँ और महिला अपमान की घटनाएँ नित्य प्रति बढ़ती जा रही हैं। पिछले 53 वर्षां में मानवाधिकारों का अतिक्रमण और हनन विभिन्न राजनीतिक, आर्थिक, सामाजिक कारणों से निरन्तर बढ़ता जा रहा है। आम भारतीय नागरिक बिजली, पानी, चिकित्सा, शिक्षा जैसी मूलभूत सुविधाओं से भी कई स्थानों पर वंचित है। राष्ट्रीय मानवाधिकार आयोग ने जो पिछली चार वार्षिक रिपोर्ट अभी तक प्रस्तुत की हैं उस के आधार पर पिछले चार सालों में मानवाधिकार सम्बन्धी शिकायतों के कुछ आंकड़े आगे तालिका में प्रस्तुत है।

तालिका-1 राष्ट्रीय मानवाधिकार आयोग द्वारा विचारित मामलों की संख्या तथा प्राप्त शिकायतें

	1993–94	1994–95	1995–96	1996–97	कुल
शुरू में खारिज	274	2483	5894	8043	16694
निर्देशोसहित	48	1567	1178	2272	5065
निर्णित	–	276	546	528	1350
विचाराधीन	174	1384	3535	5975	11068
कुल	496	5710	11153	16825	36182

राष्ट्रीय मानवाधिकार आयोग की चार रिपोर्टों में जो आंकड़े अनुसूचित जनजातियों व अनुसूचित जातियों पर अत्याचार के सम्बन्ध में कुछ राज्यों के उपलब्ध हैं उन्हें तालिका 2 में दिखाया गया है। अन्य मानवाधिकार सम्बन्धी शिकायतें विभिन्न राज्यों से प्राप्त हुई हैं उन्हें भी तालिका दो में दर्शाया गया है। उत्तर प्रदेश में मानवाधिकारों के हनन की सबसे ज्यादा शिकायतें हैं।

तालिका-2 भारत में कुल राज्यों में अनुसूचित जातियों व अनुसूचित जनजातियों पर अत्याचार व अन्य मानवाधिकार हनन के मामले :

	अ.जा. व.अ.ज. जातियों पर अत्याचार के मामले			अन्य मानव अधिकार हनन के मामले				
क्र. राज्य	95–96	96–97	कुल	93–94	94–95	95–96	96–97	कुल
1. आन्ध्र प्रदेश	0	2	02	3	40	85	63	191
2 असम	0	–	00	3	5	16	20	44
3. बिहार	4	3	07	5	51	233	370	659
4. गुजरात	0	–	00	1	2	25	29	57
5. हरियाणा	1	2	03	–	22	66	60	148
6. जम्मू व कश्मीर	0	–	00	1	46	64	117	228
7. कर्नाटक	1	1	02	–	17	37	22	76
8. केरल	0	1	01	3	27	36	40	106
9. मध्य प्रदेश	7	11	18	6	22	82	80	190
10. महाराष्ट्र	3	–	03	–	20	103	6	129

11. राजस्थान	3	4	07	2	30	81	150	263
12. तमिलनाडु	8	4	12	4	116	166	10	296
13. उत्तर प्रदेश	0	44	44	13	85	475	716	1289
14. पश्चिम बंगाल	1	–	01	2	12	11	127	232
15. दिल्ली	4	2	06	6	75	186	263	530
16. पंजाब	0	–	00	–	53	60	78	191
17. समस्त भारत	35	77	112	56	665	2007	2351	5079

अन्य मामलों में बालश्रम, बालविवाह, शारीरिक अपंग लोगों के अधिकार, किशोर अपराध आदि शामिल हैं।

राज्य मानवाधिकार आयोग तथा मानवाधिकार न्यायालय

भारत जैसे विशाल और विविधतामय देश को राज्य स्तर पर मानवाधिकार आयोगों की जरूरत है। कारण स्पष्ट है : शिकायतों के निवारणार्थ कार्रवाई जल्दी हो तथा वह व्यवसाय न हो, मानवाधिकारों का संदेश देश के निचले स्तर तक के नागरिकों को उनकी अपनी भाषा में ही प्राप्त हो; हमारे देश के संविधान के संघात्मक चरित्र का अवश्य सम्मान किया जाए; यदि सामाजिक तथा दृष्टिकोणात्मक परिवर्तन लाने हैं तो राष्ट्र व्यापी चुनौतियों से निपटने के लिए, प्रत्येक राज्य तथा जिले में सक्रिय कार्यकर्ताओं के एक संगठन की जरूरत है। राष्ट्रीय मानवाधिकार आयोग, राज्य मानवाधिकार आयोगों की शीघ्र स्थापना के लिए अनुरोध करता रहा है वर्तमान स्थिति इस प्रकार है : राज्य मानवाधिकार आयोग, पश्चिम बंगाल, हिमाचल प्रदेश, मध्य प्रदेश, असम तथा तमिलनाडु में इसी क्रम से गठित किए जा चुके हैं। उत्तर प्रदेश में आयोग के गठन की अधिसूचना जारी कर दी गई हैं, किन्तु अध्यक्ष तथा सदस्यों की नियुक्तियाँ अभी तक नहीं की गई है। जम्मू तथा कश्मीर सरकार ने राज्य मानवाधिकार आयोग गठित करने का कानून पारित कर दिया है और इसे राज्यपाल की स्वीकृति मिल गई है, नियुक्तियाँ अभी घोषित की जानी हैं। केरल तथा पंजाब सरकार ने आयोग को सूचित किया है कि राज्य स्तर पर आयोग गठित किए जाने के संबंध में विचार किया जा रहा है। उत्तर प्रदेश सरकार ने राज्य मानवाधिकार आयोग के गठन करने से मना कर दिया है। राज्य आयोगों की संख्या में वृद्धि हो जाने से पहले ही यह विचार कर लेना जरूरी होगा कि उनके काम का

सावधानीपूर्वक इस आयोग के साथ समन्वयन कर लिया जाए ताकि किसी प्रकार की भ्रान्ति तथा पुनरावृति न हो। मानवाधिकार संरक्षण अधिनियम, 1993 की धारा 21 (5) के अन्तर्गत राज्य मानवाधिकार आयोग केवल उन्हीं विषयों से संबंधित मानवाधिकारों के हनन की जाँच कर सकता है कि इनका उल्लेख संविधान की सातवीं अनुसूची 2 और 3 में किया गया है। "इसके अलावा अधिनियम की धारा 36 (1) के अनुसार राष्ट्रीय मानवाधिकार आयोग" किसी ऐसे मामले पर विचार नहीं करेगा जो राज्य आयोग अथवा यथा समय लागू किसी कानून के अन्तर्गत गठित किसी अन्य आयोग के समक्ष विचाराधीन हो। मानवाधिकार संरक्षण अधिनियम 1993 की धारा 30 में मानवाधिकारों के उल्लंघन संबंधी अपराधों की शीघ्र सुनवाई उपलब्ध कराने के लिए मानवाधिकार न्यायालय अधिसूचित करने की परिकल्पना की गई है। इसके पश्चात् इस प्रकार के न्यायालय आंध्र प्रदेश, असम, सिक्किम, तमिलनाडु और उत्तर प्रदेश में स्थापित किए गए हैं, किन्तु अस्पष्टता यह रह गई है कि इनमें यथार्थतः किस प्रकार के अपराधों की सुनवाई की जाए तथा उनके कार्य चालन के अन्य विवरण क्या–क्या हों। 3 जनवरी 1997 को आयोग के महासचिव को मद्रास हाईकोर्ट के अपर रजिस्ट्रार (कानून) को एक पत्र मिला था जिसमें कहा गया है कि 22 नवम्बर 1996 को उच्च न्यायालय के मुख्य न्यायाधीश को पीपुल्स यूनियन फॉर सिविल लिबर्टीज ने अधिनियम की धारा 30 के अन्तर्गत गठित मानवाधिकार न्यायालय की अधिकार सीमा और उसके द्वारा अनुसरणीय प्रक्रिया के बारे में एक ज्ञापन दिया था। अपर रजिस्ट्रार ने अपने पत्र में राष्ट्रीय मानवाधिकार आयोग से अनुरोध किया है कि वह मानवाधिकार न्यायालयों के विभिन्न पहलुओं के बारे में जैसे–क्षेत्र, फैलाव आयाम, अधिकार सीमा तथा कार्य पद्धति के विषय में अपने विचार उच्च न्यायालय के समक्ष रखे क्योंकि यह मामला विचारार्थ उच्च न्यायालय की खण्ड पीठ के समक्ष आपराधिक पुनर्विचारवाद संख्या 868/96 के सिलसिले में सामने आया है। यह संतोषप्रद है कि केवल एक बार तमिलनाडु में ऐसा हुआ जिसमें आयोग द्वारा की गई अनुशंसाओं को मानने के लिए राज्य सरकार अभी तक सहमत नहीं हुई। ये सिफारिशें पुलिस द्वारा की गई ज्यादतियों से पीड़ित व्यक्ति को मुआवजे का भुगतान करने के लिए की गई थी। आयोग ने अपनी अनुशसाएँ राज्य सरकार द्वारा कार्यन्वित कराने हेतु समुचित न्यायालय से हस्तक्षेप करने की

माँग की है। जिन मामलों की ओर आयोग का ध्यान आकर्षित किया गया है उनमें से 167 व्यक्तियों के खिलाफ (144 पुलिस कर्मिकों तथा 23 नागरिकों) मुकदमा चलाया गया। 55 मामलों में 50,000/– से लेकर रु. 1,50 लाख तक मुआवजा देने की अनुशंसा की गई।

बाहरी समूहों तथा संगठनों के साथ परस्पर मिलकर किए गए कार्य

राष्ट्रीय मानवाधिकार आयोग का विश्वास है कि मानवाधिकारों को प्रोत्साहन तथा संरक्षण देने के विश्वव्यापी आन्दोलन में भारत को अग्रणी होना चाहिए। सभी देशों के साथ समस्याएँ हैं भारत भी इसका अपवाद नहीं है। वास्तव में जब मानवाधिकारों की बात आती है, हमारे ग्रह के इतिहास में यह दिया गया है कि विश्व में आत्म सच्चरित्रता के लिए कोई स्थान नहीं है। इस प्रकार के अधिकारों को आगे बढ़ाने के लिए राष्ट्रों के बीच तथा परस्पर एक प्रकार की नम्रता तथा विश्वास का विकास करने की जरूरत है। इस भावना से आयोग के द्वारा पूरी तरह सबसे पहले इस देश के ऐसे लोगों के लिए खोले गए हैं जो अपने विचार प्रकट करने के लिए आते हैं तथा अपनी शिकायतों का उपचार चाहते हैं। बाद में ऐसे लोग आते हैं जो भारत में रुचि लेते हैं तथा उसके लिए हमारे समाज की प्रकृति एवं आयोग की भूमिका तथा उसकी स्थिति एवं स्थान को जानना चाहते हैं। समीक्षाधीन वर्ष के दौरान आयोग को दिल्ली में रह रहे हैं राजनायिकों से प्रायः बातचीत करने का मौका मिला है। मंत्रिगण तथा अन्य प्रमुख व्यक्ति जो देश का दौरा करते हैं वे भी प्रायः आयोग में पधारे, सुप्रसिद्ध सांसद, सीनेटर तथा कांग्रेसी न्यायविद्ध, विद्वान, पत्रकार तथा अन्तर्राष्ट्रीय गैर सरकारी संगठनों के प्रतिनिधि जिनमें एमनेस्टी अन्तर्राष्ट्रीय भी शामिल हैं वे भी आयोग में आए और आयोग के साथ विचारों का आदान–प्रदान किया। यह आयोग के लिए विशेष प्रसन्नता की बात है कि दक्षिण एशियाई क्षेत्र के प्रतिनिधि खासतौर से पाकिस्तान मानवाधिकार आयोग की अध्यक्ष तथा बंगलादेश के कानून मंत्री की अध्यक्षता में आए वहाँ के एक प्रतिनिधि मण्डल ने भी आयोग के साथ मानवाधिकारों को प्रोत्साहन तथा संरक्षण देने के लिए राष्ट्रीय संस्थाओं के गठन, शक्तियों तथा उसके कार्यों के बारे में बातचीत की। इसी प्रकार आयोग को अपने मुख्यालय में अन्य राष्ट्रीय संस्थाओं के प्रतिनिधियों के पधारने पर उनका स्वागत करने का मौका मिला इनमें ऑस्ट्रेलिया के मानवाधिकार तथा समान अवसर

आयोग के मानवाधिकार आयुक्त, कनाडियन ह्यूमन राइट्स कमीशन के महासचिव तथा निदेशक शामिल हैं। आयोग की मुलाकात समान अवसर आयोग, इंग्लैण्ड के अध्यक्ष से भी हुई। आयोग में आने वाले अन्य लोगों में संयुक्त राष्ट्र मानवाधिकार आयोग में धार्मिक असहिष्णुता विषयक विशेष संवाददाता शामिल हैं जिन्होंने बाद में आयोग को अपनी रिपोर्ट भी भेंट की थी। आयोग के अध्यक्ष को अप्रैल, 1996 से मानवाधिकारों के प्रोत्साहन तथा संरक्षण देने हेतु राष्ट्रीय संस्थाओं की समन्वय समिति की अध्यक्षता करने का अवसर मिलता रहा है। इस समूह में आजकल आस्ट्रेलिया, कैमरून, कनाडा, फ्रांस, भारत, न्यूजीलैण्ड, मैक्सिको, फिलीपाइन्स, स्वीडन तथा ट्रयूनेसिया शामिल हैं, इनकी वार्षिक बैठक जेनेवा में हुई थी जिसमें मानवाधिकारों विषयक संयुक्त राष्ट्र के 52वें सत्र के समान ही राष्ट्रीय संस्थाओं विषयक पद पर विचार किया गया था। 1996–97 में आयोग के लिए ऐसे कई अवसर आए जिनमें उसे मानवाधिकारों के संरक्षण में रुचि रखने वाले अन्य लोगों के साथ बाहर से परस्पर काम करने का मौका मिला। संयुक्त राष्ट्र के अनुरोध करने पर आयोग के एक सदस्य तथा महासचिव ने राष्ट्रीय संस्थाओं विषयक कार्यशालाओं में भाग लिया जो मंगोलिया, मालडोवा और जोर्डन में आयोजित की गई थी जिनमें ऐसी संस्थाओं की स्थापना, उनकी शक्तियों तथा कार्यों के बारे में विचार किया गया था। तत्कालीन अध्यक्ष के नेतृत्व में एक प्रतिनिधिमण्डल इण्डोनेशिया इस बात का अध्ययन करने गया था कि वह देश के बच्चों के अधिकार तथा प्राथमिक शिक्षा के सार्वभौमीकरण की समस्या से किस प्रकार निपट रहा है। उन्होंने मानवाधिकारों विषयक प्रथम एशिया–पैसिफिक क्षेत्रीय कार्यशाला में भाग लिया था जिसका आयोजन डार्विन में आस्ट्रेलियाई मानवाधिकार तथा समान अवसर आयोग एवं मारिशस के उच्चतम न्यायालय के न्यायाधीशों की एक कार्यशाला के तत्वाधान में किया गया था। बाद में इस देश का एक प्रतिनिधि मण्डल, आयोग की कार्यप्रणाली का अध्ययन करने यहाँ आया था।

मानवाधिकारों की प्रतिरक्षा

भारत में मानवाधिकारों की सुरक्षा विषयक में भारतीय संविधान में अनुच्छेद 32 में संवेधानिक उपचारों का भी अधिकार दिया गया है। अनुच्छेद 226 में भी बंदी प्रत्यक्षीकरण, परमादेश, प्रतिषेध, अधिकार पृच्छा और उत्प्रेषण रिट निकालने की

उच्च न्यायालयों को शक्ति प्रदान की गई है। सार्वजनिक हित याचिका का भी प्रयोग मानवाधिकार हनन के विषय में की जा सकती है। भारत में अनुसूचित जातियों तथा अनुसूचित जनजातियों के विरूद्ध आज भी अनेक अत्याचार व अपराध हो रहे हैं। जिसके पीछे सामाजिक वैमनस्यता तथा सामन्तवादी प्रवृत्तियाँ हैं। अनुसूचित जातियों के विरूद्ध अपराधों में निरन्तर वृद्धि हो रही है। 1955 में पुलिस द्वारा दर्ज किये गये 180 मामलों के विपरीत 1960 में दर्ज किये गये मामलों की संख्या 509, 1972 में 1,515, 1979 में 13884, 1987 में 19342 और 1992 में 21796 हो गई। 1992 के अपराधों में 712 प्रकरण मृत्यु के, 1734 प्रकरण मारपीट के, 1042 प्रकरण बलात्कार के तथा 664 केस आगजनी के थे। अनुसूचित जातियों के विरूद्ध अपराधों की अधिकतम संख्या उत्तर प्रदेश में पाई गई है। इस के बाद मध्य प्रदेश, बिहार, केरल, राजस्थान, कर्नाटक, महाराष्ट्र और गुजरात आते हैं। अनुसूचित जातियों के विरूद्ध अपराधों का नवीनतम उपलब्ध ब्यौरा तालिका में दिया गया है।

तालिका-3 अनुसूचित जातियों के विरूद्ध अपराध

क्रं.सं.	वर्ष	हिंसात्मक अपराध	अन्य अपराध	विशेष कानूनों के अन्तर्गत	कुल
1.	2	3.	4.	5.	6
1.	1991	1938	13454	2844	18336
2	1992	2430	19592	2900	24922
3.	1993	2222	20222	2531	24973
4.	1994	2659	14580	16669	33908
5.	1995	2508	15035	15453	32996

अनुसूचित जनजातियों के प्रति जो अपराध पिछले कुछ वर्षों में हुये हैं उनका विवरण नीचे दिया जा रहा है :–

तालिका-4 अनुसूचित जनजातियों के विरूद्ध अपराध

क्रं.सं.	वर्ष	हिंसात्मक अपराध	अन्य अपराध का	विशेष कानूनों के अन्तर्गत	कुल
1.	1992	573	3485	248	4306
2	1993	533	2969	150	3652
3.	1994	606	3034	1379	5019
4.	1995	603	3344	1551	5498

भारत में मानवाधिकारों के अतिक्रमण से पीड़ित सबसे ज्यादा बालक–बालिकाऐं हैं फिर महिलायें और फिर अनुसूचित जातियों व अनुसूचित जनजातियों के लोग हैं। जिन क्षेत्रों में आतंकवाद, नक्सलवाद अथवा राजविद्रोही गतिविधियाँ हैं वहाँ भी असुरक्षा का वातावरण रहता है। राष्ट्रीय मानवाधिकार आयोग ने मानवाधिकारों का गहन अध्ययन किया है तथा अनेक अनुशंसायें प्रस्तुत की हैं।

यह बड़े गर्व का विषय है कि भारतीय सेना का मानवाधिकारों के विषय में रवैया बहुत प्रशंसनीय व अन्तर्राष्ट्रीय स्तर से सराहनीय रहा है। लेफ्टिनेंट जनरल वी. पी. मलिक ने नागालैण्ड तथा मणिपुर में सेना के कार्यों का निरीक्षण करते हुये बताया कि 94–96 में सेना ने इस विप्लवग्रस्त क्षेत्र में 2553 अति कठोर विप्लववादियों को गिरफ्तार किया तथा केवल 90 विप्लववादी खुली मुठभेड़ में मारे गये विश्व के इतिहास में सेना का ऐसा प्रशंसनीय प्रदर्शन अपने में एक अनूठी मिसाल है। भारत के मानवाधिकारों के संरक्षण की नीति अब पारदर्शी है तथा विश्व के लिये एक प्रगतिशील नीति की द्योतक है।

भारतीय राष्ट्रीय मानवाधिकार की 1996-97 की रिपोर्ट के मुख्य अंश तथा प्रमुख अनुशंसाओं का सार

1. देश में हाल के वर्षों में यह चिन्ता बढ़ती जा रही है कि प्रशासन की प्रक्रियाऐं अक्सर अपराधियों के साथ आंतरिक संबंध रखकर विनष्ट की ज़ाती रही हैं, उतनी तो नहीं लेकिन औपचारिक राजनीतिक घटकों और प्रशासनिक सदस्यों में न्याय निष्ठा की कमी पाई जाती है। इस प्रकार के अन्तरसंबंध के मानवाधिकारों पर पड़े हानिकारक प्रभाव की माप इस आयोग को प्राप्त हो रही याचिकाओं की प्रकृति को देख कर की जा सकती है। वास्तविक लोकतंत्र का निर्माण, संयम, तथा बहुसंख्यकों और अल्पसंख्यक समूहों पर नियंत्रण के उपयोग से होता है। जब ऐसे नियंत्रण कट जाते हैं तथा समाज मानव जाति, धर्म तथा जाति के "उद्यमी" पैदा करता है जो अवसरवादी उद्देश्यों का मिलकर समर्थन देते हैं, भले ही उन्हें इसके लिए अन्य लोगों के खिलाफ हिंसा का सहारा लेना पड़े। इस देश के नागरिकों को इसके लिए अपने जीवन के अधिकार के विनाश, मानवीयता की गरिमा और मूल्य पर आक्रमण के रूप में इसे सहन करना पड़ता है। यह समय है जब इस देश का नेतृत्व एक जुट होकर स्वार्थ की राजनीति से अलग हो गया है तथा अपने बर्ताव

का शासित करने के लिए एक स्पष्ट आचरण संहिता स्थापित की गई है। स्वाधीनता के 50वें वर्ष में आयोग यह सिफारिश करता है कि इस विषय पर सभी दलों की सुगठित चर्चा, इस स्मारणीय वर्ष को मानने के लिए आयोजित किए जा रहे कार्यक्रम हेतु एक उल्लेखनीय अंशदान होगी।

2. मानवाधिकारों के लिये राष्ट्रीय अस्तित्व को तथा राष्ट्रीय हितों की तिलान्जलि नहीं दी जा सकती है। आतंकवाद का उद्देश्य मानवाधिकारों तथा जनसमाज का विनाश करना है, अतएव उन लोगों को इससे संघर्ष करना चाहिए जो ऐसे अधिकारों तथा समाज की रक्षा करना चाहते हैं; राज्य का यह दायित्व है कि वह आतंकवाद का उन्मूलन करे और यह कर्त्तव्य है कि वह इस उद्देश्य की पूर्ति के लिए हर एक के साथ सहयोग करे और ऐसा करने के लिए वह सभी आवश्यक प्रभावी उपायों का उपयोग करें, राज्य को अवश्य ही मानवाधिकारों के अन्तर्राष्ट्रीय मानकों के अनुसार काम करना चाहिए।

3. राष्ट्र, उसकी पुलिस तथा सशस्त्रबलों का यह कर्त्तव्य है कि वे आतंकवाद से लड़े तथा उस पर विजय प्राप्त करें। आगे कहा गया है कि इस कार्य को हमारे गणतंत्र के संविधान, हमारे देश के कानून तथो की गई संधियों में दिए गए वचनों के प्रति आदर रखते हुए किया जाना चाहिए जो अन्तर्राष्ट्रीय कानूनों के प्रावधानों में सुनिश्चित किए गए हैं तथा जिनका पालन हमें करना है।

4. राज्य जब ऐसे प्राचलों के भीतर काम करता है तो द्विभागीकरण के लिए कोई स्थान नहीं रहता है वह भी शायद ही कभी जब सुरक्षा बलों के खिलाफ मानवाधिकारों के प्रस्तावों की उपेक्षा की जाती है। संघर्ष के लिए वे बींच में नहीं होने चाहिए। संघर्ष जनसमाज के मध्य है जिसमें मानवाधिकार विषय प्रस्ताव तथा सुरक्षाबल दोनों ही एक ओर हैं तथा दूसरी ओर आतकवादी और उनका समर्थन देने वाले लोग हैं। इन प्राचलों की जब अवहेलना की जाती है तब आयोग तथा ऐसे लोग जो मानवाधिकारों को बनाए रखने के पक्षधर हैं–जिनमें सुरक्षाबल भी शामिल हैं–उन्हें कानून का शासन बनाए रखने का सुनिश्चय करने हेतु अवश्य ही सक्रिय रहना चाहिए तथा ऐसे लोगों को जिन्होंने इनकी अवहेलना की है उनके खिलाफ कानूनी कारवाई की जानी चाहिए।

5. नीति निर्माताओं, सुरक्षा बलों तथा मानवाधिकार प्रस्तावों के बीच बातचीत चलती रहनी चाहिए क्योंकि ऐसी बातचीतें विचार की स्पष्टता तथा विप्लव एवं आतंकवाद से निपटने की कारवाई में अपना काफी योगदान दे सकती है। आगे इसकी सिफारिश है कि ऐसी बातचीतें देश के उन भागों में की जानी चाहिए जो ऐसी गतिविधियों से आक्रान्त हैं।

6. आयोग विप्लव तथा आतंकवाद से ग्रस्त क्षेत्रों की समस्याओं के राजनीतिक हाल को आगे बढ़ने के लिए शुरू किए गए प्रयासों का अत्यधिक स्वागत करता है। इन प्रयासों को उच्चतम प्राथमिकता देकर केवल अधिकारों के प्रोत्साहन तथा संस्थान के लिए ही नहीं जारी रखना चाहिए। यह स्वयं में महत्वपूर्ण तो है ही राष्ट्र के हित तथा एकता के लिए भी आवश्यक है।

7. यह बात भी स्पष्ट होनी चाहिए कि किन परिस्थितियों में सिविल शक्ति को सैन्य सहायता प्राप्त कराई जाएगी तथा ऐसी परिस्थितियों को व्यापक रूप से समझना तथा स्वीकारा जाना चाहिए। सुरक्षाबलों के दायित्वों तथा अधिकारों को स्पष्ट रूप से परिभाषित किया जाना चाहिए तथा इसमें नीतिगत हिचकिचाहट तथा आकस्मिक परिवर्तन नहीं करना चाहिए। आतंकवाद विरोधी उपायों को अवश्य ही तथा प्रतीत होने पर ही उनके खिलाफ निर्देशित किया जाए तथा उनका उपयोग निर्दोष आम जनता के खिलाफ न किया जाए।

8. आयोग किसी भी ऐसी मृत्यु, बलात्कार अथवा उत्पीड़न का न तो समर्थन करता है और न उनकी अनदेखी करता है जो सशस्त्र बलों द्वारा किसी व्यक्ति को बन्दी बनाए जाने पर घटित होते हैं जब ऐसे बलों को सिविल शक्ति की सहायता हेतु काम करने के लिए बुलाया जाता है। कानून के प्रावधानों के अनुसार जब ऐसा कोई व्यक्ति गिरफ्तार किया जाता है तो उसे बिना देर किए समीपवर्ती पुलिस थाने के प्रभारी को सौंप दिया जाना चाहिए जिसके साथ बन्दी बनाए जाने की परिस्थितियों की रिपोंट भी होनी चाहिए। अर्द्धसैनिक बलों तथा सेना से भी यह आयोग जोरदार सिफारिश करता है कि वे ध्यान रखकर ऐसी रिपोर्ट जो उनकी हिरासत में हुई किसी मृत्यु अथवा बलात्कार की घटना से संबंधित हो सीधे आयोग को भेजें।

9. आयोग इस बात की जोरदार अनुशंसा करता है कि सरकार उत्पीड़न के विरूद्ध समझौते को स्वाधीनता के 50वें वर्ष में स्वीकार करने की घोषणा करे।

10. आयोग यह भी अनुशंसा करता है कि राष्ट्रीय पुलिस आयोग की चौथी रिपोर्ट में सुझाए गए व्यावहारिक कई उपायों पर अनुसरण करना भी जरूरी है ताकि पुलिस द्वारा अपनाए जाने वाले तीसरे दर्जे के तरीकों के उपयोग को रोका जा सके।

11. आयोग ने अपनी पूर्व अन्तिम वार्षिक रिपोर्ट में भारतीय विधि आयोग के इस सुझाव पर शीघ्र कार्रवाई करने की अनुशंसा की थी जो उसने अपनी 113वीं रिपोर्ट में भारतीय साक्षी अधिनियम 1972 में धारा 114 (ख) को जोड़ने के लिए दिया था। ताकि उसमें यह खण्डनीय परिकल्पना जोड़ी जा सके कि पुलिस हिरासत में किसी व्यक्ति को आई चोटों से यह माना जाएगा कि ऐसी चोटें पुलिस अधिकारी ने पहुँचाई है। आयोग ने एक अन्य अनुशंसा का भी समर्थन किया है जो दण्ड प्रक्रिया संहिता की धारा 197 में संशोधन करने के संबंध में है जिसमें किसी ऐसे पुलिस अधिकारी पर मुकदमा चलाने के लिए सरकारी स्वीकृति लेने की व्यवस्था हटाने की बात कही गई है जब सत्र न्यायाधीश द्वारा की गई जाँच से प्रथम दृष्ट्या यह साबित हो चुका हो कि उसने हिरासतीय अपराध किया था। आयोग द्वारा आगे यह अनुशंसा की गई है कि इन मामलों पर कारवाई जारी रहनी चाहिए ताकि ठोस परिणाम शीघ्र प्राप्त किए जा सकें।

12. गृह मंत्रालय ने राज्यों तथा संघ–राज्य क्षेत्रों को, उच्चतम न्यायालय के उन निर्देशों के पालन का सुनिश्चय करने की अनुशंसा की है जो उच्चतम न्यायालय ने जोगिन्दरसिंह बनाम उत्तर प्रदेश तथा अन्य लोगों के मामले में दिए थे। आयोग का विचार है कि केन्द्र सरकार द्वारा अपनी पूर्व अनुशंसाओं के बाद अब तक ऐसे समुचित निर्देश जारी किए गये होंगे जिनमें सभी ऐसे लोगों को जिन्हें किसी भी रूप में नजरबन्द अथवा कैद में रखने पर उनकी सुरक्षा के लिए संयुक्त राष्ट्र सिद्धान्त निकायों का पालन करने का महत्व तथा कैदियों के प्रति व्यवहार के लिए संयुक्त राष्ट्र के न्यूनतम नियमों का अनुपालन करने पर बल दिया गया होगा।

13. आजकल शव परीक्षा के लिए जो फार्म इस्तेमाल किए जाते हैं उनमें कमी है। अपने इस पत्र के साथ आयोग ने एक मॉडल शव परीक्षा फार्म भी भेजा था। आयोग ने मॉडल शव परीक्षा फार्म तथा पंचनामे के लिए अतिरिक्त प्रक्रिया शीघ्र तथा सापेक्ष रूप से उपयोग करने की सलाह दी है।

14. आयोग ने पुलिस सुधार के लिए विस्तृत चिन्तन जारी रखा। एक संबंधित मामले में भारत के उच्चतम न्यायालय की सुनवाई में भाग लेते हुए आयोग द्वारा ये सुझाव दिए थे कि पुलिस के अन्वेषण स्कध को पृथक रखा जाए, राज्य स्तर पर जाँच सदस्यीय "पुलिस तथा न्यायनिष्ठा आयोग" किया जाए, पुलिस निदेशकों के चयन तथा उनके कार्यकाल का सुनिश्चय किया जाए, जिला पुलिस शिकायत प्राधिकरण का गठन किया जाए, जेलों तथा पुलिस हवालातों में "सामान्य व्यक्ति" भी जाकर स्थिति देख सके तथा सभी स्तरों पर अभियोजन कार्मिकों की नियुक्ति संबंधी प्रक्रिया में सुधार लाया जाए।

15. निर्दोष मनोरोगियों को कभी–कभी जेल में बन्द कर दिया जाता है तथा उनकी स्पष्ट समस्याओं का हल करने के लिए कोई प्रयास नहीं किया जाता है। आयोग के अध्यक्ष ने सितम्बर 1996 में भी मुख्य मंत्रियों को पत्र लिखकर ऐसे मनोरोगियों के साथ किस ढंग से बर्ताव किया जाना चाहिए इसके लिए समुचित कानूनी व्यवस्थाओं की ओर उनका ध्यान आकर्षित किया था। उक्त पत्र के फलस्वरूप कई कैदियों तथा उन मनोरोगियों को जो जेल में बन्द थे उन्हें अब इन संस्थाओं में स्थानांतरित कर दिया गया है जहाँ उन्हें मनोचिकित्सीय सहायता मिल सकती है। इस सिलसिले में आयोग ने कैदियों के साथ व्यवहार संबंधी संयुक्त राष्ट्र मानक न्यूनतम नियम के नियम 82 (1) का पालन करने की जोरदार सिफारिश की है। आयोग ने पूर्व मुल्ला समिति द्वारा की गई अनुशंसाओं का भी उल्लेख किया है। जिनमें कहा गया था कि यदि कोई सजा काट रहा व्यक्ति मानसिक रूप से बीमार पड़ जाता है तो जेल अस्पताल में यदि सुविधा हो तो उसे मनःचिकित्सीय स्कंध में रखा जाए अन्यथा उसी समीपवर्ती मनोरोग चिकित्सालय में इलाज के लिए भेज दिया जाना चाहिए। अगर कैदी अपनी आधी सजा काट लेने के बाद अपने मनोरोग से मुक्ति नहीं पाता है तो राज्य सरकार को उसे जेल से रिहा करने के बारे में विचार करना चाहिए।

16. महिला कैदियों विषयक राष्ट्रीय विशेषज्ञ समिति, जिसकी 1986–87 में अध्यक्षता न्यायमूर्ति श्री वी.आर.कृष्ण अय्यर ने की थी, की अनुशंसाओं का अत्यधिक निष्ठापूर्वक अनुसरण किया जाए।

17. विभिन्न पदों में कार्यरत जेल कार्मिकों में प्रशिक्षण तथा ज्ञान का पर्याप्त अभाव है। इस स्थिति का निराकरण करने के प्रयास के रूपे में आयोग ने राष्ट्रीय अपराधशास्त्र तथा न्यायविज्ञान संस्थान नई दिल्ली के सहयोग से वरिष्ठ जेल अधिकारियों के लिए एक पाँच दिवसीय कार्यशाला आयोजित की थी। इसकी अनुकूल प्रतिक्रिया को देखते हुए आयोग भविष्य में और भी ऐसे पाठ्यक्रम आयोजित करना चाहता है।

18. आयोग ने राष्ट्रीय स्तर पर प्रेक्षण गृहों/बालगृहों, तथा विशेषगृहों, भिखारीगृहों तथा सुधार गृहों की स्थितियों का अध्ययन करने का निश्चय किया है ताकि वह इन संस्थाओं की दशा सवारने तथा सुधारने के लिए एक उत्प्रेरक के रूप में काम कर सके। तात्कालीक आधार पर तथा इन संस्थाओं में हिंसा की प्राप्त रिपोर्ट के सिलसिले में आयोग ने सभी राज्य सरकारों को निर्देश जारी किए हैं जिनमें उनसे कहा गया है कि ऐसी संस्थाओं में जब मृत्यु अथवा बलात्कार की कोई घटना घटित हुई हो, उसकी सूचना आयोग को 24 घंटे के भीतर भेजी जाए।

19. आयोग का विचार है कि आपराधिक न्यायालयों के अत्यधिक भार को रेकार्डस तथा सहायक रेकार्डस की तरह मानद न्यायिक दण्डाधिकारी प्रणाली को अपनाकर काम किया जाना चाहिए, जैसे ब्रिटेन में प्रचलित है। वहाँ प्रशिक्षित तथा अनुभवी वकीलों को वर्ष में कुछ निश्चित दिनों के लिए अंशकालिक रूप से काम करना होता है। इन निर्दिष्ट दिनों में वे छोटे-छोटे अपराधों तथा तत्संबंधी मामलों का भारी संख्या में फैसला करते हैं। उनके निपटारे का सुनिश्चय करने की इस प्रणाली को विवेकपूर्ण तथा सुनियोजित तरीके से "अभिवचन समझौता" प्रक्रिया लागू करके सबल बनाया जा सकता है।

20. आयोग ने व्यापक रूप से अपराधों का निराकरण करने की आवश्यकता पर भी बल दिया है ताकि बहुत सी गलतियां जिन्हें "अपराधों" का अब अनुचित स्तर दिया गया है, उन्हें सभ्य नागरिक गलतियां माना जाए।

21. आयोग ने "आपराधिक आधार क्षतिपूर्ति" के समान अनैतिक अपराध के लिए मुआवजा प्रणाली लागू करने की जरूरत पर बल दिया है। ऐसी व्यवस्था कई देशों में कानूनी प्रावधान के रूप में प्रचलित है।

22. "पीड़ित सहायता और सेवा" के लिए गैर–सरकारी संगठनों को प्रोत्साहन देने एवं पुलिस प्रणाली के साथ सहयोग करके गवाहियों की आवश्यकता के महत्त्व को आयोग स्वीकार करता है।

23. मानवाधिकार न्यायशास्त्र में दण्डाधिकारियों के लिए समुचित प्रशिक्षण कार्यक्रमों की जरूरत है और आयोग यह आशा करता है कि वह इस मामले पर भारतीय राष्ट्रीय न्याय अकादमी के साथ चर्चा कर सकेगा।

24. बाल विवाह के मामले में आयोग का विचार है कि इसे अनिश्चित काल तक "केवल सामाजिक और आर्थिक उत्थान के माध्यम से" का उपदेश देकर टाला नहीं जा सकता। क्या इस तरह से इसका कहीं अच्छी तरह "उन्मूलन" हो सकता है, यह तो दायित्व के त्याग की मौन सम्मति देना है, जिसे आयोग अपनी ओर से अनुचित मानता है।

25. संयुक्त राष्ट्र के तत्वाध्यान में तैयार की गई 16 अन्तर्राष्ट्रीय संधियों का अब भारत भी एक पक्षकार है। इन संधियों के अन्तर्गत वचनबद्धताओं की व्यूह रचना की अब केन्द्र सरकार द्वारा पूरी तरह जाँच करने की जरूरत है ताकि यह पता चल सके कि हमारा देश इनके लिए कानून बनाने और इनका व्यवहार करने में कहाँ पीछे छूट रहा है।

26. सरकार ने मुक्त और अनिवार्य प्रारंभिक शिक्षा को अब मौलिक अधिकार बनाने का इरादा किया है और वह इसे समुचित कानूनी उपायों के माध्यम से सुनिश्चत करना चाहती है। आयोग को यह चिन्ता है कि कहीं इस समस्या के आयाम इसे इच्छा शक्ति की न्यूनता तथा आगे बढ़ने में अक्षमता की ओर तो नहीं ले जाएंगे। अतएव आयोग ने केन्द्र सरकार तथा राज्य सरकारों से सिफारिश की है कि वे इस महान राष्ट्रीय उद्‌देश्य को पूरा करने के लिए गैर सरकारी संगठनों तथा निजी क्षेत्रों की ऊर्जा, संसाधनों तथा प्रतिभाओं को प्राप्त करने का प्रयत्न करें। आयोग फिर अपनी अनुशंसाओं को सशक्त ढंग से दोहराना नहीं चाहता कि यदि राष्ट्र गंभीरतापूर्वक बालश्रम को समाप्त करने के लिए कृतसंकल्प है तो उसे शिक्षा के अधिकार को लागू करना ही होगा।

27. आयोग ने केन्द्र तथा राज्य स्तर पर लौह तथा आयोडिन की कमी की समस्या के हल के लिए उठाए गए तथा उठाए जा रहे कदमों की समीक्षा करनी

शुरू कर दी है। जिस कमी की वजह से हमारे देश में जो बच्चे जन्म लेते हैं उनमें भारी संख्या में मानसिक अपंगताएँ पाई जाती हैं। आयोग संबंधित मंत्रालयों तथा विभागों के साथ मिलकर अच्छी तरह काम करेगा तथा यूनिसेफ तथा ऐसी ही अन्य विशेषज्ञ संस्थाएँ हमें सलाह तथा सहायता देने की स्थिति में हैं।

28. बाल वेश्यावृति की पीड़ादायक समस्या आयोग की चिन्ताओं में काफी व्यथापूर्ण है। आयोग द्वारा गठित एक आभ्यान्तरिक समूह ने वर्तमान कानूनों तथा उनके प्रवर्तन में सुधार लाने के उपायों की पुनरीक्षा की है। आयोग द्वारा किए गए प्रयासों तथा वेश्यावृति से हटाए गए बच्चों के पुनर्वास में आ रही कठिनाइयों के बारे में चर्चा की गई। सीमा पार बच्चों को भेजे जाने की समस्या से निपटने के लिए कानूनों को सबल बनाने तथा सहयोगी उपायों की युक्ति निकालने हेतु सार्क स्तर पर और अधिक प्रयास करने पर बल दिया गया है। आगे आने वाले वर्षों में आयोग के लिए यह समस्या एक चिन्ता का विषय बनने जा रही है।

29. आयोग ने अपंग लोगों को (समान अवसर अधिकार तथा पूरी भागीदारी की सुरक्षा) अधिनियम 1995 के अन्तर्गत अपनाने हेतु तेजी के साथ सहवर्ती उपाय करने की अनुशंसा केन्द्र तथा राज्यों दोनों से की है।

30. जलाप्लावित भूमि तथा बरगी बाँध के निर्माण से प्रभावित लोगों की स्थिति का आयोग द्वारा अध्ययन किए जाने के संदर्भ में आयोग द्वारा केन्द्र तथा राज्य सरकारों से यह सिफारिश की गई है कि वे इसकी पुनः जाँच करें तथा समुचित रूप से कानूनों विनियमों तथा प्रचलनों में उचित संशोधन करें ताकि जब भूमि का अधिग्रहण राष्ट्रीय आर्थिक विकास के उद्‌देश्य से जुड़ा हो तो उच्चतम न्यायालय द्वारा यथा प्रतिपादित सांवधिक प्रावधानों एवं अन्तर्राष्ट्रीय दस्तावेजों, जिनका भारत भी एक पक्षकार है उनमें निहित अभिसमय खासतौर से अन्तर्राष्ट्रीय श्रम संगठन अभिसमय 107 का पूरी तरह सम्मान किया जाए।

31. आयोग को विदित है कि यद्यपि मैला ढोने के लिए लोगों को नियुक्त करना तथा शुष्क शौचालयों को निर्माण (निषेध) अधिनियम, सभी व्यावहारिक उद्‌देश्यों के लिए 1993 में पारित किया गया था। किन्तु इसे निष्क्रिय रखा गया, थोड़ी अनुवर्ती कारवाई ही की गई। आयोग ही केवल इसके प्रति जागरूक है, जब समाज के किसी निर्बलतम वर्ग का कोई मामला होता है तो निष्क्रिय रह कर उसे

प्रभावहीन बनाने की प्रवृति है इसीलिए आयोग, सफाई कर्मचारी आयोग से उसके हाथ मजबूत तथा "समानता पूर्ण" बनाने के लिए उससे सम्पर्क रख रहा है, क्योंकि वही इस कार्यक्रम को चुने हुए जिलों से शुरू करके इस अधिनियम को लागू करने के लिए प्रयत्नशील है।

32. मानवाधिकार शिक्षा का मुद्दा एक ऐसा मुद्दा है जिसके लिए दीर्घकालिक नीति तथा सरकारी एवं गैर–सरकारी दोनों ही प्रकार के सहयोगियों की जरूरत होती है। मानवाधिकारों के सार्वभौम घोषणा पत्र को अंगीकार बनने की 50वीं वर्षगाँठ 1998 में सम्पन्न होनी है। इस महान कार्य को आगे बढ़ाने में राष्ट्रव्यापी रुचि और सक्रियता बढ़ाने हेतु यह एक उत्तम अवसर होगा।

33. दूरदर्शन तथा आकाशवाणी दोनों मानवाधिकारों के प्रति जागरूकता लाने के लिए अपनी भागीदारी बढ़ाएँ। आयोग को सुझाव है कि राष्ट्रीय सांध्य समाचारों के बीच में 10 मिनट का समय मानवाधिकारों संबंधी मामलों के कार्यक्रमों को प्रदर्शित/प्रसारित करने के लिए प्रभावशाली ढंग से उपयोग में लाया जा सकता है। इसी तरह दूरदर्शन "मानवाधिकार–पहरा" के ढंग पर प्रत्येक मास आधे घंटे का घटनाचक्र प्रदर्शित करने के बारे में भी विचार कर सकता है।

34. जबकि राज्य स्तर पर आयोगों की शीघ्र स्थापना करना अत्यधिक जरूरी है, कुछ राज्य सरकारों ने इस आयोग को सूचित किया है कि वे वित्तीय कारणों अथवा उच्च न्यायालयों के सेवामुक्त मुख्य न्यायधीश न मिलने की वजह से कठिनाइयों का अनुभव कर रहे हैं, क्योंकि मानवाधिकार संरक्षण अधिनियम, 1993 की धारा 21 (2) को ध्यान में रखते हुए पाँच सदस्यीय आयोगों के समुचित गठन के लिए उनकी उपस्थिति अपरिहार्य है। इन कठिनाइयों की उपेक्षा नहीं की जा सकती। आयोग का विचार है कि राज्य के आयोगों के आकार तथा उसके गठन के लिए कुछ लचीलापन लाने के लिए कानून में ही सुधार करने की जरूरत है उदाहरण के लिए उत्तरपूर्व क्षेत्र के राज्यों में केवल एक उच्च न्यायालय गुवाहाटी में है। इन राज्यों में मानवाधिकार आयोगों के लिए कोई सूत्र विशेषरूप से बनाने की जरूरत पड़ सकती है। यह आयोग, तदनुसार इस मामले पर और परामर्श तथा विचार करने के बाद केन्द्र सरकार से अनुशंसा करेगा।

35. यदि राज्य प्राधिकारियों से आयोग द्वारा भेजे गए नोटिसों का उत्तर शीघ प्राप्त हुआ होता तो मामलों का निपटारा और भी अच्छा हो सकता था। आयोग को इस बात की चिन्ता है कि उत्तर देने में देर की जाती है जिसकी वजह से प्रायः अनुस्मारक भेजने पड़ते हैं। आयोग इस प्रकार की जाने वाली देर को कब तक सहन करता रहेगा जो उसके समुचित कार्य निष्पादन में अवरोध उत्पन्न करती है। यदि यही परिस्थिति रही तो उससे निपटने के लिए आयोग विधिक व्यवस्थानुसार अपनी शक्तियों को सबल बनाने का प्रस्ताव करने में संकोच नहीं करेगा।

सारांश

मानवाधिकार का क्षेत्र और विस्तृत होना चाहिए तथा विकास का अधिकार, शान्ति का अधिकार, पर्यावरण का अधिकार, मानव सहायता का अधिकार जैसे नये उभरते अधिकारों को भी शामिल किया जाना चाहिये। आर्थिक असमानता, आन्तरिक तथा बाह्य असुरक्षा, राष्ट्रीय आधार पर भेदभाव भी समाप्त करने के प्रयास होने चाहिये। भारत में जेलों की स्थिति में सुधार के लिये सभी सम्भव प्रयत्न किये जाने चाहिये। पुलिस को मानवाधिकारों का सही अभिभावक व संरक्षक बनाने के लिये राज्य पुलिस तथा केन्द्रीय पुलिस बलों का पुनर्गठन तथा आधारभूत आधुनिकीकरण होना चाहिए। 1861 के पुलिस एक्ट के स्थान पर एक नया पुलिस एक्ट बनाया जाना चाहिये। जनता में मानवाधिकारों के प्रति जागरूकता व साक्षरता बढ़ाने के लिये मानवाधिकारों का शिक्षण शिक्षा प्रणाली का एक आधारभूत अंग बन जाना चाहिये। सम्पूर्ण न्याय व्यवस्था में आधारभूत परिवर्तन होना चाहिये तथा न्याय व्यवस्था सरल, सस्ती तथा शीघ्रन्याय देने के योग्य होना चाहिये। आज देश में तीन लाख मामले उच्चतम न्यायालय में, पच्चीस लाख मामले देश के उच्च न्यायालयों में और तीन करोड़ से ज्यादा मामले देश की छोटी अदालतों में एक लम्बे समय से विचाराधीन हैं। भारत की न्याय व्यवस्था एक ऐसा बन्दमारा है जिसमें झांकने की अनुमति किसी को भी नहीं है। आज आवश्यकता इस बात की है कि जनसाधारण को जल्दी, सस्ता व सही न्याय प्राप्त हो। मानवाधिकारों के पीड़ित व्यक्तियों को आवश्यक धनराशि क्षतिपूर्ति के रूप में मिलने का प्रावधान संविधान में संशोधन करके बनाना चाहिये। राष्ट्रीय एकता, अखण्डता तथा सुरक्षा का मानवाधिकारों से इस प्रकार मेल होना चाहिये कि पुलिस, सुरक्षा बलों तथा सुरक्षा कर्मचारियों का मनोबल

ऊँचा रहे तथा वे कर्त्तव्य परायणता से राष्ट्रीय सुरक्षा में कार्यरत रहें। मानवाधिकारों की ओर से अपराधी व देश द्रोही तत्वों को पनपने नहीं दिया जाना चाहिये तथा राष्ट्रविरोधी तथा अपराधलिप्त व्यक्तियों को न्यायानुसार दण्डित किया जाना चाहिये। देश में मानवाधिकारों की रक्षा के मामले में हमें बहुत सतर्कता व व्यापक दृष्टिकोण अपनाना है क्योंकि राष्ट्र व समाज सदैव व्यक्ति की तुलना में बड़ा है और राष्ट्र की रक्षा के लिये व्यक्तिगत मानवाधिकारों कों निरस्त किया जा सकता है। मानवाधिकारों के प्रति एक जागरूकता व विशेष संवेदनशीलता की भारतीय जनता को आवश्यकता है। भाषणों, वार्ताओं, संगोष्ठियों से मानवाधिकारों का संरक्षण नहीं किया जा सकता है। मानवाधिकारों को समझना, उसके प्रति एक सकारात्मक मानसिकता बनाना तथा व्यवहारिक जीवन में मानवाधिकारों के आदेशों को कार्यान्वित करने से ही मानव जाति का कल्याण हो सकता है। प्रत्येक व्यक्ति को मानवाधिकारों का संरक्षण होना चाहिये न कि अपहर्ता। भारत में सच्चा लोकतंत्र लाने के लिये हमें कर्त्तव्यनिष्ठ होना पड़ेगा और एक संवेदनशील मानवाधिकार संस्कृति का निर्माण करना होगा।

परिशिष्ट 'क'

मानवाधिकार संरक्षण अधिनियम, 1993

(1994 का अधिनियम संख्या 10) (8 जनवरी, 1994)

मानवाधिकारों के अधिक अच्छे संरक्षण के लिए तथा उससे सम्बद्ध या उसके आनुषांगिक मामलों के लिए राष्ट्रीय मानवाधिकार आयोग, राज्य मानवाधिकार आयोग एवं मानवाधिकार न्यायालयों के गठन हेतु प्रावधान करने के लिए अधिनियम।

भारत गणतन्त्र राज्य के चवालीसवें वर्ष में संसद द्वारा निम्न प्रकार अधिनियमित किया गया :–

अध्याय-1 प्रारम्भिक

1. संक्षिप्त शीर्षक, विस्तार एवं प्रारम्भ–(1) यह अधिनियम मानवाधिकार संरक्षण अधिनियम, 1993 कहलाएगा।

2. यह सम्पूर्ण भारत में लागू होगा।

परन्तु यह कि यह जम्मू एवं कश्मीर राज्य पर उसी सीमा तक लागू होगा जहां तक उसका संबंध उस राज्य प्रयोज्य संविधान की सातवीं अनुसूची में सूची–1 या सूची–2 में वर्णित किन्हीं प्रविष्टियों से संबंधित मामलों से है।

3. यह 28 सितम्बर, 1993 से प्रभाव में आया हुआ समझा जाएगा।

2. परिभाषायें :– (1) इस अधिनियम में, जब तक कि सन्दर्भ द्वारा अन्यथा अपेक्षित न हो–

(क) 'सशस्त्र बल' से अभिप्राय नौ सेना, थल सेना एवं वायु सेना से है तथा इसमें संघ सरकार के अन्य सशस्त्र बल शामिल हैं;

(ख) 'अध्यक्ष' से अभिप्राय आयोग के या राज्य आयोग के, जैसी भी स्थिति हो, अध्यक्ष से है;

(ग) 'आयोग' से अभिप्राय धारा 3 के अधीन गठित राष्ट्रीय मानव अधिकार आयोग से है;

(घ) 'मानवाधिकार' से अभिप्राय संविधान द्वारा प्रत्याभूत तथा अन्तर्राष्ट्रीय प्रसंविदाओं (1) में सम्मिलित एवं भारत में न्यायालयों द्वारा प्रर्वतनीय व्यक्तियों के जीवन, (2) स्वतन्त्रता, समानता एवं गरिमा से है;

(ङ) 'मानवाधिकार न्यायालय' से अभिप्राय धारा 30 में विनिर्दिष्ट मानवाधिकार न्यायालय से है;

(च) 'अन्तर्राष्ट्रीय प्रसंविदा' से अभिप्राय सिविल एवं राजनीतिक अधिकारों पर अन्तर्राष्ट्रीय प्रसंविदा एवं 6 दिसम्बर, 1966 को संयुक्त राष्ट्र की साधारण सभा द्वारा अंगीकृत आर्थिक, सामाजिक, एवं सांस्कृतिक अधिकारों पर अन्तर्राष्ट्रीय प्रसंविदा से है;

(छ) 'सदस्य' से अभिप्राय आयोग के या राज्य आयोग के, जैसी भी स्थिति हो, सदस्य से है तथा इसमें अध्यक्ष शामिल है।

(ज) 'अल्पसंख्यकों के लिए राष्ट्रीय आयोग' से अभिप्राय अल्पसंख्यकों के लिए राष्ट्रीय आयोग अधिनियम, 1992 की धारा 3 के अधीन गठित 3 संख्यकों के लिए राष्ट्रीय आयोग से है;

(झ) 'अनुसूचित जातियों एवं अनुसूचित जनजातियों के लिए राष्ट्रीय आयोग' से अभिप्राय संविधान के अनुच्छेद 338 में वर्णित अनुसूचित जातियों एवं अनुसूचित जनजातियों के लिए राष्ट्रीय आयोग से है;

(ण) 'महिलाओं के लिए राष्ट्रीय आयोग' से अभिप्राय महिलाओं के लिए राष्ट्रीय आयोग अधिनियम, 1990 की धारा 3 के अधीन गठित महिलाओं के लिए राष्ट्रीय आयोग से है;

(ट) 'अधिसूचना' से अभिप्राय शासकीय राजपत्र में प्रकाशित अधिसूचना से है;

(ठ) 'लोक सेवक' का अभिप्राय वह होगा जो भारतीय दण्ड संहिता की धारा 21 में उसे दिया गया है;

(ङ) 'राज्य आयोग' से अभिप्राय धारा 21 के अधीन गठित राज्य मानवाधिकार आयोग से है;

(2) इस अधिनियम में कानून का, जो जम्मू एवं कश्मीर राज्य में प्रवृत्त नहीं है, किसी भी सन्दर्भ का उस राज्य के संबंध में इस तरह अर्थ किया जाएगा जैसे कि मानो वह उस राज्य में प्रवृत्त तदनुरूप विधि, यदि कोई हो, का संदर्भ हो।

टिप्पणी–(1) अन्तर्राष्ट्रीय प्रसंविदाओं में सम्मिलित से तात्पर्य उन्हीं प्रसंविदाओं से है जिन्हें भारत राज्य ने स्वीकार व अंगीकृत किया हो।

(2) जीवन के अधिकार की व्याख्या करते हुये उच्चतम न्यायालय ने निम्नलिखित विषय उसमें शामिल किये हैं:

(1) पीने के लिये पानी प्राप्त करने का अधिकार–(पुटप्पा होनप्पा तलवार बनाम डिप्टी कमिशनर, धाखाड़–ए.आई.र. 1998 कर्नाटक 10)

(2) पर्यावरण संरक्षण का अधिकार (एस.सी.मेहता बनाम यूनियन ऑफ इण्डिया, ए.आई.आर. 1997 एस.सी.734)

(धारा 3–5)

मानवाधिकार संरक्षण अधिनियम, 1993

अध्याय-2 राष्ट्रीय मानवाधिकार आयोग

3. राष्ट्रीय मानवाधिकार आयोग का गठन :- (1) भारत सरकार राष्ट्रीय मानवाधिकार आयोग के रूप में जानी जाने वाली एक संस्था का, इस अधिनियम के अधीन उसे प्रदत्त शक्तियों के प्रयोग में, तथा उसे समनुदेशित कार्यों को निष्पादित करने के लिए गठन करेगी।

(2) आयोग में निम्न होंगे :–

(क) एक सदस्य, जो उच्चतम न्यायालय का मुख्य न्यायाधीश रहा है;

(ख) एक सदस्य, जो उच्चतम न्यायालय का सदस्य है, या सदस्य रहा है;

(ग) एक सदस्य, जो उच्च न्यायालय का मुख्य न्यायाधीश है, या मुख्य न्यायाधीश रहा है;

(घ) दो सदस्य, जिनकी नियुक्ति उन व्यक्तियों में से की जाएगी जिन्हें मानवाधिकारों से संबंधित मामलों का ज्ञान हो, या उसमें व्यावहारिक अनुभव हो।

(3) अल्पसंख्यकों के लिए राष्ट्रीय आयोग, अनुसूचित जाति एवं अनुसूचित जनजातियों के लिए राष्ट्रीय आयोग एवं महिलाओं के लिए राष्ट्रीय आयोग के अध्यक्षों को धारा 12 के खण्डों (ख) से (ञ) में विनिर्दिष्ट कार्यों के निर्वहन के लिए आयोग के सदस्य समझा जाएगा।

(4) एक महासचिव होगा जो आयोग का मुख्य कार्यपालक अधिकारी होगा तथा वह आयोग की ऐसी शक्तियों का प्रयोग करेगा एवं ऐसे कार्यों का निर्वहन करेगा जो वह उसे प्रत्यायोजित करेगा।

(5) आयोग का मुख्य कार्यालय दिल्ली में होगा तथा आयोग भारत सरकार की पूर्व अनुमति से, भारत में अन्य स्थानों पर कार्यालय स्थापित करेगा।

4. अध्यक्ष एवं अन्य सदस्यों की नियुक्ति :- (1) अध्यक्ष एवं सदस्यों को राष्ट्रपति द्वारा अपने हस्ताक्षर एवं मुद्रा सहित अधिपत्र द्वारा नियुक्त किया जाएगा, परन्तु यह कि इस उपधारा के अधीन प्रत्येक नियुक्ति समिति की, जिसमें निम्न होंगे, सिफारिशें प्राप्त करने के बाद की जाएगी–

(क) प्रधानमंत्री	अध्यक्ष
(ख) लोकसभा का अध्यक्ष	सदस्य
(ग) भारत सरकार के गृह मंत्रालय का मंत्री प्रभारी	सदस्य
(घ) लोकसभा के विपक्ष का नेता	सदस्य
(ङ) राज्यसभा के विपक्ष का नेता	सदस्य
(च) राज्यसभा का उपसभापति	सदस्य

परन्तु यह और कि उच्चतम न्यायालय का कोई आसीन न्यायाधीश या उच्च न्यायालय का आसीन मुख्य न्यायाधीश, भारत के मुख्य न्यायमूर्ति से परामर्श करने के बाद अलावा नियुक्त नहीं किया जाएगा।

(2) अध्यक्ष या सदस्य की कोई नियुक्ति केवल समिति में कोई रिक्ति होने के कारण अमान्य नहीं होगी।

5. आयोग के सदस्य का हटाया जाना :- (1) उप–धारा (2) के उपबंधों के अधीन रहते हुए, आयोग का अध्यक्ष या कोई सदस्य को उसके पद से, राष्ट्रपति के आदेश द्वारा, उनके उच्चतम न्यायालय को निर्देश दिए जाने पर, उच्चतम न्यायालय के द्वारा उस संबंध में विहित प्रक्रिया के अनुसार की गयी जांच पर यह रिपोर्ट देने के बाद कि अध्यक्ष या ऐसा अन्य सदस्य, यथास्थिति, को किसी ऐसे सिद्ध कदाचार या अक्षमता के आधार पर हटाया जाना चाहिए, हटाया जाएगा।

(2) उप–धारा (1) में किसी बात के होते हुए भी, राष्ट्रपति अध्यक्ष या किसी अन्य सदस्यों को आदेश द्वारा पद से हटा देगा, यदि अध्यक्ष या ऐसा अन्य सदस्य, यथास्थिति–

(क) दिवालिया न्यायनिर्णीत कर दिया गया है; या

(ख) अपने पद के कर्त्तव्यों के बाहर किसी वैतनिक रोजगार में अपने कार्यकाल में लगता है; या

(ग) मस्तिष्क या शरीर की दुर्बलता के कारण पद पर बने रहने के लिए अयोग्य है; या

(घ) विकृत चित्त का है एवं सक्षम न्यायालय द्वारा इस प्रकार घोषित कर दिया गया है; या

(ङ) किसी अपराध के लिए जो राष्ट्रपति की राय में नैतिक पतन वाला है, सिद्ध दोष हो गया है एवं उसे कारागार की सजा दे दी गयी है।

(धारा 6–11)

मानवाधिकार संरक्षण अधिनियम, 1993

6. सदस्यों की पदावधि:- (1) अध्यक्ष के रूप में नियुक्त व्यक्ति उस दिनांक से जिसको वह अपने पद पर प्रवेश करेगा, पांच वर्ष की अवधि के लिए या जब तक वह सत्तर वर्ष की आयु का नहीं होगा, इनमें जो भी पूर्व में हो, पद को धारित करेगा।

(2) सदस्य के रूप में नियुक्त व्यक्ति उस दिनांक से जिसको वह अपने पद पर प्रवेश करेगा, पाँच वर्ष की अवधि के लिए पद को धारित करेगा तथा पाँच वर्षों की दूसरी अवधि के लिए पुननियुक्ति हेतु पात्र होगा,

परन्तु यह कि कोई भी सदस्य सत्तर वर्ष की आयु प्राप्त करने के बाद पद को धारण नहीं करेगा।

(3) पद पर नहीं रहने पर, अध्यक्ष या सदस्य भारत सरकार या किसी राज्य की सरकार के अधीन आगे और नियुक्ति के लिए अपात्र होगा।

7. कुछ परिस्थितियों में सदस्य द्वारा अध्यक्ष के रूप में कार्य करना या उसके कार्यों का निर्वहन करना:- (1) अध्यक्ष की मृत्यु होने, त्यागपत्र देने के कारण या अन्यथा प्रकार से उसका पद रिक्त होने की दशा में, राष्ट्रपति, अधिसूचना द्वारा, सदस्यों में से किसी एक को अध्यक्ष के रूप में कार्य करने के लिए, उस रिक्ति को भरने के लिए नए अध्यक्ष की नियुक्ति किए जाने तक के लिए, प्राधिकृत करेगा।

(2) जब अध्यक्ष अवकाश पर अनुपस्थिति के कारण या अन्यथा अपने कार्यों का निर्वहन करने में असमर्थ हो, उन सदस्यों में से ऐसा एक जिसे राष्ट्रपति, अधिसूचना द्वारा, इस संबंध में प्राधिकृत करे, अध्यक्ष के कार्यों का निर्वहन उस दिनांक तक करेगा, जिसको कि अध्यक्ष अपने कर्त्तव्यों का पुनर्ग्रहण करेगा।

8. सदस्यों की सेवा की शर्तें:- सदस्यों को संदेय वेतन एवं भत्ते, एवं उनकी सेवा की अन्य शर्तें व निबन्ध, वे होंगी जो विहित की जाएंगी,

परन्तु यह कि किसी सदस्य के न तो वेतन एवं भत्ते और न सेवा की शर्तें एवं निबन्धन उसकी नियुक्ति के बाद उसके लिए अलाभकारी रूप में परिवर्तित नहीं की जाएगी।

9. रिक्ति से आयोग की कारवाई अविधिमान्य नहीं होगी:- आयोग के गठन में किसी पात्र रिक्ति की विद्यमानता या उसमें किसी त्रुटि होने के आधार पर, आयोग का किसी कृत्य या कार्रवाई को प्रश्नगत या अविधिमान्य नहीं किया जाएगा।

10. प्रक्रिया का आयोग द्वारा विनियमन किया जाना:- (1) आयोग ऐसे समय एवं स्थान पर बैठक करेगा जिसे अध्यक्ष उचित समझेगा।

(2) आयोग अपनी स्वयं की प्रक्रिया को विनियमित करेगा।

(3) आयोग के समस्त आदेश एवं विनिश्चित महासचिव या इस संबंध में अध्यक्ष द्वारा विधिवत् प्राधिकृत आयोग के किसी अन्य अधिकारी द्वारा अधिप्रमाणित किए जाएंगे।

11. आयोग के अधिकारी एवं अन्य कर्मचारी:- (1) भारत सरकार आयोग के लिए निम्न को उपलब्ध कराएगी–

(क) भारत सरकार के सचिव के रेंक का एक अधिकारी जो आयोग का महासचिव होगा, एवं

(ख) एक ऐसे अधिकारी के अधीन, जो महानिदेशक, पुलिस के रेंक से नीचे का नहीं होगा, ऐसी पुलिस एवं अन्वेषणकर्ता कर्मचारी एवं ऐसे अन्य अधिकारी एवं कर्मचारी जो आयोग के कार्यों को कुशलतापूर्वक निष्पादित के लिए आवश्यक हो।

(2) ऐसे नियमों के अधीन जो इस संबंध में भारत सरकार द्वारा बनाए जाएंगे, आयोग ऐसे अन्य प्रशासनिक, तकनीकी एवं वैज्ञानिक स्टाफ नियुक्त करेगा जिसे वह आवश्यक समझेगा।

(3) उपधारा (2) के अधीन नियुक्त अधिकारियों एवं अन्य कर्मचारियों के वेतन, भत्ते एवं उनकी सेवा की शर्तें वे होंगी जो निर्धारित की जाएंगी।

मानवाधिकार संरक्षण अधिनियम, 1993

अध्याय–3 आयोग के कृत्य एवं शक्तियाँ

12. आयोग के कृत्यः– आयोग निम्नलिखित सभी या किन्हीं कृत्यों का निष्पादन करेगा, अर्थात्–

(क) स्वप्रेरणा से या किसी पीड़ित या उसकी ओर से किसी व्यक्ति द्वारा उसे प्रस्तुत याचिका पर,

(1) मानवाधिकारों के उल्लंघन या उसके अपशामन की; या

(2) किसी लोकसेवक द्वारा उस उल्लंघन को रोकने में उपेक्षा की शिकायत की जांच करेगा,

(ख) किसी न्यायालय के समक्ष लम्बित मानवाधिकारों के उल्लंघन के किसी अभिकथन वाली किसी कार्रवाई में उस न्यायालय की अनुमति से हस्तक्षेप करेगा;

(ग) राज्य सरकार को सूचना देने के अधीन, राज्य सरकार के नियन्त्रणाधीन किसी जेल या किसी अन्य संस्था का, जहां पर उपचार, सुरक्षा या संरक्षण के प्रयोजनार्थ व्यक्तियों को निरूद्ध किया जाता है या रखा जाता है निवास करने वालों की जीवन की दशाओं का अध्यन करने एवं उस पर सिफारिशें करने के लिए निरीक्षण करेगा,

(घ) मानवाधिकारों के संरक्षण के लिए संविधान या तत्समय प्रवृत्त किसी कानून द्वारा या उसके अधीन प्रावहित सुरक्षाओं का पुनर्विलोकन करेगा तथा उनके प्रभावी क्रियान्वयन के लिए सिफारिशें करेगा;

(ङ) उन कारकों का, जिसमें उग्रवाद के कृत्य भी हैं, मानवाधिकारों के उपभोग में बाधा डालते हैं, पुनर्विलोकन करेगा एवं उपयुक्त उपचारात्मक उपायों की सिफारिश करेगा;

(च) मानवाधिकारों पर सन्धियों एवं अन्य अन्तर्राष्ट्रीय लेखों का अध्ययन करेगा तथा उनके प्रभावी क्रियान्वयन के लिए सिफारिश करेगा;

(छ) मानवाधिकारों ने क्षेत्र में अनुसंधान एवं उसे प्रोन्नत करेगा;

(ज) समाज के विभिन्न खण्डों में मानवाधिकार साक्षरता का प्रसार करेगा तथा प्रकाशकों, साधनों (मीडिया), सेमीनारों एवं अन्य उपलब्ध साधनों के माध्यम से उन अधिकारों के संरक्षण के लिए उपलब्ध सुरक्षाओं के प्रति जागरूकता को विकसित करेगा;

(झ) मानवाधिकारों के क्षेत्र में कार्य करने वाले गैर–सरकारी संगठनों एवं संस्थाओं के प्रयत्नों को प्रोत्साहन देगा;

(ञ) ऐसे अन्य कृत्य करेगा जिन्हें वह मानवाधिकारों के संवर्धन के लिए आवश्यक समझेगा।

13. जाँच से संबंधित शक्तियाँ :- (1) आयोग, इस अधिनियम के अधीन शिकायतों की जाँच करते समय, सिविल प्रक्रिया संहिता, 1908 के अन्तर्गत वाद का तथा विशेष रूप से निम्न मामलों के संबंध में, विचारण करते हुए, सिविल न्यायालय की समस्त शक्तियाँ रखेगा, अर्थात्–

(क) साक्षियों को बुलाना तथा उनकी उपस्थिति प्रवर्तित करना एवं शपथ पर उनकी परीक्षा करना;

(ख) किसी भी दस्तावेज को खोजना एवं प्रस्तुत करना;

(ग) हलफनामों पर साक्ष्य प्राप्त करना;

(घ) किसी भी न्यायालय या कार्यालय से किसी लोक अभिलेख या उसकी प्रति के लिए अधियाचना करना;

(ङ) साक्षियों या दस्तावेजों की परीक्षा के लिए कमीशन जारी करना;

(च) अन्य कोई मामला जो विहित किया जाएगा।

(2) आयोग को किसी व्यक्ति से, किसी विशेषाधिकार के अधीन रहते हुए जिसे उस व्यक्ति द्वारा तत्समय प्रवृत्त किसी विधि के अन्तर्गत क्लेम किया जाएगा, ऐसे बिन्दुओं या मामलों पर, जो आयोग की राय में जांच के विषय के लिए उपयोगी होंगे, या उससे सुसंगत होंगे, सूचना प्रस्तुत करने के लिए कहने की शक्ति प्राप्त होगी तथा इस प्रकार से अपेक्षा किए गये व्यक्ति को भारतीय दण्ड संहिता की धारा 176 एवं 177 के अर्थान्तर्गत ऐसी सूचना देने के लिए बाध्य हुआ समझा जाएगा।

(3) आयोग या कोई अन्य अधिकारी जो राजपत्रित अधिकारी के नीचे के रैंक का नहीं होगा, एवं आयोग द्वारा इस संबंध में विशेष रूप से प्राधिकृत किया गया है, किसी ऐसे भवन या स्थान में प्रवेश करेगा जहां पर आयोग कारणों से यह विश्वास करता है कि जांच के विषय से संबंधित कोई दस्तावेज पाया जा सकेगा, तथा दण्ड प्रक्रिया संहिता, 1973 की धारा 100 के, जहां तक वह प्रयोज्य है, उपबंधों के अध्यधीन रहते हुए ऐसे दस्तावेज को अधिग्रहीत कर सकेगा या उससे अद्धरण या प्रतिलिपियां ले सकेगा।

(4) आयोग को सिविल न्यायालय होने के रूप में समझा जाएगा एवं जब कोई अपराध जो भारतीय दण्ड संहिता की धारा 175, धारा 178, धारा 179, 180 या धारा 228 में वर्णित हैं, आयोग के मत में या उसकी उपस्थिति में किया जाता है, तो अपराध का गठन करने वाले तथ्यों को तथा दण्ड प्रक्रिया संहिता, 1973 में यथा उपबन्धित अभियुक्त के बयानों को लेखबद्ध करने के बाद, उस मामले को, उस पर विचारण करने का क्षेत्राधिकार रखने वाले मजिस्ट्रेट को अग्रेषित करेगा तथा मजिस्ट्रेट, जिसे वह मामला अग्रेषित किया जाएगा, उस अभियुक्त के विरूद्ध शिकायत को सुनने की कार्रवाई उसी तरह करेगा जैसे मानो वह मामला उसे दण्ड प्रक्रिया संहिता 1973 की धारा 346 के अन्तर्गत अग्रेषित किया गया है।

(5) आयोग के समक्ष प्रत्येक कार्रवाई को धारा 193 व 228 के अर्थान्तर्गत तथा भारतीय दण्ड संहिता की धारा 196 के प्रयोजनार्थ, न्यायिक कार्रवाई के रूप में समझा जाएगा, तथा आयोग को दण्ड प्रक्रिया संहिता, 1973 की धारा 195 एवं अध्याय–XXVI के समस्त प्रयोजनों के लिए सिविल न्यायालय होना समझा जाएगा।

14. अनुसंधानः – (1) आयोग, जांच से संबंधित कोई अन्वेषण कराने के प्रयोजन के लिए, भारत सरकार या किसी राज्य सरकार के किसी अधिकारी या अन्वेषण एजेन्सी की सेवाओं का उपयोग भारत सरकार या राज्य सरकार, यथास्थिति, की सहमति से करेगा।

(2) जांच से संबंधित किसी मामले में अन्वेषण करने के प्रयोजनार्थ, कोई भी अधिकारी या एजेन्सी, जिसकी सेवाओं का उपयोग उप–धारा (1) के अधीन किया गया है, आयोग के निर्देश एवं नियन्त्रण के अध्यधीन रहते हुए,

(क) किसी व्यक्ति को समन कर सकेगी तथा उसकी उपस्थिति को प्रवर्तित कर सकेगी एवं उनकी परीक्षा कर सकेगी;

(ख) किसी दस्तावेज की खोज करने एवं प्रस्तुत करने की उपेक्षा कर सकेगी;

(ग) किसी कार्यालय से किसी लोक अभिलेख या उसकी प्रति के लिए अधियाचना कर सकेगी।

(3) धारा 15 के उपबन्ध किसी अधिकारी या एजेन्सी के, जिसकी सेवाओं का उपधारा (1) के अधीन उपयोग किया गया है, समक्ष किसी व्यक्ति द्वारा दिए गए किसी बयान के संबंध में उसी तरह लागू होंगे जैसे वे आयोग के समक्ष साक्ष्य देने के दौरान किसी व्यक्ति द्वारा दिए गए किन्हीं बयानों के संबंध में लागू होते हैं।

(4) अधिकारी या एजेन्सी जिसकी सेवाओं का उपयोग उपधारा (1) के अधीन किया गया है, जांच से संबंधित किसी मामले में अन्वेषण करेगा तथा उस पर प्रतिवेदन आयोग को ऐसी अवधि के भीतर प्रस्तुत करेगा जो इस संबंध में आयोग द्वारा विहित की जाएगी।

(5) आयोग अभिकथित तथ्यों एवं उपधारा (4) के अधीन उसे प्रस्तुत किए गए प्रतिवेदन में निकाले गये परिणामों, यदि कोई हों, की सत्यता के बारे में अपना समाधान करेगा तथा इस प्रयोजन के लिए आयोग ऐसी जांच (जिसमें उस व्यक्ति या उन व्यक्तियों की परीक्षा भी शामिल है जिन्होंने अन्वेषण किया या उसमें सहायता की) करेगा जो वह उचित समझेगा।

15. आयोग को व्यक्तियों द्वारा किया गया अभिकथनः- आयोग के समक्ष साक्ष्य देने के दौरान व्यक्ति द्वारा किया गया कोई अभिकथन, उस अभिकथन द्वारा झूठी साक्ष्य देने के लिए अभियोग चलाने के सिवाय किसी सिविल या आपराधिक कार्रवाई के अध्यधीन नहीं होगा या उसे विरूद्ध उपयोग में नहीं लिया जाएगा।

परन्तु यह कि वह अभिकथन–

(क) उस प्रश्न के उत्तर में किया गया हो जिसका उत्तर देने के लिए आयोग द्वारा उससे अपेक्षा की गई हो; या

(ख) जांच के विषय से सुसंगत हो।

16. प्रतिकूल प्रभाव डालने की संभावना पर व्यक्तियों की सुनवाईः- यदि किसी जांच के किसी स्तर पर, आयेगा–

(क) किसी व्यक्ति के आचरण के बारे में जांच करना आवश्यक समझता हो; या

(ख) यह राय रखता हो कि किसी व्यक्ति की प्रतिष्ठा पर उस जांच से प्रतिकूल प्रभाव पड़ने की सम्भावना है; तो वह उस व्यक्ति को जांच में सुने जाने का तथा अपने बचाव में साक्ष्य प्रस्तुत करने का युक्तियुक्त अवसर प्रदान करेगा; परन्तु यह कि इस धारा की कोई बात, जहाँ किसी साक्षी की साख पर आक्षेप लगाया गया है, लागू नहीं होगी।

(धारा 17–20)

मानवाधिकार संरक्षण अधिनियम, 1993

अध्याय-4 प्रक्रिया

17. शिकायतों की जांच: -आयोग मानवाधिकारों के उल्लंघन की शिकायतों की जांच करते समय–

(1) भारत सरकार या किसी राज्य सरकार या उसके अधीनस्थ किसी अन्य प्राधिकारी या संगठन से सूचना या प्रतिवेदन ऐसे समय के भीतर मंगवाएगा जो उसके द्वारा विनिर्दिष्ट किया जाएगा,

परन्तु यह कि-

(क) यदि वह सूचना या प्रतिवेदन आयोग द्वारा निर्धारित समय के भीतर प्राप्त नहीं होता है, तो वह स्वयं शिकायत की जांच करने के लिए कार्रवाई करेगा,

(ख) यदि सूचना या प्रतिवेदन के प्राप्त होने पर, आयोग का इससे समाधान हो जाता है कि या तो आगे और जांच करना अपेक्षित नहीं है या संबंधित सरकार या प्राधिकारी द्वारा अपेक्षित कार्रवाई प्रारम्भ कर दी गई है या कर ली गयी है, तो वह शिकायत पर कार्रवाई नहीं करेगा तथा तदनुसार शिकायतकर्ता को सूचना देगा;

(2) खण्ड (1) में अन्तर्विष्ट किसी बात पर प्रतिकूल प्रभाव डाले बिना यदि शिकायत की प्रकृति को ध्यान में रखते हुए, आवश्यक समझे तो जांच प्रारम्भ कर सकेगा।

18. जाँच के बाद कदम: - आयोग इस अधिनियम के अधीन आयोजित जांच के पूरा होने पर निम्नलिखित में से कोई कदम उठा सकता है अर्थात्–

(1) जहाँ जाँच मानवाधिकारों का उल्लंघन करने को या किसी लोक सेवक द्वारा मानवाधिकारों के उल्लंघन के निवारण में उपेक्षा को प्रकट करती है तो वह सरकार या प्राधिकारी को अभियोजन की कार्रवाई या ऐसी अन्य कार्रवाई प्रारम्भ करने

की सिफारिश करेगा जिसे आयोग संबंधित व्यक्ति या व्यक्तियों के विरूद्ध उचित समझेगा;

(2) उच्चतम न्यायालय या संबंधित उच्च न्यायालय में ऐसे निर्देश, आदेश या रिटों के लिए जाएगा जो वह न्यायालय आवश्यक समझेगा;

(3) पीड़ित या उसके परिवार के सदस्य को ऐसी तुरन्त राहत, जिसे आयोग आवश्यक समझेगा, प्रदान करने की संबंधी सरकार या प्राधिकारी को सिफारिश करेगा;

(4) खण्ड (5) के उपबन्धों के अध्ययधीन जांच प्रतिवेदन की एक प्रति याची (पिटीशनर) या उसके प्रतिनिधि को देगा;

(5) आयोग अपने जांच प्रतिवेदन की एक प्रति अपनी सिफारिशों के साथ संबंधित सरकार या प्राधिकारी को भेजेगा तथा संबंधित सरकार या प्राधिकारी, एक माह की अवधि या ऐसे और समय के भीतर जिसे आयोग स्वीकृत करेगा, उस प्रतिवेदन पर अपने अभिमत, उस पर की गई या की जाने हेतु प्रस्तावित कार्रवाई के साथ आयोग को अग्रेषित करेगा,

(6) आयोग अपने जांच प्रतिवेदन को संबंधित सरकार या प्राधिकारी के अभिमतों, यदि कोई हो, तथा आयोग की सिफारिशों पर संबंधित सरकार या प्राधिकारी द्वारा की गई या की जाने के लिए प्रस्तावित कार्रवाई को प्रकाशित कराएगा।

19. सशस्त्र बलों के संबंध में प्रक्रिया:– (1) इस अधिनियम में अन्तर्विष्ट किसी बात के होते हुए भी, सशस्त्र बल के सदस्यों द्वारा मानवाधिकारों के उल्लंघन की शिकायतों को निपटाते समय, आयोग निम्नलिखित प्रक्रिया अपनाएगा, अर्थात्–

(क) वह या तो स्वप्रेरणा से या प्रार्थना (पिटीशन) के प्राप्त होने पर, भारत सरकार से एक प्रतिवेदन मंगवाएगा;

(ख) प्रतिवेदन प्राप्त होने के बाद, वह या तो शिकायत पर कार्रवाई नहीं करेगा, या यथास्थिति उस सरकार को अपनी सिफारिशें करेगा।

(2) भारत सरकार उन सिफारिशों पर की गई कार्रवाई सूचना आयोग को तीन माह या ऐसे और समय के भीतर देगा जो आयोग स्वीकृत करेगा।

(3) आयोग अपने प्रतिवेदन को भारत सरकार को की गई अपनी सिफारिशों एवं उन सिफारिशों पर उस सरकार द्वारा की गई कार्रवाई के साथ प्रकाशित करेगा।

(4) आयोग याची या उसके प्रतिनिधि को उप–धारा (3) के अधीन प्रकाशित प्रतिवेदन की एक प्रति देगा।

20. आयोग के वार्षिक एवं विशेष प्रतिवेदनः– (1) आयोग भारत सरकार एवं संबंधित राज्य सरकार को एक वार्षिक प्रतिवेदन प्रस्तुत करेगा तथा किसी भी समय किसी भी ऐसे मामले पर, जो उसकी राय में, इतनी आवश्कता एवं महत्व का है कि वार्षिक प्रतिवेदन प्रस्तुत किए जाने तक उसे आस्थगित नहीं रखा जाना चाहिए, विशेष प्रतिवेदन प्रस्तुत करेगा।

(2) भारत सरकार या राज्य सरकार, यथास्थिति, आयोग के वार्षिक एवं विशेष प्रतिवेदनों को, आयोग की सिफारिशों पर की गई या की जाने के लिए प्रस्तावित कार्रवाई के ज्ञापन एवं उन सिफारिशों को स्वीकार नहीं करने के कारणों, यदि कोई हो, के साथ संसद के प्रत्येक सदन या राज्य विधानसभा के समक्ष, यथास्थिति, प्रस्तुत कराएगी।

(धारा 21–23)

मानवाधिकार संरक्षण अधिनियम, 1993

अध्याय-5 राज्य मानवाधिकार आयोग

21. राज्य मानवाधिकार आयोग का गठनः- (1) एक राज्य सरकार... (राज्य का नाम) मानवाधिकार आयोग के रूप में की जाने वाली एक संस्था का इस अध्याय के अधीन उसे प्रदत्त शक्तियों के प्रयोग में, तथा राज्य आयोग को समनुदेशित कार्यों को निष्पादित करने के लिए गठन करेगी।

(2) आयोग में निम्न होंगे–

(क) अध्यक्ष जो उच्च न्यायालय का एक मुख्य न्यायाधीश रहा है;

(ख) एक सदस्य, जो उच्च न्यायालय का सदस्य है, या सदस्य रहा है;

(ग) एक सदस्य, जो उस राज्य में एक जिला न्यायाधीश है या रहा है;

(घ) दो सदस्य जिनकी नियुक्ति उन व्यक्तियों में से की जाएगी जिन्हें मानवाधिकारों से संबंधित मामलों का ज्ञान हो या उसमें व्यावहारिक अनुभव हो।

(3) एक सचिव होगा जो राज्य आयोग का मुख्य कार्यपालक अधिकारी होगा तथा राज्य आयोग की ऐसी शक्तियों का प्रयोग करेगा एवं ऐसे कार्यों का निर्वहन करेगा जो उसे प्रत्योजित किये जायेंगे।

(4) राज्य आयोग का मुख्य कार्यालय ऐसे स्थान पर होगा जो राज्य सरकार, अधिसूचना द्वारा विनिर्दिष्ट करेगी।

(5) राज्य आयोग संविधान की सातवीं अनुसूची में सूची–2 एवं सूची–3 में उल्लिखित प्रविष्टियों में किसी से संबंधित मामलों के बारे में ही मानवाधिकारों के उल्लंघन की जांच करेगी;

परन्तु यह कि यदि ऐसे किसी मामले पर पहले से ही आयोग या तत्समय प्रवृत्त किसी विधि के अधीन विधिवत् गठित किसी अन्य आयोग द्वारा जांच की जा रही हो तो राज्य आयोग उक्त मामले में जांच नहीं करेगा।

परन्तु यह और कि जम्मू एवं कश्मीर मानवाधिकार आयोग के संबंध में, यह उपधारा इस प्रकार प्रभाव रखेगी जैसे की मानो शब्दों एवं अंकों से संविधान की सातवीं अनुसूची में सूची–2 एवं सूची–3 को शब्द एवं अंक "संविधान की सातवीं अनुसूची में सूची–3 जो जम्मू एवं कश्मीर राज्य पर तथा उन मामलों के संबंध में प्रयोज्य है, जिनके संबंध में उस राज्य के विधानमण्डल को नियम बनाने की शक्ति है", द्वारा प्रतिस्थापित किया गया है।

22. राज्य आयोग के अध्यक्ष एवं अन्य सदस्यों की नियुक्ति:– (1) अध्यक्ष एवं सदस्यों की नियुक्ति राज्यपाल द्वारा अपने हस्ताक्षर एवं मुद्रा सहित अधिपत्र द्वारा की जाएगी;

परन्तु यह कि इस उपधारा के अधीन प्रत्येक नियुक्ति, समिति की, जिसमें निम्न होंगे, सिफारिश प्राप्त करने के बाद की जाएगी–

(क)	मुख्य मंत्री	अध्यक्ष
(ख)	विधानसभा का अध्यक्ष	सदस्य
(ग)	उस राज्य के गृह मंत्रालय का प्रभावी मंत्री	सदस्य
(घ)	विधानसभा के विपक्ष का नेता	सदस्य

परन्तु यह और कि जहां किसी राज्य में विधान परिषद् है, वहां उस परिषद् का सभापति एवं परिषद् में विपक्ष का नेता भी समिति के सदस्य होगा।

(2) राज्य आयोग के अध्यक्ष या सदस्य कोई नियुक्ति समिति में पात्र किसी रिक्ति के कारण अविधिमान्य नहीं होगा।

23. राज्य आयोग के सदस्य का हटाया जाना:– (1) उप–धारा (2) के उपबन्धों के अध्यधीन रहते हुए, राज्य आयोग का अध्यक्ष या कोई सदस्य को उसके पद से, राष्ट्रपति के आदेश द्वारा, उच्चतम न्यायालय को निर्देश दिए जाने पर, उच्चतम न्यायालय के द्वारा उस संबंध में विहित प्रक्रिया के अनुसार की गई जांच पर यह रिपोर्ट देने के बाद कि अध्यक्ष या ऐसा अन्य सदस्य, यथास्थिति को किसी ऐसे सिद्ध कदाचार या अक्षमता के आधार पर हटाया जाना चाहिए, अथवा हटाया जाएगा।

(2) उप–धारा (1) में किसी बात के होते हुए भी, राष्ट्रपति अध्यक्ष या किसी अन्य सदस्य को आदेश द्वारा पद से हटा देगा, यदि अध्यक्ष या ऐसा अन्य सदस्य, यथास्थिति

(क) दिवालिया न्याय निर्णित कर दिया गया है; या

(ख) अपने कार्यकाल में अपने पद के कर्त्तव्यों के बाहर किसी वैतनिक रोजगार में लगता है; या

(ग) मस्तिक या शरीर की दुर्बलता के कारण पद पर बने रहने के लिए अयोग्य है; या

(घ) विकृत चित्त का है एवं सक्षम न्यायालय द्वारा इस प्रकार घोषित कर दिया गया है; या

(ङ) किसी अपराध के लिए जो राष्ट्रपति की राय में नैतिक पतन वाला है, दोष सिद्ध दोष हो गया है एवं उसे कारागार की सजा दे दी गयी है।

24. राज्य आयोग के सदस्यों की पदावधि:- (1) अध्यक्ष के रूप में नियुक्त व्यक्ति उस दिनांक से जिसको वह अपने पद पर प्रवेश करेगा, पांच वर्ष की अवधि के लिए या जब तक वह सत्तर वर्ष की आयु का नहीं होगा, इनमें से जो भी पूर्व में हो, पद को धारित करेगा।

(2) सदस्य के रूप में नियुक्त व्यक्ति उस दिनांक से जिसको वह अपने पद पर प्रवेश करेगा, पांच वर्ष की अवधि के लिए, पद को धारित करेगा तथा पांच वर्षों की दूसरी अवधि के लिए पुननियुक्ति हेतु पात्र होगा,

परन्तु यह कि कोई भी सदस्य सत्तर वर्ष की आयु प्राप्त करने के बाद पद को धारण नहीं करेगा।

(3) पद पर नहीं रहने पर, अध्यक्ष या सदस्य राज्य सरकार या भारत सरकार के अधीन आगे और नियुक्ति के लिए अपात्र होगा।

25. कुछ परिस्थितियों में सदस्य द्वारा अध्यक्ष के रूप में कार्य करना या उसके कार्यो का निर्वहन करना:- (1) अध्यक्ष की मृत्यु होने, त्याग पत्र देने के कारण या अन्यथा प्रकार से उसका पद रिक्त होने की दशा में, राज्यपाल, अधिसूचना द्वारा, सदस्यों में से किसी एक को अध्यक्ष के रूप में कार्य करने के लिए, उस रिक्ति को भरने के लिए नए अध्यक्ष की नियुक्ति किए जाने तक के लिए, प्राधिकृत करेगा।

(2) जब अध्यक्ष अवकाश पर अनुपस्थिति के कारण या अन्यथा अपने कार्यों का निर्वहन करने में असमर्थ हो, उन सदस्यों में से ऐसा एक जिसे राज्यपाल, अधिसूचना द्वारा, इस संबंध में प्राधिकृत करे, अध्यक्ष के कार्यों का निर्वहन उस दिनांक तक करेगा जिसको कि अध्यक्ष अपने कर्त्तव्यों को पुनर्ग्रहण करेगा।

26. राज्य आयोग के सदस्यों की सेवा की शर्तें:- सदस्यों को संदेय वेतन एवं भत्ते, एवं उनकी सेवा की अन्य शर्तें व निबन्धन, वे होंगी जो राज्य सरकार द्वारा विहित की जाएगी।

परन्तु यह कि किसी सदस्य के न तो वेतन एवं भत्ते, और न उसकी सेवा की शर्तें, एवं निबन्धन, उनकी नियुक्ति के बाद उसके लिए अलाभकारी रूप में परिवर्तित नहीं की जाएगी।

27. राज्य आयोग के अधिकारी एवं अन्य कर्मचारी:- (1) राज्य सरकार आयोग के लिए निम्न को उपलब्ध कराएगी–

(क) एक अधिकारी जो राज्य सरकार के सचिव के रैंक से नीच का नहीं होगा जो राज्य आयोग का सचिव होगा; एवं,

(ख) एक ऐसे अधिकारी के अधीन जो महानिरीक्षक, पुलिस के रैंक से नीचे का नहीं होगा, ऐसी पुलिस एवं अन्वेषणकर्ता कर्मचारी एवं ऐसे अन्य अधिकारी एवं अन्य कर्मचारी जो राज्य आयोग के कार्यों के कुशलतापूर्वक निष्पादन के लिए आवश्यक होंगे।

(2) ऐसे नियमों के अध्यधीन जो इस संबंध में राज्य सरकार द्वारा बनाए जाएंगे, राज्य आयोग ऐसे अन्य प्रशासनिक, तकनीकी एवं वैज्ञानिक स्टाफ नियुक्त करेगा जिसे वह आवश्यक समझेगा।

(3) उपधारा (2) के अधीन नियुक्त अधिकारियों एवं अन्य कर्मचारियों के वेतन, भत्ते एवं उनकी सेवा की शर्तें वे होंगी जो राज्य सरकार द्वारा विहित की जाएंगी।

28. राज्य आयोग के वार्षिक एवं विशेष प्रतिवेदन:- (1) राज्य आयोग राज्य सरकार को एक वार्षिक प्रतिवेदन प्रस्तुत करेगा तथा किसी भी समय किसी भी मामले पर, जो उसकी राय में, इतनी आवश्यकता एवं महत्व का है कि वार्षिक प्रतिवेदन प्रस्तुत किए जाने तक उसे स्थगित नहीं रखा जाना चाहिए, विशेष प्रतिवेदन प्रस्तुत करेगा।

(2) राज्य सरकार, राज्य आयोग के वार्षिक एवं विशेष प्रतिवेदनों को, आयोग की सिफारिश पर की गई या की जाने के लिए प्रस्तावित कार्रवाई के ज्ञापन एवं उन सिफारिशों को स्वीकार नहीं करने के कारणों, यदि कोई हो, के साथ राज्य

विधान मण्डल के जहां इसके दो सदन हों, प्रत्येक सदन या जहां विधान मण्डल में केवल एक सदन हो, उस सदन के समक्ष प्रस्तुत कराएगी।

29. राष्ट्रीय आयोग से संबंधित कुछ उपबन्धों का राज्य आयोगों पर प्रयोज्य होना:– धारायें 9,10,12,13,14,15,16,17 एवं 18 के उपबंध राज्य आयोग पर लागू होंगे तथा निम्नलिखित उपान्तरणों के अध्यधीन होंगे, अर्थात्–

(क) 'आयोग' के सन्दर्भ का अर्थ 'राज्य आयोग' के सन्दर्भ में किए जाएगा,

(ख) धारा 10 की उपधारा (3) में, शब्द 'महासचिव' के स्थान शब्द 'सचिव' प्रतिस्थापित किया जाएगा,

(ग) धारा 12 में, खण्ड (च) को विलोपित किया जाएगा,

(घ) धारा 17 के खण्ड (i) में, शब्द 'भारत सरकार' या कोई विलोपित किए जाएंगे।

(धारा 30–34)

मानवाधिकार संरक्षण अधिनियम, 1993

अध्याय-6 मानवाधिकार न्यायालय

30. मानवाधिकार न्यायालय:- मानवाधिकारों के उल्लंघन से उत्पन्न अपराधों के शीघ्र विचारण का उपबन्ध करने के लिए, राज्य सरकार, उच्च न्यायालय के मुख्य न्यायधीश की सहमति से, अधिसूचना द्वारा प्रत्येक जिले के लिए उक्त अपराधों पर विचारण करने के लिए एक सत्र न्यायालय को मानवाधिकार न्यायालय होने के रूप में विनिर्दिष्ट करेगी।

परन्तु यह कि इस धारा में की कोई बात लागू नहीं होगी यदि-

(क) सत्र न्यायालय को पहले ही विशेष न्यायालय विनिर्दिष्ट किया गया है; या

(ख) वर्तमान में प्रवृत्त किसी अन्य विधि के अधीन ऐसे अपराधों के लिए विशेष न्यायालय पहले ही गठित किया गया है।

31. विशिष्ट लोक अभियोजक:- प्रत्येक मानवाधिकार न्यायालय के लिए, राज्य सरकार, अधिसूचना द्वारा उस न्यायालय में मामलों को संचालित करने के प्रयोजनार्थ एक विशिष्ट लोक अभियोजक के रूप में किसी एक लोक अभियोजक को विनिर्दिष्ट करेगी या किसी ऐसे एडवोकेट को नियुक्त करेगी जो एडवोकेट के रूप में कम से कम सात वर्षों से प्रैक्टिस में रहा है।

अध्याय-7 वित्त, लेखा एवं लेखा परीक्षा

32. भारत सरकार द्वारा अनुदानः- (1) भारत सरकार, इस संबंध में कानून के अनुसार इस संबंध में संसद द्वारा विनियोजन करने के बाद, अनुदान के रूप में आयोग को ऐसी धनराशि का संदाय करेगी जिसे भारत सरकार इस अधिनियम के प्रयोजनार्थ उपयोग किए जाने हेतु उपयुक्त समझेगी।

(2) आयोग इस अधिनियम के अधीन कार्यों को निष्पादित करने के लिए ऐसी राशि व्यय करेगी जो वह उचित समझे, तथा ऐसी राशि को उप-धारा (1) में निर्दिष्ट अनुदानों में से संदेय व्यय के रूप में समझा जाएगा।

33. राज्य सरकार द्वारा अनुदानः- राज्य सरकार, इस संबंध में कानून के अनुसार इस संबंध में विधानमण्डल द्वारा विनियोजन करने के बाद, अनुदान के रूप में राज्य आयोग को ऐसी धनराशि का संदाय करेगा जिसे राज्य सरकार इस अधिनियम के प्रयोजनार्थ उपयोग किए जाने हेतु उपयुक्त समझेगी।

(2) राज्य आयोग अध्याय V के अधीन कार्यों के निष्पादन के लिए ऐसी राशि व्यय करेगी जो वह उचित समझे, तथा ऐसी राशि को उप-धारा (1) में निर्दिष्ट अनुदानों में से संदेय व्यय के रूप में समझा जाएगा।

34. लेखे एवं लेखा परीक्षाः- (1) आयोग उचित लेखे एवं सुसंगत अभिलेख रखेगा तथा लेखों का वार्षिक विवरण ऐसे प्रपत्र में तैयार करेगा जो भारत के नियन्त्रक एवं महालेखा परीक्षक के परामर्श से भारत सरकार द्वारा विहित किया जाएगा।

(2) आयोग के लेखों की लेखापरीक्षा नियन्त्रक एवं महालेखापरीक्षक द्वारा ऐसे अन्तरालों पर कराई जाएगी जो उसके द्वारा विनिर्दिष्ट किये जाएंगे एवं ऐसी लेखापरीक्षा के संबंध में किया गया कोई भी व्यय आयोग द्वारा नियन्त्रक एवं महालेखापरीक्षक को संदेय होगा।

(3) नियन्त्रक एवं महालेखापरीक्षक एवं इस अधिनियम के अधीन आयोग के लेखों की लेखापरीक्षा के संबंध में उसके द्वारा नियुक्त किया गया कोई भी व्यक्ति, ऐसी लेखापरीक्षा के संबंध में वे ही अधिकार, विशेषाधिकार एवं प्राधिकार रखेगा जो नियन्त्रक एवं महालेखा परीक्षक सामान्यतया सरकारी लेखों की लेखापरीक्षा के संबंध में रखता है, एवं विशेष रूप से, उसे आयोग की पुस्तकों, लेखों, संबंधित वाउचरों एवं अन्य दस्तावेजों एवं कागजों को मांगने का, तथा आयोग के कार्यालयों का निरीक्षण करने का अधिकार होगा।

(4) नियन्त्रक एवं महालेखापरीक्षक या इस संबंध में उसके द्वारा नियुक्त किसी अन्य व्यक्ति द्वारा यथा प्रमाणित, आयोग के लेखों को, उस पर लेखापरीक्षा प्रतिवेदन के साथ, आयोग द्वारा हर वर्ष भारत सरकार को अग्रेषित किया जाएगा तथा भारत सरकार इसे प्राप्त करने के बाद, यथाशीघ्र, संसद के प्रत्येक सदन के सामने प्रस्तुत करवाएगी।

(धारा 35–39)

मानवाधिकार संरक्षण अधिनियम, 1993

35. राज्य आयोग के लेखे एवं लेखापरीक्षा:– (1) राज्य आयोग उचित लेखे एवं सुसंगत अभिलेख तैयार करेगा तथा लेखों का वार्षिक विवरण ऐसे प्रपत्र में तैयार करेगा जो भारत के नियन्त्रक एवं महालेखापरीक्षक के परामर्श से राज्य सरकार द्वारा विहित किया जाएगा।

(2) राज्य आयोग के लेखों की लेखा परीक्षा नियन्त्रक एवं महालेखापरीक्षक द्वारा ऐसे अन्तरालों पर कराई जाएगी जो उसके द्वारा विनिर्दिष्ट किए जाएंगे एवं ऐसी लेखापरीक्षा के संबंध में किया गया कोई भी व्यय राज्य आयोग द्वारा नियन्त्रक एवं महालेखापरीक्षक को संदेय होगा।

(3) नियन्त्रक एवं महालेखापरीक्षक एवं इस अधिनियम के अधीन राज्य आयोग के लेखों की लेखापरीक्षा के संबंध में उसके द्वारा नियुक्त किया गया कोई भी व्यक्ति, ऐसी लेखा परीक्षा के संबंध में वे ही अधिकार, विशेषाधिकार एवं प्राधिकार रखेगा जो नियन्त्रक एवं महालेखापरीक्षक सामान्यतया सरकारी लेखों की लेखापरीक्षा के संबंध में रखता है, एवं विशेष रूप से, उसे आयोग की पुस्तकों, लेखों, संबंधित वाउचरों एवं अन्य दस्तावेजों एवं कागजातों को मांगने का, तथा राज्य आयोग के कार्यालयों का निरीक्षण करने का अधिकार होगा।

(4) नियन्त्रक एंव महालेखापरीक्षक या इस संबंध में उसके द्वारा नियुक्त किसी अन्य व्यक्ति द्वारा यथा प्रमाणित, राज्य आयोग के लेखों को, उस पर लेखापरीक्षा प्रतिवेदन के साथ, राज्य आयोग द्वारा हर वर्ष राज्य सरकार को अग्रेषित किया जाएगा तथा राज्य सरकार इसे प्राप्त करने के बाद, यथाशीघ्र, राज्य विधान मण्डल के समक्ष प्रस्तुत करवाएगी।

अध्याय-8 विविध

36. मामले जो आयोग के अधिकारक्षेत्र में नहीं आते:- (1) आयोग ऐसे किसी मामले में जांच नहीं करेगा जो राज्य आयोग या वर्तमान में प्रवृत्त किसी विधि के अधीन किसी अन्य आयोग के समक्ष लम्बित है।

(2) आयोग या राज्य आयोग उस तारीख से जिसको कि मानवाधिकारों के उल्लंघन करने वाला कृत्य किए जाने का आरोप किया गया है, एक वर्ष की अवधि समाप्त होने के बाद किसी मामले में जांच नहीं करेगा।

37. विशेष अन्वेषण दल का गठन:- वर्तमान में प्रवृत्त किसी विधि में अन्तर्विष्ट किसी बात के होते हुए भी, जहाँ सरकार ऐसा करने का विचार करती हो, मानवाधिकारों के उल्लंघन के उत्पन्न अपराधों के अन्वेषण एवं अभियोजन के लिए आवश्यक एक या अधिक विशेष अन्वेषण दलों, जिनमें पुलिस अधिकारी होंगे, का गठन करेगा।

38. सद्‌भाव में की गई कार्रवाई का अभियोजन:- भारत सरकार, राज्य सरकार, आयोग, राज्य आयोग या उसके किसी व्यक्ति या भारत सरकार, आयोग या राज्य आयोग में से किसी के निदेश के अधीन कार्य करने वाला कोई व्यक्ति के विरूद्ध किसी ऐसी चीज़ के संबंध में सद्‌भाव में की गई है या इस अधिनियम या तद्‌धीन निर्मित किन्हीं नियमों या किन्हीं आदेशों में किए जाने के लिए आशयित हैं या भारत सरकार, राज्य सरकार, आयोग या राज्य आयोग के प्राधिकार द्वारा या के अधीन किसी प्रतिवेदन, पेपर या कारवाई के प्रकाशन के संबंध में, कोई वाद या अन्य कानूनी कार्रवाई नहीं की जाएगी।

39. सदस्य एवं अधिकारी लोकसेवक होंगे:- आयोग, राज्य आयोग का प्रत्येक सदस्य एवं इस अधिनियम के अधीन कृत्यों का प्रयोग करने के लिए आयोग या राज्य आयोग द्वारा नियुक्त प्रत्येक अधिकारी को भारतीय दण्ड संहिता की धारा 21 के अन्तर्गत लोकसेवक समझा जाएगा।

40. भारत सरकार की नियम बनाने की शक्ति: – (1) भारत सरकार, इस अधिनियम के उपबंधों को निष्पादित कराने के लिए, अधिसूचना द्वारा, नियम बना सकती है।

(2) विशेष रूप से तथा पूर्वोक्त शक्ति की सामान्या पर प्रतिकूल प्रभाव डाले बिना, ये नियम निम्नलिखित सभी या किन्हीं मामलों के लिए उपबन्ध कर सकते हैं, अर्थात्–

(क) धारा 8 के अधीन सदस्यों के वेतन एवं भत्ते तथा उनकी सेवा की अन्य शर्तें;

(ख) शर्तें जिनके अध्यधीन अन्य प्रशासनिक, तकनीकी एवं वैज्ञानिक स्टॉफ की नियुक्ति आयोग द्वारा की जाएगी तथा धारा 11 की उपधारा (3) के अधीन अधिकारियों एवं अन्य स्टॉफ के वेतन एवं भत्ते;

(ग) धारा 13 की उपधारा (1) के खण्ड (च) के अधीन विहित किए जाने हेतु अपेक्षित सिविल न्यायालय की कोई अन्य शक्ति;

(घ) प्रपत्र जिसमें धारा 34 की उप–धारा (1) के अधीन आयोग द्वारा लेखों का वार्षिक विवरण तैयार किया जाना है; एवं

(ङ) कोई अन्य मामला जिसे विहित किया जाना है या विहित किया जाएगा।

(3) इस अधिनियम के अन्तर्गत बनाया गया प्रत्येक नियम, उसके बनाए जाने के बाद यथाशीघ्र संसद के प्रत्येक सदन के समक्ष, जब वह तीस दिन की कुल अवधि के लिए सत्र में हो जो एक सत्र या दो या दो से अधिक क्रमिक सत्रों को मिला कर हो सकती है, प्रस्तुत रखा जाएगा एवं यदि उस सत्र या क्रमिक सत्रों के ठीक बाद वाले सत्र की समाप्ति से पूर्व, दोनों सदन नियमों में कोई उपान्तरण करने के लिए सहमत हो जाते हैं या दोनों सदन यह स्वीकार करते हैं कि नियम नहीं बनाये जाने चाहिए, तो वह नियम उसके बाद उस उपान्तरित रूप में ही प्रभाव

रखेगा या यथास्थिति, निष्प्रभावी होगा; किन्तु तथापि यह कि ऐसा कोई भी उपान्तरण या निराकरण से उस नियम के अधीन पूर्व में की गई किसी चीज की विधिमान्यता पर प्रतिकूल प्रभाव नहीं पड़ेगा।

41. राज्य सरकार की नियम बनाने की शक्ति:– (1) राज्य सरकार, इस अधिनियम के उपबन्धों को निष्पादित कराने के लिए, अधिसूचना द्वारा नियम बना सकती है।

(2) विशेष रूप से तथा पूर्वोक्त शक्ति की सामान्या पर प्रतिकूल प्रभाव डाले बिना, ये नियम निम्नलिखित सभी या किन्हीं मामलों के लिए उपबन्ध कर सकते हैं, अर्थात्

(क) धारा 26 के अधीन सदस्यों के वेतन एवं भत्ते तथा उनकी सेवा की अन्य शर्तों;

(ख) शर्ते जिनके अध्यधींन अन्य प्रशासनिक, तकनीकी एवं वैज्ञानिक स्टाफ की नियुक्ति राज्य आयोग द्वारा की जाएगी तथा धारा 27 की उपधारा (3) के अधीन अधिकारियों एवं अन्य स्टाफ के वेतन एवं भत्ते,

(ग) प्रपत्र जिसमें धारा 35 की उपधारा (1) के अधीन लेखों का वार्षिक विवरण तैयार किया जाना है।

(3) इस धारा के अधीन बनाया गया प्रत्येक नियम, उसके बनाए जाने के बाद, यथाशीघ्र, राज्य विधान मण्डल के जहां दो सदन हों, प्रत्येक सदन के समक्ष या जहां विधान मण्डल का एक सदन हो, उस सदन के समक्ष रखा जाएगा।

42. कठिनाइयों को निराकृत करने की शक्ति :– (1) यदि इस अधिनियम के उपबन्धों को क्रियान्वित करने में कोई कठिनाई उत्पन्न होती है तो भारत सरकार, शासकीय राजपत्र में प्रकाशित आदेश द्वारा, ऐसे उपबन्ध करेगी, जो इस अधिनियम के उपबन्धों से असंगत नहीं होंगे, तथा जो कठिनाई के निराकरण के लिए आवश्यक या समीचीन होना प्रतीत होते हों।

परन्तु यह कि ऐसा कोई आदेश इस अधिनियम के प्रारम्भ होने की तारीख से दो वर्ष की अवधि समाप्त होने के बाद नहीं किया जाएगा।

(2) इस धारा के अधीन दिया गया प्रत्येक आदेश, उसके बनाए जाने के बाद यथाशीघ्र, संसद के प्रत्येक सदन के सामने रखा जाएगा।

43. निरसन एवं व्यावृतिः - (1) मानव अधिकार संरक्षण अध्यादेश, 1993 को एतद्द्वारा निरस्त जाता है।

(2) ऐसे निरसन के होते हुए भी, उक्त अध्यादेश के अधीन की गई कोई चीज़ या कोई कार्रवाई को, इस अधिनियम के तद्नुसार उपबन्धों के अधीन किया हुआ या लिया हुआ समझा जाएगा।

सन्दर्भ ग्रन्थ सूची

अग्रवाल, आर.एस. : ह्यूमन राइट्स इन दि मोडर्न वल्ड–नई दिल्ली, 1979।

एमनेस्टी इंटरनेशनल–इन्डिया टोरचर, रेप एण्ड डैथ इन कस्टडी, 1994।

एमनेस्टी इन्टरनेशनल–इन्डिया एगजामिनेशन ऑफ दि सैकन्ड पीरिएड रिपोर्ट बाई ह्यूमन राइट्स कमेटी एमनेस्टी, 1993।

एमनेस्टी–इन्टरनेशनल–इन्डिया इन अननेचरल फेट–डिसऐपिरेन्शेज एण्ड इम्म्यूनिटी इन दि इन्डियन स्टेट्स ऑफ जम्मू एण्ड कश्मीर, 1993।

आमोद कंठ एवं आर.एम. वर्मा, : नेगलेक्टेड चाइल्ड (1993), प्रयास, नई दिल्ली।

कपाड़िया, कामिनी आर. एवं उषा नायडू : "चाइल्ड लेबर एण्ड हेल्थः प्राब्लम्स एण्ड प्रास्पेक्ट्स, टाटा इंस्टीट्यूट ऑफ सोशल साइंसेज, मुंबई (1985)।

ब्टरा, टी एस : ह्यूमन राइट्स–ए क्रीटीक–दिल्ली 1979।

बक्सी, उपेन्द्र : डिराइट की ह्यूमन, नई दिल्ली, 1987।

बाजवा, जी.एस. : ह्यूमन, राइट्स इन इन्डिया–इम्पलीमेन्टेशन एण्ड वायोलेशन्स दिल्ली, 1995।

वासक, कारेल, : दि इन्टरनेशनल डाइमेन्सन्स ऑफ ह्यूमन राइट्स वोलूम। एवं 2 1982।

कुलश्रेष्ठ, जे.सी. : "इण्डियन चाइल्ड लेबर"।

कार्लेकर, मालविका : "पावर्टी एण्ड वीमेन्स वर्क: ए स्टडी ऑफ स्वीपर वीमेन इन इण्डिया", (1982) विकास पब्लिशिंग हाउस, नई दिल्ली।

किश्वर, मधु एवं रूथ बनता : (सं.) "इन सर्च ऑफ आन्सर्स" (1984), जेड बुक्स लि, लन्दन।

खाडेकर, मंदाकिनी : "ए रिपोर्ट ऑन द सिचुएशन ऑफ चिल्ड्रेन एण्ड यूथ इन ग्रेटर बाम्बे" (1970), टाटा इंस्टीच्यूट ऑफ सोशल साइंसेज, बम्बई।

खातू, के.के. वगैरह, : "वर्किंग चिल्ड्रेन इन इण्डिया" (1983), ऑपरेशन रिसर्च ग्रूप, बड़ौदा।

गुलाटी लीला : "प्रोफाइल्स इन फीमेल पावर्टी : ए स्टडी ऑफ फाइव पुअर वीमेन इन केरल (1981) हिन्दुस्तान पब्लिशिंग कॉरपोरेशन, दिल्ली गंग्राडे के.डी. एवं जोसफ ए. गथिया, "वीमेन एण्ड चाइल्ड वर्कर्स इन अन्आर्गनाइज्ड सेक्टर" (1983), कान्सेप्ट पब्लिशिंग कं., नई दिल्ली।

घोष, ए. : "स्ट्रीट चिल्ड्रेन ऑफ कलकत्ता : ए सिचुएशनल एनालिसिस" (1992), नेशनल लेबर–इंस्टीच्यूट, नाएडा।

जुयाल, बी. एन. वगैरह, : "चाइल्ड लेबर : द ट्वाइस एक्सप्लायटेड" (1985), गाधियन इंस्टीट्यूट ऑफ स्टडीज, वाराणसी।

नीरा, बुर्रा : "बार्न टू वर्क : चाइल्ड लेबर इन इण्डिया" (1997), ऑक्सफोर्ड यूनिवर्सिटी प्रेस, दिल्ली।

नायडू, उषा एवं एस. परशुरामन : "हेल्थ सिचूएशन ऑफ वर्किंग चिल्ड्रेन इन ग्रेटर बाम्बे" (1985), टाटा इंस्टीट्यूट ऑफ सोशल साइंसेज, मुंबई।

पटेल, बी.बी. एवं : "चाइल्ड लेबर इन इण्डिया" (गांधी लेबर

रक्षा अलघ इंस्टीच्यूट, अहमदाबाद)।

प्रेमभाई रिपोर्ट टू द सुप्रीम कोर्ट रिगार्डिंग चाइल्ड वीवर्स ऑफ मिर्जापुर–भदोही–वाराणसी" (1984), वाराणसी (मिमियो)।

बेकेल, ए. एवं जे. बायडेन : (सं.) "कम्बेटिंग चाइल्ड लेबर" (1988), अन्तर्राष्ट्रीय श्रम संगठन, जेनेवा।

भूषण, लाल बोहरा : मानवाधिकार और पुलिस बल–दिल्ली, 1995।

माथुर, कृष्ण मोहन : विकासशील समाज में समसामायिक पुलिस की भूमिका–ज्ञान पब्लिशिंग हाउस, नई दिल्ली, 1989।

माथुर, कृष्ण मोहन : स्वातंत्रयोत्तर भारत में जनता का उत्तरदायित्व तथा पुलिस की भूमिका, पुलिस अनुसंधान एवं विकास ब्यूरो, गृह मंत्रालय, भारत सरकार, दिल्ली, 1991।

मोहसिन, नदीम, : "चाइल्ड राइट्स एण्ड एब्यूजेज" (1994), ए. एन. सिन्हा इंस्टीच्यूट ऑफ स्पेशल स्टडीज, पटना।

यूनिसेफ एक बच्चा होने का अधिकार, (1994)।

यूनिसेफ "चिल्ड्रेन एण्ड वीमेन इन इण्डिया–1990 (1991), नई दिल्ली।

यूनिसेफ "द स्टेट ऑफ वलर्ड्स चिल्ड्रेन 1997" (आक्सफोर्ड) यूनिवर्सिटी प्रेस।

यूनिसेफ "एन एनालिसिस ऑफ द सिचुएशन ऑफ चिल्ड्रेन इन इण्डिया" (1994), नई दिल्ली।

राव, बी. बी. अर. एवं बी. मलिक : (1997) "स्ट्रीट चिल्ड्रेन ऑफ हैदराबादः ए सिचुऐशन एनलिसिसि", (1992), नेशनल लेबर इंस्टीच्यूट, नोएडा।

रेड्डी, नन्दना : "स्ट्रीट चिल्ड्रेन ऑफ बंगलौर : ए सिचुएशनल

		एनालिसिस" (1992), नेशनल लेबर इंस्टीच्यूट, नोएडा।
श्रीनिवासन, के.	:	(सं.) "डेमोग्रॉफिक एण्ड सोसियो–इकोनॉमिक एस्पेक्ट्स ऑफ चाइल्ड इन इण्डिया" (1979), हिमालय पब्लिशिंग हाउस, बम्बई।
सुब्रामनियन, एस	:	ह्यूमन राइट्स एण्ड पुलिस 1993।
सुब्रामनियन, एस	:	ह्यूमन राइट्स–इन्टरनेशनल चैलेजिंस–वोलूम। और 2 मानस पब्लिकेशन्स, नई दिल्ली–1997।
सक्सेना, के. पी	:	ह्यूमन राइट्स पर्सपेकटिव एण्ड चैलैंजेस, नई दिल्ली, 1994।
सिहं, एन्ड्री मेनेफी एवं एव अनिता केलेस	:	वीतानेन, इनविजिबुल हैड्स (1987), सेज पब्लिकेशन्स, नई दिल्ली।
सिंह, मुसाफिर एवं अन्य	:	"वर्किंग चिल्ड्रेन इन बम्बईः ए स्टडी" (1980), नेशनल इंस्टीच्यूट ऑफ पब्लिक को–आपरेशन एण्ड डेवलपमेण्ट, नई दिल्ली।
वीनर, माइनर	:	"द चाइल्ड एण्ड द स्टेट इन इण्डिया" (1991) "चाइल्ड लेबरः चैलेंज एण्ड रिस्पोंस (1996) नेशनल लेबर इंस्टीच्यूट, नोएडा, "स्टेटिस्टिक्स ऑन चिल्ड्रेन इन इण्डिया" (1996) नेशनल इंस्टीच्यूट ऑफ पब्लिक को–आपरेशन एण्ड चाइल्ड डेवलपमेण्ट, नई दिल्ली।
		"क्राइम इन इण्डिया" नेशनल क्राइम रिकार्ड्स–ब्यूरों (1995) (1994) एवं (1991) गृह–मंत्रालय, भारत सरकार, नई दिल्ली।
		"द सिचुएशन ऑफ वर्किंग चिल्ड्रेन इन तमिलनाडु (वर्कशाप रिपोर्ट) ,1992, नेशनल लेबर इंस्टीच्यूट, नोएडा।
		"द सिचुएशन ऑफ वर्किंग चिल्ड्रेन इन उत्तर

प्रदेश (वर्कशाप रिपोर्ट) 1992, नेशनल लेबर इंस्टीच्यूट, नोएडा।

"स्ट्रीट गर्ल्स ऑफ दिल्ली" (1993) नेशनल लेबर इंस्टीच्यूट, नोएडा।

"स्ट्रीट चिल्ड्रेन ऑफ मद्रास" (1992) नेशनल लेबर इंस्टीच्यूट, नोएडा।

माथुर, के.एम. : इण्डियन पोल्टिक–रोल एण्ड चेलैन्ज, ज्ञान पब्लिशिंग हाउस, नई दिल्ली।

माथुर, के.एम. : मैनेजमेंट ऑफ इन्टरनल सिक्योरिटी–ज्ञान पब्लिशिंग हाउस, नई दिल्ली।

माथुर, के.एम. : क्राइम, ह्यूमन राइट्स एण्ड नेचुरल सिक्योरिटी–ज्ञान पब्लिशिंग हाउस, नई दिल्ली।